Thomas Jäger · Ralph Thiele (Hrsg.)

Transformation der Sicherheitspolitik

Globale Gesellschaft und internationale Beziehungen

Herausgegeben von
Thomas Jäger

Thomas Jäger · Ralph Thiele (Hrsg.)

Transformation der Sicherheitspolitik

Deutschland, Österreich, Schweiz im Vergleich

Bibliografische Information der Deutschen Nationalbibliothek
Die Deutsche Nationalbibliothek verzeichnet diese Publikation in der
Deutschen Nationalbibliografie; detaillierte bibliografische Daten sind im Internet über
<http://dnb.d-nb.de> abrufbar.

1. Auflage 2011

Alle Rechte vorbehalten
© VS Verlag für Sozialwissenschaften | Springer Fachmedien Wiesbaden GmbH 2011

Lektorat: Frank Schindler | Verena Metzger

VS Verlag für Sozialwissenschaften ist eine Marke von Springer Fachmedien.
Springer Fachmedien ist Teil der Fachverlagsgruppe Springer Science+Business Media.
www.vs-verlag.de

Das Werk einschließlich aller seiner Teile ist urheberrechtlich geschützt. Jede Verwertung außerhalb der engen Grenzen des Urheberrechtsgesetzes ist ohne Zustimmung des Verlags unzulässig und strafbar. Das gilt insbesondere für Vervielfältigungen, Übersetzungen, Mikroverfilmungen und die Einspeicherung und Verarbeitung in elektronischen Systemen.

Die Wiedergabe von Gebrauchsnamen, Handelsnamen, Warenbezeichnungen usw. in diesem Werk berechtigt auch ohne besondere Kennzeichnung nicht zu der Annahme, dass solche Namen im Sinne der Warenzeichen- und Markenschutz-Gesetzgebung als frei zu betrachten wären und daher von jedermann benutzt werden dürften.

Umschlaggestaltung: KünkelLopka Medienentwicklung, Heidelberg
Gedruckt auf säurefreiem und chlorfrei gebleichtem Papier
Printed in Germany

ISBN 978-3-531-18134-9

Inhaltsverzeichnis

Vorwort 7

Thomas Jäger/Ralph Thiele 9
Transformationsprozesse im Vergleich

I Risikoanalyse, Bedrohungsanalyse und Bedrohungswahrnehmung

Johann Frank 27
Risikoanalyse, Bedrohungsanalyse und Bedrohungswahrnehmung in Österreich

Karl W. Haltiner 39
Vom schmerzlichen Verlieren alter Feindbilder – Bedrohungs- und Risikoanalysen
in der Schweiz

Roland Kaestner 59
Risiko-, Bedrohungsanalyse und Bedrohungswahrnehmungen in Deutschland

II Stand der Streitkräfte in Ausbildung, Ausrüstung und Konzeption

Philipp Eder 73
Stand der Streitkräfte in Ausbildung, Ausrüstung und Konzeption in Österreich

Ina Wiesner 91
Die Transformation der Bundeswehr in Deutschland

**III Der Transformationsprozess und die Fähigkeit zur Interoperabilität:
Wertschöpfung durch Vernetzung**

Bruno Hofbauer 107
Der Transformationsprozess und die Fähigkeit zur Interoperabilität:
Wertschöpfung durch Vernetzung in Österreich

Jörg Neureuther 117
Der Transformationsprozess und die Fähigkeit zur Interoperabilität:
Wertschöpfung durch Vernetzung in Deutschland

**IV Das Verhältnis von Militär und Polizei im Innern
und in internationalen Einsätzen**

Robert Strondl/Karlheinz Dudek 135
Das Verhältnis von Militär und Polizei im Inneren und in internationalen Einsätzen:
Länderbericht Österreich

Stefan Leuenberger 151
Das Verhältnis von Militär und Polizei im Innern und in
internationalen Einsätzen in der Schweiz

Uwe Fischer 161
Das Verhältnis von Militär und Polizei in internationalen Einsätzen in Deutschland

V Die zivil-militärische Zusammenarbeit

Günther Barnet 179
Die zivil-militärische Zusammenarbeit in Österreich: Entwicklung und Perspektiven

Albrecht Broemme 195
Die zivil-militärische Zusammenarbeit in Deutschland

VI Das internationale Engagement

Johann Pucher 207
Das internationale Engagement in Österreich

Hans-Ulrich Seidt 223
Das internationale Engagement: Atlantische Sicherheitspolitik als
Koalitionsmanagement

VII Vorbereitet auf welche Zukunft? Stand und Probleme langfristiger Planung

Gustav Gustenau 231
Stand und Probleme langfristiger Planung in Österreich

Heiko Borchert/René Eggenberger 243
Gesellschaftliche Akzeptanz oder Einsatzorientierung? Überlegungen zur Zukunftsfähigkeit der Streitkräftetransformation in der Schweiz

Gerd Föhrenbach 265
Vorbereitet auf welche Zukunft? Stand und Probleme langfristiger Planung

VIII Herausforderungen und Aufgaben

Thomas Trelle 279
Konzeptionelle Anforderungen an NetOpFü

Thomas Jäger/Mischa Hansel 295
Die Transformation der Gesellschaft und des Militärs

Ralph Thiele 311
Sicherheitspolitik für das 21. Jahrhundert: Bündnisorientiert und systemisch vernetzt

Vorwort

Mit dem Vergleich der Transformationsprozesse in den drei Staaten Deutschland, Österreich und der Schweiz liegt erstmals eine vergleichende Studie sehr unterschiedlicher Aspekte der sicherheitspolitischen und militärischen Transformation in diesen Staaten vor. In der Gesamtschau der drei ungleichen Transformationsprozesse in Staaten, die über unterschiedliche internationale sicherheitspolitische Integration und sicherheitskulturelle Selbstverständnisse verfügen, werden die Fortschritte in der Transformation ebenso sichtbar wie die Herausforderungen, die sich für die Zukunft stellen.

Wir bedanken uns sehr herzlich bei allen Autorinnen und Autoren, die durch ihr außerordentliches und großartiges Engagement für dieses Projekt und ihre fundierten Beiträge diesen Band erst möglich gemacht haben. Wir bedanken uns für die Toleranz, die das Entstehen eines Bandes mit so vielen Beitragenden erfordert, und für die jederzeit ganz hervorragende und freundliche Zusammenarbeit.

Dank gebührt ebenso Herrn Frank Schindler vom VS-Verlag für Sozialwissenschaften, der dieses Projekt von Beginn an wohlwollend unterstützt und gefördert hat.

Ganz besonders danken wir für die tatkräftige und professionelle Unterstützung durch Frau Dr. Caroline Mükusch, Frau Olga-Maria Hallemann und Herrn Dominik Wellhäuser, die mit unermesslicher Ausdauer und großartigem Engagement das gesamte Projekt betreut, die Kommunikation geführt und die Beiträge redaktionell bearbeitet haben.

Köln im Januar 2011

Thomas Jäger und Ralph Thiele

Transformationsprozesse im Vergleich

Thomas Jäger/Ralph Thiele

1 Neuorientierung

Die komplexen Fortschrittsprozesse in und zwischen Gesellschaften sowie die ungleichzeitigen Entwicklungen zwischen den drei Welten der Industriestaaten, Schwellenländer und unterentwickelten Staaten haben auf der Basis revolutionärer technologischer Entwicklungen dazu geführt, dass als bedrohlich wahrgenommenen Herausforderungen umfassend begegnet werden muss, um erfolgreich zu sein. Sicherheitsbedrohungen können nicht mehr alleine von den Sicherheitsinstitutionen, geschweige von einzelnen von ihnen, abgewehrt werden. Sie erfordern vielmehr die Zusammenarbeit ganz verschiedener Akteure, beispielsweise solcher, die Mediation und Wirtschaftshilfe anbieten. Diese wiederum können in den unterschiedlichen Umfeldern nicht agieren, ohne dass Sicherheit gewährleistet wird. Ökonomische Stabilität und Entwicklung ist auf die Parallelität ökonomischer, sozialer, politischer und medialer Prozesse gleichzeitig angewiesen. Die Abwehr ökologischer Bedrohungen setzt ebenso voraus, dass Kräfte auf allen Gebieten koordiniert handeln.

Diese Entwicklung wurde nach dem Ende des Ost-West-Konflikts und der erwarteten verminderten Bedeutung militärischer Sicherheit im „erweiterten Sicherheitsbegriff" reflektiert, der über das Kernfeld nationaler Sicherheit nunmehr auch die Wirtschaft, die Umwelt, kulturelle und humane Sicherheit in den Blick nahm. Damit wurde Sicherheit allumfassend verstanden, zumindest was die Bereiche gesellschaftlichen Handelns betraf. Systemtheoretisch gesprochen wurden Sicherheit und Unsicherheit zu einem binären Code, der alle gesellschaftlichen Teilsysteme gleichermaßen prägte.

Indem die Institutionen, in und mit denen gehandelt werden musste, und Instrumente, die unterschiedlichen Handlungsressourcen der nunmehr betrachteten Akteure mit berücksichtigt wurden, entstand das Verständnis von umfassender Sicherheit. Mit diesem konzeptionellen Rüstzeug wurden die vielfältigen Probleme unterschiedlicher Gesellschaften analysiert; und darüber nachgedacht, wie die Handlungsbedingungen für eine effektive Lösung der anstehenden Aufgaben zu bewerkstelligen wäre.

Die Herausforderungen sind ganz unterschiedlicher Art. Asymmetrische Kriege, der Klimawandel, die demografische Entwicklung, Terrorismus, Cyber war, die veränderte Bedeutung Privater Militärfirmen, Migration, die Proliferation von Nuklearwaffen, Staatszerfall, Ernährungssicherheit, Infrastruktursicherheit, biologische und chemische Waffen, zwischenstaatliche Kriege, Gewaltmärkte, Transnationale Organisierte Kriminalität (TOK), Megacities, Energiesicherheit, Global Health, Konflikte um Wasserressourcen, Humanitäre Interventionen, Drogen, Geldwäsche, die vielfältigen Gefährdungen der Umwelt, Ressourcenmanagement, Produktsicherheit, die Gefährdungen von Handelswegen, Piraterie, Soziale Sicherheit, Grenzsicherheit, Sicherheit des Finanzsystems, Menschenhandel, Internetsicherheit, die Verbreitung von Kleinwaffen, Weltraumsicherheit, Produktpiraterie, Wirtschaftsspionage und die Sicherheit bei Großereignissen. Die Liste ließe sich fortsetzen, aber schon diese Aufzählung gegenwärtig analysierter Bedrohungen und Risiken verdeutlicht, dass die Komplexität der Herausforderungen in einem Maß zugenommen hat, dass ein völlig verändertes Handeln erforderlich ist, wenn am Ende effektive Resultate stehen sollen. Denn die jeweiligen Gefahren für die individuelle und kollektive Sicherheit treten nicht separat auf, so dass es sich bei der Liste um eine additive Aufzählung handeln würde. Vielmehr treten sie in ganz unterschiedlichen Verschränkungen, gegenseitigen Dynamisierungen und kaum vorherzusehender Gestalt auf. Daraus resultiert, dass effektives Handeln die jeweils anstehende Bedrohung in ihrer Einbindung in andere Gefahrenpotenziale betrachten und analysieren muss. Einer solchen komplexen Unsicherheitsumgebung soll mittels der Transformation der Sicherheitsorganisationen, der Einbeziehung möglichst aller handlungsfähigen Akteure und der Ausrichtung an gemeinsamen Lagebildern im konkreten Fall begegnet werden.

2   Transformation

Transformation beschreibt einen gesamtstrategisch, multinational und ressortübergreifend angelegten sowie vorausschauend ausgerichteten Prozess zur laufenden Anpassung der außen-, sicherheits- und verteidigungspolitischen Instrumente, Planungs- und Entscheidungsabläufe an eine sich dynamisch verändernde Umwelt (Thiele 2004: 97). Derzeit sind in allen Sicherheitsorganisationen Europas und den meisten globalen Unternehmen umfassende Transformationsprozesse im Gang, so auch in Deutschland[1], Österreich und der Schweiz. Gerade für diese drei benachbarten Länder sind die Herausforderungen sehr ähnlich, auch wenn die internationalen institutionellen Einbindungen jeweils sehr unterschiedlich ausgestaltet sind. Deshalb können sie von den bereits gewonnenen Erfahrungen gegenseitig erheblich profitieren. Das ist im Prozess der Transformation auch erforderlich, denn die grenzüberschreitende multinationale Kooperation ist definitorischer Bestandteil dieses Prozesses. Das ist angesichts vielfältiger Beharrungskräfte und nationaler Legitimationserfordernisse eine besonders große Herausforderung, die anzugehen deshalb umso lohnenswerter ist.

Denn Unsicherheiten und Verwundbarkeiten prägen die Welt auch zu Beginn des 21. Jahrhunderts. Die Sicherheit europäischer Gesellschaften ist durch ein fragiles Netzwerk von Werten, zwischenstaatlichen und transnationalen Verbindungen und umfassender Infrastruktur gekennzeichnet. Zwischen den europäischen Staaten hat sich – über die Europäische Union und die NATO hinaus – eine tief reichende Interdependenz ausgebildet. Die Gesellschaften sind derzeit so eng miteinander verbunden, dass Entwicklungen in einem Staat in den anderen Staaten erwartbar Kosten auslösen, denen sich die Akteure nicht entziehen können. Das gilt für die Politikbereiche der Ökonomie und Ökologie sowie für die sozialen Beziehungen, die jedoch jeweils unterschiedlich stark verregelt sind. Es gilt insbesondere auch für die Gewährleistung von Sicherheit im europäischen Raum sowie in den Gebieten und Sphären, aus denen Risiken und Bedrohungen für die europäischen Gesellschaften erwartet werden können. Diese Sicherheitsrisiken sind existenziell. Sie sind jedoch nicht mehr eindeutig zuzuordnen und kaum zu begrenzen – weder in ihrer Qualität noch hinsichtlich ihrer geografischen Lage.

Gefährdungen betreffen, um einige der oben genannten Gefahren herauszugreifen, ganz unterschiedliche Bereiche wie Gesundheit (Albrecht 2008: 15–16), das ökologische Gleichgewicht, die Klimaentwicklung oder das friedliche Zusammenleben von unterschied-

---

[1] Siehe hierzu Strukturkommission der Bundeswehr (2010).

lichen ethnischen oder sozialen Gruppen. Außerhalb Europas spielen Fragen der Armutsüberwindung, der Ernährungssicherheit, der demografischen Entwicklung der Stabilität staatlicher Institutionen, der Ausbildung von Gewaltmärkten und der ausgreifenden asymmetrischen Konflikte eine wichtige Rolle, die nicht von der Sicherheit europäischer Gesellschaften abgekoppelt werden kann. Konflikte um Wasser und andere Rohstoffe, Transnationale Organisierte Kriminalität und Gewalt gegen Frauen bezeichnen nur drei weitere, völlig unterschiedliche Herausforderungen, denen sich die europäischen Gesellschaften stellen müssen. Doch so unterschiedlich die Bedrohungen und Risiken sind, so heterogen, dass eine zunehmende Versicherheitlichung der Politik prognostiziert wird, sind bestimmte, konkrete Sicherheitsanforderungen in der derzeitigen Situation dominant.

So lassen sich historisch jeweils zentrale sicherheitspolitische Herausforderungen identifizieren. Sie umfassen derzeit aus Sicht europäischer Staaten insbesondere die Bedrohung durch Massenvernichtungswaffen und deren zunehmende Verbreitung ebenso wie den internationalen Terrorismus, Proliferation, regionale Konflikte, Migration und die Gefahr von Pandemien. Hinzu kommen Ressourcenknappheit und Verwundbarkeit von Finanzmärkten und kritischer Infrastruktur, die mit geringer Vorwarnzeit zu akuten Krisen führen können.

Vor diesem Hintergrund stehen nicht mehr die stabilen Staaten im sicherheitspolitischen Fokus, sondern vielmehr schwache oder gar zerfallende Staaten, aus denen heraus starke nicht staatliche Akteure agieren. Transnationale Entwicklungen und Regionen übergreifende Risiken bestimmen zunehmend die Handlungserfordernisse. Mittel der asymmetrischen Konfliktaustragung werden zunehmend zur Regel. Akteure, die über keine ausgeprägten militärischen Fähigkeiten verfügen, verlagern Auseinandersetzungen zunehmend in „schwieriges" Gelände wie Städte und den Informationsraum. Der wissenschaftlich-technologische Fortschritt und die steigende Vernetzung, Globalisierung und die Verwundbarkeit moderner Industriegesellschaften verstärken deren Erfolgschancen. Staaten müssen neue Antworten finden, denn nicht nur die sicherheitspolitischen Herausforderungen haben sich erheblich verändert, sondern auch die technischen Möglichkeiten sowohl für den Angriff als auch für dessen Abwehr.

Die terroristischen Angriffe auf das World-Trade-Center und das Pentagon am 11.09.2001 haben die veränderte Sicherheitssituation dramatisch beleuchtet. Deren Akteure handeln transnational, asymmetrisch und vernetzt. Ihr Ziel ist die Störung der komplexen, interdependenten und deshalb verwundbaren Verbindungen und Systeme, welche die Grundlage freier Gesellschaften bilden. Ihr Vorgehen ist langfristig orientiert, beharrlich, maßlos und tabufrei. Die heraus resultierenden komplexen und unübersichtlichen Herausforderungen erfordern ein umfassendes Lageverständnis mit großer Tiefenschärfe und nicht nur grundsätzliche Handlungsbereitschaft, sondern darüber hinaus umfassende Handlungsfähigkeit im ressortübergreifenden und multinationalen Verbund.

Es ist intensiv darüber geforscht worden, welche Kräfte sich gegen ressortübergreifende Kooperation stellen (Zegart 2000, 2007). Die einzelnen Bürokratien versuchen, ihren Kompetenz- und Verfügungsbereich gegen Übergriffe von außen abzusichern, um die Karrierechancen ihrer aufstrebenden Mitglieder zu verbessern. So war die Überwindung der Grenzen zwischen den Teilstreitkräften alleine ein schwieriger bürokratischer Prozess, der in vielen Staaten zudem nicht abgeschlossen ist. Ähnliches gilt für die unterschiedlichen Abteilungen von polizeilichen Kräften oder die verschiedenen Abteilungen der Dienste, die jeweils das Ziel verfolgen, Stellen und Geld autonom verwalten zu können. Um wie viel schwieriger ist der Prozess, der nicht nur die unterschiedlichen Sicherheitsinstitutionen in sich, sondern auch untereinander in eine vernetzte Form der Handlungsfähigkeit führen soll. Noch komplexer wird die Lage, wenn gesellschaftliche Akteure hinzutreten, weil sodann auch die unterschiedlichen staatlichen und marktlichen Ordnungsprinzipien reflektiert werden müssen.

Organisatorisch haben die verschiedenen Institutionen und Abteilungen jeweils andere Strukturen, Routinen und Handlungsrepertoires ausgebildet, die sie ebenfalls nicht leicht abgeben werden. Denn diese sind das, was sie in der Kooperation anbieten können, indem sie beispielsweise für eine bestimmte Aufgabe, sei es die Grenzsicherung, sei es Luftaufklärung oder Brunnenbau und Wasserversorgung Handlungssequenzen ausgebildet und eingeübt haben, die sie im Bedarfsfall abrufen können. Die Zusammenarbeit mir anderen Akteuren erfordert notwendig, diese neu auszurichten, wogegen sich Organisationen bisher stets gewehrt haben.

Noch komplizierter wird dieser Prozess, wenn diese Transformation zudem multinational verschränkt werden soll, weil beispielsweise unterschiedliche Bedrohungslagen in den verschiedenen Gesellschaften wahrgenommen werden, aufgrund historischer Erfahrung jeweils andere Handlungsoptionen in Frage kommen oder ein uneinheitlicher Stand in Ausrüstung und Ausbildung besteht. Damit sind nur einige Probleme benannt, die in den Transformationskonzepten angesprochen und bearbeitet werden und auf die wir im Weiteren noch zurückkommen. Gleichwohl ist die Alternative zur Transformation, zu akzeptieren, dass keine effektive Handlungsressourcen bestehen, denn eine sektorale und segmentierte Vorgehensweise wird zwar den jeweiligen legitimations- und Organisationserfordernissen gerecht, kann aber effektive Ergebnisse nicht erreichen.

Nur in einem ganzheitlichen und ressortübergreifenden Ansatz können die angemessenen Fähigkeiten entstehen, um die jeweiligen Bevölkerungen nachhaltig zu schützen. Themen wie Luftsicherheit und Piraterie, Terrorismus von und aus der See und die Frage, wer macht was im Katastrophenfall beleuchten Vielfalt und Tiefe der zu behandelnden Problemstellungen (Unger 2010). Eine strikte Einteilung der Sicherheitsarchitektur in innere und äußere Sicherheit erscheint insbesondere deshalb überholt, weil die asymmetrischen Bedrohungen – insbesondere durch den internationalen Terrorismus – eine eindeutige Zuordnung nicht mehr erlauben. Auch andere Entwicklungen, der Klimawandel, Umweltgefahren, Transnationale Organisierte Kriminalität und Pandemien lassen sich mit der Typologisierung in innere und äußere Sicherheit nicht mehr adäquat erfassen. Sie sind auf eine wenig vorhersehbare Weise ubiquitär, ohne gleichzeitig überall oder bodenlos zu sein. Sie manifestieren sich territorial, ohne dass die territorialen Grenzziehungen dabei ausschlaggebend wären. Die inneren Verhältnisse spielen gleichwohl für den Umgang mit den Gefahren eine große Rolle, insofern eine Gesellschaft besser als eine Nachbargesellschaft auf den Umgang mit einer bestimmten Gefahr vorbereitet sein kann. Doch wirken die Defizite der Nachbargesellschaft dann eben zurück, weshalb der regionalen Handlungsfähigkeit größere Bedeutung zukommt.

Auch die Grenzen zwischen ziviler und militärischer Sicherheit haben sich in diesem Zuge perforiert, indem zivil-militärische Strategien – wie beispielsweise die Aufstandsbekämpfung – von einem umfassenden Ansatz der Kon-kurrenz um legitimes Regieren ausgehen, ein alleine militärisch nicht zu erreichendes Ziel (Kicullen 2010). Die Verschränkungen von militärischen und polizeilichen Aufgaben in den Einsätzen in zerfallenden Staaten und die Gewährleistung von Sicherheit auf Hoher See sind weitere Beispiele hierfür.

Auch lassen sich staatliche und private Akteure im Zuge der Transformation zwar weiterhin kategorisch unterscheiden, sie sind jedoch zur Erreichung der gemeinsamen Ziele auf Zusammenarbeit angewiesen und das heißt, dass sich beide Seiten stärker als das bisher der

Fall ist bei ihrer Organisation und der Planung von Handlungen aufeinander abstimmen müssen.

Schließlich führen asymmetrische Konflikte die staatlichen Akteure schon heute beobachtbar in die Schwierigkeit, die Grenzen zwischen offiziellen und klandestinen Aktionen überschreiten zu müssen. Dies kann erhebliche Auswirkungen auf die Legitimierung von Sicherheitspolitik haben, wenn dieser Prozess im Zuge der Transformation nicht ausreichend reflektiert wird.

Aus all diesen Gründen gibt es einen erheblichen Prüfbedarf bei der Organisation der staatlichen Sicherheitsinstitutionen. Stimmt die Relation zwischen Zivil- und Katastrophenschutz? Sind Verfassungsschutz, Verbrechensbekämpfung und Nachrichtendienste richtig aufgestellt?

Viele Staaten und Gesellschaften, Organisationen und Unternehmen befinden sich längst inmitten einer prägenden Transformation. Innere und äußere Sicherheit lassen sich nicht mehr in der herkömmlichen Weise voneinander trennen. Die Staaten habe ihre harte Schale der Souveränität in den vergangenen Jahren gleich auf mehreren Gebieten eingebüßt. Zuerst durch die Entwicklung von Nuklearwaffen, die die autonome Gewährleistung von Sicherheit für die meisten Staaten unmöglich gemacht hat. Sodann durch die Globalisierung der wirtschaftlichen und finanziellen Beziehungen, die auch die autonome Gestaltung der Sozialsysteme unterhöhlt hat. Und schließlich wurde die harte Schale des Staates durch die Ubiquität asymmetrischer Kampfhandlungen beschädigt.

Streitkräfte sind zwar nicht alles mit Blick auf die verfügbaren Sicherheitsinstrumente des Staates. Immerhin bleiben sie jedoch Teil des gesellschaftlichen Fähigkeitsspektrums. Früher wurde die Gesellschaft mobilisiert, um das Militär bei einem Angriff zu unterstützen. Heutzutage ist es umgekehrt: Die Streitkräfte sind ein Teil derjenigen Kräfte, mit denen ein Gemeinwesen auf Angriffe reagiert. Deshalb müssen sie darauf vorbereitet sein, als ein Bestandteil einer umfassenden Antwort auf sicherheitspolitische Herausforderungen eingesetzt zu werden. Gleichzeitig bildet die öffentliche Akzeptanz dieses Einsatzspektrums das Rückgrat gesellschaftlicher Rückbindung und Legitimation, die es stetig neu zu begründen gilt. Transparenz ist eine der wichtigen Ressourcen, um die Einbindung in das gesellschaftliche Gesamt stets neu herzustellen.

Im Felde der inneren Sicherheit und Gefahrenabwehr sind vor allem Polizei, Feuerwehr, Katastrophenschutz und andere „First Responder" gefragt. Zweifellos können aber auch die Streitkräfte wesentliche subsidiäre Beiträge leisten. Sie verfügen über Fähigkeiten, die an anderer Stelle nicht vorhanden sind. Es liegt auf der Hand, dass die vielfältigen Fähigkeiten, über die Streitkräfte – teilweise als einzige Organisation – verfügen, Bestandteil eines umfassenden „Sicherheitsverbundes" werden sollten. In diesem Verbund müssen alle für die öffentliche Sicherheit zuständigen Stellen integriert sein, darunter Polizei, Sanitätswesen, Bundesgrenzschutz und Feuerwehr, insbesondere auch Nachrichtendienste. Natürlich würde ein solcher „Sicherheitsverbund" einen Bruch mit traditionellen Zuständigkeitsstrukturen und Verantwortungssträngen bedeuten.

Dabei werden sich die Verfassungs- und Herrschaftsstrukturen der politischen Systeme verändern. Die damit zusammenhängenden Probleme sind, besonders in den USA, an unterschiedlichen Beispielen schlagartig deutlich geworden. So wurden Bürger ohne gerichtliche Anordnung abgehört und ihre elektronische Kommunikation erfasst; in Guantanamo sitzen Gefangene ohne rechtliche Grundlage ein; die gezielte Tötung von Personen, auch von einem amerikanischen Bürger, ist von Präsident Obama angeordnet worden. Inzwischen hat diese Vorgehensweise Kritik auf allen Seiten des politischen Lagers hervorgerufen, weshalb aus diesem Beispiel zu lernen ist, dass die Neujustierung von Sicherheit und

Freiheit, die im Zuge der Gestaltung des neuen „Sicherheitsverbundes" vorgenommen werden muss, sehr sorgfältig überlegt werden muss.

Das unreflektierte Festhalten an hergebrachten Handlungsmustern ist vor dem Hintergrund möglicher (Groß-)Schäden jedenfalls keine durchhaltefähige Option. Leistungsfähige Entscheidungsprozesse setzen künftig auf eine noch engere Integration politischer, militärischer, wirtschaftlicher, humanitärer, polizeilicher und nachrichtendienstlicher Instrumente des Konflikt- und Krisenmanagements. Diese Integration ist Kern einer umfassenden Antwort auf die Frage nach wirksamen Strukturen für die Zusammenarbeit der öffentlichen Hand mit anderen Teilen der Gesellschaft – national, insbesondere aber auch grenzüberschreitend – mit Blick auf die veränderte Sicherheitslage. Ein dreigleisiger Ansatz aus Maßnahmen zur Prävention, zum Schutz kritischer Infrastruktur und zur Verbesserung der Leistungsfähigkeit von Einsatz-/Rettungskräften wird erforderlich. Dem Aufbau aufgabengerechter Strukturen kommt besondere Bedeutung zu, z. B. eindeutige Verantwortlichkeiten, Informationsaustausch und gemeinsame Planungsprozesse. Besonders wichtig ist jedoch die Herausbildung einer „Kultur der Zusammenarbeit" unter den zivilen und militärischen Akteuren, zwischen höchst unterschiedlichen Behörden und Organisationen.

Angesichts der hierbei bisher gemachten Erfahrungen ist dies eine der größten Herausforderungen. Denn die Zusammenarbeit unterschiedlicher Sicherheitsorgane scheitert sehr häufig an deren bürokratischer Konkurrenz, unterschiedlichen organisatorischen Kulturen und verschiedenen Routinen und Programmen, mit denen sie jeweils auf bestimmte Herausforderungen zu reagieren gewohnt sind. Das Ziel einer gemeinsamen Lage ist schon zwischen den unterschiedlichen staatlichen Agenturen anspruchsvoll, reicht aber nicht aus, um die Komplexität der Gesamtlage abzubilden.

Deshalb ist dabei die Wirtschaft einzubeziehen, in deren Besitz bzw. Betrieb sich der weit überwiegende Teil der kritischen Infrastruktur befindet, ebenso eine Reihe von Nicht-Regierungsorganisationen. Denn nicht nur staatliche, auch nicht staatliche Organisationen verfügen über große Sachkenntnis. Häufig befinden sie sich bereits vor einer Intervention in den Krisengebieten und sind mit der Situation vor Ort bestens vertraut. Diese ist besonders wertvoll bei der Planung von Maßnahmen und Wirkungen, Bewertungsmethoden und der Auswertung von Ergebnissen, denn sie können zu einer verbesserten Kontinuität in Übergangsphasen beitragen. Ihre frühzeitige Einbindung ist von wesentlicher Bedeutung.

Das erfordert derzeit einen ebenso breit wie tief angelegten Dialog über die jeweiligen Selbstverständnisse der Akteure, die in einem „Sicherheitsverbund" zusammengefasst werden sollen – und zur Zielerreichung auch müssen. Denn noch liegen einige der jeweiligen Organisationsidentitäten soweit auseinander, dass eine zeitnahe Verzahnung ihrer Fähigkeiten mit den jeweiligen Selbstverständnissen nicht vereinbar erscheint. Deshalb ist die Aufgabe, eine gemeinsame Kultur der Zusammenarbeit zu entwickeln, von überragender Bedeutung. Sie ist Voraussetzung dafür, dass sich Organisationskulturen und zwischenbürokratische Sozialisationsprozesse anstoßen lassen, die eine Zusammenarbeit erst ermöglichen.

Die gemeinsame Hauptaufgabe der Beteiligten – national wie länderübergreifend – liegt darin, die interdependenten, vernetzten Gesellschaften und deren Verbindungen zu schützen. Bereits der Schutz kritischer Infrastruktur beispielsweise ist jedoch eine komplexe Herausforderung. Einzelne, punktuelle Aktionen können schnell weitreichende, nationale oder auch internationale Auswirkungen haben. Das Geflecht gegenseitiger Abhängigkeiten zwischen öffentlicher Hand und privater – häufig internationaler – Wirtschaft erhöht die Komplexität weiter. Bereits Verwundbarkeitsanalysen stoßen auf erhebliche Schwierigkeiten, denn der erforderliche Informationsaustausch zwischen öffentlicher Hand und Wirtschaft muss berücksichtigen, dass nicht vertrauliche Informationen in die Hand von Wettbewerbern gelangen.

3 Permanente Anpassung

Innovationen, Komplexität und Dynamik erfordern in Zeiten der Globalisierung und Transnationalisierung eine fortgesetzte Anpassung von Sicherheitskonzepten. Zugleich zwingen existierende Budgetbegrenzungen zu einer Balance von sinnvollem Einsatz leistungsfähiger „Legacy-Systems" einerseits und neuartiger „Disruptive Technologies" andererseits. Vor diesem Hintergrund wird die Gesamtperformance im System ausschlaggebend. Das Zusammenwirken von Bedarfsträgern und Bedarfsdeckern, Industrie und Forschung soll nicht nur die Komplexität moderner „System of System"-Lösungen bewältigen, sondern diese vielmehr optimieren. Hierzu sind neue Wege zu gehen. Diese stehen zu dem in Streitkräften, Sicherheitskräften und Industrie gewohnten Denken sowie zu den bekannten, klassischen Lösungen oft in direktem Widerspruch.

Die bisherigen Konzepte und Fähigkeiten der nur unzureichend verbunden miteinander handelnden Akteure sind den neuen Herausforderungen nicht gewachsen, denn:

- die konvergierenden Aufgaben der inneren wie äußeren Sicherheit erfordern eine neuartige Sicherheitsarchitektur, in der die institutionelle und konzeptionelle Trennung der beiden Sphären überwunden wird;
- das nachhaltige Zusammenwirken der Schlüsselakteure aus allen Bereichen der Gesellschaft muss zielgerichtet gestaltet werden;
- moderne (vernetzte) Einsatzführung erfolgt in allen Sicherheits- und Geschäftsfeldern um ein Vielfaches vernetzter;
- dezentrale Führung und die Synchronisierung autonom handelnder Elemente („Power to the Edge")[2] gewinnt an Bedeutung;
- das Spektrum, die Leistung und die Art einzusetzender intelligenter Sensoren und Wirkmittel/Instrumente erweitern sich rapide;
- die Anforderungen an Informationsbedarf, -management und -sicherheit steigen erheblich.

Transformation bezeichnet – anders als bei einer Reform, die versucht alte Handlungsmuster und Geräte durch neue, verbesserte zu ersetzen – generell die Veränderung einer Gestalt, Form oder Struktur. Während die Politikwissenschaft Transformation derzeit vorwiegend als grundlegenden Wechsel oder Austausch eines politischen Regimes sowie der gesellschaftlichen und wirtschaftlichen Ordnung versteht und sich bei der Transformationsforschung insbesondere auf die Demokratisierungsprozesse der Länder konzentriert, die den Systemwechsel in den beiden Demokratisierungswellen nach 1974 und 1989 vollzogen haben, bedeutet Transformation im Militärwesen die Fortentwicklung und den Einsatz von Methoden, die dem Militär einen revolutionären, strategischen Vorteil verschaffen. Der Transformation liegt eine Neuorientierung von Sicherheit, Krisenmanagement und Krisenvorsorge als übergreifende Herausforderungen globaler Reichweite zugrunde. Transformation ist revolutionär in der Zielsetzung. Dabei konzentriert sie sich auf das Erreichen bestimmter Ziele, also sachbereichsspezifischer Lösungen für konkrete Probleme. Eine

---

[2] Siehe hierzu Alberts/Hayes (2003).

Schwierigkeit der Transformation sicherheitspolitischer Akteure besteht darin, dass die Zielerreichung unter einem gemeinsamen politischen Zweck synchronisiert werden muss. Dieses Erfordernis führt dazu, dass die Transformation nicht allein als Managementprozess innerhalb und zwischen sicherheitspolitisch relevanten Akteuren verstanden werden kann, sondern ein politischer Prozess ist.[3] Denn die gesetzten Ziele zu erreichen ist das eine; sie unter einem gemeinsamen politischen Zweck zu verbinden, ein anderes. Erst die zweite Anforderung beschreibt den Gesamtprozess einer nicht technizistisch verkürzt verstandenen Transformation des Sicherheitssektors.

Innovation und Tempo sind wichtige Schlüssel für moderne Sicherheitskonzepte und die Antwort auf zunehmend asymmetrische Bedrohungslagen. Das frühzeitige Erkennen von Innovationspotenzial und implementierbare Innovationszyklen sind für die zukünftige Handlungsfähigkeit von Sicherheitskräften ausschlaggebend. Der Transformationsbegriff spiegelt so nicht nur die „Umwandlung", „Metamorphose" und „Umgestaltung" des Bestehenden wider, sondern impliziert die Verbesserung durch Kombination von Alten und Neuem zu etwas anders Neuem (Alberts/Hayes 2003: 3). Transformation ist als Prozess zu verstehen, der sich den neuartigen Charakter von Konkurrenz und Kooperation als notwendige Grundlage zur Erlangung von Handlungsfähigkeit zu Eigen macht. Durch die Kombination von Konzepten, Fähigkeiten und Strukturen werden somit Synergien erzeugt, um sich einerseits vor der Verwundbarkeit des eigenen Systems zu schützen und andererseits Einfluss im internationalen System nehmen zu können; ein Effizienzgewinn also.

Transformation bedient sich der dabei neuen, leistungsfähigen, preiswert verfügbaren Technologien und nutzt zugleich systematisch verfügbares Wissen. Wissen ist in dieser analytischen Sicht der entscheidende Rohstoff, aus dem alle gesellschaftlichen Prozesse und sozialen Organisationen gebildet sind. Im Zuge der Entwicklung zur Wissensgesellschaft wird der Zugang zu Wissen und der Austausch von Informationen immer universeller: für Einzelne, gesellschaftliche Gruppen, politisch und wirtschaftlich relevante Akteure, Staaten und Bündnisse. Die Bedeutung von Wissen wird auch dadurch nicht vermindert, dass es durch die groß angelegten Datenbanken zu einer höheren Sicherheitsanforderung an die Analyse, Bereitstellung und Speicherung von Wissen kommt. Die Verletzlichkeit der Wissensbestände besteht sowohl von außen, als auch von innen. Die Diskussion darüber, was Datendiebstahl für organisationspraktische Konsequenzen hat, ab es zu einer Segmentierung der Wissensbestände oder gar zu einer weitgehenden Dezentralisierung der Organisationsstruktur kommen wird, hat gerade erst eingesetzt. Die Wirkung, die WikiLeaks mit den Schüben an Veröffentlichung klassifizierter Dokumente erzielt hat, lässt sich noch nicht ermessen.[4]

Gleichzeitig eröffnet die Existenz derartiger Dokumentenbestände auch die Möglichkeit, über manipulierte Informationen handlungsleitend in das System einzugreifen, weshalb besondere Kontrollen vorgesehen werden müssen. Das aber steht im potenziellen Widerspruch zu einem zentralen, jedoch enthierarchisierten Netz an Informationsanbietern und –nutzern. Wissen organisiert sich nicht selbst und die Frage, wer die Organisationsprinzipien festlegt und kontrolliert muss mit in der „Kultur der Zusammenarbeit" festgelegt werden, um sich auf einen politischen Zweck verständigen zu können, dessen Operationalisierung transparent und konsensual erfolgen muss – soll die notwendige Legitimation erzielt werden.

---

[3] Für eine Analyse der Zweck-Ziel-Relation im Anschluss an die klassische Ausführung bei Carl von Clausewitz vgl. Beckmann (2011).
[4] Vgl. beispielsweise Schreiber (2010).

Auch im Kampf gegen sicherheitsbezogene Herausforderungen gewinnt Wissen eine höhere Bedeutung. So erhöhen beispielsweise schnelle Veränderungen und die Verbreitung der Biotechnologie auch die Fähigkeiten eines Gegners, Biowaffen einzusetzen. Daher ist die Organisation, Diffusion und Proliferation von Wissen ein Kernproblem der kommenden Jahre. Das sieht man nicht zuletzt am Beispiel Weltraum. Dieser ist bereits heute zu relativ geringen Kosten auch für kleinere Staaten, nicht-staatliche Akteure oder Personen/-gruppen nutzbar.

Die Revolution in der Informations- und Kommunikationstechnologie ist Bestandteil eines größeren, strukturellen Transformationsprozesses: hochleistungsfähige Netze und Netzverbindungen und die damit verbundenen Datenströme bilden die grundlegende Infrastruktur für ein funktionell verbundenes, weltweites Wirtschaftssystem. Sie ist zugleich ein wesentlicher Faktor der Wettbewerbsfähigkeit und Produktivität von Ländern, Regionen und Unternehmen in der ganzen Welt, indem sie eine neue internationale Arbeitsteilung einleitet. Mit der Schaffung eines Global Village entsteht eine neue Kommunikationsrealität, die die Zentralisierung von Botschaften und die Dezentralisierung von deren Rezeption ermöglicht. Allerdings auch ihr Gegenteil, etwa globale Kommunikationsguerilla und Desinformation. Die Anbindung an das globale Kommunikationssystem sichert dem Teilnehmer einen Bedeutungsgewinn. Der Nichtteilnehmer wird marginalisiert.

Die Informationsrevolution erhöht zugleich die Verwundbarkeit moderner Industriestaaten gegenüber asymmetrischen Angriffen. Die enormen Multiplikatoreffekte, die sich mit den verschiedenen Anwendungen von Informationen verbinden, machen Staat und Gesellschaft in hohem Maße abhängig von diesen Potenzialen, die meist untereinander vernetzt sind. Bereits geringste Störungen der kritischen „informationsgeprägten" Infrastruktur können gravierende Auswirkungen haben. Die Funktionsfähigkeit postmoderner Industriestaaten hängt nicht zuletzt von zuverlässig geschützten Datenbanken und anderen Einrichtungen der Informations-Infrastruktur ab. Störungsfrei arbeiten müssen vor allem auch die Telekommunikationssysteme, die meist auch von militärischer Seite mitgenutzt werden. Von Fehlfunktionen betroffen sein können jedoch auch andere sensitive Bereiche wie Energie- und Trinkwasserversorgung, Verkehr, öffentliche Verwaltung, Industrie, Handel, Banken, Versicherungen, Polizei, Sicherheits- und Rettungsdienste sowie auch die politische und militärische Führung auf allen Ebenen. Es gibt viele Möglichkeiten der bewussten Schädigung bzw. Störung, die mit vergleichsweise geringem Aufwand durchgeführt werden können. Die kritische Infrastruktur eines modernen Industriestaates kann schon von Einzelnen mit gezielten Angriffen schwer beeinträchtigt werden. Nicht nur die Vorbereitung, auch die Durchführung solcher Attacken ist schwer erkennbar. Der Informationskrieg kennt keine Vorwarnzeit und keinen Verteidigervorteil. Gegenmaßnahmen müssen antizipierend entwickelt werden; sie sind deshalb naturgemäß mit vielen Unsicherheiten behaftet.

Im deutschsprachigen Raum gibt es derzeit noch eine gewisse Verengung des Transformationsgedankens auf den militärischen Bereich. Die Transformation des Sicherheitssektors betrifft hingegen vor allem die zivilen Sicherheitsinstitutionen. Ohne deren Leistungsfähigkeit sind die angestrebten Handlungsfähigkeiten nicht herzustellen. Deshalb müssen deren Einsatzdoktrinen, Prozesse, Strukturen, Fähigkeiten sowie Ausrüstung für die neuen, veränderten Aufgabenstellungen fit gemacht werden. Gerade zivile und krisenpräventive Instrumente wie auch Maßnahmen der Friedensstützung und des Post-Konfliktaufbaus haben enormen sicherheitspolitischen Stellenwert. Ohne ihre Fähigkeiten zerrinnen die Beiträge der Streitkräfte ungenutzt.

Die derzeit existierenden sicherheitspolitischen Fähigkeiten werden diesen Erkenntnissen jedoch nur bedingt gerecht. Insbesondere die mit den asymmetrischen Konfliktformen einhergehenden Bedrohungen sowie die daraus resultierenden neuen Aufgaben wie z. B. der Schutz kritischer Infrastruktur, Terrorismusabwehr, Maßnahmen zur Eindämmung der Verbreitung von Pandemien oder auch Massenvernichtungswaffen und zugehörigen Technologien spiegeln sich nur in Ansätzen in der Fähigkeitsentwicklung der Sicherheitskräfte in Deutschland, Österreich und der Schweiz wider. Damit fehlen jedoch entscheidende Bausteine zur Beherrschung der beschriebenen Komplexität, darüber hinaus ebenso eine umfassende Sicherheitsstrategie sowie ressortgemeinsam und länderübergreifend definierte Prozesse und Strukturen.

Auch die Industrie und Wirtschaft müssen sich den erheblichen Transformationsherausforderungen stellen; in Ländern wie den USA und Großbritannien, Schweden und den Niederlanden ist Transformation von vornherein ressortübergreifend ausgelegt und bezieht Wirtschaft und andere nicht staatliche Akteure mit ein. Transformation ist hier auch für die Bereiche Politik, Wirtschaft, Recht, Wissenschaft und Forschung von hoher Relevanz. Und dies sind genau die Felder, die mit Blick auf das Ziel der Sicherheit kritischer Infrastruktur und der Bevölkerung miteinander vernetzt werden müssen – in nationaler wie in internationaler Hinsicht.

Dies passiert nicht von allein. Transformation erfordert dezidiertes Change Management, einen Prozess permanenter Anpassung. Dieser setzt wiederum nicht nur die Bereitschaft, sondern auch die Fähigkeit zum Wandel voraus, denn sicherheitspolitische Transformation muss permanent Antworten auf die sich verändernden Herausforderungen finden, die der globale gesellschafts- und sicherheitspolitische Wandel mit sich bringt. Deren Bewältigung erfordert Zusammenarbeit – undogmatisch und grenzüberschreitend, multinational, zwischenbehördlich und interdisziplinär – eine Transformation in den Köpfen. Nur so lassen sich die Widerstände, die sich aus den Schwierigkeiten der Kooperation kollektiver Akteure stellen, möglicherweise überwinden. Eine gleichgerichtete Perzeption der gegebenen Lage, gemeinsame Doktrinen und Handlungsprogramme sowie abgestimmte Interessen müssen die Grundlage für eine neue Art der Kooperation bilden.

4 Transformation der Streitkräfte

Einsätze werden den Streitkräften in Deutschland, Österreich und der Schweiz längst nicht mehr unmittelbar physisch aufgezwungen. Sie basieren vielmehr auf souveränen und aktiven politischen Entscheidungen im Kontext weltweiter Sicherheitsvorsorge, von Krisenmanagement und Krisenvorsorge unter dedizierter Berücksichtigung nationaler Interessen.

Jeder Einsatz, jedes Einsatzgebiet ist anders und wird in Zukunft anders sein. Selbst in ein und demselben Einsatzgebiet gibt es unterschiedliche Bedingungen für die Auftragserfüllung. In jedem Einsatz werden andere Fähigkeiten, ein anderes Auftreten und eine andere Ausrüstung verlangt. Die Facetten der Einsatzoptionen reichen von Militärberatung, UN-Beobachtermissionen über Hilfeleistungen, militärische Evakuierungsoperationen, hin zu Stabilisierungsoperationen einschließlich Operationen gegen irreguläre Kräfte. Sie können Einsätze höchster Intensität im Rahmen internationaler Konfliktbewältigung einschließen, ebenso den Kampf gegen den internationalen Terrorismus, in Deutschland zudem die nukleare Teilhabe.

Das künftige operative Umfeld wird zunehmend durch eine Verwischung der Grenzen zwischen innen und außen – Staatenkrieg und Bürgerkrieg – der Rolle von zivilen Kräften und Militär bestimmt. Hinzu kommt die zunehmend zu beobachtende Vermischung offizieller und klandestiner Maßnahmen. Das operative Umfeld gestaltet sich deshalb dynamischer und komplexer als je zuvor. Treibende Faktoren sind:

- immer schneller verlaufende technologische Entwicklungen, die Innovationen jedweder Art in immer kürzeren Zyklen bereitstellen;
- gegenläufige demografische Trends in den postindustriellen und den Schwellenländern mit den begleitenden gesellschaftlichen und politischen Entwicklungen (Angenendt/Apt 2010: 28);
- Verteilungskämpfe um Ressourcen und damit auch zusammenhängende zunehmende Migrationsbewegungen;
- ein breites Spektrum von Einsatzoptionen, das auch begrenzte, raumorientierte Operationen konventionellen Charakters beinhalten kann. Zunächst ist jedoch wahrscheinlich weiter von asymmetrisch operierenden und irregulär kämpfenden Gegnern auszugehen und einer Bedrohung durch terroristische Gruppierungen, die auch in den Besitz von Massenvernichtungswaffen gelangen können;
- eine zunehmende Bedeutung von Informationsoperationen und der Weltraumnutzung;
- Verteilungskämpfe um strategisch zur Neige gehende, fossile Brennstoffe.

Inzwischen stehen in Deutschland, Österreich und der Schweiz, und diese berührend auch international die jeweiligen Streitkräfte in einem Transformationsprozess, um den absehbaren sicherheitspolitischen Herausforderungen mit Aussicht auf Erfolg gegenüber treten zu können. Mit Blick auf ständig steigende Anforderungen in einem sich dynamisch verändernden, komplexen Spektrum werden unter anderem Strukturen, Ausrüstung und Ausbildung den gewandelten Anforderungen angepasst. Zur Erfüllung dieses breiten Aufgabenspektrums, müssen in allen Handlungsfeldern der Transformation – Personal, Ausbildung, Übung und Einsatz, Organisation und Betrieb, Konzeptionen und Konzepte, Material und Ausrüstung, Methoden und Verfahren – Fortschritte erzielt werden. Den Streitkräften bieten insbesondere die technischen Entwicklungen grundlegend neue Optionen. Die Realität der Einsätze sowie der jeweils gewählte „level of ambition" diktieren das notwendige Tempo der Transformation.

Die hergebrachten klassischen Massenheere haben gegenüber vernetzten, modern ausgerüsteten und erstklassig ausgebildeten, jedoch im Umfang weitaus geringeren Streitkräften nicht die geringste Chance. Klein, mobil und vernetzt, mit weitreichenden, zielgenauen Waffensystemen ausgestattet sowie mit einer überlegenen Lageübersicht können sie große Räume beherrschen. Wer besser informiert ist, hat eine bessere Übersicht und kann im Einsatz überraschend agieren. Informationsüberlegenheit sichert überlegene Reaktionsfähigkeit. Grundlegend neue Einsatzkonzepte werden möglich. Die Beweglichkeit auf strategischer, operativer und taktischer Ebene gewinnt neue Dimensionen. Die eigenen Verluste wie auch Kollateralschäden sinken auf ein nie da gewesenes Niveau.

Kern der Transformation von Streitkräften mit Blick auf eine verbesserte Einsatzwirksamkeit sind ein gemeinsames Einsatzlagebild sowie die Fähigkeit zur vernetzten Operationsführung.

Das gemeinsame, aktuelle Einsatzlagebild wird auf Grundlage schneller und kontinuierlicher Lagefeststellung erzeugt und sichert eine verzugsarme und unterbrechungsfreie Informationsversorgung auf und zwischen allen Führungsebenen und allen Truppenteilen. Informationsüberlegenheit und ein gemeinsames Lageverständnisses verbessern und beschleunigen die Führungsverfahren und speziell den Führungsprozess.[5] Dies gestattet, schnell und streitkräftegemeinsam Wirkung zu konzentrieren und damit Wirkungsüberlegenheit zu erzielen. Auf dieser Grundlage wird ein vernetzter Verbund von Aufklärung – Führung – Wirkung in allen Dimensionen (physisch, informationell, kognitiv und sozial) und über alle Ebenen auch im multinationalen Kontext hergestellt, der zivile Organisationen ausdrücklich einbezieht.

Die „Vernetzte Operationsführung" ist als Kern der Transformation der Bundeswehr zugleich deren bedeutendste Initiative. Entwicklungen in der Information- und Kommunikationstechnologie erlauben erst in jüngster Zeit eine Vernetzung aller für Sicherheit relevanter Bereiche, darunter die Fusion von Daten und Wissen aus Aufklärungs-, Überwachungs- und geheimdienstlichen Erkenntnissen. „Vernetzte Operationsführung" zielt auf eine konsequente Vernetzung, von den unterschiedlichen Prozessen in der Einsatzdurchführung über hierarchische Ebenen und verschiedene Truppen hinweg – ein komplexer Ansatz, der von Prozessen ausgehend seine Wirkungen auf Strukturen und bis hin zur Führungskultur von Streitkräften entfaltet. Mit „Vernetzter Operationsführung" wird das militärische Fähigkeitsprofil signifikant verbessert und zugleich der Schulterschluss, die Fähigkeit zur Zusammenarbeit mit unseren wichtigen Partnern bewahrt. Dabei gründet vernetzte Operationsführung auf Auftragstaktik – „power to the edge" nennt sich das in der englischsprachigen Literatur.

Die dynamische, zeitnahe Integration technischer und wissenschaftlicher Innovation in die Streitkräfte ist für die Streitkräfteplanung eine große Herausforderung. Die vorhandenen Konzepte, Strukturen, Prozesse und Instrumente müssen angepasst werden, um jene Fähigkeiten zu generieren, die für die Streitkräfte von heute und morgen relevant sind. Die zugrunde liegenden Strategien und Standards werden allerdings nicht in Deutschland, Österreich oder der Schweiz erarbeitet. Sie entstehen in der NATO und der Europäischen Union oder auch durch Übernahme von global etablierten technologischen Standards großer Wirtschaftsunternehmen – mithin schließt dies natürlich die kompetente Mitwirkung der DACH-Staaten nicht aus.

Das übergeordnete Ziel der Transformation der NATO ist in der neuen NATO-Strategie festgehalten.[6] Das strategische Konzept enthält drei wesentliche neue Elemente: Neue Bedrohungen, neue Partnerschaften und einen vernetzten Ansatz für deren internationales Engagement, der in der NATO „Comprehensive Approach" genannt wird. Dieser Ansatz zielt darauf ab, die NATO-Fähigkeiten zu verbessern, mit denen den neuen sicherheitspolitischen Herausforderungen begegnet werden soll. Inhaltlicher Kern ist die Entwicklung der Fähigkeit zu einem wirkungsorientierten Krisenmanagement, welches alle militärischen und nicht-militärischen Instrumente der Allianz hinsichtlich möglicher Beiträge zur Erreichung angestrebter Endzustände in militärischen Operationen des erweiterten Aufgabenspektrums integriert.

Die NATO hat insbesondere drei Transformationsziele definiert:

- die Fähigkeit zur zusammenhängenden und zielgerichteten Wirkungsentfaltung,
- die Fähigkeit zum Erreichen einer Entscheidungsüberlegenheit,

---

[5] Alle Phasen des Führungsprozesses - Lagefeststellung, Planung, Befehlsgebung und Kontrolle - und damit sowohl Entscheidungsvorbereitung als auch Entscheidungsdurchsetzung.
[6] Die Staats- und Regierungschefs der NATO haben auf ihrem Gipfel von Lissabon am 19./20. November 2010 ihr neues Strategisches Konzept verabschiedet, vgl. http://www.nato.int/lisbon2010/ strategic-concept-2010-eng.pdf (Zugriff: 20.11.2010).

- die Fähigkeit zum streitkräftegemeinsamen Verlegen von Kräften sowie Führen und Durchhalten von Operationen.

Um diese Transformationsziele erreichen zu können, wurden wiederum sieben Felder identifiziert, in denen neue Fähigkeiten entwickelt werden müssen. Diese Felder der NATO-Transformation (Transformation Objective Areas) sind NATO Network Enabled Capability (NNEC), Information Superiority, Joint Manoeuvre, Effective Engagement, Enhanced CIMIC, Integrated Logistics und Expeditionary Operations.

Der „Comprehensive Approach" (vgl. NATO 2010) nutzt die Möglichkeiten der Vernetzten Operationsführung für den konzertierten Einsatz aller staatlichen Machtinstrumente und integriert die Wirkungen militärischen Handelns in die beabsichtigten Ergebnisse einer „Grand Strategy". Diese beruhen auf Maßnahmen in den Bereichen Diplomatie, Information, Wirtschaft und Militär und zielen auf politische, militärische, wirtschaftlichen, soziale, infrastrukturelle und Informationswirkungen. Die Kernfähigkeit wirkungsorientierter Operationen ist ein übergeordneter Führungsprozess, der – gestützt auf ein Netzwerk staatlicher und nicht staatlicher Kompetenzen und Instrumente – diejenigen Mittel einsetzt, die am besten geeignet sind die vorab klar definierten Ziele zu erreichen.

Konzeptentwicklung und Experimentierung[7] unterstützt als Methode und Werkzeug der Transformation den erforderlichen Prozess struktureller Lernfähigkeit und kontinuierlicher Weiterentwicklung. Derart kann sichergestellt werden, dass die Streitkräfte Schritt halten mit den Erfordernissen eines dynamischen, anspruchsvollen sicherheitspolitischen Umfeldes. Modellbildung und Simulation gewinnen hierbei an Bedeutung, denn angesichts der erforderlichen Betrachtung aller relevanten Wechselwirkungen ist es praktisch unmöglich, im Voraus zu wissen, welcher Ansatz sich in der Praxis bewähren wird. Mit ihrer Hilfe lassen sich konzeptionelle Überlegungen, organisatorische Vorstellungen sowie Innovationen im technologischen Bereich kritisch auf ihre Praktikabilität, ihre Zuverlässigkeit und ihre Kostenfolgen überprüfen. Derart sind die Komplexität in den Griff zu bekommen, Kosten zu begrenzen und das eigene Reaktionsvermögen zu verbessern.

Zentral für die Zukunftsfähigkeit von Sicherheitskräften ist motiviertes und qualifiziertes Personal. Es bildet den wichtigsten Faktor der Transformation. Der Mensch wird in der Transformation weitaus mehr gefordert als bislang und dafür ist er auszuwählen, vorzubereiten und weiterzubilden. Transformation erfordert von Führungskräften und Spezialisten den Willen zur Umgestaltung sowie die Bereitschaft, sich selbst den veränderten Umständen anzupassen. Sie erfordert damit von allen Beteiligten eine radikale Umorientierung, das Umlernen von tief verinnerlichten individuellen und kollektiven Verhaltensmustern und Identitäten. Motivation, Mitwirkung, Beteiligung und Führen mit Aufträgen haben in diesem Zusammenhang auch mit dem notwendigen „Mitnehmen" der Mitarbeiter auf dem Weg der Transformation zu tun. Sie sind die Konstanten einer Führungsphilosophie, die in der Bundeswehr durch die Innere Führung verkörpert wird.

5 Sicherheit gestalten

Die „Gestaltung von Sicherheit"unter den Bedingungen der Globalisierung verändert das sicherheitspolitische Regelwerk nicht nur in den Streitkräften. Was den Streitkräften für eine höhere Einsatzwirksamkeit dient, Wirkungs- und Fähigkeitsorientierung, Vernetzte

---

[7] Concept Development & Experimentation, CD&E

Operationsführung, parallele statt sequen-zieller Planung und Entscheidungsfindung, verbessert auch die Fähigkeiten im zivilen Sicherheitsbereich. Die mit der Transformation verbundenen Denkansätze beschränken sich daher nicht auf die Streitkräfte, sondern müssen Teil eines gesamtgesellschaftlichen Mentalitätswandels sein.

Die Transformation der Streitkräfte dient damit nicht nur deren Fähigkeitsprofil. Sie wirkt zugleich als Schwungrad für entsprechende Überlegungen und Konzepte in Politik, Gesellschaft und Wirtschaft. Insbesondere die Fortschritte im Bereich der Informations- und Kommunikationstechnologie ermöglichen eine Vernetzung verschiedenster Akteure und beschleunigen zugleich die Entscheidungsprozesse. Die Notwendigkeit einer kohärenten Abstimmung zwischen den verschiedenen sicherheitsrelevanten Ressorts befördert neue Ansätze zur Entwicklung der sicherheitspolitischen Machtinstrumente.

Sowohl in der Politik als auch in der Wirtschaft und in der Wissenschaft hat sich das Paradigma des umfassenden und ressortübergreifenden Sicherheitsverständnisses durchzusetzen begonnen – dies nicht zuletzt als Anforderung an internationale Konkurrenzfähigkeit. Doch auch von der Bildung erfordern neue Sicherheitsbedrohungen und friedenspolitische Agenden neue Antworten. Es dreht sich somit allseits um Veränderung, um Einlassen auf das Neue, um Transformation von Vorstellungswelten und Wegen des Denkens. Transformation wird im 21. Jahrhundert zu einem gesellschaftlichen Zukunftsthema, das Bereitschaft und Fähigkeit zur eigenverantwortlichen Gestaltung impliziert und über die Bedrohungsabwehr ebenso hinausreicht wie über die Reduzierung des Gestaltungsimperativs auf die Verbesserung der Bedrohungsbewältigungstechnologie.

Mit der vorliegenden Studie „Neue Risiken und die Transformation der Sicherheitspolitik: Deutschland, Österreich und die Schweiz im Vergleich" haben wir in diesem Verständnis in länderübergreifender Zusammenarbeit den tief greifenden Wandel innerhalb des sicherheitspolitischen Umfeldes westlicher Industriegesellschaften der letzten Jahre analysiert und den Prozess der Transformation begleitet, der in allen drei Staaten hinsichtlich der Organisation und Implementierung der Sicherheitspolitik eingeleitet wurde.

Zwischen den drei Staaten Deutschland, Österreich und Schweiz bestehen ausreichend Gemeinsamkeiten und gleichzeitig identifizierbare Unterschiede. Wir haben untersucht und verglichen, welche Effekte die strukturellen Veränderungen im Umfeld der drei Staaten auf die Transformationsprozesse der Sicherheitsorganisation gehabt haben sowie, ob und in welcher Form sich die veränderten sicherheitspolitischen Rahmenbedingungen auf die sicherheitspolitischen Transformationsprozesse auswirken. Im Fokus unseres Forschungsinteresses stand dabei die Fragen nach der „Risikoanalyse, Bedrohungsanalyse und Bedrohungswahrnehmungen", „Stand der Streitkräfte in Ausbildung, Ausrüstung und Konzeption", „Der Transformationsprozess und die Fähigkeit zur Interoperabilität: Wertschöpfung durch Vernetzung", „Das Verhältnis von Militär und Polizei im Innern und in internationalen Einsätzen", „Die zivil-militärische Zusammenarbeit", „Das internationale Engagement" sowie „Vorbereitet auf welche Zukunft? Stand und Probleme langfristiger Planung". Die sehr unterschiedlichen Autoren aus Deutschland, Österreich und der Schweiz beantworten diese Fragen aus ihrer nationalen, jedoch vernetzten Perspektive mit wertvollen Anregungen und Aspekten für die sicherheitspolitische Zukunft in und für Europa. So gewinnen diese Erkenntnisse nicht nur einen besonderen sozialwissenschaftlichen, sondern auch politischen Wert.

Literatur

Albrecht, H. (2008) „Global Health: Die Gesundheit der Welt in der internationalen Politik", *Zeitschrift für Außen- und Sicherheitspolitik*, 1/2008, 16–25.
Alberts, D.S./Hayes, R.E. (2003) *Power to the Edge, Command... Control... in the Information Age*, Washington: CCPR.
Angenendt, S./Apt, W. (2010) „Die demographische Dreiteilung der Welt: Trends und sicherheitspolitische Herausforderungen", SWP-Studie, S 28, Berlin, SWP.
Beckmann, R. (2011) *Clausewitz trifft Luhmann: Eine systemtheoretische Interpretation von Clausewitz' Handlungstheorie*, Wiesbaden: VS-Verlag.
Kicullen, D. (2010) *Counterinsurgency*, Oxford: Oxford University Press.
NATO (2010) „Allied Joint Doctrine Ratification Draft, AJP-01(D)", 3 March 2010.
Schreiber, N. (2010) „Game Changer: Why WikiLeaks Will be the Death of Big Business and Big Government", *The New Republic*, 27. December, http://www.tnr.com/article/politics/80481/game-changer (Zugriff 03.01.2011).
Strukturkommission der Bundeswehr (2010) „Bericht der Strukturkommission der Bundeswehr: Vom Einsatz her denken – Konzentration, Flexibilität, Effizienz", Berlin.
Thiele, R. (2004) „Intervention und die Sicherheit zu Hause in Deutschland: Transformation der Sicherheitspolitik unter neuen Vorzeichen", in H. Borchert (Hg.) *Weniger Souveränität – Mehr Sicherheit: Schutz der Heimat im Informationszeitalter und die Rolle der Streitkräfte*, Hamburg: E.S. Mittler & Sohn, 95–115.
Unger, C. (2010) „Die Staatliche Krisenmanagementübung LÜKEX 2009/2010", *Zeitschrift für Außen- und Sicherheitspolitik*, 4/2010, 433–444.
Zegart, A.B. (2000) *Flawed by Design: The Evolution of the CIA, JCS, and NSC*, Stanford, CA.: Stanford University Press.
Zegart, A.B. (2007) *Spying Blind: The FBI, the CIA, and the Origins of 9/11*, Princeton/Oxford: Princeton University Press.

Risikoanalyse, Bedrohungsanalyse und Bedrohungswahrnehmung

Risikoanalyse, Bedrohungsanalyse und Bedrohungswahrnehmung in Österreich

Johann Frank

1　Einleitende Bemerkungen

Der Umgestaltungsprozess der politischen Geografie Europas, wie er seit den 90er Jahren zu beobachten und bis heute noch nicht abgeschlossen ist und in dessen Zentrum die EU- und NATO-Erweiterung mit den einhergehenden wirtschafts- und sozialpolitischen Verflechtungen des „alten" und „neuen" Europas stehen, bestimmt auch den risikoanalytischen Bezugsrahmen für Österreich. Kaum ein anderes westeuropäisches Land ist von diesen Transformationsprozessen in seiner Sicherheitslage so betroffen wie Österreich. Für Österreich war eine dramatische Verbesserung seiner geopolitischen Lage die Folge, die eine direkte militärisch-konventionelle Bedrohung des Staatsgebiets auf absehbare Zeit ausschließt und Instabilitäten an der europäischen Peripherie sowie subkonventionelle Gefährdungen ins Zentrum der Risikoanalyse treten lässt (BMLV 2004). Spätestens seit dem EU-Beitritt ist eine österreichische Risiko- und Bedrohungsanalyse nur in unmittelbarer Einbettung in die EU sinnvoll möglich. Wie in anderen Politikfeldern ist daher auch für die Risikoanalyse eine europäische Perspektive der Ausgangspunkt und die nationale Risikobeurteilung immer mehr eine Ableitung und Funktion derselben. Dies gilt vollständig für die äußere Sicherheit und immer mehr auch für die Restbestände rein nationaler Risikobeurteilungen.

2　Theoretische Vorüberlegungen

Obwohl „Risiko" und „Bedrohung" alltagssprachlich zumeist synonym verwendet werden, sind die beiden Begriffe analytisch klar voneinander zu trennen, zumal eine solche Unterscheidung auch der Ausgangspunkt für verschiedene sicherheitspolitische Strategien darstellt. Während im traditionellen Verständnis von „Bedrohungen" die drei Parameter „Akteur", „Potenzial" und „Intention" relativ klar festzumachen sind, ist eine „Risikolage" durch die zunehmende Ungewissheit zumindest eines der drei Faktoren gekennzeichnet (Daase 2002). Eindeutig identifizierbare Akteure mit klaren gegnerischen Absichten und vornehmlich militärisch definiertem Handlungspotenzial bestimmten die relativ einfach kalkulierbare Bedrohungskonstellation des Kalten Krieges. Risikoentwicklungen hingegen unterliegen aufgrund der Diversifizierung der Akteure, der internationalen Vernetzungen und der Verfügbarkeit moderner Technologien bzw. Einsatzmittel einer hohen, kaum vorhersehbaren Entwicklungsdynamik. Prägendes Charakteristikum der Risikoentwicklung ist deren schwierige Prognostizierbarkeit und der Verlust an breitem politischem und gesellschaftlichem Konsens in der Gefahreneinschätzung (Reiter 2003). Viele Risikoanalysen bergen die Gefahr einer zu vagen, allgemein gehaltenen Beschreibung ohne Priorisierungen, was zu Unschärfen bei der Zuordnung der Sicherheitsinstrumente führt.

Auch ist die politische Einschätzung des tatsächlichen Gefährdungspotenzials der „neuen" Risiken häufig umstritten, wie beispielsweise kontroverse Einschätzungen des Terrorismus zeigen, der für manche Analytiker eine ideologisch-strategische Herausforderung und für andere eher ein sozial- und kriminalitätspolitisches Problem darstellt.

Mit dem Ende des Kalten Krieges haben „Bedrohungen" ihren Charakter als unabhängige, Sicherheitspolitik und Strategie bestimmende Faktoren weitgehend verloren. An die Stelle passiver zu meist militärisch dominierter Bedrohungs-Reaktionskonzepte trat eine umfassende, präventive, auf internationale Kooperation ausgerichtete „Risikopolitik" verbunden mit einem kapazitätsbasierten Planungsansatz, der ausreichende Flexibilität und Reaktionsfähigkeit im Umgang mit strategischer Unsicherheit und schwieriger Prognostizierbarkeit sicherstellen sollte.

Konsequenterweise orientiert sich die Sicherheitspolitik vieler europäischer Staaten heute primär an politischen Gestaltungszielen. Diese umspannen einen breiten Bogen von staatlicher Selbstbehauptung über aktive Akteursrollen in internationalen Institutionen bis hin zu bündnispolitischen Zielen. Breite und Tiefe des zugrunde liegenden Sicherheitsbegriffs sowie die Definition der eigenen Interessen und Ziele sind daher die entscheidenden Eckpunkte für die Bestimmung des relevanten Risikobildes. Erst vor dem Hintergrund klar definierter eigener (d. h. europäischer und österreichischer) Interessen kann eine sinnvolle Debatte über Risikoanalyse und Risikopriorisierung geführt werden. Insofern bedürfte es daher auch in der öffentlichen Debatte eines Paradigmenwechsels, der nicht Bedrohungen oder Risiken als Ausgangspunkte wählt, sondern von der Definition der eigenen sicherheitspolitischen Ziele und Interessen ausgeht.

Neue Risiken erreichen für sich genommen selten die Schwelle „strategischer", d. h. die Existenz eines Gemeinwesens bedrohender Bedeutsamkeit. Die Vernetzung mehrerer Risiken kann aber sehr wohl zum Erreichen bzw. Überschreiten einer „strategischen Schwelle" führen. Die in diesem Zusammenhang am häufigsten genannte Konstellation von strategischer Bedeutung ist, dass terroristische Gruppen im Gefolge eines Bürgerkriegsszenarios in den Besitz von Massenvernichtungswaffen gelangen. Oberstes Ziel erfolgreicher Risikopolitik ist es daher zu verhindern, dass die neuen Risiken die „strategische Schwelle" überschreiten, an der sie zu einer existenziellen Bedrohung für einen Staat werden können. Damit wird Sicherheitspolitik zu einer umfassenden und langfristig angelegten Gestaltungsaufgabe, deren Ziel die präventive Verhinderung des Entstehens von Bedrohungen durch aktive Einflussnahme auf die Risikofaktoren ist (SVD 2001).

Abbildung 1: Risikokategorisierung (Quelle: Eigene Darstellung)

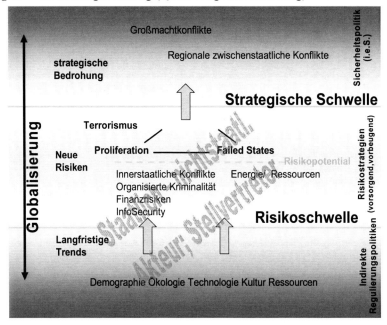

Die Frage, ob sich sicherheitspolitische Planung an den wahrscheinlichsten Risiken oder an jenen mit dem größten Schadenspotenzial orientieren soll, wird politisch kontrovers diskutiert. Angesichts beschränkter Ressourcen scheint die Konzentration auf wahrscheinlichste Szenarien gegenüber der Absicherung von nicht gänzlich auszuschließenden, aber doch sehr fraglichen „Worst case"-Überlegungen, die Oberhand zu gewinnen.

Klar ist aber, dass unter den Bedingungen einer globalisierten und vernetzten Sicherheitspolitik im Zentrum einer angemessenen Risikobeurteilung das Erkennen von umfassenden Wirkungszusammenhängen (Netzwerk- und Systemanalysen) stehen muss. Eine adäquate Erfassung des Risikobildes erfordert daher unter den heute gegebenen Umständen die Einbindung aller relevanten öffentlichen und privaten Beurteilungen einschließlich wissenschaftlicher Expertise. Erst eine gesamtheitliche, ressort- und disziplinenübergreifende Analyse schafft die Voraussetzungen für Entwicklung, Bereitstellung und Einsatz der erforderlichen militärischen und zivilen Wirkmittel. Dabei sind sowohl die inneren Risiken als auch die internationale Entwicklung zu betrachten. Die Gewichtung zwischen der Bedeutung des jeweiligen nationalen Risikobildes und den internationalen Risikobeurteilungen ist eine der sicherheitspolitischen Grundentscheidungen eines Staates.

3 Konzeptionelle Grundlagen

Die grundlegenden Dokumente der österreichischen Risikoanalyse sind die Sicherheits- und Verteidigungsdoktrin (SVD 2001), die Gesamtstrategie und die zehn Teilstrategien der sicherheitsrelevanten Ministerien sowie die Ergebnisse der Bundesheerreformkommission. Die Sicherheitsdoktrin formuliert den generellen Rahmen der Risikoanalyse einschließlich politischer Priorisierungen.

In Ergänzung zu den ressortinternen konkreten und kurzfristigen Risiko- und Bedrohungsanalysen gibt es auf gesamtstaatlicher Ebene seit 2005 ein „Sicherheitspolitisches Lagebild", das unter der Koordinierungsverantwortung des Bundeskanzleramts und mit Beiträgen aller sicherheitsrelevanten Ressorts erstellt wird. In diesem Rahmen werden neben den regionalen Entwicklungen auch der institutionelle Handlungsrahmen (UN, OSZE, EU, NATO/PfP) und wichtige horizontale Querschnittsthemen wie Proliferation, Rüstungskontrolle, Organisierte Kriminalität und Terrorismus analysiert und bewertet. Ziel des Lagebildes ist die Darstellung zentraler sicherheitspolitischer Herausforderungen und die Ableitung von konkreten Handlungsempfehlungen für die österreichische Bundesregierung mit einem vorausschauenden Beurteilungszeitraum von 12 bis 18 Monaten. Das Schwergewicht liegt dabei auf den maßgeblichen internationalen Entwicklungen. Noch nicht inkludiert sind eine systematische Beurteilung und qualitative Darstellung relevanter Inlandsszenarien sowie eine Erfassung und Beurteilung der langfristigen strategischen Trendentwicklungen. Die Beitragsleister der verschiedenen Ministerien arbeiten in ad hoc-Arbeitsgruppen. Ein permanentes Lagezentrum gibt es auf gesamtstaatlicher Ebene noch nicht. Im Prozesscharakter und im Austausch verschiedenster Akteure und Nachrichtendienste liegt dennoch ein besonderer Mehrwert des „sicherheitspolitischen Lagebildes".

Damit sind zwar wichtige Bausteine einer in einen gesamtstaatlichen Planungsprozess eingebetteten Risiko- und Bedrohungsanalyse vorhanden. Es fehlen aber insbesondere das Element „strategische Langzeitanalyse" und eine systematische Einbettung der Risikoanalyse in eine gesamtstaatliche Strategieentwicklung.

In Österreich hat sich nach Ende des Ost-West-Konflikts ein Paradigmenwechsel vollzogen, der für das Militär primär den internationalen Rahmen als struktur- und Fähigkeiten bestimmend erachtet.

Mit der Ausweitung des internationalen Engagements steigt auch die Bedeutung der Risiko- und Bedrohungsanalyse in neuen Einsatzräumen und Regionen, die in der Vergangenheit nicht im unmittelbaren Interessenbereich der österreichischen Sicherheitspolitik standen. Dies führt zu erheblichen neuen Anforderungen hinsichtlich Inhalt und Reichweite der nationalen Analysefähigkeit.

4 Geostrategische Lage

Die geopolitische Lage Österreichs hat sich von einem neutralisierten Pufferstaat im Kalten Krieg über einen an der europäischen Stabilitätszone gelegenen Frontstaat in exponierter Lage zu dem manifest instabilen Balkan und den potenziell instabilen Transformationsstaaten Ostmitteleuropas in den Neunzigerjahren in einen Zentrumsstaat in der gesicherten geopolitischen Tiefe eines weitgehend befriedeten Europas verändert (Frank/Pucher 2010).

Der neutrale EU-Mitgliedsstaat Österreich ist heute, umgeben von sechs NATO-Staaten, geostrategisch in einer vorteilhaften Situation. Selbst das nicht gänzlich ausgeschlossene militärische Restrisiko wird in Österreich aufgrund der Existenz von EU und NATO als gering eingestuft (BMLV 2006). Eine Aggression gegen Österreich mit konventionellen Streitkräften ist nur im Falle einer grundlegenden strategischen Veränderung der politischen Lage in Europa denkbar; eine solche hätte nach Beurteilung der österreichischen Sicherheitsdoktrin eine Vorlaufzeit von sieben bis zehn Jahren. Die strategische Vorwarnzeit wird in der österreichischen Risikoeinschätzung durch internationale Transparenzmaßnahmen im Bereich Vertrauensbildung und Rüstungskontrolle positiv beeinflusst (Pucher 2009).

Dennoch ist die geostrategische Lage Österreichs weiterhin Veränderungen unterworfen. Abbildung 1 und 2 beschreiben die geopolitische Lage Österreichs und der EU und deren Veränderungen in den letzten sechs Jahren:

Die EU hat sich erweitert und die europäische Stabilitätszone wurde nach Osten ausgedehnt. Der Westbalkan ist gegenüber 2003 stabiler geworden, auch wenn der Fortschritt langsamer vor sich geht als ursprünglich erhofft. Die Staaten zwischen der EU und Russland unterliegen einem Transformationsprozess mit offenem Ausgang. Diese Entwicklungen sind für Österreich hochrelevant. Denn neben dem Westbalkan, der durch die historische, soziale und ökonomische Verbundenheit Österreichs die zentrale sicherheitspolitische Interessenregion darstellt, hat sich durch wirtschaftliche Investitionen und sozialpolitische Vernetzung der österreichische Interessenraum und damit der Raum potenzieller Verwundbarkeit zunehmend auch auf Osteuropa ausgeweitet. Österreich ist in der transnationalen Sphäre (Waren-, Dienstleistungs-, Kapital-, Arbeitskräfte- und Personenverkehr einschließlich Migration, Transport, Technologie, Kultur etc.) zum Sprungbrett Süd- und z. T. auch Osteuropas in die EU und umgekehrt geworden. Insgesamt erstreckt sich der Interessenraum vom Südkaukasus über die Ukraine, Weißrussland und Moldawien bis zu den traditionell wichtigen Ländern des Westbalkans. Von Energieprojekten wie Nabucco, über die Investitionstätigkeiten österreichischer Banken bis hin zur verstärkten Einwanderung nach Österreich aus diesem Raum ist die Verflochtenheit spürbar. Dabei ist insbesondere die weitere Entwicklung der Ukraine für Österreich von Bedeutung. Das neue EU-Europa ist mit 14 Prozent schon die zweitwichtigste Handelsregion für Österreich – Tendenz steigend.

Die makropolitische Situation dieser Räume ist nicht frei von potenziellen Destabilisierungsprozessen. Zum einen sind die politischen Transformationsprozesse nicht abgeschlossen, zum anderen nehmen die beiden zentralen Flügelmächte Russland und Türkei verstärkt Einfluss im Sinne ihrer eigenen Interessen. Die Wirtschafts- und Finanzkrise erschwert den positiven Transformationsverlauf noch weiter.

Und auch die Terrorismuslage hat sich verändert. Während es Fortschritte bei den nationalen innereuropäischen Problemen gab (IRA, ETA), ist die EU seit 2004 nicht nur verstärkt zu einem Organisationsraum für den internationalen islamistischen Terrorismus, sondern auch zu einem Zielobjekt für Anschläge geworden (Madrid, London). Mit einer weiteren Annäherung des Niveaus der Terrorbedrohung unter den EU-Staaten ist angesichts der gemeinsamen Außenperzeption der EU und voranschreitender gemeinsamer Außen- und Sicherheitspolitik zu rechnen.

5 Risikoanalyse Österreich

Abbildung 2: Fünfeck der österreichischen Risikoanalyse (Quelle: Eigene Darstellung)

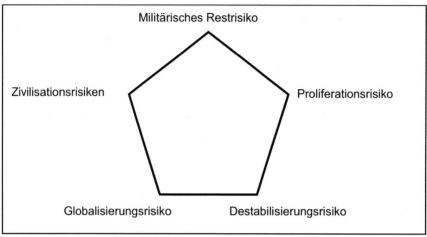

Analytisch liegen der österreichischen Sicherheitspolitik fünf Risikokategorien zugrunde: das militärische Restrisiko, das Proliferationsrisiko, das Destabilisierungsrisiko, das Globalisierungsrisiko und die Zivilisationsrisiken (siehe Abb. 2). Das *militärische Restrisiko* ist heute auf den Schutz der Souveränität in der Luft und staatlich gesteuerte subkonventionelle Anschläge[1] beschränkt. Inwieweit Österreich international erkennbaren Entwicklungstrends zu einer Begriffserweiterung von „defence" zu „security" im Falle eines katastrophalen „Angriffs"/„Ereignisses" und einer damit einhergehenden „Neuinterpretation" des Begriffes der „territorialen Landesverteidigung" folgen wird, unterliegt letztlich hoch politischen Entscheidungsprozessen. Eine offene, politisch jedoch nicht prioritär behandelte Frage ist die nach Quantität und Qualität der militärischen Aufwuchsfähigkeit für eine autonome nationale Verteidigung für den Fall einer grundsätzlichen Verschlechterung der strategischen Lage bzw. für eine allfällige Beitragsleistung für die militärische Verteidigung im EU-Rahmen. Obwohl im Vertrag von Lissabon eine militärische Beistandsklausel enthalten ist, lässt sich nach vorherrschender Meinung für Österreich aufgrund der Inanspruchnahme der „Irischen Klausel" kein militärischer Beitragsautomatismus ableiten. Österreich entscheidet demnach autonom, wie es einem angegriffenen EU-Staat zu Hilfe kommt.

Das *Proliferationsrisiko* umfasst die Weiterverbreitung von Massenvernichtungswaffen, sensitiven Materialen und Technologien sowie Fragen der Raketenbedrohung. Die primären Herausforderungen werden in der Verstärkung des österreichischen Engagements im Bereich Abrüstung, Rüstungskontrolle sowie in der Stärkung und Universalisierung von multilateralen Rüstungskontroll-, Abrüstungs- und Nichtverbreitungsverträgen, in der Verbesserung der multilateralen Exportkontrollregime, in der Umsetzung und Weiterentwicklung der Strategie der EU gegen die Verbreitung von Massenvernichtungswaffen sowie in der Stärkung der Vertragsüberprüfungsmechanismen (Verifikation) gesehen.

---

[1] Auf Entscheidung der Bundesregierung hin könnte ein von einem Staat gesteuerter Terroranschlag in Österreich theoretisch als Verteidigungsfall eingestuft werden.

Das *Destabilisierungsrisiko* manifestiert sich für Österreich – wie bereits dargestellt – insbesondere in Ost- und Südosteuropa und an der weiteren europäischen Peripherie, wo es noch immer Gebiete mit verminderter Stabilität (offene Grenz- und Territorialfragen, ungelöste Fragen nationaler Minderheiten) gibt.

Das *Globalisierungsrisiko* geht primär von nicht staatlichen Akteuren aus und umfasst subkonventionelle Risiken wie internationalen Terrorismus und Organisierte Kriminalität.

Die *Zivilisationsrisiken* inkludieren technische und natürliche/ökologische Katastrophen sowie globale Gesundheitsrisiken und Seuchen, sie können in Extremfällen zur politischen und wirtschaftlichen Destabilisierung einer gesamten Region führen. Möglichen Unfällen in grenznahen Kernkraftwerken wird in Österreich in der Tradition des Nuklearausstieges seit 1978 eine besonders hohe Beachtung geschenkt.

Inhaltlich entspricht die österreichische Risiko- und Bedrohungsanalyse damit über weite Strecken dem europäischen Mainstream. Da Österreich seine Sicherheitspolitik primär im Rahmen der EU realisiert, ist auch die europäische Risikobeurteilung zum zentralen Referenzrahmen geworden. Die Europäische Sicherheitsstratege (ESS) 2003 nennt fünf Risikokategorien: Proliferation, Terrorismus, gescheiterte Staaten, organisierte Kriminalität und regionale Konflikte. Der Fortschrittsbericht 2008 ergänzt diese Liste um die Aspekte Energiesicherheit, Klimawandel und Cyber-Security (Frank 2009). Generell treten nichtmilitärische Risikofaktoren immer stärker in das Zentrum der Aufmerksamkeit. Insbesondere EU und UNO, aber auch die NATO entwickeln entsprechende Konzepte. Welche militärischen Beiträge zur Bewältigung bzw. Eindämmung dieser neuen Risiken erforderlich sein werden, ist noch nicht abschließend beantwortet. Die erkennbaren Ansätze für ein verbessertes Zusammenwirken sowohl auf Ebene der internationalen Organisationen („comprehensive approach") als auch auf gesamtstaatlicher Ebene zwischen den unterschiedlichen Ministerien, Akteuren und Wirkmitteln („whole of government" bzw. „whole of nation approach") erweisen sich vor dem Hintergrund der jüngsten Einsatzerfahrungen als zielführend. Auch in diesen Fragen werden die internationalen Entwicklungen für Österreich maßgeblich sein.

Mit der weitgehenden Konvergenz zwischen der österreichischen und der unionseuropäischen Risikoanalyse gehen insbesondere für die militärische Planung spezifische Probleme einher. Da die ESVP bislang ausschließlich auf ein bestimmtes Spektrum des internationalen, außerhalb des EU-Territoriums wirksamen Krisenmanagements ausgerichtet ist, bleiben Aufgaben wie Abschreckung, strategische Erzwingung oder Raketenbedrohung außerhalb des sicherheitspolitischen Kompetenzbereichs der EU. Dieser Umstand führt für die meisten EU-Staaten zu keiner „Sicherheitslücke", da diese Aspekte im Rahmen der NATO oder national abgedeckt werden. EU-Staaten, die keine NATO-Mitglieder sind, hätten diese Herausforderungen aber – zumindest theoretisch – in der nationalen Risikoanalyse zu berücksichtigen. Darüber hinaus enthält die ESS wie bereits ausgeführt kaum konkrete Aussagen zum militärischen Anteil im Rahmen der Bewältigung der ESS-Risiken, was wiederum zu planerischen Unschärfen und offenen Fragen in der Fähigkeitenentwicklung führt. Die Mehrzahl der genannten Risiken ist primär mit politischen Mitteln und Mechanismen zu bewältigen. Der militärische Fokus liegt klar auf regionalen Konflikten und gescheiterten Staaten, was eine gewisse Logik hat, da selbst Klimawandel, Ressourcensicherheit und Terrorismus ihre realen sicherheitspolitischen Auswirkungen in strukturell bereits schwachen Staaten und konfliktbeladenen Regionen stärker entfalten als in stabilen Zonen. Dadurch wird sich der Bedarf an internationalen Stabilisierungsbeiträgen in Krisenregionen weiter erhöhen.

Der entscheidendste Faktor in der österreichischen Risikoanalyse ist kein direkt gegen Österreich gerichtetes Risiko, sondern ein indirekt wirkender Faktor, nämlich die Funktionsfähigkeit der internationalen Organisationen. Solange internationale Organisationen wie EU, UN, OSZE oder NATO ihre Handlungsfähigkeit behalten, sind der österreichischen Sicherheitsdoktrin zu Folge die o. a. Risiken bewältigbar. Ein Verlust der kollektiven sicherheitspolitischen Handlungsfähigkeit etwa durch Renationalisierungsprozesse im Rahmen der EU würde aber den strategischen Stabilitäts- und Ordnungsrahmen der österreichischen Risikoanalyse grundlegend verändern. Solange die europäischen und transkontinentalen Organisationen ihre sicherheitspolitische Handlungsfähigkeit bewahren, ist die österreichische Sicherheit auf strategischer Ebene gewährleistet. Daher hat Österreich hohes Interesse an handlungsfähigen, kooperierenden und nicht konkurrierenden Institutionen, was wiederum die Leistung angemessener Beiträge in dieses System nahelegt.

Als weitere spezifische österreichrelevante Risiken gelten aktuell die fortgesetzte Instabilität am Balkan, die Folgen der Wirtschafts- und Finanzkrise, die negative Entwicklung der wirtschaftlichen und politischen Stabilität in Ost- und Südosteuropa, Naturkatastrophen, Reaktorstörfälle in Nachbarstaaten, die Importabhängigkeit von fossiler Energie – überwiegend aus Russland – sowie Schwächen bei der Sicherheit kritischer Infrastrukturen in Österreich (Pucher 2009).

Regional liegt das österreichische Schwergewicht auf dem Westbalkan – sowohl auf Grund unmittelbarer Sicherheitsinteressen als auch aus europapolitischen Erwägungen. Im Unterschied zu manch anderen westeuropäischen Einschätzungen wird die Entwicklung der Lage dort vorsichtiger beurteilt und umfassender politischer, wirtschaftlicher und auch militärischer Stabilisierungsbedarf weiterhin gesehen. Der zentrale politische Ansatzpunkt für eine nachhaltige Stabilisierung Südosteuropas ist und bleibt die EU-Integration. Sollte die Beitrittsperspektive für Staaten des Westbalkans in weitere Ferne rücken, könnten selbst erzielte Fortschritte wieder in Frage gestellt werden. Der Rückbau der internationalen militärischen Präsenz soll daher aus österreichischer Sicht vorrangig vom Fortschritt und der Nachhaltigkeit im politischen, wirtschaftlichen und sozialen Stabilisierungsprozess der Gesamtregion gesteuert werden, und nicht vom Umstand, dass die internationalen Truppen auch in anderen Krisenregionen benötigt werden. Strategisches Ziel bleibt die Heranführung aller Balkanstaaten an die EU.

Die Schwarzmeer-Region stellt aufgrund ihrer energie- und wirtschaftspolitischen Bedeutung, wegen der schwierigen Transformationsprozesse, die durch Auswirkungen der Finanzkrise verstärkt werden, und wegen schwelender ungelöster politischer Konflikte den zweiten regionalen Schwerpunkt dar (Republik Österreich 2008).

Die sicherheitspolitische Priorisierung der weiteren Regionen ist abhängig zum einen von den zugrunde gelegten eigenen Interessen und zum anderen von der Politik der Europäischen Union. Generell gilt der Grundsatz, dass das Engagement in weiter entfernten Regionen eher von der internationalen Erwartungshaltung („demand driven") als von risikoanalytischen Beurteilungen („interest driven") getrieben wird.

Daher trägt Österreich auch das sich erweiternde Friedensengagement von EU und UNO in Afrika mit. Dieses Engagement steht angesichts zunehmender österreichischer Betroffenheit von Spillover-Effekten nicht vorrangig im Zeichen großer und lang dauernder militärischer Operationen, sondern unter dem Motto „Hilfe zur Selbsthilfe" zum Zweck des Aufbaus afrikanischer Kapazitäten.

Auch traditionell der inneren Sicherheit zugeordnete Risikokategorien werden in der österreichischen Risikoanalyse immer stärker im gesamteuropäischen Kontext gesehen. Der internationale Terrorismus gilt neben den globalstrategischen Entwicklungen als das zentrale globale Risiko. In der österreichischen Risikoeinschätzung wird der internationale Terrorismus aber weniger als machtpolitisch-strategische Herausforderung, sondern vielmehr als ein „Kriminalitätsproblem" eingestuft. Zwar kann eine direkte Betroffenheit Österreichs nicht ausgeschlossen werden, generell wird die Terrorbedrohung aber aufgrund der inneren Stabilität Österreichs und nicht zuletzt wegen des Nichtengagements im Irak und in Afghanistan eher als gering eingeschätzt. Vor allem islamistisch motivierte Gruppen stellen gemäß der jährlich erscheinenden Verfassungsschutzberichte eine Bedrohung für die innereuropäische und österreichische Sicherheit dar, da in Europa und Österreich lebende islamistische Extremisten von Entwicklungen in Krisenregionen (hier besonders Afghanistan und Pakistan) beeinflusst werden. Eine weitere Gefährdung geht von den sogenannten „Homegrown"-Netzwerken mit transnationalem Charakter und dem damit verbundenen Risiko der Radikalisierung, Rekrutierung, Teilnahme an ter-roristischen Ausbildungslagern und möglichen Umsetzung konkreter terroristischer Aktivitäten aus (BMI/BVT 2009). Jedenfalls wurde der transnationale Terrorismus nicht zum neuen strategischen Paradigma der österreichischen Sicherheitspolitik, er konnte den Kalten Krieg nicht als neues strategisches Narrativ ersetzen.

Die Finanz- und Wirtschaftskrise trifft strukturell schwächere Staaten im Osten Europas besonders hart. Aufgrund der geografischen Nähe könnte Österreich von den sicherheitspolitischen Folgen besonders in Form von illegaler Migration und Organisierter Kriminalität betroffen sein.

6 Öffentliche Bedrohungswahrnehmung

Während über das relativ klar bestimmbare, militärisch dominierte Bedrohungsbild des Kalten Krieges noch ein weitgehender Konsens in europäischen Gesellschaften herrschte, fließen in die Bewertung des modernen Risikobildes verstärkt subjektive Elemente mit ein.

Auch wenn es kaum aktuelle publizierte sozialwissenschaftliche Erhebungen der öffentlichen Bedrohungswahrnehmung der Österreicher gibt, so lässt sich das Meinungsbild doch aus der Alltagsanschauung zusammenfassen.

Generell stehen in der Bedrohungsperzeption Fragen der inneren und sozialen Sicherheit, insbesondere der Organisierten Kriminalität und der illegalen Zuwanderung, aber auch mögliche Katastrophen und Sorgen um den Arbeitsplatz im Vordergrund. Fragen der individuellen Sicherheit (Gesundheit, Arbeitsplatz, Familie) dominieren klar vor Fragen der allgemeinen öffentlichen Sicherheit (Kriminalität, Migration). Internationale Sicherheit und die Verflechtung der inneren Sicherheit mit der äußeren Sicherheit sind im Bewusstsein der Bevölkerung wenig ausgeprägt.

Auf die Frage „Von wem könnte die Sicherheit Österreichs, Ihrer Meinung nach, zur Zeit bedroht werden? Militärisch von anderen Staaten, vom internationalen Terrorismus, von internationalen Mafiaorganisationen oder von niemandem?" antworteten in einer Umfrage der Österreichischen Gesellschaft für Europapolitik im Jahr 2004:

- Vom internationalen Terrorismus   63 Prozent
- Von internationalen Mafiaorganisationen   40 Prozent
- Militärisch von anderen Staaten   9 Prozent
- Von niemandem   23 Prozent

Militärische Unterstützungsaufgaben im Bereich der inneren Sicherheit sowie Katastrophenhilfe sind vor dem Hintergrund dieses Meinungsspiegels wichtige Legitimitätsquellen für die öffentliche Akzeptanz des Österreichischen Bundesheeres. Selbst eine weitere Stärkung der Rolle des Österreichischen Bundesheeres im Inneren würde von breiten Teilen der Bevölkerung mitgetragen. Auslandseinsätze des Bundesheeres werden im Allgemeinen akzeptiert; je höher die Zustimmung der Befragten zur EU, desto höher fällt auch die Unterstützung für ein internationales Engagement aus. Da Österreich, was das internationale militärische Engagement betrifft, im Spitzenfeld der EU liegt, ist der Wunsch nach vermehrten Anstrengungen gering. Der Nutzen des internationalen Engagements insbesondere jenseits unmittelbarer sicherheitspolitischer Interessensräume ist einem Großteil der Österreicher nicht einsichtig. Insbesondere Einsätze außerhalb Europas bedürfen einer fundierten Informationsarbeit durch die Regierung, wenn sie auf breiterer Zustimmung basieren sollen. Eine führende Rolle im internationalen Krisenmanagement wird von einer Mehrheit der Österreicher abgelehnt, gleichzeitig soll Österreich aber auch nicht im internationalen Abseits stehen. Kampfeinsätzen steht man grundsätzlich eher ablehnend gegenüber.[2] Unterstützung finden hingegen militärische Beiträge für internationale Friedens- und Stabilisierungseinsätze und im Rahmen der internationalen humanitären Katastrophenhilfe.

Generell schlägt das relativ kritische EU-Bild in der Bevölkerung auch auf die ESVP durch, was einer profilierteren europäischen Rolle des Österreichischen Bundesheeres Akzeptanzgrenzen setzen könnte. Neben einer nachvollziehbaren Darstellung des Nutzens internationaler Einsätze für die österreichische Sicherheit rücken daher die EU, speziell die Rolle der EU in der Welt und die Rolle Österreichs in der EU, zunehmend ins Zentrum einer strategisch angelegten sicherheitspolitischen Informationsarbeit.

7 Perspektiven und Herausforderungen

Abschließend sollen noch einige wichtige sicherheitspolitische Herausforderungen im Rahmen der zukünftigen Risikoanalyse Österreich angesprochen werden:

Strategische Langzeitanalyse und risikoanalytische Einbindung des wirtschaftlichen Faktors
Die methodische Verknüpfung von strategischer Langzeitanalyse mit einer für die Fähigkeitenentwicklung eher relevanten kurz- und mittelfristigen Risikoanalyse ist noch nicht gelungen und bedarf zukünftig erhöhter Aufmerksamkeit. Generell wäre dem Faktor Wirtschaft sowohl in Bezug auf die innere Sicherheit als auch in Bezug auf das internationale Engagement eine größere Bedeutung beizumessen. Demnach wären Inlandsszenarien – etwa im Bereich des Schutzes kritischer Infrastrukturen – grundsätzlich als PPP-Modelle zwischen Staat und Privatwirtschaft in einem gesamtheitlichen risikoanalytischen Kontext zu beurteilen. In Fragen des internationalen Engagements hat sich der Grundsatz „Economy follows Flag" ohnehin schon längst umgekehrt.

Risikobild Österreich
Die Erstellung eines gesamtstaatlichen Risikobildes für Österreich, das ressortübergreifend akkordierte und priorisierte Inlandsszenarien enthält, ist bislang auf der Stufe von Vorarbei-

---

[2] In Abhängigkeit von der konkreten Frageformulierung.

ten stecken geblieben und wäre systematisch weiterzuentwickeln, wobei die Kernverantwortung beim Bundeskanzleramt und den zivilen sicherheitsrelevanten Ressorts liegt.

Verknüpfung von innerer und äußerer sowie militärischer und nichtmilitärischer Risikoanalyse
Dem Grundsatz, dass innere und äußere Sicherheit immer enger verwoben sind, konnte bislang in der praktischen Risikoanalyse noch nicht ausreichend Rechnung getragen werden. Noch immer laufen innere und äußere Risikoanalyse weitgehend nebeneinander. Nichtmilitärische Risikofaktoren wären unter engem Bezug zu internationalen Entwicklungstendenzen auf gesamtstaatlicher Ebene verstärkt mit traditionellen militärstrategischen Analysen zusammenzubinden.

Fokussierung und Kürzung einer sich ständig erweiternden Risikoagenda
Vor dem Hintergrund angespannter Ressourcen, die angesichts der Wirtschaftskrise zukünftig für den Sicherheitsbereich zur Verfügung stehen werden, wird eine radikale Kürzung der in den letzten Jahren immer länger gewordenen Risikolisten zu Gunsten einer klareren Priorisierung von Aufgaben, denen sich ein Staat stellen will, notwendig werden. Die proliferierende sicherheitspolitische Agenda mit einer ständigen Hinzufügung von neuen Risikokategorien (Cyber, Klimawandel, Energie, Pandemien etc.) wird drastisch zu kürzen und zu fokussieren sein. Dies erfordert einen breiten zivilgesellschaftlichen Diskurs, in dem Einvernehmen hergestellt wird, welche Risiken eine Gemeinschaft bereit ist zu tolerieren, welche Schutzstufe für welche Ereignisse angestrebt wird und welches sicherheitspolitische Szenario welche Reaktionsstrategie bedingt.

Ergänzung der Risikoanalyse um den Aspekt Chancenanalyse
Auch wenn die österreichische Sicherheitspolitik der Sicherheitsdoktrin zu Folge sich von einer passiven Bedrohungs-Reaktionspolitik zu einer proaktiven und präventiven Umfeldgestaltungspolitik transformiert hat, ist die Chancenanalyse über weite Strecken unterentwickelt. Eine solche wäre im Sinne eines aktiven Aufgreifens eigener Policy- und Positionierungsmöglichkeiten zukünftig systematischer in eine umfassende Analysearbeit zu integrieren.

Subjektives Bedrohungsempfinden und Risikokommunikation
Auch wenn subjektive Bedrohungswahrnehmungen eigentlich nicht Teil einer objektiven Risikoanalyse sind, muss eine öffentlich nachvollziehbare Risikokommunikation zukünftig stärker in die Risikopolitik einbezogen werden. Andernfalls besteht die Gefahr, dass die ohnehin schon erhebliche Lücke zwischen Expertenwissen und Bewusstseinsstand der Bevölkerung noch weiter auseinanderklafft.

Im Sinn eines abschließenden Caveat wäre zu fragen, ob der Staat angesichts der Komplexität der Risikozusammenhänge als „Ultimate Risk Manager" die in der Erwartung seiner Bürger herangetragene Aufgabe, Sicherheit zu garantieren, überhaupt noch erfüllen kann, oder ob er aufgrund überholter bürokratischer Organisationsformen von den neuen dynamischen und übergreifenden Risiken überfordert werden könnte und das Versagen in Krisensituationen und die damit verbundene Delegitimation des Staates gegenüber der eigenen Bevölkerung nicht das eigentliche sicherheitspolitische Risiko der Gegenwart darstellt.

Literatur

Bundesministerium für Inneres – BMI/Bundesamt für Verfassungsschutz und Terrorismusbekämpfung – BVT (2009) „Verfassungsschutzbericht", Wien: BMI/BVT.
Bundesministerium für Landesverteidigung – BMLV (2004) „Bericht der Bundesheerreformkommission", Wien: Heeresdruckerei.
Bundesministerium für Landesverteidigung – BMLV (Hg.) (2006) „Weißbuch", Wien: Heeresdruckerei.
Daase, C. (2002) „Internationale Risikopolitik: Ein Forschungsprogramm für den sicherheitspolitischen Paradigmenwechsel", in: C. Daase/S. Feske/I. Peters (Hg.) *Internationale Risikopolitik: Der Umgang mit neuen Gefahren in den internationalen Beziehungen*, Baden-Baden: Nomos, 7–35.
Frank, J. (2009) *Die Entwicklung der Europäischen Sicherheitsstrategie: Von der europäischen Sicherheitsstrategie 2003 zum Fortschrittsbericht 2008*, Wien: Landesverteidigungsakademie.
Frank, J./Pucher, J. (2010) „Österreichische Sicherheitspolitik europäisch denken", in: J. Frank/J. Pucher (Hg.) *Strategie und Sicherheit 2010: Das strategische Profil der Europäischen Union*, Wien: Böhlau, 407–425.
Pucher, J. (2009) „Hearings zum Sicherheitspolitischen Bericht 2009, Transkription der Stellungnahme vom 24.04.2009", http://www.sipol09.ethz.ch/Transkriptionen/ Auland/Generalmajor-Mag.-Johann-Pucher (Zugriff: 02.09.2009).
Reiter, E. (2003) Perspektiven der globalen strategischen Entwicklung: Das Ende der Ordnung von Jalta, Hamburg: Mittler.
Republik Österreich (2008) „Regierungsprogramm 2008–2013: Gemeinsam für Österreich – Regierungsprogramm für die XXIV. Gesetzgebungsperiode", http://www. bka.gv.at/DocView.axd? CobId=32965 (Zugriff: 02.09.2009).
SVD (2001) „Österreichische Sicherheits- und Verteidigungsdoktrin", Wien: Bundespressedienst.

Vom schmerzlichen Verlieren alter Feindbilder – Bedrohungs- und Risikoanalysen in der Schweiz

Karl W. Haltiner

1 Einleitung

Die Wahrnehmung von Bedrohungen, Risiken und Gefahren nationalen Ausmaßes ist ein sozialer und politischer Prozess. Dabei mögen Elemente der Wahrnehmungspsychologie eine Rolle spielen. Aus Sicht eines konstruktivistischen Ansatzes sind für kollektive Wahrnehmungsprozesse indessen institutionelle Gegebenheiten und identitätsprägende Traditionen eines Landes bzw. einer Gesellschaft wichtiger (Berger/Luckmann 1966). Der politischen Kultur sowie den formellen und informellen Machtbildungsprozessen kommen bei der Interpretation dessen, was als Gefährdungspotenzial gesehen wird, erstrangige Bedeutungen zu (Wendt 1999). Das lässt sich im Falle der Schweiz eindrücklich zeigen.

Sollen die Bedrohungs- und Risikoperzeptionen der Schweiz und ihr Wandel angemessen dargestellt werden, so ist einleitend ein knapper Blick auf die politische Kultur und die Besonderheiten des institutionellen Settings der Eidgenossenschaft unumgänglich. Die staatsoffizielle Perzeption von Unsicherheitspotenzialen und ihre Veränderung im Zeitverlauf erschließt sich am besten durch einen Blick auf offizielle Strategie- und Doktrindokumente, denen explizite oder implizite Bedrohungs- und Risikoanalysen zu Grunde liegen. Ebenso lassen auf dem Feld der Verteidigungs- und Sicherheitspolitik geplante und durchgeführte Maßnahmen Rückschlüsse auf Bedrohungs- und Risikoabschätzungen zu. Um zu ermitteln, welche Bedrohungsbilder die offizielle Schweizer Außen- und Sicherheitspolitik bestimmen, muss deshalb die Etappierung der strategischen Grundlagendokumente – in der Schweiz handelt es sich um die sogenannten „Sicherheitspolitischen Berichte des Bundesrates", welche nationale Bedrohungsanalysen aus quasi offizieller Sicht vornehmen – nachgezeichnet und in ihrem politischen Entstehungskontext skizziert werden. Unumgänglich ist sodann ein Blick auf die politischen Parteien und deren Sicht der nationalen Bedrohung. Spätestens hier zeigt sich nämlich, wie sehr divergierende Welt- und Gesellschaftsperspektiven in völlig unterschiedliche, ja gegensätzliche Bedrohungseinschätzungen münden. Uneinigkeit darüber, wer und wo die wahren Feinde sind, kann, wie dies am Fall der Schweiz zu zeigen ist, eigentliche Identitätskrisen auslösen und den Prozess der Anpassung an neue sicherheitspolitische Rahmenbedingungen blockieren. Schließlich kann erwartet werden, dass in einem Land, das seiner Bürgerschaft überdurchschnittlich viele Mitbestimmungsrechte einräumt, das Bedrohungsgefühl der Bevölkerung von erheblicher Bedeutung für die staatsoffizielle Bedrohungssicht ist.

Unter *Bedrohungen* verstehen wir in diesem Aufsatz Unsicherheiten, die durch Entscheidungen sozialer oder politischer Akteure intendiert sind und einen machtpolitischen Hintergrund bzw. eine machtpolitische Ausrichtung aufweisen (Zangl/Zürn 2003: 172–174). Als *Risiken* bezeichnen wir Unsicherheiten, die zwar auf Entscheidungen sozialer und politischer Akteure zurück zu führen sind, von diesen aber nicht mit dem Ziel der Schädigung oder Beeinträchtigung der Unversehrtheit Dritter getroffen wurden. Als *Gefahren* können Sicherheitsgefährdungen bezeichnet werden, die relativ unabhängig von Akteuren und in der Regel im Zuge komplexer, diffuser Pfadabhängigkeiten von langzeitlichen Entwicklungen entstehen. Dabei handelt es sich vorwiegend um Naturereignisse (Klimawandel, Naturkatastrophen). Die in der öffentlichen politischen Diskussion und in offiziellen Dokumenten der Schweiz, aber auch in wissenschaftlichen Studien gepflegten Begrifflichkeiten folgen selten klaren Definitionen. Vorherrschend ist vielmehr ein eigentlicher Begriffswirrwarr, in dem Bedrohungen, Risiken und Gefahren nach stilistischer Opportunität synonym benutzt werden.

2 Die Schweiz – außen- und sicherheitspolitische Identitäts- und Systemmerkmale

Etwas vereinfachend, aber im Kern zutreffend, kann die Entstehung und die Geschichte der Schweizerischen Eidgenossenschaft als die Entwicklung eines erfolgreichen Verteidigungsbündnisses beschrieben werden. Die Zusammenschlüsse der später als Kantone zu bezeichnenden Kleinstaaten zu einem lockeren Bündnis dienten anfänglich der Abwehr von adeligen Herrschaftsansprüchen und später der Vereinnahmung durch die europäischen Großmächte. Die Formel „Eidgenossenschaft = Wehrgenossenschaft" bringt die bis heute in der Schweiz weit verbreitete Eigenwahrnehmung vom *raison d'être* der Nation „Schweiz" auf den Punkt. Glückliche Umstände, pragmatische Rücksichtsnahme auf die soziokulturelle Heterogenität und die Betonung von gemeinsamen Interessen trotz kultureller Unterschiede verhinderten, dass der Übergang vom Staatenbund zum Bundesstaat 1848 ohne größere Gewaltaktionen gelingen konnte. Zu diesen Umständen zählen Prinzipien, die bis heute die Identität des Bundesstaates Schweiz in hohem Maße bestimmen:

- ein ausgeprägter Föderalismus mit hoher kommunaler und kantonaler Autonomie. Es sind z. B. die Kantone, die bis heute für die innere Sicherheit zuständig sind,
- im internationalen Vergleich überdurchschnittlich ausgebaute direkt-demokratische Mitbestimmungsrechte,
- ein primär auf Konsensfindung und nicht auf Effizienz angelegtes direktorales Regierungssystem mit einer vom parlamentarischen Vertrauen unabhängigen Mehrparteienregierung,
- eine aus notorischem Steuerwiderstand heraus geborene, in der heutigen Schweiz normativ hoch eingestufte allgemeine Beteiligung der Bürgerschaft in Verwaltung, Politik und Militär (in der Schweiz als Milizwesen bezeichnet) sowie
- eine seit dem 16. Jahrhundert erfolgreich praktizierte Neutralität.

Letztere diente stets einem doppelten Zweck, nämlich der Verhinderung der dem multisprachlichen und sozio-strukturell heterogenen Bundesstaat innewohnenden zentrifugalen Tendenzen wie auch einer Strategie des sich Heraushaltens aus den Konflikten und Kriegen, welche die Entstehung und Konsolidierung der europäischen Staatenwelt begleiteten.

Die ausgedehnten direktdemokratischen Mitbestimmungsrechte auf allen politischen Ebenen in Form des Referendums und der Volksinitiative[1] betreffen nicht nur die Innen-,

---

[1] Mittels Referendum kann die Stimmbevölkerung einen Regierungs- bzw. Parlamentsentscheid nachträglich gutheißen oder verwerfen (Vetomacht). Obligatorisch unterstehen in der Schweiz dem Referendum alle Verfassungsänderungen sowie gewisse Bundesbeschlüsse und Beitritte zu supranationalen Organisationen (z. B. EU) und solche der kollektiven Sicherheit (z. B. NATO). Bundesgesetze unterliegen dem fakultativen Referendum. Dafür sind 50.000 Unterschriften von Stimmberechtigten oder die Eingabe durch 8 Kantone innert 100 Tagen erforder-

sondern auch die Außen-, Verteidigungs- und Sicherheitspolitik. Weil stets die Möglichkeit einer abwehrenden Reaktion auf Beschlüsse und Vorschläge von Regierung und Parlament droht, versuchen Exekutiven und Legislativen aller Staatsebenen dem zu erwartenden Widerstand zuvorzukommen, indem sie die Interessen möglichst breiter Kreise berücksichtigen und den Betroffenen, wo dies möglich ist, Mitsprache einräumen. Das politische System der Schweiz ist inhärent auf Ausgleich und Konsensfindung, d. h. auf Legitimitätsbeschaffung, nicht auf Entscheidungseffizienz angelegt. Politisch-kulturell ist die Schweiz ein Staat, der wie kein anderer in Europa föderalistisch *bottom-up* statt *top-down* strukturiert ist.

Die Folge dieser Prägung ist eine dreifache: Erstens eine strukturelle Strategieunfähigkeit auf allen politischen Ebenen; die Durchsetzung kohärenter Politik- und Strategiekonzepte hat sich in der Praxis als schwierig erwiesen. Ein durchsetzungsfähiger Kompromiss wird der Stringenz eines Konzeptes in der Regel vorgezogen. Zweitens eine durch direktdemokratische Einflussnahme strukturbedingte Trägheit der politischen Entscheidungsprozesse. Drittens eine mangelhafte Krisentauglichkeit. Nach dem Urteil des Schweizer Staatsrechtlers René Rhinow (2009: 17) gilt: „Man kann [das Schweizer Regierungssystem] als ein Schönwettermodell bezeichnen, denn in außerordentlichen Lagen ist es regelmäßig überfordert".

3 Bedrohungsbilder und Sicherheitsstrategien der offiziellen Schweiz seit 1945

In der Schweiz lassen sich historisch drei Entwicklungsetappen ausmachen, in denen sich das Denken in Kategorien der militärisch-machtpolitischen Bedrohung sukzessive zur Wahrnehmung eines breiten Spektrums von Risiken, Bedrohungen und Gefahren als Grundlage für die offizielle Sicherheitspolitik ausweitet.

3.1 Sicherheitsautarkie als Strategie 1945-1966

Von direkten kriegerischen Verwicklungen blieb die Schweiz im Zweiten Weltkrieg verschont, sieht man von einigen Grenzverletzungen ab. Dennoch sollte das Kriegsgeschehen, insbesondere die Totalisierung des Krieges, die strategische Bedeutung des Luftkrieges mit großflächigen Zerstörungen urbaner Zentren und wichtiger Infrastrukturen sowie der erstmalige Einsatz von Atombomben zu Ende des Krieges die Einschätzung von Risiken und machtpolitischen Bedrohungen in der Nachkriegsphase bis in die neunziger Jahre hinein nachhaltig prägen. Man war nach dem Krieg in Regierung und Gesellschaft allgemein der festen Überzeugung, der tödlichen Bedrohung nur dank Neutralitätspolitik, militärischer Abwehrbereitschaft und hoher innergesellschaftlicher Solidarität, also primär durch eine nationale Eigenleistung, entkommen zu sein. Die Einkreisungserfahrung stärkte den Zusammenhalt des Landes, das Kriegserlebnis wirkt bis heute nachhaltig identitätsbildend (Spillmann et al. 2001: 34), vergleichbar in mancher Hinsicht mit dem, was die nationale Einigung Deutschlands und Italiens im 19. Jahrhundert in der Eigenwahrnehmung dieser

---

lich. Mittels Volksinitiative, einer Art Volksvorschlagsrecht, kann die Stimmbürgerschaft eine Total- oder Teilrevision der Bundesverfassung verlangen. Dafür müssen innert 18 Monaten die Unterschriften von 100.000 Stimmberechtigten beigebracht werden. Für die Annahme einer Volksinitiative oder eines obligatorischen Referendums ist eine Mehrheit der sich an die Urne begebenden Stimmbevölkerung und der 26 Kantone notwendig, beim fakultativen Referendum genügt die Mehrheit der stimmberechtigten Urnengängerinnen und Urnengänger.

Länder zur Folge hatte. Zugleich bestärkte das Einkreisungserlebnis die Landesregierung und die sicherheitspolitisch führenden Kreise in Parlament und Bevölkerung in der Meinung, dass im Notfall nur auf die eigenen Verteidigungsanstrengungen Verlass sei. Die Schweiz, so das Fazit der überstandenen Bedrohungserfahrung, habe verteidigungspolitisch an einem strikt autonomen Kurs festzuhalten.

Die offizielle Schweiz ging im einsetzenden Kalten Krieg der Supermächte in ihrer Bedrohungsbeurteilung davon aus, dass die Gefährdung des Landes weiterhin in erster Linie machtpolitischer und daher militärpolitischer Natur sei. Man glaubte an die Möglichkeit zwischenstaatlicher Kriege in Europa, an kriegerische Auseinandersetzungen, die zwar primär auf konventioneller Basis geführt würden, die aber jederzeit in einen nuklearen Schlagabtausch münden könnten. Die Idee einer totalen Landesverteidigung gewann allmählich an Anhängerschaft. Der Zivilschutz wurde massiv ausgebaut. Jedes Haus sollte künftig über einen eigenen Schutzraum verfügen.

Alles in allem verleiteten die Erfahrungen der ersten Dekaden nach dem Ende des Zweiten Weltkrieges die offizielle Schweiz nicht zu einer Abkehr vom dominanten Bild des klassischen Krieges herkömmlicher Art und auch nicht dazu, dem Konzept der autonomen Sicherheitspolitik, die in erster Linie Militärpolitik war, den Rücken zu kehren. Diese Einschätzung manifestierte sich innenpolitisch in einer intensiven militärischen Strategiedebatte in den späten 50er Jahren – Abkehr von der eher defensiv statischen Abwehrdoktrin zugunsten einer Befähigung zum Bewegungskrieg mit gepanzerten Mitteln und zur Luftkriegsführung, gegebenenfalls mit taktischen Nuklearwaffen – um die strategische Ausrichtung und Ausrüstung der Milizmassenarmee (Spillmann et al. 2001: 71–73; Jaun 2009). Außenpolitisch zeigte sie sich im Festhalten, ja Festklammern an der Doktrin der „bewaffneten Neutralität", die das Land in der Eigenwahrnehmung erfolgreich vom Einbezug in die Kriegswirren bewahrt hatte. Die Neutralität erfuhr eine Ideologisierung nicht nur als erfolgreiches Mittel des unparteiischen Abseitsstehens und einer autarken Außen- und Sicherheitspolitik, sondern auch als Grundlage für internationale Vermittlerdienste in der neu entstehenden Weltordnung. Die Schweiz war in dieser Phase überzeugt, den Bedrohungen der West-Ost-Blockbildung notfalls mit eigenen Nuklearwaffen trotzen zu können. Sie verweigerte sich einem Einbezug in die UNO, die NATO und die sich formierende WEU. Obwohl de facto, wenn auch nicht de jure, Teil der westlichen Welt, richtete sich das Land ein auf eine Dissuasionspolitik unter Einsatz aller Mittel. Das neue, nun dominante Bedrohungsbild des totalen, atomar geführten Krieges bestimmte zwar das offizielle sicherheitspolitische Denken, schaffte es aber vorerst nicht, das sektorielle Planen und Handeln der einzelnen Ministerien zu überwinden. Zudem blieb die Dominanz des Denkens in militärstrategischen Kategorien ungebrochen.

3.2 Das Konzept „Gesamtverteidigung" 1966-1973

1966 sah sich der Schweizer Bundesrat als Folge eines Kostenüberschreitungsskandals bei der Beschaffung von Mirage-Kampfflugzeugen[2] in Beantwortung von parlamentarischen

---

[2] Zur Modernisierung ihrer Luftwaffe im Rahmen einer umfassenden Streitkräftemodernisierung be-schloss die Schweiz 1961 den Kauf von 100 Mirage–Kampfflugzeugen. Die vorgesehene Lizenzfertigung und Sonderwünsche führten zu massiven Kostenüberschreitungen. Das Parlament verweigerte schließlich die verlangten Zusatzkredite. Die eingesetzte parlamentarische Untersuchungskommission enthüllte eine dilettantische Planung der Beschaffung durch die Streitkräfte.

Vorstößen veranlasst, eine „Konzeption der militärischen Landesverteidigung" vorzustellen (Bundesblatt 1966). Zum ersten Male in der Geschichte des modernen Bundesstaates erstellte die Landesregierung ein Grundlagendokument, welches ausgehend von einer Analyse perzipierter Bedrohungen die offiziellen sicherheitspolitischen Vorstellungen in einem strategisch größeren Zusammenhang präsentierte. Dieser Bericht sollte insofern Schule machen, als damit die Politiktradition begründete wurde, in zyklischen Abständen regierungsoffizielle Bedrohungsanalysen vorzunehmen, über die sich der Aufwand für die sicherheitspolitischen Mittel legitimieren sollte. Die später „Sicherheitspolitische Berichte" genannten Grundlagendokumente kommen dem nahe, was in anderen Staaten als „Weißbücher" bezeichnet wird.

Konstatiert wird im Strategiedokument von 1966, ohne die NATO oder den WAPA namentlich zu benennen, die Existenz von „zwei großen Mächtegruppen", die über „größere Vorräte an Massenvernichtungswaffen" verfügten. Im Falle eines akuten Konfliktes sei mit einem „allgemeinen Krieg" zu rechnen, der sich unter dem Einsatz von Massenvernichtungsmitteln oder doch unter der ständigen Drohung eines solchen Einsatzes abspielen könnte (Bundesblatt 1966: 857). Als wahrscheinliche Möglichkeiten eines „potenziellen Gegners" werden genannt: nukleare Erpressung, ein überraschender „strategischer Vernichtungsschlag", der „Angriff mit begrenztem Einsatz von Massenvernichtungsmitteln" (Bundesblatt 1966: 860–861). Aus der im Zuge der damaligen Debatten in Parlament und Wissenschaft resultierenden Erkenntnis, dass es in der Schweiz erheblich an der Koordination sicherheitspolitischer Mittel mangle und die Mittelkonzentration einseitig beim Militär liege, entstand in der zweiten Hälfte der sechziger Jahre das Konzept der „Gesamtverteidigung" mit einer Regierungsstabsstelle und einem Rat für Gesamtverteidigung. Damit war der institutionelle Boden gelegt für ein umfassenderes strategisches Denken. Der Traum von eigenen Nuklearwaffen, als deren Träger die zu beschaffenden Mirage-Kampfflugzeuge vorgesehen waren, wurde begraben. Die Schweiz trat dem Atomwaffensperrvertrag bei.

Unter dem Titel „Bericht des Bundesrates an die Bundesversammlung über die Sicherheitspolitik der Schweiz (Konzeption der Gesamtverteidigung)" (Schweizerischer Bundesrat 1973) legte die Landesregierung 1973 eine zweite sicherheitspolitisch umfassende Gesamtschau vor. Darin werden ausgehend von Bedrohungsvorstellungen die zu schützenden gesellschaftlichen Werte skizziert und handlungsleitende strategische Szenarien – vom Normalfall relativen Friedens über den Katastrophenfall bis zum Besetzungsfall – entworfen. Unter dem Titel „Strategische Mittel" werden zivile, wirtschaftliche, außenpolitische, militärische, rüstungstechnische und psychologisch-staatsschützerische Instrumente als wichtige Elemente der Sicherheitspolitik benannt und ihre Koordination im Rahmen eines Gesamtkonzeptes gefordert. Die Bedrohungseinschätzung schreibt weitgehend jene des Berichts 1966 fort, d. h. man ortet sie in erster Linie in weltweit anhaltenden „machtpolitischen Auseinandersetzungen" mit regionaler Konzentration auf Europa sowie in der Gefahr ideologisch motivierter subversiver Unterwanderung. Am von den United Nations (UN) vorgesehenen System „kollektiver Sicherheit" wird explizit gezweifelt (Schweizerischer Bundesrat 1973: 8–9). Unter dem Eindruck der Kriege in Asien wird der „Kleinkriegsführung (Guerilla)" und der angeblichen Häufung von Spionagefällen, Terror- und Sabotageaktivitäten erstmals größere Bedeutung beigemessen. „Über die *Wahrscheinlich-*

Für die Schweiz ungewöhnlich, traten die verantwortlichen Militärs wie auch der Verteidigungsminister daraufhin zurück. Die Reduzierung der zu beschaffenden Maschinen führte dazu, dass die Einsatzdoktrin der Flugwaffe angepasst werden musste. Die Schweiz verzichtete unter anderem aus diesem Grund auf die Beschaffung eigener taktischer Nuklearwaffen.

keit von Entwicklungen lässt sich streiten, nicht aber über die *Möglichkeit* der Bedrohung" (Schweizerischer Bundesrat 1973: 11, Hervorhebungen auch im Original). Aus dieser Feststellung leitet der Bundesrat den Grundsatz ab, man habe die eigene Politik am vorhandenen Bedrohungspotenzial und nicht an den gegnerischen Intentionen zu orientieren. Angesichts der fast geschlossenen Unterstützung der bürgerlichen Parlamentsmehrheit bei den Rüstungsanstrengungen konnte die Landesregierung die Frage nach den Kosten der Landesverteidigung weitgehend ausklammern.

3.3 Von der autonomen zur kooperativen Sicherheit 1990

Von einem „epochalen" Umbruch (Wenger 2006: 626) und einem eigentlichen sicherheitspolitischen Paradigmenwechsel der Schweiz lässt sich erst beim folgenden Sicherheitspolitischen Bericht 1990 – „Schweizerische Sicherheitspolitik im Wandel" – sprechen. Das neue Strategiepapier legt die Regierung inmitten dramatischer Veränderungen vor, dem Fall der Berliner Mauer und dem Zerfall der Sowjetunion. Verfolgte die Schweiz bisher sicherheitspolitisch einen strikten Autarkie-Kurs, so ist nun erstmals die Rede davon, dass Sicherheit nur in Zusammenarbeit mit anderen zu erreichen sei. Auffallend am Bericht ist der bereite Raum, den das Grundlagendokument unter dem Titel „Chancen und Gefahren" (Schweizerischer Bundesrat 1990: 13–15) der Bedrohungs- und Risikoanalyse einräumt. Betont werden nicht mehr ausschließlich negative Entwicklungen, sondern auch positive, die es seitens des Landes im Sinne der Wahrung eigener Interessen aktiv zu unterstützen gelte (Abnahme herkömmlicher militärischer Bedrohungsfaktoren, globale Vernetzung der Märkte, Freihandel). Unter ausdrücklichem Bezug auf die Häufung technologischer und ökologischer Katastrophen wird der Begriff der „existenziellen Gefahren" kreiert. Die Perspektive ist international, die Rede von „globalen Herausforderungen". Standen früher reaktive Maßnahmen im Vordergrund, so werden jetzt auch präventive Maßnahmen im Rahmen einer gestaltenden Sicherheitspolitik ins Auge gefasst. Neben machtpolitischen Bedrohungen, die als „Rückfälle" (Schweizerischer Bundesrat 1990: 6) nicht ausgeschlossen werden könnten, wird unter dem Rubrum „Nichtmachtpolitisch bedingte Entwicklungen" den wirtschaftlichen, sozialen und ökologischen Dimensionen der Sicherheit breiten Raum gegeben und damit nicht nur eine Ausweitung des analysierten Risikospektrums, sondern auch eine Neugewichtung der potenziellen Gefährdungen vorgenommen. Zu letzteren wird die demografische Entwicklung ebenso gezählt wie die Energieverknappung oder die Häufung von technologisch und ökologisch bedingten Katastrophen, der zunehmende Drogenkonsum ebenso wie der Anstieg der Migrationsströme und die damit verbundenen gesellschaftlichen Destabilisierungspotenziale.

Mit dem Bericht 1990 dehnt die offizielle Schweiz ihren Sicherheitsbegriff erstmals explizit aus von Bedrohungen hin zu Risiken und Gefahren. Die enge nationale Sicht wird aufgegeben zugunsten einer Perspektive, welche die Schweiz eingebunden sieht in eine transnationale europäische und globale Umwelt. Zudem weist der neue Bericht nun der Militärpolitik nur noch eine sekundäre, einer stärker ausgreifenden Außenpolitik hingegen eine gesteigerte Bedeutung zu, dies jedoch, wohl wissend um die diesbezügliche Uneinigkeit im Lande, ohne eine Priorisierung von Aufgaben und Strategien vorzunehmen. Sicherheitspolitik ist nun mehr als nur Militärpolitik, sie wird als Querschnittaufgabe erkannt. Was sich nicht zuletzt darin ausdrückt, dass sich das Eidgenössische Militärdepartement 1997 in Departement für Verteidigung, Bevölkerungsschutz und Sport (VBS) umbenennt. Mit der Ausweitung des Sicherheitsbegriff setzte die bis heute in der Schweiz anhaltende

Debatte darüber ein, womit sich die Sicherheitspolitik überhaupt zu befassen habe und ob es nicht sinnvoll wäre, die inneren und äußeren Sicherheitsanstrengungen zugunsten eines strategischen Krisenmanagements unter dem Dach eines Sicherheitsdepartementes zu vereinen (Doktor 2008). Bis heute ist diesbezüglich keine Entscheidung gefallen.

Taten folgten dem Bericht: Die Schweiz begann sich, zunächst zurückhaltend mittels unbewaffneter Kontingente (ab 1990 bei der UNTAG Namibia und MINURSO Westsahara), dann etwas ausgreifender in einem für die bisher auf Autonomie und Abseitsstehen pochende Sicherheitspolitik bemerkenswerten Weise, an den Friedenserhaltenden Operationen auf dem Balkan zu beteiligen (OSZE, KFOR bzw. EUFOR). Zudem nehmen seither vermehrt Einzelpersonen vorab als Stabsangehörige und Militärbeobachter an vielen laufenden Missionen der UNO und der OSZE teil. 1996 trat die Schweiz der „Partnership for Peace" (PfP), 1997 dem „Euro-Atlantischen Partnerschaftsrat" (EAPR) bei. Innenpolitisch regte und formierte sich freilich zum ersten Mal kräftiger Widerstand gegen diese Neuausrichtung. Stützten sich die früheren Berichte auf breiten bürgerlichen Parteienkonsens, so kündete sich mit dem Widerstand nationalkonservativer Kreise gegen den Bericht 90 eine außen- und sicherheitspolitische Spaltung des Landes an, die den mit dem neuen Bericht erhofften politischen Handlungsspielraum teilweise erheblich einschränken sollte (vgl. Abschnitt 4).

3.4 Sicherheitspolitischer Bericht 2000 – Austasten der Chancen nationaler Öffnung

Ging 1995 der erste Abbauschritt der großen Massenarmee (Reform „Armee 95") parteipolitisch vor dem Hintergrund der offensichtlich eingetretenen internationalen Entspannung noch einigermaßen konsensual über die Bühne, so kündigte sich gegen die Ausrichtung des nächsten Sicherheitspolitischen Berichts zehn Jahre später früher Widerstand an. Der Bericht unter dem Titel „Sicherheit durch Kooperation" (Bundesrat 1999) verhieß zwar eine Wende, schrieb aber alles in allem die Bedrohungs- und Risikoanalyse fort, die der Bericht 1990 vorgenommen hatte. Als Anlass für den neuen Bericht gab die Landesregierung an, die politische und strategische Entwicklung seit der Wende von 1989/90 sowie die knapper werdenden Ressourcen würden eine Neubeurteilung des Bedrohungsspektrums und eine Neukonzipierung der Sicherheitspolitik „erfordern" (Bundesrat 1999: 4).

Als Ziele werden zum einen die zu verbessernde flexible Kooperation zwischen zivilen und militärischen Mitteln genannt (Bundesrat 1999: 4), wobei der Hinweis auf die Sicherstellung „allenfalls nötiger Aufwuchskapazitäten" implizit andeutet, dass der helvetischen Tradition, letztlich in Kategorien von Streitkräftestärken zu denken, noch nicht gänzlich abgeschworen worden war. Zum zweiten sollte die Kooperation mit internationalen Sicherheitsorganisationen und befreundeten Staaten zwecks Gewährleistung „von Stabilität und Frieden in einem weiteren Umfeld" verstärkt werden (Bundesrat 1999: 4). Die Bedrohungen der Schweiz unterscheiden sich gemäß dem Dokument nicht (mehr) grundsätzlich von jenen der umliegenden europäischen Staatenwelt. Zum einen sei eine drastische Verringerung der konventionellen Bedrohung zu konstatieren, zum anderen träten aber neue regionale und innerstaatliche Konflikte, lokale Bürgerkriege, die Weiterverbreitung von Massenvernichtungsmitteln, die organisierte Kriminalität und der internationale Terrorismus stärker in den Vordergrund. Verwiesen wird auf weitere Gefahren wie etwa Einschränkungen des freien Wirtschaftsverkehrs, sowie sozial und ökologisch problematische Entwicklungen. Militärische und nicht-militärische Bedrohungen und Risiken werden als gleichgewichtig eingestuft.

Erstmals, und das in einem signifikanten Gegensatz zu früheren Berichten, wird unter dem Titel „Internationale Sicherheitsstrukturen" den UN, der Organisation für Sicherheit und Zusammenarbeit in Europa (OSZE) , der Europäischen Union (EU) und der Westeuropäischen Union (WEU) wie auch der NATO, dem Europarat und verschiedenen Abrüstungs- und Kontrollabkommen im Bericht 2000 ein eigenes, längeres Kapitel gewidmet. Verwiesen wird ferner, wie wenn es darum ginge, die Stimmbevölkerung auf weitere ausgreifende Schritte der Schweiz vorzubereiten, auf die Stellung der anderen neutralen Staaten Europas in der europäischen Sicherheitsstruktur. „Finnland, Österreich und Schweden zeigen, dass ein kooperatives Engagement für den Frieden neutralitätspolitisch möglich und der Sicherheit dieser Länder zuträglich ist" (Bundesrat 1999: 24). Der im Bericht 1990 angekündigte Wille zur Öffnung durch internationale Kooperation manifestiert sich 2000 nicht nur inhaltlich, er wird durch die Titelsetzung und den Stil klar unterstrichen.

Als Konsequenz der Bedrohungsanalyse nimmt die Landesregierung im Bericht nun eine Neugewichtung der strategischen Aufgaben in der Reihenfolge der Eintrittswahrscheinlichkeit vor (Bundesrat 1999: 32–33): Nicht mehr die „Verteidigung" steht ganz oben, als erste genannt wird „Friedensförderung und Krisenbewältigung", als zweite die „Prävention und Bewältigung existenzieller Gefahren". Im politischen Alltag wird dann allerdings sogleich bestritten, dass hier eine Hierarchisierung der Aufgaben vorliege, es gelte, alle gleichzeitig optimal wahrzunehmen.

In einem besonderen Kapitel „Begründung unserer Strategie gegenüber Alternativen" wird zwar unter Hinweis darauf, dass der neutralitätsrechtliche Status der Schweiz nicht gemindert würde, auf mögliche Sicherheitsvorteile einer EU-Mitgliedschaft verwiesen (Bundesrat 1999: 38–40) und den Vorteilen eines UNO-Beitritts das Wort geredet.[3] Aber zugleich wird die Strategie der bilateralen Zusammenarbeit mit der EU verteidigt und einem NATO-Beitritt eine klare Absage erteilt. Betont wird die Beibehaltung der Neutralität „unter konsequenter Nutzung des neutralitätsrechtlichen Spielraums" (Bundesrat 1999: 24). Diese nicht durchwegs stringente Argumentation wird teils implizit, teils explizit mit einer Abwägung von Nutzen und Kosten dieser Strategie begründet. Sie darf als die innenpolitisch in der damaligen wie auch in der heutigen Zeit einzige politisch halbwegs durchsetzbare mittlere Strategie bezeichnet werden.

Der „Sicherheitspolitische Bericht 2000" gab den Begründungsrahmen ab für einen weiteren, den historisch bisher größten militärischen Reformschritt unter dem Stichwort „Armee XXI". Der Umfang der von fast 600.000 Milizsoldaten nach dem Zweiten Weltkrieg bis 1995 auf 300.000 verkleinerten Miliz wurde auf 200.000 gesenkt, durch die Einführung von Durchdienern die Stand by-Bereitschaft leicht erhöht und das Heer organisatorisch stärker zentralisiert. Die verkleinerte, im europäischen Vergleich aber immer noch übergroße Wehrpflichtarmee wird seit 2006 – innenpolitisch hoch umstritten! – vorab für polizeiliche innere Einsätze zur Unterstützung der zivilen Behörden verwendet (u. a. auch für die Bewachung von internationalen Konferenzen und ausländischer Vertretungen). Zudem drehten Parlament und Regierung bei den Verteidigungsausgaben nun spürbar an der Sparschraube. Betrug der Anteil der Bundesausgaben für die Landesverteidigung 1980 noch 20.3%, so sank er bis 1995 auf 14.3%, 2000 auf 10.4% und 2008 auf 7.5% (gem. Bundesamt für Statistik). Sowohl der Bericht 2000 wie auch die Streitkräftereform stießen trotz der Tatsache, dass die notwendigen Gesetzesänderungen für die neue Militärpolitik

---

[3] Am 3. März 2002 stimmte eine Mehrheit von 55% des Schweizer Stimmvolkes dem UNO-Beitritt des Landes zu. Dies nachdem in einer ersten Abstimmung 1986 noch eine überwältigende Mehrheit (76%) diesen Schritt abgelehnt hatte.

auf kleinerer Flamme in mehreren Volksabstimmungen von Mehrheiten gutgeheißen worden waren, auf massive Kritik seitens nationalkonservativer Kreise. Diese Kritik erhielt durch die Anschläge vom 11. September 2001 in den USA und die folgende Terrorwelle insofern Auftrieb, als die öffnungsfreundliche Stimmung, die Mitte der 90er Jahre in der Schweiz eingesetzt hatte und den Sicherheitspolitischen Bericht 2000 sowie die Zustimmung zum UNO-Beitritt von 2002 getragen hatte, sich wieder abzuschwächen begann.

Derzeit – Frühjahr 2010 – wird unter dem Druck der im nächsten Abschnitt näher zu skizzierenden, parteipolitischen Blockierung in der Sicherheitspolitik an der Herausgabe eines neuen Sicherheitspolitischen Berichts gearbeitet. Von ihm erhofft man sich Klärung über die Stellung und die Aufgaben der Milizarmee vor dem Hintergrund des gewandelten Bedrohungsbildes und des innenpolitischen Streits um die prioritären Aufgaben der Armee. Ob er diesem Anspruch genügen kann, ist angesichts der sehr stark divergierenden Erwartungen der Parteien eher fraglich. So kündigten sich bereits in der Entwurfsphase Vorbehalte an. Mit der 2008 erfolgten Wahl des früheren Parteipräsidenten der Schweizerischen Volkspartei (SVP) und Kritikers des eingeleiteten Armeeumbaus sowie der Auslandeinsätze der Schweizer Armee zum Bundesrat und neuen Verteidigungsminister scheint sich strategisch eine Renaissance der Isolationspolitik anzukündigen. Die Armee soll wieder der „Verteidigung" des Landes den Primat geben und ihre friedenserhaltenden Auslandoperationen minimieren. Angesichts des Widerstandes, der sich links und in der Mitte bereits formiert, dürfte es der neue Sicherheitspolitische Bericht in Arbeit schwer haben, dem Anspruch gerecht zu werden, die Grundlage für eine konsensuale Sicherheitspolitik für die kommenden Jahre abzugeben und damit die bestehende sicherheitspolitische Blockierung der Schweiz zu überwinden.

4 Das Ende des bürgerlichen Parteienkonsens – von der Eid- zur Drittelgenossenschaft

4.1 Woher die Bedrohung? – Die Linke versus den geschlossenen Bürgerblock

Die Interpretation dessen, was als nationale Bedrohung einzustufen ist und was nicht, folgte in der Schweiz im 20. Jahrhundert weitgehend dem politischen Links Rechts-Graben. Während sich der bürgerliche Parteienblock in der Phase des Kalten Krieges darin einig war, dass die Kriegsgefahr primär aus dem Osten drohe und erheblich und nachhaltig sei, wurde beides von der Linken bestritten. Für die marxistische Linke kam dies einer Umkehrung der wahren Bedrohungen gleich, die man im US-Imperialismus und in der ausbeuterischen Logik des Kapitalismus wähnte. Diese klassenkämpferische Sicht der Dinge teilte die Sozialdemokratische Partei der Schweiz (SPS), die in der siebenköpfigen Landesregierung seit 1959 zuerst mit einem, später mit zwei Sitzen beteiligt ist, in der Tendenz, nicht aber in allen Konsequenzen. Das hing zu großen Teil mit der Heterogenität der Partei zusammen (Hürlimann 1985: 181–183). Das Spannungsfeld zwischen einer eher intellektualistisch orientierten, militärpolitisch kritischen Parteispitze und einer bezüglich Landesverteidigung eher konservativ denkenden Parteibasis lähmte den sicherheitspolitischen Oppositionskurs der Partei. So bekämpfte man linksseitig die bürgerlich dominierte Militärpolitik relativ erfolglos vorab mit Volksinitiativen (siehe unten), kritisierte den „preußischen Umgangston" in der Armee und das Konzept der „Gesamtverteidigung" als Militarisierung der Gesellschaft. Der Übereinstimmungsgrad der Parteiparolen der SPS mit den Empfehlungen von Regierung und Parlament bei den wichtigsten sicherheitspolitischen Abstimmungsvorlagen lag zwischen 1984-2003 bei 37%, jener der kommunistischen „Partei der Arbeit" bei 5% und bei der marxistischen Progressiven Organisationen der Schweiz (POCH) bei 0%. Zum Vergleich: Bei der Parlamentsmehrheit, den bürgerlichen Parteien[4], sank der Deckungsgrad der Parteiparolen mit jenen von Bundesrat und Parlament nie unter 80% (Bühlmann et al. 2006: 125–127). Gegen die Dominanz der Zentrumsparteien hinsichtlich der Bedrohungseinschätzung und die bürgerliche Einigkeit in der Militär- und Rüstungspolitik konnte sich die Linke, insbesondere die SPS, die selber kaum je über einen Viertel der Sitze in der Volkskammer des Parlamentes, dem Nationalrat, erreichte, praktisch nie durchsetzen. Sie stand von 1945 bis 1990 einem militärpolitisch weitgehend geschlossen Block gegenüber. Der Kurs der Sicherheitspolitik blieb innenpolitisch im Großen und Ganzen unbestritten, er fußte auf dem mehrheitlichen Konsens der Stimmbevölkerung (siehe 4.1).

4.2 Die Wende von 1989 und das Ende des bürgerlichen Bedrohungskonsenses

Die Periode bürgerlicher Dominanz bei der Einschätzung sicherheitspolitisch relevanter Bedrohungen und Strategien endete mit dem Ende des Ost-West-Konflikts in der Schweiz relativ abrupt. Denn mit dem Zerfall der Sowjetunion, dem Fall des Eisernen Vorhangs und dem dadurch beschleunigten Zusammenrücken der Europäer unter dem Dach der Europäischen Union (EU) fielen gewissermaßen über Nacht die jahrhundertealten sicherheitspolitischen Eckpfeiler der schweizerischen außen- und sicherheitspolitischen Identität in sich zusammen. Der „Wehrgenossenschaft" Schweiz kamen die Feinde abhanden. Durch die europäische Mächtekonstellation war das Land über Jahrhunderte stets in mehr oder weniger starkem Maße bedroht gewesen. Neutralität gegenüber den sie umgebenden Großmächten hatte sich als erfolgreiche strategische Antwort dem Kleinstaat aufgedrängt. Durch gezieltes mächtepolitisches Abseitsstehen und dem Anbieten „Guter" Dienste als Vermittler sollten die europäischen Großmächte nicht nur davon abgehalten werden, die Schweiz zu bedrohen, sondern auch ein Eigeninteresse daran zu entwickeln, das eurostrategisch wichtige Alpenkreuz in neutralen Händen zu wissen. Dem Schutz dieser Neutralität diente die außenpolitische Abstinenz des Landes und eine große Bürgerarmee, die auf der Basis der allgemeinen Wehrpflicht sich auf eine Rundumverteidigung vorbereitete und sich zu einem Leitbild für den politischen Gemeinsinn und das demokratische Engagement zugunsten der ‚res publica' entwickelt hatte. Mit dem typisch schweizerischen Föderalismus konnte der Einfluss der Berner Zentralregierung im Zaum gehalten, die Bürgernähe und die Eigenart im Kleinen gewahrt bleiben. Zusammengehalten wurde der heterogene Bund durch den steten Zwang zu Konsens und Kompromiss. Die Konkordanz entwickelte sich zum existenziellen Leitwert der Schweiz, Neutralität und Bürgerwehrwesen gewannen den Stellenwert von Symbolen nationaler Identität und verankerten sich im kollektiven Unterbewusstsein als erfolgreiche Selbsterhaltungsstrategien.

Das Ende des Ost-West-Konflikts entzog den klassischen schweizerischen Identitätswerten – Neutralität, Volksarmee, Föderalismus, Konkordanz – das Fundament. In einem Europa, das politisch, wirtschaftlich und kulturell zusammenrückt und sich anschickt, eine gemeinsame Außen- und Sicherheitspolitik zu entwickeln, verliert die Schweizer Neutralität ihre ursprüngliche Funktion. Die aktuellen neuen Bedrohungen verlangen nicht mehr

---

[4] Zu den bürgerlichen Zentrumsparteien zählen bis in die 90er Jahre die Freisinnige Partei (FDP), die Christliche Volkspartei (CVP) und die Schweizerischen Volkspartei (SVP). In dem Masse, in dem letztere in den neunziger Jahren sich zu einer dezidiert nationalkonservativen Partei entwickelte, verloren rechte Splitterparteien politisch fast völlig an Bedeutung.

nach einer großen Landesverteidigungsarmee welche die Volksseele verkörpert. Das Verschwimmen von Innerer und Äußerer Sicherheit durch neuartige Bedrohungen wie grenzüberschreitend organisierte Kriminalität und globaler Terrorismus macht die herkömmliche föderalistische Trennung bei der Sicherheitsgrundversorgung – die Kantone sorgen für die Innere, der Bund für die Äußere Sicherheit – zunehmend hinfällig. Das Mitmachen im europäischen Verbund erweist sich nicht nur für die Wohlstanderhaltung, sondern auch für die Wahrung der Sicherheit immer wichtiger. Das Schengen-Abkommen, an dem die Schweiz sich seit 2008 als Vollmitglied beteiligt, zielt auf eine gemeinsame europäische Politik der Verbrechensbekämpfung und Immigrationskontrolle. Das macht schlagartig klar, wie sehr die helvetische Sicherheit über die nationalen Grenzen hinaus reicht und sich mit der gesamteuropäischen deckt. Dadurch verstärken sich aber auch die Spannungen im Föderalismusgebälk. Unter allen denkbaren Bedrohungen ist die kriegerische, die bisher die „Wehrgenossenschaft" in der Eigenwahrnehmung über lange Zeit hin rechtfertigte, entfallen.

An ihre Stelle sind machtpolitisch „weiche" Bedrohungen getreten, mit denen sich das Land schwer tut. Als 1996 die Existenz nachrichtenloser Konti von Menschen jüdischen Glaubens, die im Holocaust ums Leben gekommen waren, bekannt wurde, schwellte der Druck auf die Schweiz durch Boykottdrohungen aus den USA rasch an und konnte durch eine langsam und uneinig handelnde Landesregierung nur schwer unter Kontrolle gebracht werden. Ähnlich erging es dem Land mit dem im Gefolge der Finanzkrise sich 2008/09 rasch aufbauenden internationalen Druck auf die „Steueroase" Schweiz. Das Bankgeheimnis geriet ins Kreuzfeuer der Kritik und die Schweiz unerwartet auf eine „graue" OECD-Liste von Staaten, die Steuerflucht begünstigen. Und schließlich zeigt sich allmählich, dass die Schweiz, obwohl nur durch kündbare bilaterale Verträge an die EU gebunden, sich der Dynamik der europäischen Entwicklung nicht entziehen kann. Das Netzwerk von bilateralen Verträgen erweist sich als von derart vitaler Bedeutung, dass es ohne großen volkswirtschaftlichen Schaden für die Schweiz nicht mehr aufgekündigt werden kann. Mit dem komplexen bilateralen Vertragswerk ist eine Art Spinnennetz entstanden, „in dem wir nicht die Spinne sind" (Freiburghaus 2009). Die de facto eingetretene Satellitisierung des Kleinstaates Schweiz hat die viel beschworene Souveränität des Landes nachhaltig erodiert. Fazit: Die Schweiz steckt seit dem Ende des Kalten Krieges in einer außen- und sicherheitspolitischen Identitätskrise, ihre Traditionswerte erweisen sich nun als „goldener Käfig", aus dem sie nicht heraus findet (Bochert/Eggenberger 2002).

Die durch die Wende von 1989/90 entstandenen neuen Herausforderungen ließen den früheren außen- und sicherheitspolitischen Konsens der Schweiz auseinanderbrechen. Die Schweizerische Volkspartei (SVP), die bis anhin den bürgerlichen Kurs überwiegend gestützt hatte, begann sich unter der Leitung des charismatischen Nationalrats Christoph Blocher zur nationalkonservativen Opposition zu mausern. Sie verstand es ausgezeichnet, das verbreitete diffuse Unbehagen über die Entwicklung „neuer" Bedrohungsformen und die beschleunigte Modernisierung des Landes unter rechtsbürgerlichen Kreisen in nostalgisch-populistischer Manier zu mobilisieren. Die Volkspartei wurde bei den letzten beiden Nationalratswahlen mit über 29% der Stimmen zum zweiten Male nach 2003 zur wählerstärksten Partei im Lande während die Mittelparteien FDP und CVP es zusammen nicht mehr auf 30% brachten und die SPS langjährig erstmalig unter 20% fiel.

Durch den Aufstieg der SVP ist die Eidgenossenschaft innerhalb der letzten 15 Jahre zunehmend zu einer „Drittelgenossenschaft" mutiert. Die nationalkonservative Partei beharrt konsequent auf einer autonomen, ja autarken Schweiz. Die Strategie "Sicherheit durch Kooperation" wird bestritten mit dem Argument, es sei gerade diese Kooperation, welche

Unsicherheit und Risiken erzeuge (Schweizerische Volkspartei 2005: 6, 2009). Kein Jota nationaler Souveränität darf und soll aus dieser Sicht an über- und internationale Organisationen und Gemeinschaften abgetreten werden. Die EU ist in dieser Sicht zum Substitut für die entfallene machtpolitische Bedrohung avanciert. Die Neutralität wird als „integrale" Nationalmaxime verstanden, nicht als politisches Mittel. Eine Massenarmee soll wie eh und je als „Volk in Waffen" für militärische Abschreckung und die Landesverteidigung sorgen. Die eigentliche Aufgabe der Armee heißt „Verteidigung". Friedenserhaltende, militärische Einsätze werden als neutralitätspolitisch fragwürdig abgelehnt (Schweizerische Volkspartei 2009). Für die Parteien auf der linken Seite des Spektrums (SPS; Grüne) gehört indes die Eidgenossenschaft besser schon heute als erst morgen in das zusammenrückende Europa. Die bilateralen Verträge werden nur als Vorstufe für den Beitritt der Schweiz gutgeheißen. Die Neutralität hat hier bestenfalls noch symbolischen Wert. Erfolgreiche Sicherheitspolitik setzt in dieser Sicht eine weitere Verdichtung internationaler Vernetzung und eine Loslösung der Fixierung auf Territorien und Grenzen voraus. Daran mangle es der Schweiz. Gemäss der SPS sollten die militärischen Friedenseinsätze deutlich ausgebaut werden (Sozialdemokratische Partei der Schweiz 2005, 2008, 2009). Eine kleine Freiwilligentruppe anstelle der Wehrpflichtarmee für Zwecke der internationalen Friedensförderung genügt ihr vollauf. Die Grünen setzen auf zivile Friedenspolitik und stehen der Armee grundsätzlich kritisch bis ablehnend gegenüber (Grüne Partei der Schweiz 2009). Vehement lehnt die Linke innere Ordnungs- und Sicherungseinsätze durch das Militär ab.

Eingeklemmt zwischen diesen beiden starken Polen sehen sich die anteilsmäßig geschrumpften Zentrumsparteien FDP und CVP. Sie spüren zwar den Veränderungsdruck, tun sich aber schwer, sich von den früher Sicherheit versprechenden Eckwerten schweizerischer Tradition zu lösen. Sie setzen auf vorsichtige außen- und sicherheitspolitische Öffnung des Landes, ohne indes einen Beitritt der Schweiz zur EU oder gar zur NATO ins Auge zu fassen. Über die letzten drei Parlamentswahlen erreichte die Dreiteilung den Nationalrat, wo der rechte Pol auf Kosten der Mitte stetig zulegte. Und sie findet sich seit 2003 auch in der Regierung nach dem die SVP auf Kosten der Mitte im Siebnergremium einen zweiten Sitz erobert hatte. Entstanden Kompromisse früher aus dem starken politischen Zentrum heraus durch Koalition mit einem der schwachen Pole, so kämpfen heute gestärkte Pole um die geschwächte Mitte. Die Konsequenzen dieser Drittelung der Stimmbürgerschaft und der politischen Instanzen wirken sich vorab in der Außen- und Sicherheitspolitik lähmend aus, weniger in der Sozial-, Finanz- und Wirtschaftspolitik. Dies, weil sich dort das rechtsbürgerliche Lager ideologisch weniger homogen präsentiert als das linke. So lehnte eine unheilige parlamentarische Allianz aus beiden Polen 2004 und 2007 das Verteidigungsbudget des Bundes ab. Weil eine unmittelbare militärische Bedrohung fehlt, scheint sich die Sicherheitspolitik bestens dafür zu eignen, weltanschauliche und außenpolitische Differenzen auszutragen. Dabei reflektiert die Spreizung der Positionen in der Militärpolitik nicht nur die anhaltend starke Gespaltenheit des Landes in Fragen der internationalen Öffnung, sondern auch die Suche nach einer neuen Identität der Schweiz. Offensichtlich war die Schweiz seit Bestehen des Bundesstaates sicherheits- und militärpolitisch noch nie so zerrissen wie heute (Haltiner/Szvircsev-Tresch 2005).

4.3 Bedrohungsanalysen durch sicherheitspolitische Experten

Während die Parteien sich über die nationalen Herausforderungen und die Frage, wie ihnen zu begegnen sei, wie nie zuvor in der Geschichte des Schweizer Bundesstaates in den Haaren liegen, sind sich die sicherheitspolitischen Fachleute des Landes über die wichtigsten Bedrohungen, Risiken und Gefahren erstaunlich einig (Hagmann 2008b: 18). In einer 2008 durchgeführten Expertenbefragung[5] sehen diese in ihrer Mehrheit die größte Herausforderung in der voranschreitenden Globalisierung und der sich mit ihr intensivierenden globalen Vernetzung der Akteure. Bei letzteren wird großmehrheitlich eine steigende machtpolitische Bedeutung von nicht staatlichen Akteuren im Vergleich zu den staatlichen konstatiert. Zudem lassen sich nach überwiegender Expertenmeinung die Bedrohungen und Risiken der Schweiz von denen Europas grundsätzlich nicht abtrennen, was an sich schon nach einer ausgreifenden kooperativen Strategie rufe. Zu den primären Herausforderungen zählen mit einem Konsensgrad von über 90% die Proliferation von Massenvernichtungswaffen, die organisierte Kriminalität, der internationale Terrorismus und die Energieverknappung. Hohe Einigkeit besteht ferner bei den Risiken, die sich aus zerfallenden Staaten, der globalen Armut und der internationalen Migration ergeben, insbesondere auch für die politische Radikalisierung im Lande. Zu hoffen bleibt, dass die Expertenmeinungen früher oder später eine Chance haben, in der öffentlichen Debatte mehr Gehör zu finden – ein Wunsch, der angesichts der angesichts der innenpolitischen tiefen Gespaltenheit des Landes vorläufig eine vage Hoffnung bleiben dürfte (vgl. dazu auch Habegger 2006).

4.4 Risikoaverte, verunsicherte Schweizer Stimmbevölkerung

In einem Land, in dem die Stimmbevölkerung auch in der Außen- und Sicherheitspolitik mittels Referendum und Volksinitiative häufig das letzte Wort hat, ist die öffentliche Meinung von Bedeutung. Als Indikatoren dafür bieten sich die Volksabstimmungen zu Vorlagen mit sicherheitspolitischem Inhalt sowie repräsentative Stimmbürgererhebungen an.

Unter den 22 Abstimmungen, die zwischen 1984[6] und 2008 einen relativ unmittelbaren Bezug zur Sicherheit des Landes oder zur Sicherheits- und Außenpolitik aufweisen, finden sich 11 Volksinitiativen und 11 Referenden zu behördlichen Beschlüssen. Neben prominenten Vorlagen wie etwa den Volksinitiativen für eine Schweiz ohne Armee von 1989 und 2001 finden sich weitere zumeist von der Linksopposition angestoßene Volksinitiativen (in chronologischer Abfolge): Einführung eines Zivildienstes auf Tatbeweisbasis (1984), Mitsprache des Volkes bei den Rüstungsausgaben (1987), Initiative zum Schutz der Moore, sogenannte „Rothenthurm-Initiative" (gegen den Ausbau eines Waf-fenplatzes, 1987), Ablehnung der Beschaffung von Kampfjets (F/A 18-Kaufvorhaben, 1993), Begrenzung der Zahl von Waffenplätzen (1993), Verbot von Kriegsmaterialausfuhr (1997), „Sparen beim Militär" (sogenannte Umverteilungsinitiative 2000), für einen freiwilligen zivilen Ersatzdienst (2001), gegen Kampfjet-Lärm in Tourismusgebieten (2008).

Unter den wichtigsten Referendumsvorlagen finden wir die Reform des Militärstrafgesetzes (Arbeitsdienst statt Gefängnis für Dienstverweigerer, 1999), den Bundesbeschluss zur Einführung eines Zivildienstes für Dienstverweigerer (1992), die Schaffung eines Schweizer „UN-Blauhelm-Bataillons" (1994), die Zentralisierung der Zuständigkeit für die persönliche Militärausrüstung beim Bund (1996), die Ausbildungszusammenarbeit mit dem Ausland

---

[5] Befragung von 44 Fachleuten im Herbst 2007 aus Verwaltung, Militär, Medien und Parteien mittels eines strukturierten Fragebogens und semi-strukturierten qualitativen Vertiefungsinterviews im Rahmen einer Dissertation (Hagmann 2008a: 15).
[6] 1984 dient hier als Ausgangspunkt, weil die wichtigsten sicherheits- und verteidigungspolitisch relevanten Abstimmungen 1984-2005 von Bühlmann et al. (2006) einer eingehenden Untersuchung unterzogen wurden. Eigene Recherchen beziehen sich auf die Jahre 2006-2008.

(Bewaffnung von Schweizer Soldaten, welche im Rahmen eines UN- oder OSZE-Mandates an friedenserhaltenden Maßnahmen teilnehmen, 2001), den UNO-Beitritt (2002), das Reformprojekt „Armee XXI" (Umfangreduzierung und Neuausrichtung, 2003) sowie das Abkommen Schengen-Dublin (2007). Dabei fällt auf:

- In der thematischen Abfolge von Volksinitiativen und Referenden spiegelt sich die jeweils aktuelle sicherheitspolitische Befindlichkeit und damit indirekt das Bedrohungsempfinden. So dominieren zur Zeit des Ost-West-Konflikts thematisch Fragen der inneren Führung der Streitkräfte und des Zivildienstes, in den Jahren um die Wende in Europa Diskussionen um die Notwendigkeit des Militärs, seinen Präsenzgrad, seine Ausrüstung und seine Kosten. Im Verlaufe der neunziger Jahre verdichtet sich die Debatte um die Beteiligung der Schweiz an internationalen friedenserhaltenden Operationen mit eigenen Truppen. Nach der Jahrtausendwende stehen neben dem UNO-Beitritt und dem Ausbau der internationalen militärischen und polizeilichen Zusammenarbeit Fragen der Inneren Sicherheit, darunter das Abkommen Schengen-Dublin, sowie die Zielsetzung, Verwendung und Struktur der Streitkräfte im Vordergrund.
- In der Schweizer Sicherheitspolitik fungiert die Volksinitiative traditionell als verbreitetes Mittel der im Parlament meist erfolglosen Linksopposition um Reformvorschläge auf die Agenda der öffentlichen Diskussion zu hieven. Statistisch haben diese eine geringe Chance, angenommen zu werden. Von den 11 zwischen 1984 und 2008 eingereichten sicherheitsrelevanten Initiativen wurden mit einer Ausnahme – der „Rothenthurm-Initiative" zum Schutz der Moore und gegen die Ausweitung eines Waffenplatzes, 1987 – alle vom Volk verworfen. Die angenommene hatte eine ebenso ökologische wie antimilitärische Ausrichtung, wobei erstere den Ausschlag gab für die Annahme (Bühlmann et al. 2006: 39–41).
- Bei den 11 sicherheitspolitischen Referendumsabstimmungen wurden alle Vorlagen von Landesregierung und Parlament bestätigt, mit Ausnahme von zweien, nämlich dem Referendum für eine Aufhebung der kantonalen Zuständigkeit im Bereich der persönlichen Militärausrüstung (1996) und der Schaffung eines „UN-Blauhelm-Bataillons" (1994). Im ersten Fall bestimmten antizentralistische Reflexe, nicht Sicherheitsmotive das Abstimmungsverhalten. Anders im zweiten Fall: Bei diesem Referendum handelt es sich um den bisher einzigen größeren sicherheitspolitischen Abstimmungserfolg nationalkonservativer Kreise. Die SVP, die sich im Parlament noch hinter die Vorlage gestellt hatte, trug mit ihrem populistischen Gesinnungswandel im Abstimmungskampf erheblich zum Erfolg bei. Zur Ablehnung der Schaffung eines Blauhelm-Bataillons beigetragen haben mag auch die Tatsache, dass zu jener Zeit der Balkan-Krieg tobte und die UNPROFOR eine medienwirksame eigentliche Demütigung erfuhr.

Offenbar verhält sich das Schweizer Stimmvolk sicherheitspolitisch überaus regierungstreu. Es folgte im betrachteten Zeitraum zu 86% den Empfehlungen von Landesregierung und Parlament, zu 90% bei den Volksinitiativen, zu über 80% bei den Referendumsvorlagen. Dieser Sachverhalt kann indes auch umgekehrt so gedeutet werden, dass Landesregierung und Parlament die Risikoaversion und die Gespaltenheit der Stimmbevölkerung erfolgreich antizipieren und deshalb kaum mit grundlegenden außen- und sicherheitspolitischen Reformen vorpreschen. Die dem politischen System innewohnende Orientierung an Konsens und Kompromiss wird manifest. Die nationalkonservative SVP-Opposition bescherte dieser Partei zwar beachtliche Wahlerfolge, diese schlugen sich aber kaum in Abstimmungserfolgen nieder. Im Gegenteil: Von einem zwar vorsichtigen, aber bemerkenswerten Gesinnungswandel kann bei den militärischen Auslandseinsätzen gesprochen werden. So wird die Ablehnung der Schaffung eines UN-Blauhelm-Bataillons 1994 im Jahre 2001 insofern abgemildert, als der Bundesrat vom Volk die Kompetenz erhielt, Schweizer Soldaten in Friedensmissionen zu bewaffnen.[7] Die Teilnahme an friedenserzwingenden Einsätzen bleibt indes ausgeschlossen. Der Schweiz ist die Teilnahme an UN-Missionen bestenfalls im Rahmen von UN-Chapter VI-Mandaten möglich. Das Stimmvolk bevorzugt in den sicherheitspolitischen Belangen offensichtlich eine Politik kleinster Schritte und ist Entscheidungen, die einen grundsätzlichen Richtungswechsel beinhalten, abhold.

4.5 Sicherheitspolitische öffentliche Meinung

Während die Analyse des Abstimmungsverhaltens über das letzte Vierteljahrhundert eine weitgehend regierungstreue Stimmbevölkerung bzw. eine sicherheitspolitisch eng an der politischen Durchsetzbarkeit operierende Staatsleitung zeigt, enthüllen Langzeitbefragungen der Stimmbevölkerung das Bild einer sicherheitspolitisch gespaltenen und in Teilen stark verunsicherten Stimmbevölkerung (Szvircsev-Tresch et al. 2009).

Einerseits geben große Mehrheiten, im Mittel über 80% und in der Tendenz steigend, an, sich in der Schweiz eher oder sehr sicher zu fühlen (Abb. 1, Anteil „sehr sicher" 2009: 33 Prozent). Auch besteht trotz leicht gestiegener Zuversicht nach der Wende von 1989/90 ein zeitstabiler Pessimismuskonsens, was die Entwicklung der Weltlage anbetrifft: Nur eine kleine Minderheit der Schweizerinnen und Schweizer glaubt, die Weltlage werde sich in den kommenden Jahren verbessern.

Abbildung 1: Einschätzung der näheren Zukunft der Schweiz, der weltpolitischen Lage und das allgemeine Sicherheitsgefühl – Zustimmung in Prozent (Quelle: Szvircsev-Tresch et al. 2009: 78)

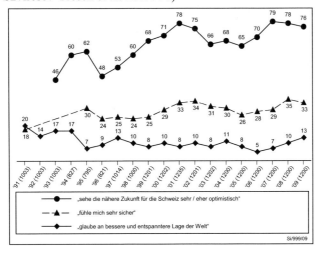

---

[7] Art. 66 des Militärgesetzes (Stand 01.01.2009) gibt dem Bundesrat die Kompetenz, Einsätze zur Friedensförderung auf der Grundlage eines UN- oder OSZE-Mandates anzuordnen. Dazu werden Freiwillige eingesetzt. Die Bewaffnung dient dem Selbst- und Auftragsschutz, eine Teilnahme an Kampfhandlungen zur „Friedenserzwingung" bleibt ausgeschlossen. Werden für solche Einsätze mehr als 100 Militärangehörige eingesetzt oder dauert der Einsatz länger als drei Wochen, so muss das Parlament den Einsatz genehmigen.

Demgegenüber kann bei der Zukunftseinschätzung für die Schweiz über die beiden letzten Dekaden ein bemerkenswerter Zugewinn an Optimismus beobachtet werden. Vertiefende Analysen zeigen, dass die Zuversichtskurve zeitverzögert direkt mit der Wirtschaftskonjunktur, indirekt aber auch mit sicherheitspolitischen Herausforderungen zu erklären ist (Haltiner et al. 2008: 69; Szvircsev-Tresch et al. 2009: 79). Die wachstumsschwachen frühen neunziger Jahre und die Rezession im Gefolge der 2001 einsetzenden Serie von terroristischen Großereignissen in den USA und in Europa haben sichtbar negative Spuren hinterlassen.

Abbildung 2: Drei aussen- und sicherheitspolitische Grundpositionen in der Schweizer Stimmbürgerschaft zum Grad der Öffnung der Landes – Indices in Prozent (Szvircsev-Tresch et al. 2009: 119)

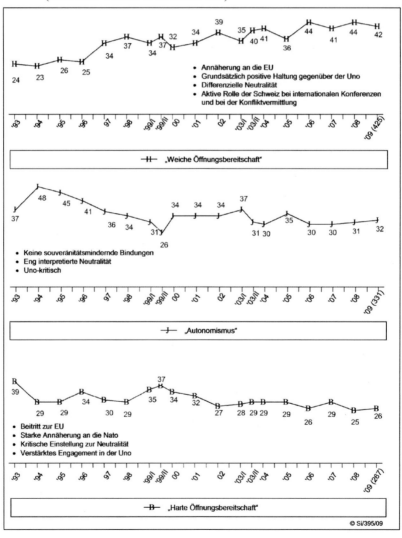

Anders als bei den Einschätzungen der Sicherheitslage sieht es bei Fragen nach dem zu verfolgenden außen- und sicherheitspolitischen Kurs der Schweiz aus (Abb. 2). Die Zahlen belegen die oben skizzierte Gespaltenheit in eine „Drittelgenossenschaft" eindrücklich. Über die letzten 15 Jahre haben jene, welche eine Öffnung der Schweiz in Richtung EU-Beitritt, NATO-Annäherung und mehr UNO-Engagement unter Inkaufnahme einer Neutralitätsabschwächung wünschen, relativ stetig an Boden verloren (Abb. 2, unten). Man kann diese Haltung, zu der sich aktuell rund ein Viertel der Stimmbürgerschaft zählt, als *„Harte Öffnungsbereitschaft"* bezeichnen, weil sie bereit ist, mit der jahrhundertealten Alleingangstradition der Schweiz zu brechen und die damit verbundenen neutralitäts- und souveränitätsrechtlichen Konsequenzen in Kauf zu nehmen. Ihre Anhängerschaft ortet sich selbst vorab im linken Politspektrum. Der von den nationalkonservativen Rechtsparteien unterstützte *autonomistische* Kurs zählt im Vergleich dazu zwar eine größere Anhängerschaft in der Stimmbevölkerung, ohne dass diese es im neuen Jahrtausend indes über ein Drittel hinaus gebracht hätte (Abb. 2, Mitte). Im steten Anstieg begriffen, ohne jedoch bis jetzt eine Mehrheit erreicht zu haben, ist einzig die mittlere Position, die man als *„Weiche* Öffnungsbereitschaft" bezeichnen könnte, weil sie zwar eine Annäherung an die EU, nicht aber einen Beitritt begrüßt, eine positive Grundhaltung gegenüber den UN und gegenüber einer zwar verhaltenen, aber erweiterten internationalen Kooperation an den Tag legt sowie bezüglich Neutralität zu einer differenziert-pragmatischen Einschätzung neigt (Abb. 2, oben).

Die Wahrnehmung von sicherheitspolitischen Bedrohungen und Risiken wie auch die Bewertung der Armee und der Verteidigungsausgaben steht in einem engen Zusammenhang mit diesen drei Grundpositionen (Haltiner/Würmli 2009: 2): *Autonomisten* fühlen sich nur unterdurchschnittlich sicher im Lande, fordern eine bessere Kontrolle des Ausländeranteils, sehen die Weltlage über dem Mittel pessimistisch, halten bedingungslos an Wehrpflicht und Massenarmee auf Milizbasis mit Hauptauftrag Landesverteidigung fest, lehnen die militärischen Auslandsengagements vehement ab und stehen tendenziell positiv zu höheren Verteidigungsausgaben. Die *harten* Öffnungsbereiten pochen auf eine neue Militärpolitik. Sie fordern eine radikale Verkleinerung der Schweizer Streitkräfte, ihre Indienststellung vorab für friedenserhaltenden Einsätze und die Suspendierung der Wehrpflicht. Einzig die Anhänger der *weichen* Öffnungsbereitschaft sehen sich im aktuellen Kurs der Landesregierung weitgehend bestätigt.

Die Meinungsverteilung der Stimmbevölkerung gleicht in ihrer Polarisierung, und das kann in einer direkten Demokratie nicht erstaunen, dem bei den Parteien gefundenen Lagerdenken. Angesichts dieser Meinungspolarisierung wird verständlich, warum die Schweizer Landesregierung in Sachen Sicherheits- und Außenpolitik nicht zu großen Schritten neigt.

5 Schlussfolgerungen

Überschaut man die Bedrohungseinschätzungen der offiziellen Schweiz über die letzten 50 Jahre, die ihrer politischen Parteien, Experten und der Stimmbevölkerung über das vergangene Vierteljahrhundert, so lassen sich mit Bezug auf die Wahrnehmung von Bedrohungen und Risiken vier Schlüsse ziehen:

- In mehreren Schritten erfolgte im Verlaufe der letzten 50 Jahre in der Eidgenossenschaft eine Abkehr von militärisch dominierten Bedrohungsbildern zugunsten eines erweiterten Sicherheitsbegriffs, der neben Bedrohungen auch kollektive Risiken aller

Art – technologische, ökologische, sozio-politische – als sicherheitspolitische Handlungsfelder umfasst. Die militärischen Bedrohungen sind in der Wahrnehmung der offiziellen Schweiz in den Hintergrund gerückt, nicht-militärisch zu bewältigende Risiken und Gefahren technologischer und ökologischer Art stehen obenan. Diese Rangierung steht indessen in einem merkwürdigen, nur durch institutionell-historische Prägungen zu erklärenden Gegensatz zum Festhalten an einer weiterhin militärpolitisch dominierten Sicherheitspolitik.

- Eine strategiefähige Klärung dessen, welche Politikfelder die Schweizer Sicherheitspolitik abzudecken hat und in welcher Priorität einzelne Aufgaben anzugehen sind, steht bis heute aus. Infolge fehlender Hierarchisierung der Strategien gelingt der Schweiz keine Optimierung der knappen sicherheitspolitischen Mittel. Als Folge dieser Situation diktieren nicht strategische Konzepte, sondern eine am Sparen orientierte Finanzpolitik die aktuelle Sicherheitspolitik.
- Die Schweiz folgt in der allgemeinen Richtung mit zeitlicher Verzögerung der in Europa zu beobachtenden Entwicklungslinie: Die nationale Verteidigungssouveränität wird, zwar verhaltener als im Europa der EU, aber eben doch in kleinen Schritten gelockert zugunsten einer Intensivierung der grenzüberschreitenden Kooperation. Dies zum einen aus der langsam wachsende Einsicht heraus, dass sich die modernen Sicherheitsherausforderungen nur durch transnationale Zusammenarbeit bewältigen lassen, zum anderen jedoch eher getrieben durch die sich intensivierende globale Vernetzung internationaler Beziehungen und durch wirtschaftliche Sachzwänge, welche die sich verdichtenden vertraglichen Verbindungen mit der EU und der internationalen Gemeinschaft mit sich bringen. Wirtschaftliche und finanzpolitische Empfindlichkeiten und Sachzwänge spielen dabei meist eine gewichtigere Rolle als der politische Wille. Gehandelt wird reaktiv, nicht strategisch.
- Die Definition dessen, was als nationale Bedrohungen einzustufen ist und wie und mit welchem Grad an internationaler Kooperation und Aufwand an Ressourcen darauf zu reagieren sei, bleibt innenpolitisch heiß umstritten. Mit einem Ende der gezeichneten außen- und sicherheitspolitischen Blockierung des Landes ist in den kommenden Jahren nicht zu rechnen. Dies nicht nur deshalb, weil das politische System eine Politik klarer Strategien nicht begünstigt, sondern vor allem deswegen, weil mit dem Wegfall der Jahrhunderte währenden Bedrohungen im Zuge der europäischen Einigung die Identität der Schweiz unmittelbar betroffen ist und das Land seinen neuen „Platz in der Welt" bisher noch nicht gefunden hat. Der „Wehrgenossenschaft" sind die alten Feinde abhanden gekommen. Der Fall der Schweiz zeigt, wie schmerzlich das Abstreifen alter Feinbilder sein kann.

Literatur

Berger, P.L./Luckmann, T. (1966) *The Social Construction of Reality: A Treatise in the Sociology of Knowledge*, New York: Anchor Books.

Borchert, H./Eggenberger, R. (2002) „Selbstblockade oder Aufbruch? – Die gemeinsame Sicherheits- und Verteidigungspolitik der EU als Herausforderung für die Schweizer Armee", *Österreichische Militärzeitung ÖMZ*, 1/2002: 27–36.

Bühlmann, M./Sager, F./Vatter, A. (2006) *Verteidigungspolitik in der direkten Demokratie – Eine Analyse der sicherheits- und verteidigungspolitischen Abstimmungen in der Schweiz zwischen 1980 und 2005*, Zürich et al.: Rüegger.

Bundesblatt (1966) „Bericht des Bundesrates an die Bundesversammlung über die Konzeption der militärischen Landesverteidigung – vom 6. Juni 1966", Bd. 1, 118(24): 64–89.
Bundesrat (1999) „Bericht des Bundesrates über die Sicherheitspolitik der Schweiz (SIPOL B 2000): Sicherheit durch Kooperation – vom 7. Juni 1999", http://www.ssn.ethz.ch/Forschung-Ressourcen/Ressourcen/Detail/?ord434=Group2 &lng=de&id=30730 (Zugriff: 25.08.2010).
Doktor, C. (2008) „Strategisches Krisenmanagement in der Schweiz: Die Debatte um das Sicherheitsdepartement", *Bulletin zur Schweizerischen Sicherheitspolitik 2008*, 15(1): 43–57, http://www.crn.ethz.ch/publications/crn_team/detail.cfm?lng=en&id=91427 (Zugriff: 25.08.2010).
Freiburghaus, D. (2009) „Wie die Fliege im Spinnennetz – Das Unbehagen über den ‚bilateralen Weg' der schweizerischen Europapolitik", *Neue Zürcher Zeitung*, 25./26. April: 15.
Grüne Partei der Schweiz (2009) „Hearings zum sicherheitspolitischen Bericht: Transkriptionen zu den Sipol-Hearings zum neuen sicherheitspolitischen Bericht", http://www.sipol09.ethz.ch/Transkriptionen/Politische-Parteien/Gruene/(offset)/10 (Zugriff: 25.08.2010).
Habegger, B. (2006) „Von der Sicherheits- zur Risikopolitik: Eine konzeptuelle Analyse für die Schweiz", *Bulletin zur schweizerischen Sicherheitspolitik*, 13(1): 133–166, http://www.crn.ethz.ch/publications/crn_team/detail.cfm?lng=en&id=32632 (Zugriff: 25.08.2010).
Hagmann, J. (2008a) „Expert Framings of the Contemporary Swiss Security Environment", Arbeitspapier vorgetragen auf der 2. WISC Global International Studies Conference, Slowenien, Ljubljana: 23–26 Juli 2008.
Hagmann J. (2008b) „Eine umfassende Sicherheitsdebatte ist unerlässlich – Expertenbefragung zur operationellen Ausformung der schweizerischen Sicherheitspolitik", *Neue Zürcher Zeitung*, 22. Oktober: 18.
Haltiner, K.W./Szvircsev-Tresch, T. (2005) „Bürgerheer wohin? Alternative Wehrformen in der aktuellen politischen Diskussion", *Bulletin zur Schweizerischen Sicherheitspolitik 2005*, 12(1): 23–44.
Haltiner, K.W./Würmli, S. (2009) „Was erwartet die Bevölkerung von ihrer Armee?", *Allgemeine Schweizer Militärzeitschrift ASMZ*, 03/2009: 2–4.
Haltiner K.W./Wenger, A./Wenger, U./Würmli, S. (2008) *Sicherheit 2008 – Aussen-, Sicherheits- und Verteidigungspolitische Meinungsbildung im Trend*, Zürich et al: Militärakademie an der ETH und Forschungsstelle für Sicherheitspolitik der ETH Zürich.
Hürlimann, J. (1985) *SPS und militärische Landesverteidigung 1946–1966*, Dissertation, Universität Zürich.
Jaun, R. (2009) „Die Planung der Abwehr der Armee 61 in ihrem historischen Kontext", in: P. Braun/H. de Weck (Hg.) *Die Planung der Abwehr in der Armee 61: Tagungsband der Kolloqiums der Schweizerischen Vereinigung für Militärgeschichte und Militärwissenschaft (SVMM) und des Centre d'Histoire et de Prospective Militaires (CHPM) vom 17. Oktober 2008*, Bern: SVMM, 35–48
Rhinow, R. (2009) „Eine gestufte Reform der Staatsleitung", *Neue Zürcher Zeitung*, 19. August 2009: 17.
Schweizerischer Bundesrat (1973) „Bericht des Bundesrates an die Bundesversammlung über die Sicherheitspolitik der Schweiz: (Konzeption der Gesamtverteidigung) – (vom 27. Juni 1973)", http://www.ssn.ethz.ch/Forschung-Ressourcen/Ressourcen/Detail/?ord434=Group2&lng=de&id=30798 (Zugriff: 25.08.2010).
Schweizerischer Bundesrat (1990) „Schweizerische Sicherheitspolitik im Wandel: Bericht 90 des Bundesrates an die Bundesversammlung über die Sicherheitspolitik der Schweiz –, vom 1. Oktober 1990", http://www.ssn.ethz.ch/Forschung-Ressourcen/Ressourcen/Detail/?id=30813&lng=de (Zugriff: 25.08.2010).
Schweizerische Volkspartei (2005) „Für eine bedrohungsgerechte Milizarmee: Überarbeitetes Grundlagenpapier zur Armee – vom 15. November 2005", http://www.svp.ch/display.cfm/id/100769/disp_type/display/filename/armeepapier-neu-d.pdf (Zugriff: 25.08.2010).
Schweizerische Volkspartei (2009) „Hearings zum sicherheitspolitischen Bericht 2009: Transkriptionen der Stellungsnahme vom 27. Februar 2009", http://www.sipol09.ethz.ch/Transkriptionen/Politische-Parteien/Schweizerische-Volkspartei-SVP (Zugriff: 25.08.2010).

Sozialdemokratische Partei der Schweiz (2005) „Armee-Abbau und -Umbau statt blosse Anpassungen: Konzeptpapier der SP Schweiz", http://www.sp-ps.ch/fileadmin/downloads/Medienkonferenzen/2005/050527_Armee/050527_Konzept_D.pdf (Zugriff: 25.08.2010).

Sozialdemokratische Partei der Schweiz (2008) „Für eine grundlegende Modernisierung Fraktion von 23. September 2008", http://www.sp-ps.ch/uploads/tx_userpressemitteilungen/080923_Konzept_Militaerreform-der-Fraktion.pdf (Zugriff: 25.08.2010).

Sozialdemokratische Partei der Schweiz (2009) „Hearings zum sicherheitspolitischen Bericht 2009: Transkriptionen der Stellungsnahme vom 27. Februar 2009", http://www.sipol09.ethz.ch/Transkriptionen/Politische-Parteien/Sozialdemokratische-Partei-der-Schweiz-SP (Zugriff: 25.08.2010).

Szvircsev-Tresch, T./Wenger, A./Würmli, S./Pletscher, M./Wenger, U. (2009) *Sicherheit 2009 – Aussen-, Sicherheits- und Verteidigungspolitische Meinungsbildung im Trend*, Zürich et al: Militärakademie an der ETH und Forschungsstelle für Sicherheitspolitik der ETH Zürich.

Spillmann, K.R./Wenger, A./Breitenmoser, C. (2001) *Schweizer Sicherheitspolitik seit 1945: Zwischen Autonomie und Kooperation*, Zürich: Verlag Neue Zürcher Zeitung.

Wendt, A. (1999) *Social Theory of International Politics*, Cambridge: Cambridge University Press.

Wenger, A. (2006) „Sicherheitspolitik", in: U. Klöti/P. Knoepfel/H. Kriesi/W. Linder/Y. Papadopoulos/P. Sciarini (Hg.) *Handbuch der Schweizer Politik*, 4. Aufl., Zürich: Verlag Neue Zürcher Zeitung, 625–651

Zangl, B./Zürn, M. (2003) *Frieden und Krieg*, Frankfurt a/M: Suhrkamp.

Risiko-, Bedrohungsanalyse und Bedrohungswahrnehmungen in Deutschland

Roland Kaestner

> *Mente lapsi non dimente mortem; SENECA*
> Die keinen Verstand haben, fürchten freilich den Tod nicht.

1 Einleitung

Das Ende des Ost-West-Konflikts brachte einen Paradigmenwechsel im politischen und gesellschaftlichen Leben der internationalen Gemeinschaft. Um die Unterschiede des Denkens herauszuarbeiten, kann es manchmal sehr erhellend sein, bevor man zum Thema kommt, dessen Wahrnehmung vor dem Paradigmenwechsel darzustellen.

Die Bedrohungsanalyse und -wahrnehmung sowie die Risikoanalyse vor dem Ende des Ost-West-Konfliktes in Deutschland könnte man mit wenigen Worten so beschreiben: Die offizielle politische Einschätzung war, dass die konventionelle und nukleare Bedrohung durch den Warschauer Pakt, insbesondere durch dessen Hauptakteur, die Sowjetunion, mit ihren gesellschaftlich-ideologischen, militärischen und wirtschaftlichen Fähigkeiten, die Hauptbedrohung (vgl. BMVg 1985: 41–42) für die westliche Staatenwelt darstellte; ideologisch-politisch durch die marxistische Theorie der kommunistischen Weltherrschaft, militärisch vor allem durch die konventionelle Überlegenheit der Sowjetunion und ihrer Verbündeten in Europa (BMVg 1985: 27) sowie ihrer weltweiten Unterstützung sozialistisch-revolutionärer Bewegungen in der Dritten Welt. Die Bedrohungsanalysen bezogen sich vor allem auf das militärische Potenzial beider Seiten und auf die defensiven und offensiven Optionen, die sich daraus ergaben. Die Risiken eines Krieges in Mitteleuropa (Zerstörungspotenzial) wollte man durch nukleare Abschreckung verhindern, was wiederum in die Risiken nuklearer Abschreckung und des nuklearen Rüstungswettlaufs hineinführte. Diese nukleare Abschreckung sollte durch die Unwägbarkeit eines Nuklearkrieges sichergestellt und deren Risiken durch kooperative Rüstungskontrolle („arms control") reduziert werden. Dies führte in den siebziger Jahren zu der Harmel-Formel der NATO (Nordatlantischen Verteidigungsorganisation): politische Entspannung plus Verteidigungsbereitschaft gleich Sicherheit.

Alternativ hatte sich unter dem Stichwort Friedensforschung eine andere Sichtweise etabliert: Sie sah in der aus ihrer Sicht entfesselten, militärischen Hochrüstung beider Seiten das eigentlich bedrohliche für die Gesellschaften beider Seiten und den Rest der Welt. Die Risiken aus Sicht der Kritiker der offiziellen Politik waren das Scheitern der Abschreckung nicht nur aus Kalkül, sondern vor allem aus nicht kontrollierbarer Eskalation, menschlichen Fehleinschätzungen, Irrtümern oder technischen Fehlern. Insbesondere während der Diskussionen um den Doppelbeschluss der NATO (Aufrüstung durch nukleare Mittelstreckenraketen und dem Angebot zu Verhandlungen über diese) schien diese Sichtweise der Friedensforschung zunehmend zur allgemeinen gesellschaftlichen Bedrohungswahrnehmung in Deutschland zu werden. Diese Haltung erfasste nicht nur die gesellschaftlichen Eliten und breitere Schichten in der Bevölkerung, sondern auch Teile der politischen Eliten (Abgeordnete der Parlamente).

Mit dem offiziellen Ende des Ost-West-Konfliktes 1990 (OSZE-Vertrag von Paris) begann in Europa ein langsamer Prozess der Transformation der Streitkräfte, der in seiner frühen Phase (1990–1998) in Deutschland vor allem bestimmt wurde durch die Möglichkeit Finanzmittel im Bundeshaushalt einzusparen, um die Lasten der Wiedervereinigung zu bewältigen. In diesem Zeitraum wurden real ca. 12 Mrd. DM (ca. 6 Mrd. EUR) aus dem Verteidigungshaushalt gemessen an der jeweiligen jährlichen Planung eingespart. Dieser Prozess der Erosion des Verteidigungshaushaltes wurde 1998 noch von der Regierung Kohl verlangsamt; in dem Jahr bekam die Bundeswehr die Finanzmittel, die im Jahr zuvor für sie in etwa geplant waren. Mit dem Wechsel zur Rot-Grünen-Koalition 1998 wurde zum ersten Mal nach dem Ende des Ost-West-Konflikts nach einem neuen Konzept für die Bundeswehr gesucht und der Verteidigungshaushalt konsolidiert. Die Konfliktlinie des neuen Konzeptes verlief zwischen der Vorstellung der Fortschreibung einer Landes- und Bündnisverteidigung in Europa bzw. einer Bündnisarmee, die für internationales Krisen- und Konfliktmanagement geeignet sein sollte. Dies war vor allem eine Auseinandersetzung um Bedrohungswahrnehmungen, Bedrohungsanalyse sowie der damit verbundenen Risiken. Die Debatte um die Zukunft der Bundeswehr wurde durch die von der neuen Regierung eingesetzte Weizsäcker-Kommission eingeleitet.

2 Die Entwicklung nach dem Ende des Ost-West-Konflikts

Mit dem Ende des Ost-West-Konflikts begann die Auseinandersetzung um die Frage wofür und welche Streitkräfte man zukünftig benötigt. Im Verteidigungsministerium setzte sich die Position durch, solange man nicht wisse mit welchen Herausforderungen man es zu tun bekomme, solle man möglichst viel von dem alten Apparat aufrecht erhalten, quasi als Rückversicherung. Dies gebe die Möglichkeit von einem relativ hohen Plafond aus, eine Modernisierung zu schaffen, wenn eine Bedrohung manifest würde. Im ersten Jahrzehnt nach dem Ost-West-Konflikt hatte man außerdem genug zu tun, mit der Auflösung der NVA sowie den Reduzierungen der Streitkräfte gemäß dem 2+4-Vertrag. Auf dessen Grundlage wurde die Bundeswehr unter Eingliederung von personellen Teilen der NVA von ehemals 495.000 auf 370.000 Mann mit einem Panzerbestand von ehemals ca. 5.500 auf 3.500 Kampfpanzer reduziert. Das Hauptargument war die Absicherung des erreichten Zustands und damit die Rückversicherung für den Fall einer neuen Konfrontation in Mitteleuropa. Im August 1994 zogen die letzten Truppen der ehemaligen Sowjetunion aus Deutschland ab.

Während eine Reihe von Konflikten in der Folge des Ost-West-Konfliktes (Afghanistan, Angola, Eritrea, Mozambique, usw.) beigelegt werden konnten, begannen neue Auseinandersetzungen mit neuen Konfliktmustern, teils in den gerade befriedeten Gebieten als auch in neuen Räumen (wie z. B. Jugoslawien). Der Krieg in Afghanistan, der ohne die Sowjets intern fortgeführt wurde, der Krieg um Kuwait 1991, die Eskalation des inneren Konflikts in Jugoslawien ab 1991, der Konflikt in Somalia 1992/93 im Umfeld eines allgemeinen Staatszerfalls, die blutigen Ereignisse in Ruanda 1994 und in der Folge die Destabilisierung des Kongo, um nur einige zu nennen. Vor allem die Ereignisse im ehemaligen Jugoslawien beförderten die deutsche Debatte.

Trotzdem mussten die Menschen in Deutschland bis 1994 warten bis das Verteidigungsministerium wieder ein Weißbuch (letztes Weißbuch 1985) vorlegte. Das Weißbuch von 1994 (BMVg 1994) leitet die Lagefeststellung wie folgt ein:

„Die Gefahr einer großangelegten und existenzbedrohenden Aggression ist überwunden. Deutschlands territoriale Integrität und die seiner Verbündeten ist militärisch auf absehbare Zeit nicht existentiell bedroht. Dagegen wird die Lage in anderen europäischen Regionen von Krieg, Unmenschlichkeit und Unterdrückung geprägt. Zugleich wächst die Bedeutung globaler Risiken und Fehlentwicklungen, die den Frieden in der Völkergemeinschaft und die Lebensgrundlagen der gesamten Menschheit gefährden." (BMVg 1994: 23)

An die Stelle von Bedrohungsperzeptionen tritt in diesem Weißbuch der Risikobegriff. Dem Risiko eines großen Krieges werden eine Vielzahl von Risikofaktoren (BMVg 1994: 25–27) gegenüber gestellt. Dazu gehören instabile Regionen in Europa, Afrika und Asien, sowie eine erhöhte Bereitschaft militärische Mittel einzusetzen und die Schwierigkeit diese Krisen und Konflikte zu prognostizieren und in ihren Folgen abzuschätzen. Dabei spielten vor allem innerstaatliche und gesellschaftliche Konflikte eine zunehmende Rolle.

„In vielen Teilen der Welt fühlten sich die Menschen durch Armut, Hunger, Überbevölkerung, Missachtung der Menschenrechte und Umweltzerstörung mehr als durch alles andere bedroht." (BMVg 1994: 25)

Daher gehe es in der Sicherheitspolitik nicht mehr allein um militärische Bedrohungen und deren Abwehr, sondern, unter dem Stichwort eines weiten Sicherheitsbegriffes, um Herausforderungen, die nur mit einem breiten Instrumentarium der Außen- und Sicherheitspolitik bewältigt werden können. Dazu zähle auch die Bekämpfung ökologischer und gesellschaftlicher Konfliktursachen mit Hilfe der Entwicklungspolitik als vorausschauende Krisenprävention. Vor dem Hintergrund der Globalisierung der Wirtschaft könnten auch „wirtschaftliche und soziale Krisen sowie Umweltkatastrophen sicherheitspolitische Auswirkungen auf westliche Gesellschaften" (BMVg 1994: 26) haben. Sicherheit ließe sich nicht mehr auf Europa begrenzen, sondern müsste weltweit die Interdependenz von regionalen und globalen Entwicklungen einbeziehen. Der Abschnitt schließt mit der Forderung: „Künftig gilt es, alle Faktoren in einer umfassenden politischen und strategischen Lagebeurteilung in Rechnung zu stellen." (BMVg 1994: 26) Diese Forderung hätte zur Option einer ressortübergreifenden Lagebeurteilung führen müssen, die es bis heute in Deutschland nicht gibt. Stattdessen kommt es in ausgewählten Krisen zwar mittlerweile zu einer Zusammenarbeit, die auch im Einzelfall die Erstellung eines gemeinsamen Lagebildes neben der Kooperation beinhalten kann, doch einem systematischen Ansatz im geforderten Sinne gibt es nicht.

Als neue Herausforderungen sah das Weißbuch von 1994 nach dem Ende des Ost-West-Konfliktes, dass durch die kommunistische Herrschaft unterdrückte Konflikte gewaltsam aufbrechen könnten. „Damit werden Bürgerkriege, innerstaatliche und regionale Konflikte auch in Europa möglich." Darüber hinaus seien

„in einer interdependenten Welt alle Staaten verwundbar – unterentwickelte Länder aufgrund ihrer Schwäche und hochentwickelte Industriestaaten aufgrund ihrer komplexen, politischen, gesellschaftlichen und ökonomischen Strukturen." (BMVg 1994: 32)

Armut verliefe nicht mehr nur zwischen Nord und Süd, sondern quer durch die Gesellschaften. Zunehmende Weltbevölkerung erhöht das Problem abnehmender Ressourcen wie

Ackerland und Wasser, was wiederum zu Konflikte um die natürlichen Lebensgrundlagen führen könnte. Energieknappheit, insbesondere des Erdöls sowie Umweltbelastungen verschärfen die globalen Gefährdungen der Lebensgrundlagen. Instabile Gesellschaften, Migration und Aufrüstung sowie Proliferation von Massenvernichtungswaffen stellten weitere Herausforderungen (BMVg 1994: 33–34) für die Sicherheit dar.

Die Möglichkeit, dass es zum Rückfall in konfrontative Verhaltensmuster in Europa kommen könne, mache es erforderlich, dass „die Fähigkeit zur militärischen Rekonstitution und zur gesicherten Verteidigung unzweifelhaft erhalten bleibt" (BMVg 1994: 31).

Der letztere Satz war entscheidend für die Fortführung der bisherigen Planung, nur angepasst an das verfügbare Budget. Da die NATO sich jedoch auf eine Rekonstitutionszeit von mindestens 10 Jahren für die Bündnisverteidigung im Falle einer erneuten Konfrontation geeinigt hatte, wurde der Wehretat disponible. Er wurde zu einer jederzeit nutzbaren Ressource, um Etatknappheiten zu bewältigen, die im Zuge der deutschen Einheit auftraten. Dies führte zu einem Streichen, Schieben und Strecken von geplanten Beschaffungsmaßnahmen sowie Einschnitte in den laufenden Betrieb der Streitkräfte. Diese Situation wurde ein Dauerzustand für die Streitkräfte bis zur Mitte des ersten Jahrzehnts im neuen Jahrtausend.

Mit der neuen Regierung Schröder hatte sich allerdings die Lage zugespitzt; Umfang und Investitionsplanungen bedurften einer grundlegenden Überholungen der Streitkräfteplanung, sollte die Bundeswehr nicht angesichts der neuen Aufgabenstellungen im Bündnis ihrer eindeutigen Ausrichtung an der Landes- und Bündnisverteidigung sowie der fehlenden Haushaltsmittel zerrissen werden. Daher und weil man die komplizierten Verhandlungen zur Koalitionsvereinbarung in Sachen Verteidigung abkürzen wollte, vereinbarten die Koalitionäre (SPD/Bündnis 90/Die Grünen) eine unabhängige Kommission einzusetzen, deren Ergebnisse in die notwendige Erneuerung der Bundeswehrplanung einfließen sollte. Die vom Minister angekündigte größte Reform der Bundeswehr umfasste am Ende nur eine formale Reduzierung des Personals von 340.000 Mann, die längst schon real nur noch 315.000 Mann ausmachte, auf 285.000 Mann. So begründeten die beiden bundeswehrinternen Berichte (vom Generalinspekteur und Leiter Planungsstab) jeweils 295.000 bzw. 275.000 Mann für eine zukünftige Bundeswehr, die auch weiterhin an der Aufgabenstellung Landes- und Bündnisverteidigung ausgerichtet sein sollte. Der Minister hatte diese Berichte parallel erarbeiten lassen, als im klar wurde, dass die Weizsäcker-Kommission nicht die von ihm erwarteten Ergebnisse bringen würde. Der Minister wollte dieses Ergebnis in ein Weißbuch fassen, allerdings verschlechterten sich die finanziellen Bedingungen sehr schnell, so dass seine Planungen kaum in Kraft gesetzt und ständig korrigiert werden mussten.

Der in seinen Schlussfolgerungen damals heftig umstrittene Bericht der Weizsäcker-Kommission (Kommission ‚Gemeinsame Sicherheit und Zukunft der Bundeswehr' 2000)[1] wurde nur von der Regierungsfraktion „Bündnis 90/Die Grünen" begrüßt, während alle anderen Parteien ihn vor allem in seiner Schlussfolgerung ablehnten, die zukünftige Bundeswehr in Umfang, Struktur, Bewaffnung und Ausrüstung nicht mehr an Landes- und Bündnisverteidigung, sondern an Krisenvorsorge und Krisenbewältigung im Rahmen internationaler Verpflichtungen (Kommission ‚Gemeinsame Sicherheit und Zukunft der Bundeswehr' 2000: 14) zu orientieren. Statt Anpassung forderte die Weizsäcker-Kommission Erneuerung von Grund auf, mit der Begründung: „Die derzeitigen Haushaltsansätze erlau-

---

[1] Der Bericht der Kommission an die Bundesregierung vom 23. Mai 2000 „Gemeinsame Sicherheit und Zukunft der Bundesregierung" wird im Folgenden kurz WK-Bericht genannt.

ben in der heutigen Struktur und Wehrform keine hinreichende Modernisierung" (Kommission ‚Gemeinsame Sicherheit und Zukunft der Bundeswehr' 2000: 13). Der damalige Verteidigungsminister Scharping ließ zwar verlauten, der Bericht würde in wesentlichen Punkten von der Bundesregierung angenommen, allerdings sei man in Einzelfragen unterschiedlicher Meinung. Der Kern des Dissenses war jedoch die sehr unterschiedliche Bedrohungswahrnehmung, die den Minister veranlasste, an der Landes- und Bündnisverteidigung festzuhalten. Es gab aber auch Vermutungen, dass der Hauptgrund für das Festhalten an der Landes- und Bündnisverteidigung, die Begründung für die weitere Notwendigkeit der Wehrplicht war. So war auch der Vorschlag der Weizsäcker-Kommission den Umfang der Wehrpflichtigen auf 30.000 Mann zu reduzieren, der am heftigsten kritisierte Vorschlag der Kommission, insbesondere weil es auch ein Minderheiten-Votum (Kommission ‚Gemeinsame Sicherheit und Zukunft der Bundeswehr' 2000: 147–149) gab, die Wehrpflicht gänzlich abzuschaffen. Der Vorschlag sah eine Bundeswehr mit ca. 240.000 Mann vor, die aus 140.000 Mann Einsatzkräften und 100.000 Mann in der militärischen Grundorganisation bestehen sollten. Das Heer sollte aus zwei Einsatzkontingenten mit den jeweils notwendigen Unterstützungs- und Führungselemente in Brigadestärke bestehen. Die Luftwaffe aus ebenfalls zwei Einsatzkontingenten mit 90–100 Kampfflugzeugen und 10 Staffeln bodengebundener Luftverteidigung sowie Luftbetankungs- und Lufttransportelementen. Auch die Marine sollte aus zwei Einsatzelementen bestehen. Für den Sanitätsdienst waren zwei Einsatzelementen mit mobiler Lazarett- und Verwundetentransportkapazität geplant. Luftwaffe und Marine sollten größer werden und das Heer absolut und relativ kleiner. Dieser grundsätzliche Umbau der Streitkräfte sollte in einem Jahrzehnt vollzogen werden (Kommission ‚Gemeinsame Sicherheit und Zukunft der Bundeswehr' 2000: 14–15). Die Verkleinerung der Streitkräfte sollte bei einem gleichbleibenden Etat auf Dauer die Modernisierung dieser neuen Armee sicherstellen. Der Bericht benannte unter Risiken und Bedrohung zwei wesentliche Faktoren nach dem er grundsätzliche feststellt: „An die Stelle der einen großen Bedrohung ist eine Vielzahl kleinerer – nichtmilitärischer wie militärischer – Risiken und Herausforderungen getreten." (Kommission ‚Gemeinsame Sicherheit und Zukunft der Bundeswehr' 2000: 24) Als nichtmilitärische Risiken bezeichnete der Bericht die existenziellen Lebensrisiken wie Unterentwicklung, Überbevölkerung, Hunger, pandemische Ausbreitung von Krankheiten, Klimawandel und in der Folge häufig Massenmigration. „Grenzüberschreitende Kriminalität, wie Menschen-, Waffen- und Drogenhandel untergraben die innere Sicherheit" und die „rasanten Entwicklungen der Kommunikationstechnik beschwören neuartige Gefahren herauf" (Kommission ‚Gemeinsame Sicherheit und Zukunft der Bundeswehr' 2000: 24–25). Als militärische Herausforderungen von „außerhalb des euroatlantischen Raums drohen ernst zu nehmende Risiken" (Kommission ‚Gemeinsame Sicherheit und Zukunft der Bundeswehr' 2000: 24–25) in Folge von Terrorismus und der Proliferation von Massenvernichtungswaffen auch in Kombination sowie der Destabilisierung von regionalen Räumen mit Auswirkung auf Europa und Deutschland. Doch Minister Scharping hielte an einem Risiko für Europa und Deutschland fest, und begründete damit Wehrpflicht und die Hauptaufgabe der Bundeswehr der Bündnis- und Landesverteidigung.

Als Peter Struck 2002 Rudolf Scharping als Minister 2002 ablöste, musste dieser die Planungen seines Vorgängers überarbeiten lassen, da sich diese finanziell nicht realisieren ließen. Und so gab Minister Struck in 2003 die Landes- und Bündnisverteidigung als strukturbestimmendes Merkmal der Bundeswehr auf, und baute stillschweigend die Streitkräfte nach den Vorschlägen der Weizsäcker-Kommission um. Er reduzierte kostenintensive Projekte (z. B. A400M von 73 auf 60 Stück) und schob weitere Großprojekte wie Eurofighter, Fregatten und Puma.

Er begründete dies in den Verteidigungspolitischen Richtlinien (VPR) vom Mai 2003 wie folgt:

„In den VPR werden vor diesem Hintergrund drei bestimmende Faktoren deutscher Verteidigungspolitik definiert:

- die multinationale Einbindung der Bundeswehr im Rahmen einer auf europäische Integration, transatlantische Partnerschaft und globale Verantwortung ausgerichteten Außenpolitik,
- das veränderte Einsatzspektrum der Bundeswehr und die gewachsene Anzahl an internationalen Einsätzen,
- die verfügbaren Ressourcen." (BMVg 2003: 9)

In den Verteidigungspolitischen Richtlinien wurden daher im Zusammenhang mit der Neueinschätzung drei wesentliche Schlussfolgerungen gezogen:

- „Ausschließlich für die herkömmliche Landesverteidigung gegen einen konventionellen Angreifer dienende Fähigkeiten werden angesichts des neuen internationalen Umfelds nicht mehr benötigt.
- Bei der Ausrichtung der Bundeswehr auf die künftigen Aufgaben ist es erforderlich, sich auf die Verbesserung der für die Einsätze besonders wichtigen Fähigkeitsbereiche zu konzentrieren. Die Befähigung zur Interoperabilität und zum multinationalen Zusammenwirken im Einsatz mit Bündnispartnern muss verbessert werden.
- Die bisherigen Rahmenvorgaben für Anzahl und Umfang von möglichen Operationen bedürfen der Überprüfung und Anpassung, um die hohe Belastung, in Teilen Überlastung der Einsatzkräfte abzubauen." (BMVg 2003: 9)

Das Risiko, das man bei dieser Planung einging, war die starke Konzentration auf die laufenden Operationen auf dem Balkan, in Afghanistan und zur See mit der möglichen Folge von Verwerfungen in der langfristigen Bundeswehrplanung, falls die heutigen Herausforderungen sich nicht als stabil herausstellen sollten. Diese planerischen Schritte des Ministers wurden, wie die vorhergehenden Zitate zeigen, von einer Neueinschätzung der Bedrohungen und Risiken begleitet, die die Analyse der Weizsäcker-Kommission übernahm. Damit war der Umbau der Bundeswehr von der Bündnis- und Verteidigungsarmee zu Streitkräften für den multinationalen Krisen- und Konflikteinsatz gedanklichen vollzogen, wenn auch noch nicht in der Bundeswehrplanung, die vielfältige Elemente der alten Armee fortschrieb.

Man kann sich fragen, ob die Analyse der Bedrohungen und Risiken der Weizsäcker-Kommission heute in 2009 noch hinreichend ist, denn immerhin ist der Kommissionsbericht von 2000. Im Nachfolgenden soll ein Versuch unternommen werden, die Bedrohungen und Risiken, wie sie sich heute darstellen, zu beschreiben. Dabei hatte sich bisher nichts an den grundsätzlichen nicht-militärischen wie militärischen Herausforderungen geändert, doch die militärischen können differenzierter beschrieben werden. Zwei Entwicklungen in diesem Sektor bestimmen die Überlegungen in der Zukunft: Das sind zum einen das Auftreten einer Vielzahl neuer Akteure und zum anderen die gesellschaftlichen Verwundbarkeiten durch neue Technologien, Methoden und Verfahren der organisierten Gewaltanwendung (Krieg) sowie ihre Nutzung für nicht mehr nur politische Zielsetzungen, sondern auch zur Durchsetzung wirtschaftlicher oder sonstiger Interessen der staatlichen wie nicht staatlichen Akteure. Daher scheint es gerechtfertigt die Betrachtung mit den Akteuren zu beginnen.

3 Die neuen Akteure

Die anhaltende Globalisierung hat auch vor Bedrohungen der staatlichen Sicherheit nicht halt gemacht; die Grenzen des Nationalstaates sind für Entstehung und Einwirkungsmöglichkeiten der neuen, globalisierten Gefahren für staatliche Sicherheit nahezu ohne Bedeutung. Gefährdungen können heute an weit entfernten Orten entstehen, in Rückzugsländern international agierender Terroristen-Netzwerke und/oder in Krisengebieten, die politische Instabilitäten exportieren, Migration und organisierte Kriminalität wie Drogen-, Waffen- und Menschenhandel verbreiten und instrumentalisieren. Sie entstehen überwiegend in anderer, nämlich nicht staatlicher Weise, d. h. vor allem durch nicht staatliche Akteure in vornehmlich asymmetrischen Konstellationen. Im Zuge dieses zivilisatorischen Prozesses konkretisieren sich die neuen sicherheitspolitischen Herausforderungen beispielsweise in der Entstaatlichung, Ökonomisierung und Ideologisierung der organisierten Gewalt (Krieg) und ihrer Vermischung mit individueller und gesellschaftlicher Gewalt, die man bisher der Kategorie „Verbrechen" zuordnete. Kriegführung und Organisierte Kriminalität gehen Bündnisse ein. Aufgrund des Zerfalls politischer Autoritäten und staatlicher Strukturen kommt es weltweit zu Bürgerkriegen, Genoziden, Flüchtlingsströmen und zur Kriminalisierung ganzer Gesellschaften. Terroristische Anschläge ganz neuen Ausmaßes, Proliferation von Massenvernichtungswaffen, gezielte IT-Angriffe auf Fernmeldeeinrichtungen und Kommunikationssysteme, erhöhter Migrationsdruck infolge von Umweltkatastrophen, Klimaveränderung, „Bad Governance" und Bevölkerungswachstum sowie die generelle Verwundbarkeit offener Gesellschaften westlicher Staaten sind weitere Bestandteile eines neuen Bedrohungsspektrums im Sinne eines erweiterten, umfassenden Sicherheitsbegriffs (Ahlf 2002: 95).

Neben diesem klassischen Sicherheitsdilemma, das die Staatenwelt herausfordert, verändern sich in der Tat auch die Aufgabenprofile. Während in den vergangenen zweihundert Jahren zentrale Zielsetzung der internationalen Ordnung die Einhegung zwischenstaatlicher Kriege und die Kontrolle der Rolle des Militärs innerhalb der Staaten war – und damit der staatliche Sicherheitsakteur im Mittelpunkt stand –, zeichnet sich heute eine Zukunft ab, in der diese Art der Zuordnung keinesfalls mehr ausreicht, da nicht staatliche Akteure zunehmend das Geschehen nachhaltig beeinflussen. Diese Akteure erschließen sich in wachsendem Umfang Formen der organisierten Gewaltanwendung. Dabei ist einzukalkulieren, dass sie von ihren Möglichkeiten Gebrauch machen, ohne ethische Normen, völkerrechtlich verbindliche Verträge oder andere international akzeptierte Verhaltensregelungen zu berücksichtigen. Das Hervortreten des nicht staatlichen Sicherheitsakteurs in seinen vielfältigen, zum Teil diffusen Varianten sprengt ganz offensichtlich die vom Nationenbegriff geprägten, klassischen Akteursmuster und die daraus resultierenden Zuordnungen.

Bezeichnend für diese Veränderungen ist auch, dass sich das staatliche Gewaltmonopol in bestimmten Regionen auflöst oder es gar nicht erst entsteht. Man stellt eine Entstaatlichung, Ökonomisierung und Ideologisierung des Krieges fest, die am ehesten mit den Verhältnissen im Europa des frühen Mittelalters vergleichbar sind. Obwohl die Erde formal unter ca. zweihundert Staaten aufgeteilt ist, scheint diese Staatenwelt an vielen Orten des Globus zur Fiktion zu werden.

Die dort vorherrschende Anarchie muss indes sehr ernst genommen werden, denn sie bringt innerstaatlich wie auch zwischenstaatlich eine Regellosigkeit hervor, die auch die internationale Ordnung gefährdet. Nach Untersuchungen der Weltbank[2] benutzt ein großer

---

[2] Siehe hierzu Collier (2000).

Teil der nicht staatlichen Akteure Mittel der organisierten Gewalt (Krieg) zur Durchsetzung ihrer überwiegend auf eigene Bereicherung ausgerichteten Machtinteressen, wobei auch ihre Klientel davon profitiert. Ziel ist dabei in aller Regel die Vereinnahmung aller ökonomisch relevanten Ressourcen in den von ihnen beherrschten Territorien, was sich meist auch in einer Ausbeutung der Bevölkerung niederschlägt. Hinzukommen kann das „Abschöpfen" internationaler Hilfe, nicht selten in Verbindung mit weltweit operierenden kriminellen Organisationen. Diese Aktivitäten reichen bis tief in die Volkswirtschaften der OECD-Welt hinein; sie fördern dort Korruption und organisiertes Verbrechen und schwächen so nicht zuletzt auch die innere Sicherheit der betroffenen Staaten.

Die Zahl dieser Akteure, die mit organisierter Gewalt häufig unter partieller Verwendung modernster Technik auftreten werden, wird in Zahl und in unterschiedlicher Bandbreite von organisierten Verbrecherbanden, internationalen Drogenringen, Guerillakämpfern, internationale Terroristenorganisationen, Industrie- und Wirtschaftsunternehmen über Sicherheitsunternehmen (Kriegsunternehmer) zunehmen.

Die diversen Anwendungsformen von Gewalt, die diese Akteure zur Wirkung bringen können, sind zum Teil mit Kriegshandlungen gleichzusetzen. Diese richten sich jedoch nicht mehr nur gegen die traditionellen Elemente staatlicher Machtausübung – wie etwa die Potenziale, mit denen Staaten Kriege führen. Zunehmend rücken vielmehr auch andere wesentliche Bestandteile geordneter staatlicher Existenz in den Blickpunkt möglicher illegaler Aktionen, wodurch der Fortbestand einer Gesellschaft insgesamt in Frage gestellt sein könnte.

Angesprochen werden müssen in diesem Zusammenhang nicht nur die Bedrohungen, die von Akteuren ausgehen, sondern auch der Zugang zu Massenvernichtungswaffen, speziell zu relativ billigen biologischen Wirkmitteln. Hinzu kommen vor allem die von terroristischen Aktivitäten ausgehenden vielfältigen Gefährdungen. Diese Kampfarten sind geeignet, unmittelbar in die Gesellschaft einzudringen und deren existenzielle Grundlagen in fundamentaler Form zu bedrohen. Die steigende Verwundbarkeit der komplexen Ressourcen und Strukturen postindustrieller Gesellschaften, in denen ungestörte funktionale Vernetzungen für das alltägliche Überleben des Einzelnen mitentscheidend sind, bieten wichtige Angriffspunkte für asymmetrisches kriegsähnliches Handeln staatlicher und nicht staatlicher Akteure. Die Sicherung der Grundbedürfnisse – Nahrungsmittel-, Wasser- und Energieversorgung –, aber auch die Gewährleistung von Informationssicherheit und ungestörter Nutzung der Informationsinfrastruktur werden unter diesen Prämissen zu prioritären Zielsetzungen.

Die beschriebenen Erscheinungsformen gewaltsamer Aktivitäten sind den Aktionsmustern der „Kleinen Kriege" oder auch „neuen Kriegen"[3] zuzuordnen. Es handelt sich dabei um Kampfformen, die die äußere und innere Sicherheit von Staaten gleichermaßen herausfordern. Zum einen können Akteure fast von jedem Ort der Welt aus in Staaten hineinagieren, wodurch Risiken entstehen, denen mit rein defensiven Mitteln und Verfahren kaum beizukommen ist. Zum anderen wird die Zuordnung dieser Aktivitäten zunehmend schwieriger werden. Das betrifft vor allem die Grenzziehung zwischen kriminellen Handlungen und Kriegshandlungen, denen ein Staat innerhalb seiner Grenzen ausgesetzt sein kann. Vorwarnzeiten gibt es bei dieser Art von Kriegen („Kleine Kriege") nicht. Es ist sozusagen das Hobbes`sche Bedrohungsszenario der "generalisierten Unsicherheit"[4] oder auch das der permanenten Bedrohung, das hier maßgebend wird. So wie die europäischen

---

[3] Für eine genauere Analyse siehe Münkler (2002).
[4] Hierzu siehe Messner (2001).

Staaten in den letzten 300 Jahren in ihrer Entwicklung auf Recht und Gesetz, gemeinsame Werte und Legitimation, sozialen Ausgleich und politische Teilhabe, aber auch Monopolisierung der Gewalt beim Staat als die Kernelemente der Zivilisierung der nationalen Gesellschaften setzten, sollte die vielleicht entstehende globale Weltordnung auf vergleichbaren Prinzipien beruhen. Damit könnte sowohl die strukturelle als auch die ereignisorientierte Prävention zu wichtigen Instrumenten zukünftiger Sicherheitspolitik werden.

Dies erfordert eine Sicherheitspolitik, die berücksichtigt, dass sie es nicht nur mit einer mehr oder weniger gut funktionierenden Staatenwelt zu tun hat, sondern auch mit nicht staatlichen Akteuren, die sich organisierter Gewalt bedienen und damit die äußere Sicherheit im nationalen wie internationalen Rahmen, aber auch die innere Sicherheit gefährden können. Sie nutzen Territorien, in denen sie keine Sanktionen zu erwarten haben, weil dort keine handlungsfähige Staatsmacht existiert, die fähig ist, Frieden durchzusetzen. Diese nicht staatlichen Akteure in eine Gewalt mindernde und die Sicherheit stärkende Weltordnung einzubinden, dürfte für die nächsten Jahrzehnte einer der Schwerpunkte der Politik der internationalen Staatenwelt werden. Daraus er-wächst die Notwendigkeit, die Sicherheitspolitik an diese Entwicklungen anzupassen und das Bewusstsein in den Gesellschaften dafür zu wecken, dass nationale und regionale Sicherheitsstrukturen weder in Bezug auf die innere noch auf die äußere Sicherheit ausreichend vor globalen Herausforderungen schützen. Sicherheitspolitik muss daher als globale Gestaltungsaufgabe der Staatenwelt verstanden werden. Im 21. Jahrhundert werden die wesentlichen Elemente dieser Gestaltungsaufgabe sein: Weiterentwicklung der existierenden Ansätze kollektiver Sicherheit, Stärkung des Gewaltmonopols der Staaten, Stärkung der zivilisatorischen Kräfte (good governance) und Einhegung des Phänomens der „kleinen Kriege".

4 Die neuen Verwundbarkeiten

Der grundlegende Vorgang der gesellschaftlichen Veränderung, der Wechsel von der Industriegesellschaft in die postindustrielle Gesellschaft ausgelöst durch neue wissenschaftliche Erkenntnisse und technologische Entwicklungen führt unmittelbar zu einem sicherheitsrelevanten Veränderungspotenzial, der Verwundbarkeit moderner Gesellschaften.

Die steigende Verwundbarkeit der komplexen Ressourcen und Strukturen postindustrieller Gesellschaften, in denen ungestörte funktionale Vernetzungen für das alltägliche Überleben des Einzelnen mitentscheidend sind, stellen wichtige Angriffspunkte für Gewaltakteure dar. Die Sicherung der Grundbedürfnisse (Nahrungsmittel-, Wasser- und Energieversorgung) aber auch die Gewährleistung von Informationssicherheit und ungestörter Nutzung der Informations- und Kommunikationsinfrastruktur werden unter diesen Prämissen zu vorrangigen defensiven Zielen der Staaten- und Gesellschaftswelten.

Infrastrukturen spiegeln die komplexe Arbeitsteilung in modernen Gesellschaften wieder und in ihnen manifestieren sich auch die neusten technologischen Entwicklungen. In diesem Sinne ist Infrastruktur auch Ausdruck von vielfältigen Prozessen, die das Leben und Funktionieren von modernen Gesellschaften erst ermöglichen. Wir sind darauf angewiesen, dass die Versorgung mit Energie und Wasser, mit Informationstechnik und Mobilität usw. zuverlässig und „just in time" funktioniert. Damit können Sie zum Angriffsziel werden und sind ein potenzieller Gefahrenherd für die Funktionsfähigkeit der jeweiligen Gesellschaft. Ein gezielter Angriff auf die kritische Infrastruktur (KRITIS) eines Landes, mit dem Ziel ein Großschadensereignis zu verursachen, kann eine Gesellschaft nachhaltig schädigen. Im Rahmen asymmetrischer Kriegführung, in der gesellschaftliche Einrichtungen – KRITIS –

Ziele und Mittel dieser Art Krieg werden können, sind solche Ereignisse in Zukunft wahrscheinlicher geworden, als sie es in der Vergangenheit waren. Während früher Armeen von Staaten notwendig waren, um die Überlebensfähigkeit einer Gesellschaft zu bedrohen, können sich heute staatliche wie nicht staatliche Akteure der gesellschaftlichen Infrastruktur bedienen, um ähnliche Wirkungen zu erzielen.

Einbezogen werden müssen auch Überlegungen, inwieweit neue Verwundbarkeiten durch die Nutzung von Informationstechnologie, die „just-in-time"-Versorgung und Ereignisse (z. B. im Transportbereich), die durch Kettenreaktion weitere Störungen (so genannte Dominoeffekte) auslösen können. In Deutschland sind heute immer mehr Bereiche nur noch dann arbeitsfähig, wenn Informations- und Kommunikationstechnik sicher und zuverlässig funktionieren. Auf dem Weg in das Informationszeitalter bieten sich neue Chancen aber die Gesellschaft gerät auch in neue Abhängigkeiten.

Die Vielzahl möglicher Gewaltakteure mit ihrer räumlichen und zeitlichen Aktionsfreiheit kann ihr Wissen über die Verwundbarkeit der modernen Gesellschaften (Herbeiführung von Großschadensereignissen[5] durch das Risiko-/Zerstörungspotenzial der jeweiligen Gesellschaft ohne Verzug und überraschend zerstörerisch zum Einsatz bringen. Vorwarnzeiten sind selbst in Kenntnis der handelnden Akteure nur noch bedingt zu erwarten.

Somit ergibt sich zusammenfassend die Verwundbarkeit aus der Summe verschiedener Aspekte von Zugänglichkeit des Wissens, Komplexität der Versorgungs- und Infrastruktur, Konzentration des Managements, Vernetzung, Entgrenzung und Abhängigkeit von der Informations- und Kommunikationstechnik.

5 Folgerungen und Zusammenfassung

Die Herausforderungen des 21. Jahrhunderts bestehen nicht nur in der Abwehr von Risiken und Gefahren, sondern in der Entwicklung einer gemeinsamen Weltordnung und der Bewältigung der neuen Formen des Krieges bzw. der organisierten Gewalt.

Die erste Herausforderung, die Entwicklung einer neuen Weltordnung, haben wir anhand der zivilisatorischen Entwicklung der Menschheit, der engen Verknüpfung dieser Entwicklung mit der Entwicklung von Streitkräften und den sicherheitsrelevanten zivilisatorischen Trends belegt. Die wesentlichen Trends der Bevölkerungsentwicklung, Umweltveränderungen, Globalisierung der Wirtschaft, Kohärenz der Politik, Zugang zu Information und Wissen und die wissenschaftlich-technische Entwicklung müssen zu einem Paradigma der kooperativen Weltordnung führen, in der die entwickeltsten Staaten dieser Welt sich ihrer Hauptverantwortung im zivilisatorischen Prozess stellen und Sicherheitspolitik als globale Gestaltungsaufgabe kooperativ wahrnehmen. Weltordnungsaufgaben und militärische Interventionen werden von keinem einzelnen Staat alleine erfolgreich durchgeführt werden können. Erfolg versprechend sind nur gemeinsame internationale (und national ressortübergreifende) Ordnungsstrukturen. Die Europäische Union müsste zu diesem Zweck die sicherheitspolitischen Instrumente entwickeln, die in einem ressortübergreifenden Sinne nachhaltige politische, wirtschaftliche und gesellschaftliche Entwicklungspolitik, Gewaltprävention und zivile Konfliktbewältigung ermöglichen.

---

[5] Unter Großschadensereignis sollen personelle, materielle und/oder psychologische Schäden verstanden werden, die die politische, wirtschaftliche oder gesellschaftliche Entwicklung eines Staates, einer ganzen Regionen und/oder die internationale Gemeinschaft als Ganzes empfindlich treffen.

Die zweite Herausforderung, Gewaltprävention und zivile Konfliktbewältigung, zielt auf die Kontrolle und Einhegung von „Kleinen Kriegen" oder auch transnationalen Kriegen. Die „Kleinen Kriege" unter Kontrolle zu bringen und damit einer steigenden Zahl von Menschen eine zivilgesellschaftliche Zukunft zu bieten, ist vielleicht die Herausforderung des 21. Jahrhunderts.

Aus diesen beiden Herausforderungen lassen sich folgende Konsequenzen für die Sicherheitspolitik ziehen:

- Sicherheitsrisiken sind interdependent;
- die Grenze zwischen Krieg und Frieden wird fließend;
- Sicherheitsvorsorge ist nicht mehr national wahrnehmbar;
- Sicherheitsvorsorge erfordert einen ressortübergreifenden Ansatz;
- Verwundbarkeit postmoderner Industriestaaten, insbesondere gegenüber asymmetrischen Gewaltformen, wächst;
- Sicherheitspolitik sollte daher als Gestaltungsaufgabe aufgefasst werden.

Aus diesen Veränderungen des sicherheitsrelevanten Umfeldes lassen sich für Streitkräfte folgende Konsequenzen ableiten: Das Militär der zivilisierten Staaten wird als Teil einer umfassenden politischen Strategie zur Erhaltung und Stabilisierung einer wirtschaftlich, gesellschaftlich und politisch dynamischen Weltordnung beitragen müssen. Dazu gehört:

- erstens die Fähigkeit zur Aufrechterhaltung einer Weltordnung, die zivilisatorische Entwicklung erlaubt und
- zweitens die Fähigkeit zur Intervention gegen gewaltsame Konfliktbewältigung, wenn sie die internationale Sicherheit gefährden.

Konzeptionell muss man sich einstellen auf:

- neue Konfliktakteure,
- neue Konfliktformen,
- die Geschwindigkeit technologischer Innovation und
- neue Aufgaben.

Um den Veränderungen des sicherheitsrelevanten Umfeldes gerecht zu werden, benötigen wir einen Typus von Streitkräften, der durch ein hohes Maß an Flexibilität, Lernfähigkeit und Professionalität gekennzeichnet ist und eine Führung, die willens ist, bestehende Strukturen und Konzepte im Sinne der Weiterentwicklung der Streitkräfte und als Beitrag zur Gestaltungsaufgabe der Sicherheitspolitik in Frage zu stellen und sich dem Zwang zur Fortentwicklung der Streitkräfte zu lernenden Organisationen mit implementiertem Wissensmanagement zu stellen.

Die globalen, anstehenden Transformationen müssen als Chance begriffen werden, eine friedlichere und lebenswertere Zukunft zu gestalten.

Da die Gesellschaft in Deutschland erst begonnen hat, die neuen Herausforderungen wahrzunehmen, wird eine gesellschaftliche Debatte notwendig sein, um die Streitkräfte und andere Sicherheitsorgane an diese Entwicklungen anzupassen. Eine neue „Weizsäcker-Kommission" könnte dies befördern.

Literatur

Ahlf, E. (2002) „Erweiterter Sicherheitsbegriff und Polizei: Ein Essay", *Die Polizei*, 4/2002: 93–99.

Collier, P. (2000) „Economic Causes of Civil Conflict and Their Implications for Policy", Washington D.C.: Weltbank.

Kommission ‚Gemeinsame Sicherheit und Zukunft der Bundeswehr' (Hg.) (2000) „Gemeinsame Sicherheit und Zukunft der Bundeswehr: Bericht der Kommission an die Bundesregierung", Berlin et al.: Kommission ‚Gemeinsame Sicherheit und Zukunft der Bundeswehr'.

Messner, D. „Beiträge der Entwicklungspolitik zu einer Architektur der Weltinnenpolitik", Vortragsmanuskript für die Veranstaltung ‚40 Jahre deutsche Entwicklungspolitik - Entwicklungspolitik im 21. Jahrhundert: Strukturpolitik für eine kooperative Welt' des Bundesministeriums für wirtschaftliche Entwicklung und Zusammenarbeit (BMZ) und des Entwicklungspolitischen Forums der Deutschen Stiftung für internationale Entwicklung, Deutschland, Bonn, 23. Oktober 2001.

Münkler, H. (2002) *Die Neuen Kriege*, Berlin: Bundeszentrale für politische Bildung.

Bundesministerium der Verteidigung – BMVg (1985) „Weißbuch 1985: Zur Lage und Entwicklung der Bundeswehr", Bonn: BMVg.

Bundesministerium der Verteidigung – BMVg (1994) „Weißbuch 1994: Zur Sicherheit der Bundesrepublik Deutschland und zur Lage und Zukunft der Bundeswehr", Berlin: BMVg..

Bundesministerium der Verteidigung – BMVg (2003) „Verteidigungspolitische Richtlinien für den Geschäftsbereich des Bundesministers der Verteidigung", Berlin: BMVg, http://www.bmvg.de/fileserving/PortalFiles/C1256EF40036B05B/N264XJ5C768MMISDE/VPR_BROSCHUERE.PDF (Zugriff 07.09.2010).

Stand der Streitkräfte in Ausbildung, Ausrüstung und Konzeption

Stand der Streitkräfte in Ausbildung, Ausrüstung und Konzeption in Österreich

Philipp Eder

1 Einleitung

In diesem Kapitel soll die Transformation des österreichischen Bundesheeres seit der Veränderung des Bedrohungsspektrums in Europa durch den Zerfall des Warschauer Paktes 1989 im Hinblick auf Konzeption, Ausrüstung und Ausbildung analysiert werden. Zweckmäßig erscheint einen kurzen Rückblick in den Aufbau der österreichischen Streitkräfte nach dem Zweiten Weltkrieg voranzustellen, da Auswirkungen des damals eingeschlagenen Weges bis heute nachwirken. Scheinbar zufällig hat sich eine Gliederung in drei Schritte von jeweils 13 Jahren ergeben. Aussagen zur Ausrüstung konzentrieren sich auf Systeme, die sich nach wie vor im Bestand befinden. Schwergewicht der Darstellung bildet der Reformprozess ab 2004, der sich zurzeit in seiner Realisierungsphase befindet. Ein kurzes Resümee beinhaltet auch einen ersten Ausblick auf erkennbare Tendenzen der weiteren Transformation.

2 Österreich 1955 – 1968

1955 erhielt Österreich mit dem Staatsvertrag seine volle Souveränität zurück. Das österreichische Bundesheer musste daraufhin vollkommen neu aufgestellt werden, da es 1938 mit der Eingliederung in die deutsche Wehrmacht aufgehört hatte zu existieren. Politisch wie militärisch waren diese ersten Jahre von konservativen Überlegungen geprägt. Priorität hatte der industrielle und infrastrukturelle Wiederaufbau nach den Zerstörungen des Krieges bzw. das Gewinnen eines außenpolitischen Profils im Rahmen der neuen Konzeption der immerwährenden Neutralität.

2.1 Konzeption

Die inhaltlich aus der Zwischenkriegszeit stammenden und nunmehr in die neue Bundesverfassung und das Wehrgesetz übernommenen Artikel forderten vom Bundesheer den „Schutz der Grenzen". Dementsprechend sahen die Konzeptionen einen grenznah aufzunehmenden Abwehrkampf vor. Kurz nach Einrücken der ersten Rekruten ging das junge österreichische Bundesheer aufgrund des Einmarsches der Sowjetunion in Ungarn im Oktober 1956 in seinen ersten Einsatz. Dieser offenbarte verständliche Mängel aufgrund der noch nicht abgeschlossenen Neuaufstellung, aber auch ein Auseinanderklaffen der politischen und militärischen Vorstellungen. Aus militärischer Sicht war der grenznah aufzunehmenden Abwehrkampf mit den vorhandenen Kräften und in dem teilweise offenen Gelände zu Ungarn, der CSSR und Jugoslawien nicht möglich. Daher bereitete man sich auf einen Verzögerungskampf Richtung Westen vor mit dem Ziel, Zeit zu erkämpfen bis befreundete Nationen oder die NATO zu Hilfe eilen würden.

Ab Mitte der 60er Jahre wurden umfassende militärische Planungen zur Verteidigung des neutralen Kleinstaates in alle Richtungen angestellt. Eine genaue Analyse dieser Planungen ergab jedoch eine markante Differenz zwischen Anspruch und den verfügbaren Ressourcen.

1968 war das österreichische Bundesheer sehr gut auf den Einmarsch des Warschauer Paktes in der Tschechoslowakei vorbereitet und wäre sehr rasch einsetzbar gewesen. Von politischer Seite zögerte man jedoch mit dem Einsatzbefehl. Heute weiß man, dass das strategische Ziel der österreichischen politischen Führung Deeskalation durch demonstrative militärische Passivität war. Man wollte auf keinen Fall die Sowjets zu einem Angriff auf österreichisches Gebiet provozieren. Die Truppe durfte sich nur 30 km an die Grenze annähern. Grenznahe Kasernen wurden geräumt, die Truppe auftragsgemäß ins Hinterland verlegt.

Im selben Jahr bewies jedoch ein Großmanöver namens „Bärentatze", dass das auf motorisierter Infanterie fußende österreichische Bundesheer gegen mechanisierte Angreifer keine Chancen gehabt hätte.

Schon 1960 kam es zur Entsendung in den ersten Auslandseinsatz in den Kongo im Rahmen der United Nations (UN). Diese aktive Teilnahme an friedenserhaltenden Einsätzen sollte gepaart mit einer aktiven Außenpolitik, ein wesentliches Element des internationalen Engagements werden und dem Frieden in der Welt, aber speziell für Österreich, dienen.

2.2 Ausrüstung

Die geplante Stärke von 60.000 Soldaten wurde materiell wesentlich durch Überlassen von Ausrüstung durch die Alliierten unterstützt. Dies ermöglichte, dass mit einem relativ geringen Budget operiert werden konnte – nämlich 1955 mit 0,55% des Bruttoinlandsproduktes bzw. 2,04% Anteil der Landesverteidigung am Gesamtbudget. Dieser Ansatz wuchs bis 1965 auf 1,12% des Bruttoinlandsproduktes bzw. 4,13% Anteil am Gesamtbudget. Jedoch führte dies zu Fehleinschätzungen über den Investitionsbedarf. Das Budget wurde fast ausschließlich über den Personal- und Betriebsaufwand definiert. Investitionen (etwa 4% Anteil am Landesverteidigungsbudget) wurden improvisierend durch Entnahmen aus dem Personal- und Betriebsaufwand getätigt (König 1991: 174–176). Auf ein Aufstellen der Luftstreitkräfte als Teilstreitkraft im international vergleichbaren Sinn wurde aufgrund der geringen Fähigkeiten und Einsatzmittel aus ressourcenplanerischen Gründen verzichtet. Betrieben wurden Heeresfliegerkräfte und aktive bzw. passive Systeme zur Luftraumüberwachung.

Die von den Alliierten zurückgelassene Ausrüstung erwies sich schon im Einsatz 1956 als qualitativ und quantitativ unzureichend. So waren zum Beispiel Panzerlenkwaffen aus politischen Gründen (im Staatsvertrag war ein Verbot des Besitzes von Raketen verankert) nicht beschaffbar. Nach nur wenigen Jahren erkannte man, dass vor allem teure Rüstungsgüter zu ersetzen bzw. komplett neu zu beschaffen waren.

So wurden beispielsweise[1] 1959 500 Schützenpanzer Saurer aus österreichischer Produktion bestellt. 1967 wurden SA316 Alouette III Verbindungshubschrauber, speziell für den Einsatz in gebirgigen Regionen, gekauft.

Weitere Beschaffungen waren jedoch von Nöten; um die entsprechenden Investitionskosten aufbringen zu können, musste im Betrieb gespart werden. So erfolgte bereits 1963 eine erste Umgliederung des österreichischen Bundesheeres, fünf Jahre später wurde 1968 aus dem gleichen Grund der Rahmen der Streitkräfte um 30 Kompanien verringert.

2.3 Ausbildung

Die Grundlagen der Ausbildung orientierten sich stark an den Erfahrungen des Bundesheeres vor dem Einmarsch der deutschen Wehrmacht 1938 und an der Wehrmacht selbst (eine große Anzahl der Offiziere und Unteroffiziere hatte dort gedient). Auch zu den US-Streitkräften, die junges Kaderpersonal zu Lehrgängen in die Vereinigten Staaten einluden, sowie der aufgrund der politischen Rahmenbedingung (kleines Land, Neutralität) bzw. räumlich und sprachlich zur Zusammenarbeit gut passenden Schweiz suchte man Kontakt.

Die Wehrdienstzeit für Rekruten wurde mit neun Monaten politisch vorgegeben und war zur Umsetzung der Konzeption des grenznah aufzunehmenden Abwehrkampfs sehr kurz bemessen.

2.4 Resume

Die heutige strategische Ausgangssituation ist überhaupt nicht mit den Jahren 1955 bis 1968 vergleichbar. Die ersten 13 Jahre des Bundesheeres zeigen jedoch, dass auch trotz realer Bedrohung an den Grenzen keine für die Militärs befriedigende Übereinstimmung von politischem Auftrag, Vorgaben und zur Verfügung gestellten Ressourcen erzielt werden konnte. Der budgetäre Rahmen, speziell der geringe Spielraum im Hinblick auf Investitionen, sollte sich auch in den nächsten Jahrzehnten kaum ändern. Österreich begann mit einer aktiven Außenpolitik Friedenspolitik zu gestalten. Dies drückte sich unter anderem durch die Beteiligung an Einsätzen der UN mit militärischen Kräften aus.

3 Österreich 1968 – 1991

1970 gewann die Sozialistische Partei unter Bruno Kreisky die Nationalratswahl und übernahm erstmals das Verteidigungsressort. Mit verschiedenen gesellschaftspolitischen Interessengruppierungen wurde eine parteienübergreifende Bundesheerreformkommission gebildet. Man ging verfassungsmäßig vom „Schutz der Grenzen" aus, dem österreichischen Bundesheer oblag nunmehr „die militärische Landesverteidigung". Dies ebnete den Weg für eine neue militärische Konzeption.

Wesentlich waren Entwicklungen zur gesamtstaatlichen Stärkung der Landesverteidigung. 1975 wurde die „Umfassende Landesverteidigung" mit ihren Teilbereichen der militärischen, zivilen und wirtschaftlichen Landesverteidigung verfassungsmäßig verankert.

---

[1] Da diese Systeme keine aktuelle Relevanz mehr für das Bundesheer haben wird auf eine umfassende Aufzählung verzichtet.

1985 wurde nach zehnjähriger Bearbeitung ein erster „Landesverteidigungsplan" (BKA 1985) herausgegeben, der die Zielsetzungen der Teilbereiche detailliert darstellte.

3.1 Konzeption

Mit der Entschließung des österreichischen Nationalrates zur „Umfassenden Landesverteidigung" als Absatz 2 des Artikel 9a des Bundes-Verfassungsgesetzes am 10. Juni 1975 (BKA 1985: 63) wurde auch eine erste Landesverteidigungsdoktrin und damit ein neues militärstrategisches Konzept, die „Raumverteidigung", verfügt. Es sah vor, die Vorbereitung und den Einsatz der militärischen Kräfte im Sinne eines territorialen Prinzips im direkten Zusammenwirken des zivilen und militärischen Bereiches auf allen Ebenen zu koordinieren. Eine zahlenmäßig relativ stark gehaltene Milizarmee mit kurzer Wehrdienstzeit und einem kleinen Anteil an Berufssoldaten mit hohem Bereitschaftsgrad („Bereitschaftstruppe") sollte durch vereinfachte Kampfführung, Einsatz in bekannten Räumen nahe der Heimat sowie durch Nutzung vorhandener sozialer Bindungen ihren Verteidigungsauftrag erfüllen. Bis 1986 ging man von einem Mobilmachungsrahmen von 250.000 Soldaten aus. Knapp 400 (vor allem auf leichter Räderinfanterie basierende) Kompanien im Frieden sollten nach Mobilmachung auf rund 1.000 anwachsen. In eine schlafkräftige, mobile, mechanisierte Komponente (1. Panzergrenadierdivision – eine geplante 2. Jägerdivision mit hohem Bereitschaftsgrad wurde aus Ressourcenknappheit nicht mehr aufgestellt) konnte nur relativ wenig investiert werden.

Man hatte auch die Bedrohungslage in der Luft genau analysiert und kam zum Schluss, dass für ein effizientes aktives Luftverteidigungssystem die finanziellen Ressourcen nicht reichen würden. Daher investierte man sich in eine qualitativ hochwertige passive Luftraumüberwachung (Entwicklung des Radarsystems Goldhaube).

Durch eine Verringerung des Investitionsrahmens der Streitkräfte um circa 30 Prozent wurde der Aufwuchs bei einem Umfang von 186.000 Soldaten gestoppt, die bestehende Organisation wurde im Rahmen der Heeresgliederung 1987 optimiert.

Am 5. September 1990 begann auf Anforderung des Innenministeriums ein sicherheitspolizeilicher Assistenzeinsatz von Einheiten des Bundesheeres zur Unterstützung der Sicherheitsbehörden bei der Überwachung an der Ostgrenze. Durch den Fall des Eisernen Vorhanges kam es vermehrt zu illegaler Migration nach Österreich und zu einem signifikanten Anstieg der Kriminalitätsrate in den östlichen Grenzregionen. Die Aufgabe der im Assistenzeinsatz eingesetzten bis zu 2.000 Soldaten wurde die Überwachung des Grenzraumes, in erster Linie des Geländes zwischen den einzelnen Grenzübergängen, zur Verhinderung von illegaler Migration und grenzüberschreitender Kriminalität.[2]

Im Juni 1991 bot man Teile des österreichischen Bundesheeres im Rahmen eines Sicherungseinsatzes an der slowenischen Grenze gegen die jugoslawische Volksarmee auf. Glücklicherweise kam es, wie 1956 und 1968, zu keinen nennenswerten Kampfhandlungen.

Unverändert standen Truppen des österreichischen Bundesheeres, nunmehr verstärkt durch Milizsoldaten, im Ausland in friedenserhaltenden Missionen der UN im Einsatz. Seit 1974 überwacht ein bataillonsstarker Verband den Raum der Golan-Höhen.

---

[2] Der Assistenzeinsatz dauert, wenn auch mit adaptiertem Auftrag und in eingeschränktem Umfang, 2010 unverändert an.

3.2 Ausrüstung

1970 wurden 40 schwedische Schulflugzeuge SAAB 105Ö sowie Panzerhaubitzen vom Typ M109 beschafft, seit Anfang der 70er Jahre verfügt das österreichische Bundesheer über Jagdpanzer Kürassier und 35 mm Zwillings-FlAK Systeme.

1976 wurden bewaffnete Verbindungshubschrauber Bell OH58B Kiowa und Verbindungs- und Transportflugzeuge PC-6 sowie 1980 leichte Transporthubschrauber vom Typ AB212 (amerikanische UH1, in italienischer Lizenz gebaut) gekauft.

1988 gelang es erstmals, Panzerabwehrlenkwaffen vom schwedischen Typ Bill mit einer Reichweite von 2.000m zu beschaffen.

3.3 Ausbildung

Eine Verkürzung der Wehrdienstzeit von 9 auf 8 Monate wurde 1970 umgesetzt. Das Ausbildungssystem wurde im Rahmen der Raumverteidigung aufgrund der stark steigenden Bedeutung der Milizkomponente völlig verändert und an deren Bedürfnisse angepasst.

3.4 Folgerungen für die aktuelle Reform

Obwohl im Landesverteidigungsplan festgehalten wurde, dass er periodisch zu adaptieren wäre, war dies nicht geschehen. Rechtlich und formal besitzt er daher nach wie vor Gültigkeit. Seit längerem wird versucht, im Einklang mit den internationalen Überlegungen des „Comprehensive Approach", die „Umfassende Landesverteidigung" national in eine „Umfassende Sicherheitsvorsorge" zu transferieren. Mit der Raumverteidigung wurde Anfang der 70er Jahre eine politisch und militärisch akzeptierte Konzeption gefunden, welche sich bis in die 80er Jahre in einer moderaten Erhöhung des Investitionsspielraumes widerspiegelte. Die zumindest temporär politisch und militärisch abgestimmten Ergebnisse der ersten Bundesheerreformkommission dienten als Vorbild für die aktuellen Reformentwicklungen und gaben daher von Seiten des Militärs Anlass zu Optimismus.

Der Sicherungseinsatz 1991 an den heutigen Grenzen zu Slowenien verdeutlichte den Paradigmenwechsel der Bedrohung und damit endgültig die notwendige Abkehr von der Raumverteidigung und den damit verbundenen Vorbereitungen zur Abwehr eines konventionell geführten großräumigen Angriffs. Wesentliche Lehren betreffend die nunmehr notwendige rasche Verfügbarkeit von präsenten Truppen in einem ausreichenden Umfang flossen unmittelbar in die folgenden Konzeptionen ein.

4 Die Phase vor der 2. Bundesheerreformkommission (1991 bis 2004)

4.1 Konzeption

Die politischen Geschehnisse seit 1989 und die Erkenntnisse aus den Balkankrisen in der unmittelbaren österreichischen Nachbarschaft führten 1991 zum Beschluss der Heeresgliederung 92 (BMLV 2005: 82–84), die neben Grenzsicherung und grenznaher Verteidigung auf eine Verkürzung der Reaktionsfähigkeit ausgerichtet war. Das österreichische Bundesheer entwickelte sich damit von einer fast ausschließlich auf Mobilmachung aufgebauten

Raumverteidigungsarmee hin zu einer mobileren und präsenteren Streitkraft. Das auf die neue Heeresgliederung abgestimmte Einsatzkonzept von 1993 (BMLV 1993) formulierte als Kernaufgabe aber nach wie vor die Verteidigung Österreichs gegen Angriffe von außen.
Dies erforderte u. a. die Fähigkeit

- rasch und angemessen auf verschiedene Bedrohungen zu reagieren,
- zu Hilfeleistungen im Katastrophenfall,
- zu Assistenzen und Sicherungseinsätzen geringer Intensität,
- zur Überwachung des eigenen Territoriums und Luftraumes,
- zum Schutz der Staatsgrenze sowie
- zur nachhaltigen Führung des Abwehrkampfes,
- und einer (im Vergleich zur Raumverteidigung) begrenzt notwendigen Aufwuchsfähigkeit.

Darüber hinaus traten die Mitwirkung an Friedenssicherung und Konfliktverhütung im Rahmen internationaler Organisationen sowie internationale Hilfeleistung bei Katastrophen und Einsätzen zur humanitären Hilfe stärker als bisher in den Vordergrund. Vorfeldstabilisierung wurde aufgrund der Ereignisse auf dem Balkan und der Umbrüche in Osteuropa zum Schlagwort.

Von Anfang 1996 bis Jänner 1997 versah erstmals ein Transport- und Logistikelement in Bosnien und Herzegowina im Rahmen von IFOR (von Anfang 1997 bis Juni 2000 unter SFOR) einen Einsatz im Rahmen der NATO Partnerschaft für den Frieden. Die Entsendung eines Wach- und Sicherungselementes für die multinationale Truppe des OSZE-Einsatzes 1997 in Albanien stellte die österreichischen Soldaten hinsichtlich eines erhöhten Gefährdungsgrades vor neue Herausforderung. Seit 1999 befindet sich ein österreichisches Infanteriebataillon im Kosovo bei der NATO geführten Operation KFOR.

Nach Jahrzehnten von Erfahrungen in Missionen der UN fiel in diese Phase der Anfang einer engen Kooperation mit der NATO, die auch zur Verbesserung der Interoperabilität auf Basis von Grundlagendokumenten der Allianz führen sollte.

1996 wurde eine weitere Reform des österreichischen Bundesheeres notwendig. Der erstmals erstellte und am 27.2.1997 durch den Nationalrat angenommene Situationsbericht 96 (BMLV 1996) enthielt neben der Darstellung des Ist-Standes nach Einnahme der Heeresgliederung 92 eine Lagebeurteilung zur sicherheitspolitischen Entwicklung in Europa, eine Darstellung der Ressourcen des Bundesheeres sowie daraus abgeleitete Folgerungen zur Streitkräftestruktur.

Sicherheitspolitische geänderte Rahmenbedingungen waren:

- die Mitgliedschaft Österreichs in der Europäischen Union (EU) seit 1995,
- die Übernahme von 1.300 Kilometern Außengrenze der EU,
- die Teilnahme an der NATO Partnerschaft für den Frieden (PfP) seit 1995,
- der Beobachterstatus in der Westeuropäischen Union (WEU),
- die damals vorhandene Instabilität in Mittelost- und Osteuropa,
- die andauernde Krise auf dem Balkan,
- die Auswirkungen der Migrationsbewegungen in den zentraleuropäischen Raum,
- die neuen Herausforderungen an Österreich als Transitland.

Auf Basis der allgemeinen Wehrpflicht und des Milizsystems musste das Bundesheer die Fähigkeit
- zur Verteidigung des Staatsgebietes in einem begrenzten Operationsraum zu Lande und in der Luft,
- zur Grenzsicherung über einen längeren Zeitraum,
- zu einem flächendeckenden Sicherungseinsatz,
- einer aktiven Luftraumüberwachung,
- zur Assistenzleistung im Inland und zur Katastrophenhilfe im Ausland
- und zu friedenserhaltenden Auslandseinsätzen aufweisen.

Die Gegenüberstellung von Auftrag und Ressourcen des Bundesheeres ergab eine unüberwindbare budgetäre Schere. Konsequenz war 1998 die Strukturanpassung der Heeresgliederung. Der Heeresumfang wurde mit 110.000 Soldaten inklusive 18.000 Mann nicht strukturierter Personalreserve festgelegt.

2001 wurde ein neues Einsatzkonzept (BMLV 2001) verfasst, das die Fähigkeiten der neuen Struktur zu beschreiben hatte. Dieses Konzept brachte eine weitere Akzentverschiebung von der herkömmlichen militärischen Landesverteidigung zu einer „erweiterten" Landesverteidigung im Sinne der Mitwirkung am internationalen Krisenmanagement in Form von friedensunterstützenden Einsätzen im Ausland im multinationalen Verbund zum Ausdruck.

2002 wurde eine Reorganisation der Führungsstrukturen durchgeführt, erstmals wurden Teilstreitkräftekommanden für Land-, Luft-, und Spezialeinsatzkräfte sowie ein Kommando für Internationale Einsätze zur Führung der Auslandskontingente gebildet.

Zum Jahreswechsel 2001/2002 begann ein neuer Einsatz für das österreichische Bundesheer, diesmal in einer internationalen „Coalition of the Willing" im Rahmen der „International Security Assistance Force" (ISAF). Aufgabe war, Ruhe und Ordnung im Raum Kabul und Bagram in Afghanistan sicherzustellen. Das österreichische Truppenkontingent in der Stärke von ca. 70 Mann wurde Teil des „Deutsch-Niederländisch-Dänisch-Österreichischen Einsatzkontingentes", wodurch sich, Dank der Führungsnation Deutschland, die logistische Herausforderung für das österreichische Bundesheer als machbar gestaltete. Die Masse des Kontingentes bildete ein Wach- und Sicherungszug im Rahmen einer deutschen Einsatzkompanie, zusätzlich waren Stabsoffiziere und je ein CIMIC[3]-, ein Sanitäts- und ein Luftumschlagelement im Einsatz. Die Mission endete vor Weihnachten 2002, danach verblieben noch einige österreichische Stabsoffiziere in Kabul, die im HQ ISAF Dienst versehen.

Über Ersuchen der UN führte die Europäische Union mit Frankreich als Rahmennation von Juni bis September 2003 eine militärische Operation in der Demokratischen Republik Kongo (Operation „Artemis") mit 1.800 Soldaten durch. Das österreichische Bundesheer beteiligte sich an dieser anspruchsvollen Mission unter dem Titel der Europäischen Sicherheits- und Verteidigungspolitik mit Stabsoffizieren. Lehren der Operation „Artemis" flossen in die Konzeption der „Battlegroups" der Europäischen Union ein.

---

[3] Civil and Military Cooperation.

4.2 Ausrüstung

1994 wurden die leichten Fliegerabwehrlenkwaffen Mistral[4] beschafft.

1996 wurden ein politisch wie militärisch nicht unumstrittenes „mechanisiertes Paket" geschnürt. Österreich kaufte

- 114 gebrauchte Kampfpanzer Leopard 2A4 aus den Niederlanden,
- 85 ebenfalls gebrauchte Raketenjagdpanzer Jaguar mit der Panzerabwehrlenkwaffe Hot (Reichweite 4.000m) aus Deutschland und
- 112 Schützenpanzer Ulan sowie
- 68 Transportpanzer Pandur aus eigener Produktion.

Seit 2002 verfügt das Bundesheer über 9 S-70 Black Hawk Transporthubschrauber, seit 2003 über drei C130 Hercules Transportflugzeuge.

2004 wurde die Beschaffung von 20 Allschutztransportfahrzeugen vom Typ Dingo 2 eingeleitet. Erste Fahrzeuge kamen 2005 in Kunduz in Afghanistan im Zuge der Entsendung einer Wach- und Sicherungskompanie im Rahmen von ISAF zum Schutz der Wahlen zum Einsatz.

4.3 Ausbildung

Die neue Konzeption verlangte auch eine Reform der Ausbildung, da die Milizkomponente gegenüber den präsenten Kräften in den Hintergrund trat. Eine neue Qualität in der Ausbildung stellte die Teilnahme an NATO PfP Übungen dar, welche vor allem für die Weiterentwicklung der operativen Führungsebene wertvolle Erkenntnis erbrachten.

4.4 Folgerungen für die aktuelle Reform

Das Studium der Konzeptionen der damaligen Zeit zeigt die Ungewissheit, in der man sich über die künftigen militärischen Herausforderungen des neutralen Kleinstaates im Herzen Europas befand. Eine Balance zwischen klassischem Verteidigungsauftrag und Engagement im internationalen Krisenmanagement wurde gesucht. Auslandseinsätze wurden, auch aufgrund der vertiefenden Mitgliedschaft in der Europäischen Union, speziell aber in der NATO Partnerschaft für den Frieden, immer anspruchsvoller. Die Interoperabilität mit Streitkräften anderer Nationen war hinsichtlich Konzeption, Ausrüstung und Ausbildung zu vertiefen. Mit großen Erwartungen, speziell aufgrund der positiven Erfahrungen mit der ersten Bundesheerreformkommission, und voller Engagement und Ideen ging man in den größten Reformprozess der Geschichte des österreichischen Bundesheeres.

---

[4] Fliegerabwehrlenkwaffen mittlerer oder großer Reichweite waren noch nie im Bestand des österreichischen Bundesheeres.

5 Das Reformprojekt österreichisches Bundesheer 2010[5]

Zur Anpassung der Entwicklung der militärischen Landesverteidigung an die Bedrohungen und Herausforderungen am Beginn des 21. Jahrhunderts wurde durch den damaligen Bundesminister für Landesverteidigung eine Bundesheerreformkommission eingerichtet. Diese hatte folgende Zielsetzungen (BMLV 2004: 10–11):

- Erarbeitung von Grundlagen für die Reform.
- Klärung aller Fragen, die im Zusammenhang mit der militärischen Sicherung der österreichischen Souveränität und Assistenzen stehen.
- Berücksichtigung der nachfolgend angeführten zusätzlichen Vorgaben:
  - Umsetzung der Empfehlungen der Sicherheits- und Verteidigungsdoktrin einschließlich der Überprüfung und Weiterentwicklung der Gesamt- und Teilstrategie Landesverteidigung.
  - Definition des Umfanges und der Leistungsfähigkeit des militärischen Beitrages Österreichs zum internationalen Krisenmanagement unter besonderer Berücksichtigung der Europäischen Sicherheits- und Verteidigungspolitik, einschließlich der Aspekte der euro-atlantischen Sicherheitsstruktur; weiterführende Überlegungen im Sinne einer gemeinsamen europäischen Verteidigung.
  - Fortsetzung der Redimensionierung der Führungs- und Verwaltungsstrukturen im Ressort Landesverteidigung.
  - Sicherstellung der notwendigen Personalstärken durch Schaffung der erforderlichen Rahmenbedingungen und
  - Erstellung eines Beitrages zu einem gesamtstaatlichen CIMIC-Konzept.

Die Arbeit der Bundesheerreformkommission zeichnete sich durch zwei wesentliche Aspekte aus: Einerseits wurden, wie schon 1970, Persönlichkeiten aus allen gesellschaftlich relevanten Gruppierungen und dem politischen Bereich bestellt, welche sich auf die Beratung durch militärische Experten abstützen konnten. Andererseits konnte ein Konsens zwischen allen Parteien für die Empfehlungen dieser Kommission erzielt werden.

Die Beratungen der Bundesheerreformkommission endeten am 14. Juni 2004 mit der Übergabe des Berichtes an den damaligen Bundesminister für Landesverteidigung. Bis 2012 sollte die Reform abgeschlossen sein, danach sollte das österreichische Bundesheer in einen fortlaufenden Transformationsprozess übergehen.

In weitere Folge werden wesentliche Aussagen aus den Positionspapieren und den Empfehlungen der Bundesheerreformkommission dargestellt (siehe hierzu BMLV 2004). Ergänzungen des Verfassers dienen der Darstellung der Realisierung der Reform der Streitkräfte in Ausbildung, Ausrüstung und Konzeption.

5.1 Fähigkeiten für Auslandsaufgaben

Die Empfehlung der „Schaffung moderner, zur multinationalen Zusammenarbeit befähigter (interoperabler) Strukturen mit hoher Aufgabenfähigkeit und Flexibilität" (BMLV 2004: 51) kann als logische Fortsetzung des in den Einsatzkonzepten 1993 und 2001 begonnenen

---

[5] „Bundesheer 2010" war ein Schlagwort der Reform, das sich nicht auf eine völlige Zielerreichung im Jahr 2010 bezogen hatte.

Weges bezeichnet werden. Untermauert wird diese Entwicklung durch die weiter oben dargestellten Auslandseinsätze des österreichischen Bundesheeres auf dem Balkan, in Afghanistan und in Afrika, deren Anspruchsniveau sich von den Peacekeeping Einsätzen der 60er bis 80er Jahre weiterentwickelt hatte. 2005/2006 nahm das Bundesheer an insgesamt 18 verschiedenen Missionen mit ständig ca. 1.250 Soldaten teil.

Die eingeleitete Akzentverschiebung von der herkömmlichen Landesverteidigung hin zu einer Vision der gemeinsamen Verteidigung im Rahmen der Europäischen Union, welche sich aktuell vorrangig als Mitwirkung an multinationalen Operationen des internationalen Krisenmanagements und der Konfliktprävention darstellt, hat sich fortgesetzt und zu einer Gleichrangigkeit von In- und Auslandsaufgaben geführt.

So heißt es im auf den Empfehlungen der Bundesheerreformkommission aufbauenden Militärstrategischen Konzept von 2006[6]:

„Vorrangiges Ziel der österreichischen Streitkräfteentwicklung bildet damit die Gewährleistung der Zusammenarbeitsfähigkeit mit Partnerstreitkräften bei Operationen der internationalen Konfliktprävention und des Konfliktmanagements (Interoperabilität) an Hand der vereinbarten Standards sowie die Gewährleistung eines angemessenen quantitativen Potenzials der Beitragsleistung, wie sie in der Teilstrategie Verteidigungspolitik als Anspruchsniveau festgelegt und im Folgenden detailliert wird. Die parallel zu gewährleistende Fähigkeit zur Beitragsleistung zum Schutz der Bevölkerung und ihrer Lebensgrundlagen soll auch unter Berücksichtigung des Ressourcenrahmens dabei aus einer einheitlichen Grundstruktur zu bewältigen sein." (BMLV 2006: 29)

Dies entspricht auch der Empfehlung der Bundesheerreformkommission:

„Ausrichtung der Strukturen auf die Erfüllung der In- und Auslandsaufgaben so, dass die Sicherstellung der Inlands- und Auslandsaufgaben aus einer weitgehend einheitlich strukturierten Einsatzorganisation/Truppe, deren Leistungsparameter sich an den anspruchsvollen Aufgaben im Ausland zu orientieren, erfolgen kann." (BMLV 2004: 51)

Inlandsaufgaben sind daher nicht mehr strukturbegründend für das österreichische Bundesheer.

5.2 Fähigkeiten für Inlandsaufgaben

Sicherzustellen ist auf jeden Fall gemäß Bundesheerreformkommission die „(…)die Gewährleistung von präsenten Kräften für Inlandsaufgaben in einem Umfang von zumindest 10.000 Personen" sowie „(…) die Erbringung eines Beitrages zum Schutz der staatlichen Infrastruktur, von Spezialaufgaben, z. B. im Rahmen von Spezialeinsätzen, der ARBC[7]-Abwehr, der sanitätsdienstlichen Versorgung und von Transportaufgaben durch strukturierte Kräfte". (BMLV 2004: 52). Analysen haben ergeben, dass dies unter den herrschenden und erwartbaren budgetären Rahmenbedingungen nur auf Basis der allgemeinen Wehrpflicht sicherzustellen ist. Diese wurde von 8 auf 6 Monate reduziert, was zu einer erhöhten Belastung der Truppe hinsichtlich der öfter durchzuführenden Basisausbildung für Rekruten geführt hat.

---

[6] Nachfolgedokument des Einsatzkonzeptes 2001.
[7] ARBC = Atomar, Radiologisch, Biologisch und Chemisch.

Für die erwartbaren Aufgaben im Katastrophenschutz, als Werbebasis zur Gewinnung von Berufssoldaten und zur ersten Vorbereitung von Freiwilligen für einen Auslandseinsatz stellt die allgemeine Wehrpflicht auch in dieser Dauer eine brauchbare Vorgabe dar. Dazu folgende Empfehlung der Bundesheerreformkommission: „Primärer Zweck des Grundwehrdienstes ist die Ausbildung für Einsatzaufgaben im Rahmen der Aufrechterhaltung der Souveränität sowie die Verfügbarkeit für Assistenzen" (BMLV 2004: 27). Zugleich soll der Grundwehrdienst auch eine Ausbildung vermitteln, die als Grundlage für die Rekrutierung von Kadernachwuchs im Präsenz- und Milizstand dient.

Für Lufttransport- und andere Aufträge im Katastrophenfall stehen im Rahmen ihrer Doppelverwendung für Inlands- und Auslandsaufgaben

- neun S-70 Black Hawk,
- 23 leichte Transporthubschrauber AB212,
- acht PC-6B Verbindungs- und Transportflugzeuge,
- elf Bell OH58B Kiowa und
- 24 SA316 Alouette III Verbindungshubschrauber zur Verfügung.

5.3 Die Rahmenbrigade als bestimmende Ambitionsgröße

Durch die Reformkommission wurde „die Aufstellung von auf den Einsatz verbundener Kräfte ausgerichteten und durchsetzungsfähigen Streitkräften mit der Brigade als zentralem Aufgabenträger" (BMLV 2004: 51) empfohlen. Nachdem in den Umstrukturierungen 1992 und 1998 die Führungsebenen Division und Korps gestrichen worden waren, blieb nun die Frage der Ambition der taktischen Führungsebene zu beantworten. Die Bundesheerreformkommission entschloss sich, um die Fähigkeit des Einsatzes der verbundenen Kräfte, aber vor allem um den Kampf der verbundenen Waffen[8] zu erhalten, der Brigadeebene gegenüber der Bataillonsebene als zentralem Aufgabenträger entsprechend den Vorrang zu geben.

Für die Streitkräftegliederung hieß dies, dass statt bisher fünf nunmehr vier Brigaden (zwei Panzergrenadierbrigaden und zwei Jägerbrigaden) der Landstreitkräfte und zwei Brigaden der Luftkomponente (Luftunterstützungsbrigade und Luftraumüberwachungsbrigade) den Kern des österreichischen Bundesheeres bilden würden. Diese Größen richteten sich nach der Empfehlung der Bundesheerreformkommission hinsichtlich der Auslandsambition:

„Die Erfüllung einer Brigadeaufgabe im Rahmen einer multinationalen Framework-Struktur im gesamten Spektrum der Petersberg-Aufgaben, mit einer Durchhaltefähigkeit von einem Jahr und einer Wiederholbarkeit in einem drei bis vierjährigen Einsatzrhythmus. Alternierend zur oben angeführten Brigadeaufgabe die Leistung von zwei Bataillonsaufgaben - auch in getrennten Einsatzräumen - entweder im unteren Spektrum mit unbegrenzter Durchhaltefähigkeit, oder im gesamten Spektrum mit einjähriger Durchhaltefähigkeit in einem drei- bis vierjährigen Rhythmus. Zeitgleich dazu, in einer Einsatzdauer von bis zu drei Monaten, Einsätze zur humanitären Hilfe, Katastrophenhilfe und für Evakuierungsoperationen, in vorerst Kompaniestärke zu leisten." (BMLV 2004: 87)

---

[8] Kampf der verbundenen Waffen: englischer Begriff: *combined arms warfare*. „ist das räumliche und zeitliche Zusammenwirken von Kräften und Mitteln verschiedener Waffengattungen im Gefecht." (BMLVS 2009)

Österreich will dementsprechend die Führung einer Rahmenbrigade übernehmen, dies bedeutet die Stellung der Kernfunktionen des Brigadestabes sowie zumindest zwei Bataillone der Kampftruppen und den wesentlichen Teil der Unterstützungskräfte sowie die Wahrnehmung der logistischen Sicherstellung für die eigenen Kräfte.

Zur Erfüllung dieser Ambition sind als Kräftepool die oben angeführten sechs Brigaden notwendig, allerdings unter der Voraussetzung der Umsetzung der folgenden Empfehlung:

„Durch eine mit der Freiwilligenmeldung zwingend einhergehende Auslandseinsatzverpflichtung kommt dem Kaderpersonal in der Streitkräfteorganisation ÖBH 2010 bis in die Mannschaftsebene hinein eine neue Qualität zu. Mit der grundsätzlich zu fordernden Auslandseinsatzverpflichtung für befristete und unbefristete Berufssoldaten und Berufssoldatinnen müssen auch die Entsendeprinzipien entsprechend angepasst werden" (BMLV 2004: 92),

welche jedoch mit Stand November 2010 noch nicht umgesetzt wurde. In der österreichischen Verfassung findet sich eine Bestimmung, dass österreichische Soldaten nur auf freiwilliger Basis in einen Auslandseinsatz entsandt werden können. Dies ist für eine planbare Auslandsambition ein entsprechendes Hindernis. Daher wird derzeit jedes Auslandskontingent auf „Task Force"-Basis aus freiwilligen Offizieren, Unteroffizieren und Mannschaften eigens geformt. Ausnahmen stellen Kontingente dar, die durch die Verwendung von „kaderpräsenten Kräften" gebildet werden.

Diesbezüglich empfahl die Bundesheerreformkommission: Zusammenfassung von kaderpräsenten Kräften in Brigade- und Bataillonsstrukturen zur Erfüllung der In- und Auslandsaufgaben und zur Sicherstellung der Handlungsfähigkeit bei überraschenden Lageentwicklungen, wobei für Auslandseinsätze im Spektrum der erweiterten Petersberg-Aufgaben jedenfalls vier Kaderpräsenzbataillone zu bilden sind (BMLV 2004: 51). Bis dato wurde ein Kaderpräsenzbataillon aufgestellt. Der derzeit gültige Bundesheerplan 2008–2013 hat zum Ziel, dass bis Ende 2012 eine Brigade, bestehend aus kaderpräsenten Kräften, als Rahmenbrigade für Einsätze entsprechend dem unteren Petersbergspektrum zur Verfügung steht. Ende 2014 soll sie über die Fähigkeiten zum Einsatz im oberen Spektrum verfügen.

Die Beteiligung an den EU „Battlegroups" I/2011 unter niederländischer Führung, sowie II/2012 unter deutscher Führung soll aus diesem Kräftepool sichergestellt werden. Die tiefe Integration österreichischer Soldaten, welche die Formierung dieser Verbände erfordert, ist ein wesentliches Unterstützungsmittel für die Weiterentwicklung von entsprechenden Fähigkeiten des österreichischen Bundesheeres. Um erste entsprechende Erfahrungen zu sammeln ist seit 2008 eine Kompanie jeweils für sechs Monate fixer Bestandteil des deutschen Bataillons im Rahmen der Operational Reserve Force (ORF) für den Balkan.

Geführt werden von einem Streitkräfteführungskommando auf der operativen Führungsebene, das die früher beschriebenen Teilstreitkräftekommanden für Land-, Luft-, und Spezialeinsatzkräfte sowie das Kommando für Internationale Einsätze in sich vereint:

- sechs Brigaden,
- zwei Führungsunterstützungsbataillone,
- die Spezialeinsatzkräfte,
- die unverändert existierenden neun Militärkommanden (eines je Bundesland),
- sowie ein neu geschaffenes Militärpolizeibataillon,
- ein Zentrum für Information- und Kommunikation,

- eine Auslandseinsatzbasis und
- alle Auslandskontingente

Dem Streitkräfteführungskommando zur Seite steht das Kommando Einsatzunterstützung.

An Hauptwaffensystem stehen in den Panzergrenadier- und Jägerbrigaden zur Sicherstellung geschützter Beweglichkeit

- 114 Kampfpanzer vom Typ Leopard 2A4,
- 112 Schützenpanzer Ulan,
- 66 Radschützenpanzer Pandur 6x6 sowie
- 20 Allschutztransportfahrzeuge vom Typ Dingo 2 zur Verfügung.

Die Artillerietruppe wurde mit der Aufklärungstruppe zu drei Aufklärungs-Artillerie-Bataillonen verschmolzen. Dies hat die Schaffung eines Auf-klärungs/Wirkungsverbundes zur Unterstützung der Brigadeambition unter Nutzung damit erzielbarer Synergieeffekte zum Ziel. Diese muss durch die Verbesserung der Aufklärungskapazitäten mit technischen Mitteln sowie mittels Erhöhung der geschützten Beweglichkeit unterstützt werden. Diese strukturelle Zusammenfassung der Aufklärungs-Artillerie-Bataillone ist als ein wesentlicher Schritt im Zusammenhang mit der Schaffung eines ISTAR-Verbundes zu sehen (BMLV 2006: 43). Die Aufklärungs-Artillerie-Bataillone verfügen derzeit als Hauptwaffensysteme über

- M109A5OE
- sowie als Platzhalter jeweils in den 90er Jahren kampfwertgesteigerte Jagdpanzer Kürassier und Schützenpanzer Saurer vom Typ A1.

2009 ist die Entscheidung zur Beschaffung von geschützten Mehrzweckfahrzeugen des Typs Iveco gefallen, die schrittweise die oben genannten Platzhalter ersetzen werden.

Die geplante Schaffung des ISTAR–Verbundes, speziell hinsichtlich der Beschaffung des dazu notwendigen Gerätes wird sehr stark vom künftigen Investitionsspielraum des österreichischen Bundesheeres abhängen. Die seit langem geplante erstmalige Anschaffung von unbemannten Luftfahrzeugen („Drohnen") oder von Gefechtsfeldradaranlagen wird weiterhin verfolgt, Synergieeffekte werden im Rahmen von bilateralen Projekten, und Projektgruppen der NATO, speziell aber der Europäischen Verteidigungsagentur (EDA), erzielt. Ähnliches gilt für die notwendigen Maßnahmen zum Erreichen einer interoperablen Netzwerkfähigkeit.

Ein wesentliches, derzeit in Implementation befindliches Projekt für die Umsetzung der Brigadeambition ist die Aufstellung einer rasch verlegbaren Feldambulanz, entsprechend den Interoperabilitätskriterien einer „Role 2" Sanitätseinrichtung.

Wesentliches Lufttransportelement für die österreichischen Auslandskontingente stellen

- drei C130 Hercules,
- acht PC-6B,
- neun S70 Black Hawk und
- 23 AB212
- sowie elf Bell OH58B Kiowa und
- 24 SA316 Allouette III als Verbindungshubschrauber dar.

5.4 Fähigkeit zur Luftraumüberwachung

Die flächendeckende Radarsystem Goldhaube als passive Komponente der Luftraumüberwachung im Sinne des Aufrecherhaltens der Neutralität auch in der Luft ist seit ihrer Konzeption und Einführung in den 70er Jahren unbestritten. Der Beschaffung von 15 Eurofighter Typhoon als Nachfolgemodell der aktiven Komponente der Luftraumüberwachung für die veralterten Saab Draken ging allerdings eine heftig geführte politische Debatte voraus. Die Bundesheerreformkommission empfahl dazu „die Wahrnehmung der permanente Luftraumüberwachung im Rahmen des Schutzes der Wahrung der Souveränität (…)" (BMLV 2004: 52). Ursprünglich war 2002 von der damaligen Bundesregierung die Entscheidung zum Kauf von 24 Stück getroffen worden, nach dem katastrophalen Hochwasser in Teilen des Landes vom Sommer desselben Jahres wurde die Zahl aus budgetären Gründen auf 18 reduziert. Bei den sechs eingesparten Jets handelte es sich um zwei Trainingsflugzeuge (Doppelsitzer) und vier für allfällige Auslandseinsätze vorgesehene Eurofighter Typhoon. Mit dieser Entscheidung waren die Fähigkeiten auf reine Luftraumüberwachungsaufgaben über Österreich zu reduzieren. 2007 wurden von der neuen Bundesregierung im Zuge eines Vergleiches mit der Herstellerfirma drei weitere Eurofighter Typhoon abbestellt.

Der permanenten Wahrnehmung der Luftraumüberwachung im Rahmen der Wahrung der Souveränität wird seit 2008 durch die schrittweise gelieferten

- 15 Eurofighter Typhoon zusammen mit den
- 22 verfügbaren Saab 105Ö im Jetbereich, sowie
- acht PC-6B,
- elf Bell OH58B Kiowa und
- 24 SA316 Alouette III gegen „slow mover" entsprochen.

Zusätzlich befinden sich

- 53 radargesteuerte 35 mm Zwillings-FlAK Systeme und
- 36 leichte Fliegerabwehrlenkwaffen Mistral im Bestand des österreichischen Bundesheeres.

5.5 Die Fähigkeiten der Miliz

Seit der militärischen Konzeption der Raumverteidigung ist die Miliz integraler, verfassungsmäßig erfasster Bestandteil der österreichischen Landesverteidigung. Entsprechende Empfehlungen sprach auch die Bundesheerreformkommission aus: Erforderliche selbstständige Milizstrukturen sind, abhängig von Art und Umfang der künftigen Einsatzaufgaben (insbesondere im Inland), in der Zielstruktur vorzusehen. Die rechtlichen Voraussetzungen für eine verstärkte und professionellere Rolle der (auch strukturierten) Miliz, wodurch Freiwilligkeit und gesellschaftliche Akzeptanz gefördert werden, sind auszuarbeiten. Die Miliz ist im erforderlichen Ausmaß in die präsente Einsatzorganisation einzubinden, sodass eine Auffüllung der Präsenzorganisation zur vollen Einsatzstärke, eine personelle Bedeckung der Auslandseinsätze und die Verfügbarkeit von Spezialisten in Expertenpools sowie im CIMIC-Bereich im Rahmen eines planbaren Systems möglich sind (BMLV 2004: 54). Das österreichische Bundesheer verfügt nunmehr über eine selbstständig strukturierte Miliz in Form von zehn Jägerbataillonen, einem Versorgungsbataillon, Sanitätselementen, neun Pionierkompanien, der „Austrian Armed Forces Desaster Relief Unit" (ADFRU) und Teilen der Spezialeinsatzkräfte. Dazu kommen Expertenstäbe Miliz und Milizanteile zur Ergänzung der präsenten Einsatzorganisation. In Ersteinsätzen und anspruchsvollen Auslandsmissionen wird in erster Linie auf präsente Kräfte zurückgegriffen, darüber hinaus wären die Auslandseinsätze des österreichischen Bundesheeres ohne Freiwillige aus der Miliz oder Reserve[9] personell nicht abdeckbar.

5.6 Ausbildung

Zur Reform der Kaderausbildung heißt es im Bericht der Bundesheerreformkommission:

> „Die Ausbildung im Bundesheer 2010 hat zu gewährleisten, dass bestausgebildete Soldatinnen und Soldaten neben der Bewältigung der nationalen Aufgaben auch befähigt werden, im multinationalen Verbund eingesetzt zu werden. Sie hat den Grundsätzen der modernen Erwachsenenbildung zu entsprechen und soll im gesamtstaatlichen Bildungssystem anerkannt sein" (BMLV 2004: 27).

Nach der stark auf die Milizkomponente ausgerichteten „Ausbildungsarmee" der Raumverteidigung wurde nunmehr das Schlagwort der „Einsatzarmee" in den Vordergrund gerückt. Strukturell wurden die bisherigen Waffen- und Fachschulen, die nach Waffengattungen getrennt geführt wurden, zu jeweils einer Heereslogistikschule, einer Heerestruppenschule und einer Flieger- und Fliegerabwehrtruppenschule zusammengefasst.

Unverändert werden die Offiziersgrundausbildung für Berufsoffiziere, sowie die allgemeinen Fortbildungslehrgänge für Berufs- und Milizoffiziere für Kompaniekommandanten und Stabsoffiziere der Bataillonsebene an der Theresianischen Militärakademie in Wiener Neustadt durchgeführt.

Die höhere Offiziersaus- und -fortbildung findet bis zum Generalstabslehrgang an der Landesverteidigungsakademie in Wien statt.

Dort wird auch ein gesamtstaatlicher strategischer Führungslehrgang für interessierte Führungskräfte aus allen gesellschaftlichen Bereichen Österreichs angeboten. Dies führt zur Ausprägung einer gemeinsam ausgebildeten „Strategischen Community".

Die Unteroffiziersausbildung findet unverändert an der Heeresunteroffiziersakademie in Enns statt. Bis vor wenigen Jahren waren militärische Lehrgänge eine selbstständige „Insel" in der österreichischen Bildungslandschaft.

Im Gegensatz zu vielen anderen Streitkräften dauern Karrieren aller Offiziere und Unteroffiziere ein Berufsleben lang, derzeit grundsätzlich bis zum 65. Lebensjahr. Daher war mangels Notwendigkeit in einen Zivilberuf umzusteigen kein Bedarf an zivil anerkannter Ausbildung. Diese wäre jedoch als Basis zur Umsetzung der Empfehlung:

> „(…) im Rahmen der Pensionsharmonisierung das bestehende Pensionsrecht an ein Lebensarbeitszeitmodell anzupassen, über das Zeiten erhöhter Belastungen, Einsatzzeiten im In- und Ausland und die steigenden physischen und psychischen Anforderungen durch differenzierte Pensionsaltersregelungen ausgeglichen werden" (BMLV 2004: 64),

den dafür bestimmten Bediensteten auf ihrem weiteren Berufsweg außerhalb der Streitkräfte mitzugeben.

---

[9] Ehemalige Heeresangehörige (auch Grundwehrdiener), die in der Miliz nicht erfasst sind.

6 Resümee

Das österreichische Bundesheer wurde zum gegebenen Zeitpunkt immer wieder in Konzeption, Ausbildung und Ausrüstung an die nationalen und internationalen Rahmenbedingungen angepasst.

Änderungen im derzeit laufenden Reformprozess zu den Konzepten der Vergangenheit betreffen

- die Definition der militärischen Landesverteidigung, die nach Ansicht der Bundesheerreformkommission unter geänderten sicherheitspolitischen Verhältnissen im Wesentlichen bedeutet[10]:

    - Gewährleistung der staatlichen Souveränität (anstatt „militärische Landesverteidigung")
    - und Schaffung der Voraussetzungen für militärische Beteiligung an der multinationalen Konfliktprävention und des Krisenmanagements.

- Reduktion der Mobilmachungsstärke von 110.000 auf 55.000 Soldaten,
- Verkürzung der Wehrdienstzeit von 8 auf 6 Monate,
- weiterhin Verwendung der Miliz – jedoch verringert im Rahmen der neuen Strukturen.
- Weiterhin Reduktion

    - der Kommanden der oberen Führung von 6 auf 2,
    - der Brigaden von 5 auf 4,
    - der Bataillone von 57 auf 39, sowie
    - der genutzten Liegenschaften um 37%.

Die durch die Reduktionen eingesparten Mittel sollen vorrangig dem Ausbau der Fähigkeiten für die durch Österreich geführte Rahmenbrigade und der Verbesserung der Infrastruktur dienen.

Erste entsprechende Ergebnisse wurden in den letzten beiden Jahren durch die Fähigkeit zur Übernahme der Führung einer Task Force bei KFOR im Kosovo und eines Sektors bei EUFOR Althea in Bosnien–Herzegowina jeweils durch einen österreichischen Brigadegeneral mit entsprechenden österreichischen Truppen sichtbar. Auch die Beteiligung an der EU geführten Operation im Tschad, die speziell eine logistische Herausforderung darstellte, inklusive der Übernahme des „Special Operations Component Command" kann als Beispiel der positiven Effekte der Reform und des mittlerweile angesammelten Erfahrungsschatzes angeführt werden.

7 Ausblick

Die Reform des österreichischen Bundesheeres befindet sich nunmehr in der Realisierungsphase und soll ab 2012 in eine Transformation übergehen. Doch auch hier sind die Folgen der Wirtschafts- und Finanzkrise nicht spurlos vorüber gegangen.

---

[10] Diese veränderte Sichtweise hat jedoch bis dato keinen legislativen Niederschlag gefunden.

Die daraus entstehenden Konsequenzen für die Zielsetzungen der Reform, speziell für die Ambition der rasch verfügbaren Rahmenbrigade für Auslandseinsätze, werden derzeit heeresintern geprüft. Kurzfristig ist aus Sicht der Streitkräfteplanung auf jeden Fall mit Hochdruck die Beteiligung an den EU „Battlegroups" I/2011 sowie II/2012 in einem entsprechend qualitativ hochwertigen Umfang sicherzustellen.

Literatur

Bundeskanzleramt – BKA (Hg.) (1985) „Landesverteidigungsplan", Wien, Österreichische Staatsdruckerei.
Bundesministerium für Landesverteidigung – BMLV (1993) „Konzept für den Einsatz des Österreichischen Bundesheeres, Grundlagen und Grundsätze", Wien: nicht veröffentlicht.
Bundesministerium für Landesverteidigung – BMLV (1996) „Situationsbericht 96", Wien: nicht veröffentlicht.
Bundesministerium für Landesverteidigung – BMLV (2001) „Konzept für den Einsatz des Österreichischen Bundesheeres", Wien: nicht veröffentlicht.
Bundesministerium für Landesverteidigung – BMLV (2004) „Bericht der Bundesheerreformkommission", Wien: Heeresdruckerei.
Bundesministerium für Landesverteidigung – BMLV (2005) „Weißbuch 2004", Wien: Heeresdruckerei.
Bundesministerium für Landesverteidigung – BMLV (2006) „Militärstrategisches Kon-zept des Österreichischen Bundesheeres", Wien: nicht veröffentlicht.
Bundesministerium für Landesverteidigung und Sport BMLVS (2009) *Militärlexikon*, Wien: Onlineversion im Intranet des Bundesministeriums für Landesverteidigung und Sport (Stand 01.04.09).
König, E. (1991) „Bemerkungen zum Stand der Finanzen und der Rüstungswirtschaft in den Jahren 1955–1970", in M. Rauchensteiner/W. Etschmann (Hg.) *Schild ohne Schwert*, Wien: Styria.

Die Transformation der Bundeswehr in Deutschland

Ina Wiesner

1 Einleitung

Wie viele Armeen westlicher Demokratien befindet sich auch die Bundeswehr seit Ende des Ost-West-Konflikts im Wandel.[1] Dieser Wandel lässt sich grob in drei Phasen unterteilen (Haltiner/Klein 2005): Zunächst stand die Verkleinerung der Streitkräfte im Vordergrund und damit das Abschöpfen der sogenannten Friedensdividende nach 1990. Mit den multinationalen friedensschaffenden Einsätzen auf dem afrikanischen Kontinent und vor allem auf dem Balkan traten westliche Streitkräfte Mitte der 1990er Jahre in die Phase der Internationalisierung und Professionalisierung ein. Durch die Herausforderungen vieler gleichzeitig stattfindender Konflikte in verschiedensten Regionen weltweit und mit unterschiedlicher Intensität befinden sich die Streitkräfte seit Beginn des neuen Jahrtausends in der Phase der Modularisierung und Flexibilisierung.

Die Bundeswehr war und ist von diesen Veränderungen gravierend betroffen. Zum einen waren die Streitkräfte aufgrund der geopolitischen Lage Westdeutschlands an der Front zum Warschauer Pakt auf Landes- und Bündnisverteidigung ausgerichtet. Zum anderen gab es in der Selbstdefinition der Bundeswehr kein expeditionistisches Element und die Bundeswehr musste nach 1990 robuste Auslandseinsätze erst lernen. Um den neuen Herausforderungen zu begegnen, musste die Bundeswehr also nicht nur neues Gerät (z. B. Transportflugzeuge zur schnellen strategischen Verlegung von Truppen und Material) beschaffen und die Teilstreitkräfte entsprechend neu strukturieren. Es fand gleichzeitig der in einer Demokratie schwierige Prozess einer (Neu-) Definierung der Aufgaben der Streitkräfte statt. Andere westeuropäische Armeen, wie die Frankreichs oder Großbritanniens, haben sich die Option der außenpolitischen Interessendurchsetzung mit militärischen Mitteln auch nach dem Zweiten Weltkrieg erhalten und hatten somit weniger Schwierigkeiten, sich strukturell auf das geänderte sicherheitspolitische Umfeld einzustellen.

Seit 1990 gab es eine Reihe von strukturellen Veränderungen in der Bundeswehr: Bis heute wurde die Zahl der deutschen Streitkräfte um die Hälfte auf 252.500 Soldaten verkleinert. Die fünf Typflottillen der Bundesmarine wurden in zwei Einsatzflottillen zusammengefasst und ein Großteil der Marinefliegerei (Tornadoflotte) wurde der Luftwaffe übergeben. Bei der Luftwaffe wurden die Divisionskommandos von vier auf drei reduziert. Ebenso wurde beim Heer die Anzahl der Divisionskommandos auf fünf verringert. Bemerkenswert ist hierbei die Aufstellung einer Division Luftbewegliche Operationen (DLO) im Jahre 2002. Hier werden die für die taktische Mobilität im Einsatz so wichtigen Heeresfliegereinsatzkräfte gebündelt. Eine weitere Neuerung war die Aufstellung der Division Spezielle Operationen (DSO) im Jahre 2001. Weitgehend unterhalb der öffentlichen Wahrneh-

---

[1] Einen sehr guten Überblick über die Entwicklung der Bundeswehr bietet von Bredow (2007). Spe-ziell zu den Bundeswehrreformen seit 1990 siehe (Agüera 2002; Dyson 2005; Kümmel 2003; Longhurst 2005; Sarotte 2001). Für aktuelle Entwicklungen in der Bundeswehr unter dem Eindruck der Einsatzrealität siehe (Gießmann/Wagner 2009).

mungsschwelle kann die DSO sogenannte schnelle Anfangsoperationen durchführen, um nachrückenden Soldaten die sichere Landung im Einsatzgebiet zu gewährleisten. Zudem ist sie zu Operationen gegen irreguläre Kräfte, Operationen hinter feindlichen Linien, sowie zu militärischen Evakuierungsoperationen befähigt. Eine weitere massive strukturelle Veränderung war die Herauslösung und Bündelung gemeinsamer Funktionen aus den Teilstreitkräften (TSK). Seit dem Jahr 2002 werden TSK-übergreifende Führungs-, Aufklärungs-, und Unterstützungsfunktionen durch die Streitkräftebasis (SKB) wahrgenommen, der zum Beispiel das Einsatzführungskommando in Potsdam oder das Kommando Strategische Aufklärung in der Nähe von Bonn unterstehen. Die eigenen Sanitätsdienste der TSK wurden in gleicher Weise zu einem Zentralen Sanitätsdienst (ZSan) zusammengefasst. Obwohl SKB und ZSan in vielerlei Hinsicht strukturell einer Teilstreitkraft ähneln – so gibt es auch hier jeweils einen Inspekteur – werden sie jedoch als Militärische Organisationsbereiche bezeichnet.

Eine weitere Veränderung seit den 1990er Jahren ist die Verkürzung und letztendlich die geplante Aussetzung der Wehrpflicht. Die Dauer der Wehrpflicht wurde nach dem Ende des Kalten Krieges in mehreren Schritten von 15 Monaten auf sechs Monate verkürzt. Nach dem Willen der Regierungskoalition aus CDU, CSU und FDP soll die Wehrpflicht ab dem Jahr 2012 ausgesetzt werden. Nach diesem Plan setzten sich die deutlich verringerten deutschen Streitkräfte zukünftig aus Berufssoldaten und freiwillig Wehrdienstleistenden zusammen.

Viele dieser strukturellen Veränderungen waren eher inkrementell in ihrer Natur und das Ergebnis zahlreicher Reformversuche in den 1990er Jahren und zu Beginn des neuen Jahrtausends. Ihnen ist gemein, dass sie eher als Weiterentwicklung der deutschen Streitkräfte in einem nur mäßig veränderten sicherheitspolitisch definierten Rahmen erfolgten und deshalb der Einsatzrealität nicht vollständig gerecht wurden. Nicht umsonst sprachen viele frustrierte Beobachter deutscher Sicherheitspolitik Anfang des neuen Jahrtausends von der „Reform der Reform" (Inacker 2002; Schwennicke 2002).

Unter Verteidigungsminister Peter Struck (2002 bis 2005, SPD) erfolgte schließlich eine umfassende Veränderung der Bundeswehr. Diese Veränderungen betrafen nun nicht mehr nur den Umfang und die Struktur der Streitkräfte, sondern auch deren Prozeduren und den allgemeinen Begründungszusammenhang. Der Begriff der Bundeswehrreform – zumal schon unter Strucks Vorgänger Scharping benutzt – schien der Bedeutung der geplanten Änderungen nicht gerecht zu werden, so dass für den neuen, umfassenden Reformvorstoß im Jahre 2004 der Leitgedanke der „Transformation der Bundeswehr" gewählt wurde.

In den folgenden Teilabschnitten dieses Aufsatzes wird – sechs Jahre nach Beginn der „Transformation der Bundeswehr" – der heutige Stand des Transformationsprojektes analysiert. Hierbei stehen vor allem die Bereiche konzep-tionelle Grundlagen, Ausrüstung und Personal im Vordergrund. Zunächst soll allerdings ein kurzer Blick auf die Ereignisse geworfen werden, die nach langem Widerstand dazu geführt haben, dass die Bundeswehr Struktur, Prozesse und Begründungszusammenhang geändert hat.

2 Kontext

1994 machte ein Urteil des Bundesverfassungsgerichts (BVerfG) den Weg frei für robuste Auslandseinsätze der Bundeswehr.[2] Dennoch gab es tiefere politische Ressentiments der politischen Elite gegen ein Entsenden deutscher Soldaten, die auf den Erfahrungen nach 1933 in Deutschland beruhten (Maull 2006). Diese Zurückhaltung wandelte sich allmählich nach dem BVerfG Urteil und nach dem Massaker von Srebrenica 1995 (Gießmann/Wagner 2009a), war aber dennoch sehr präsent in der deutschen sicherheitspolitischen Debatte.

Im Jahre 1998 übernahm Rudolf Scharping (SPD) das Amt des Verteidigungsministers. Unter seiner Führung nahm die Bundeswehr am Kosovo-Krieg 1999 teil. Wie für die Amerikaner und Briten galt es auch für die Deutschen, Lehren aus diesem Krieg zu ziehen – zum Beispiel, dass Deutschland durch unzureichende eigene strategische Aufklärungsmittel, fehlende strategische Lufttransportmittel und interoperable Führungssysteme innerhalb der NATO an den Rand der Bedeutungslosigkeit gedrängt werden könnte.[3] Unter dem Druck eines größer werdenden militärischen Engagements Deutschlands und einer innenpolitisch angespannten Haushaltslage stand Scharping vor der Aufgabe, die noch immer zu hohe Zahl an Soldaten in der Bundeswehr weiter zu reduzieren, die richtige Ausrüstung für die neuen wahrscheinlichen Einsätze zu beschaffen und die Leitsätze der Bundeswehr an die außenpolitischen Realitäten anzupassen.

Nach gängiger Lesart ist ihm dies nur teilweise gelungen (Dyson 2005). Positiv kann die Einführung neuer betriebswirtschaftlicher Prozesse bei Beschaffungsvorhaben, Privatisierungen und die Aufstellung von SKB und ZSan bewertet werden. Jedoch vermochte Scharping es nicht, die Territorialverteidigung als wichtigste Funktion der Bundeswehr zugunsten der wahrscheinlicheren Krisenmanagementoperationen abzulösen und darauf aufbauend, den notwendigen umfassenden Strukturwandel einzuleiten. Angesichts des beginnenden Engagements der Bundeswehr in Afghanistan ein problematischer Zustand.

Der notwendige umfassende Wandel wurde vom neuen Verteidigungsminister Peter Struck in Gang gesetzt. Sein berühmter Satz, die Sicherheit Deutschlands werde am Hindukusch verteidigt, belegt eine neue Denkweise an der Spitze des Verteidigungsministeriums. Ein Jahr nach seiner Amtsübernahme erließ Struck die Verteidigungspolitischen Richtlinien (VPR), die im Planungsstab des Bundesministers der Verteidigung erarbeitet worden waren. In ihnen gibt er der Bundeswehr eine neue Grundlage.[4] Landesverteidigung habe demnach an Bedeutung verloren. Stattdessen sei Deutschlands Sicherheit betroffen durch internationale Konflikte, asymmetrische Bedrohungen, Terrorismus und die Verbreitung von Massenvernichtungswaffen. Als Resultat veränderten sich die Aufgaben der Bundeswehr. Konfliktverhütung und Krisenbewältigung im multinationalen Kontext sind nun die wahr-

---

[2] BVerfG, Urt. v. 12.7.1994. Die Bundeswehr darf demnach nicht nur zur Landesverteidigung son-dern auch im Rahmen von Systemen kollektiver Sicherheit eingesetzt werden. Der Bundestag muss diesen Einsätzen zustimmen. Diese Einschränkung wurde im Parlamentsbeteiligungsgesetz im Jahre 2005 weiter ausgeführt (Thießen/Plate 2009).

[3] Aus Sicht der USA war eine Lehre, dass in einem kommenden Konflikt das Aktivieren der Allianz eher einer ad-hoc Koalition unter amerikanischer Führung weichen sollte, um so die langwierigen Abstimmungsprozesse zu vermeiden (Clark 2001). Zudem traten im Kosovo die unzureichenden militärischen Fähigkeiten der europäischen Alliierten zu Tage. Als Antwort brachten die USA 1999 die Defence Capability Initiative in die NATO ein und setzten 2002 die Aufstellung des Transformationskommandos in Norfolk durch. Die Briten wiederum waren mit Problemen bei der Interoperabilität ihrer Führungs- und Informationssysteme konfrontiert. Zudem zeigte sich hier eine von den USA verschiedene Auffassung zur Wirksamkeit (reiner) Luftkriege zur Friedenserzwingung (Jackson 2007; Smith 2005).

[4] Hierzu siehe BMVg (2003).

scheinlichsten Einsätze. In den VPR definiert Struck zudem die notwendigen militärischen Kernfähigkeiten für die Bundeswehr. Diese bestehen aus Führungsfähigkeit, Nachrichtengewinnung und Aufklärung, Mobilität, Wirksamkeit im Einsatz, Unterstützung und Durchhaltefähigkeit sowie Überlebensfähigkeit und Schutz.

Aufbauend auf den VPR wurde im Führungsstab der Streitkräfte unter dem damaligen Generalinspekteur Schneiderhan die Konzeption der Bundeswehr[5] erarbeitet und im Sommer 2004 erlassen. In ihr wurde die Transformation der Bundeswehr beschlossen – „die Gestaltung eines fortlaufenden, vorausschauenden Anpassungsprozesses an die sich ändernden Rahmenbedingungen, um die Wirksamkeit der Bundeswehr im Einsatz zu erhöhen und auf Dauer zu halten" (BMVg 2004a: 3).

Im folgenden Teilabschnitt werden die konzeptionellen Grundlagen der Transformation betrachtet und diskutiert.

3   Konzeptionelle Grundlagen der Transformation

Die Konzeption der Bundeswehr (KdB) aus dem Jahre 2004 war das zentrale Dokument für die Transformation der Bundeswehr.[6] In ihr wurde erstens Transformation als andauernder Anpassungsprozess als *Mind Set* für die Bundeswehr ausgegeben. Das Ziel der Transformation war die „Verbesserung der Einsatzfähigkeit" (BMVg 2004a: 12) der Bundeswehr. Zweitens wurde eine Verkleinerung der Bundeswehr auf 252.500 Soldaten bis 2010 angestrebt. Drittens wurde eine TSK-übergreifende funktionale Neustrukturierung der Truppe in Eingreifkräfte (35.000), Stabilisierungskräfte (70.000) und Unterstützungskräfte (147.500) vorgesehen, die in unterschiedlicher Priorisierung in den sechs militärischen Fähigkeitskategorien auszurüsten seien.

Neben diesen strukturellen Vorgaben benannte die KdB vier zentrale Prinzipien für die Transformation: Erstens bekannte sich die Bundeswehr zu einem bundeswehr- und streitkräftegemeinsamen Ansatz. In der militärischen Fachsprache wird das oftmals als „jointness" bezeichnet. Jointness kann zum einen in der Fähigkeit aller Teilstreitkräfte zum Ausdruck kommen, auf der taktischen Ebene gemeinsam zu operieren (zum Beispiel bei der gemeinsamen taktischen Feuerunterstützung). Jointness kann aber auch auf der operativen und strategischen Ebene stattfinden, zum Beispiel bei der gemeinsamen Aufklärung oder im Bereich Logistik. Die SKB und der ZSan sind hierfür beispielhaft.

Die KdB hob als zweites Prinzip die internationale und multinationale Dimension von Bundeswehreinsätzen hervor. Da aufgrund verfassungsrechtlicher Vorgaben mit Ausnahme von Rettungs- und Evakuierungsoperationen alle bewaffneten Auslandseinsätze der Bundeswehr in einem multinationalen Kontext stattfinden (also im Rahmen von NATO, EU oder den UN) muss die Bundeswehr in der Lage sein, mit diesen Partnern zu kooperieren und interagieren. Im operativen Kontext bedeutet dies die Interoperabilität von militärischem Gerät, aber hier gibt es auch einsatzrelevante rechtliche Aspekte zu bedenken sowie den Bereich der Rüstungskooperation.

Ein drittes Prinzip waren die Vorgaben zur Flexibilisierung der Bundeswehr. Die Natur heutiger Konflikte macht es unwahrscheinlich, dass Großverbände in den Einsatz geschickt werden. Stattdessen werden Einsatzkontingente mit Blick auf die wahrscheinlichen

---

[5] Die Konzeption der Bundeswehr ist ein klassifiziertes Dokument. Für eine Zusammenfassung der wichtigsten Punkte siehe die „Grundzüge der Konzeption der Bundeswehr" (BMVg 2004a).
[6] Die folgende Ausführung bezieht sich auf das BMVg (2004, 2004a).

Einsatzanforderungen jeweils aus dem vorhandenen Streitkräftepool modular zusammen gestellt.

Schließlich führte die KdB als viertes Prinzip die Befähigung zur Vernetzten Operationsführung (NetOpFü) ein, das „Kernelement" der Transformation. NetOpFü bedeutet „Führung und Einsatz von Streitkräften auf der Grundlage eines streitkräftegemeinsamen, führungsebenenübergreifenden und interoperablen Informations- und Kommunikationsverbundes, der alle relevanten Personen, Stellen, Truppenteile und Einrichtungen sowie Sensoren und Effektoren miteinander verbindet." Anders ausgedrückt ist NetOpFü die Anbindung von Aufklärungsfähigkeiten (z. B. Satelliten oder Drohnen), Führungs- und Informationssystemen und Wirkmitteln an ein Computernetz, so dass Informationen schneller verbreitet und verarbeitet werden können.

Mit der Einführung von NetOpFü verbindet sich die Vorstellung durch Informationsüberlegenheit schnell zu einem gemeinsamen und aktuellen Lagebild zu kommen, dadurch Führungsabläufe zu beschleunigen, was sich letztendlich in einer Wirkungsüberlegenheit gegenüber dem Gegner und dem größerem Schutz eigener Truppen zeigen soll. Die Fähigkeit zur NetOpFü soll sich in allen sechs Fähigkeitskategorien widerspiegeln und ist abgestuft für die drei Streitkräftekategorien herzustellen.

Die Verantwortung für die Umsetzung der Transformationsvorhaben liegt im Führungsstab der Streitkräfte und wird vom Generalinspekteur gesteuert. Das Zentrum für Transformation der Bundeswehr unterstützt den Transformationsprozess durch Informationen und Analysen, besonders im Bereich „Concept Development & Experimentation".[7] Die KdB sah die Erstellung einer Reihe weiterer Teil- und Einzelkonzeptionen vor, die in funktionellen Teilbereichen die Vorgaben weiter ausgestalten sollten.[8] Die Konzeption wurde im Jahre 2006 durch das „Weißbuch zur Sicherheitspolitik Deutschlands und zur Zukunft der Bundeswehr" politisch bestätigt.[9] So besteht die Dokumentenhierarchie der Transformation – wenn auch mit zeitlicher Unordnung – aus dem Weißbuch 2006 als strategischer Grundlage für die deutsche Sicherheitspolitik; den Verteidigungspolitischen Richtlinien 2003, die aus den sicherheitspolitischen Grundsätzen konkrete Anforderungen an die Bundeswehr ableiten; der Konzeption der Bundeswehr 2004, die diese Anforderungen konkret umsetzt und den nachgeordneten Teil- und Einzelkonzeptionen.

Wie ist der derzeitige Stand der Umsetzung der konzeptionellen Vorgaben? Das Vorhaben der Verkleinerung der Bundeswehr – auch bekannt als Personalstrukturmodell 2010 (PSM 2010) – und die Neustrukturierung in die drei Streitkräftekategorien ist weitgehend abgeschlossen. Allerdings bestehen momentan Probleme, die Zielgröße beim geplanten zivilen Stellenabbau bis 2010 zu erreichen.[10]

Eine Einschätzung über die Erreichung der vier Prinzipien der Transformation (Jointness, Multinationalität, Flexibilisierung und Vernetzte Operationsführung) fällt hin-

---

[7] Das „Zentrum für Transformation der Bundeswehr" ist im Juli 2004 aus dem ehemaligen „Zentrum für Analysen und Studien der Bundeswehr" hervorgegangen. Es ist nun in Strausberg angesiedelt und versteht sich als *Think Tank* der Bundeswehr.
[8] Beispiele sind die Teilkonzeption (TK) Informationsarbeit der Bundeswehr, die Einzelkonzeption (EK) Führungsunterstützung des Heeres, die TK Militärisches Nachrichtenwesen der Bundeswehr, die TK Personalmanagement der Bundeswehr oder auch die EK Objektschutz der Luftwaffe.
[9] Siehe hierzu auch BMVg (2006). Im Weißbuch wird der umfassende Sicherheitsbegriff (auch vernetzte Sicherheit) eingeführt. Vernetzte Sicherheit meint die ressortübergreifende Koordination ziviler und militärischer Akteure, um sicherheitspolitische Probleme zu lösen.
[10] Das PSM 2010 sieht vor bis 2010 die Anzahl der zivilen Stellen auf 75.000 zu reduzieren (siehe Konzeption der Bundeswehr (BMVg 2004)). Diese Zahl wird wahrscheinlich um 5.000 überschritten werden. Telefoninterview „Verband der Arbeitnehmer der Bundeswehr" am 15. Januar 2009.

gegen schwerer, da sich in der KdB keine verbindlichen Zielgrößen für diese Prinzipien finden lassen. In seiner Rede „Aktueller Stand der Transformation" sprach Generalinspekteur a.D. Schneiderhan jedoch davon, dass es gerade im Bereich der Streitkräftegemeinsamkeit unterschiedliche Auffassungen gibt. Noch immer, so Schneiderhan, könnten die Teilstreitkräfte „heute noch besser mit den entsprechenden Teilstreitkräften der Bündnispartner zusammenarbeiten als untereinander". Die bisher „hinterherhinkende" operationelle „joint"-Sicht müsse daher stärker in den Vordergrund gestellt werden. Das Problem sei jedoch eher kulturell denn technisch und erfordere ein Umdenken in den Köpfen (Schneiderhan 2008).

Die Umsetzung der Vernetzten Operationsführung gestaltet sich auch schwierig. Während zum Beispiel in Großbritannien das britische Konzept der *network-enabled capabilities* zwischen 2002 und 2003 konzeptionalisiert und seitdem rasch und pragmatisch in die Streitkräfte eingeführt wird, lagen in Deutschland allein zwischen dem Bekenntnis zu NetOpFü in der KdB und der Teilkonzeption Vernetzte Operationsführung zwei Jahre.[11] Und erst im Jahre 2012, dann schon acht Jahre nach der Veröffentlichung der KdB, soll die Erstbefähigung zu NetOpFü der Bundeswehr hergestellt und 2013 in einer Demonstrationsübung (DemoEx) nachgewiesen werden.[12]

Die Gründe für diese Verzögerung sind vielfältig und liegen in einem Mix politischer, bürokratischer und kultureller Faktoren (Wiesner 2010). Zum Beispiel erschwert die Präferenz für Produkte der nationalen Verteidigungsindustrie die rasche Einführung neuer, innovativer Geräte. Die angespannte Haushaltslage trägt ebenso zu einer verlangsamten Einführung von NetOpFü bei. Weitere Faktoren sind die Mitzeichnungspflicht (geplanten Veränderungen müssen alle betroffenen Organisationsbereiche zustimmen), die Trennung des Beschaffungswesens in die Hauptabteilung Rüstung (und dem nachgelagerten Bundesamt für Wehrtechnik und Beschaffung) und die Abteilung Modernisierung (und dem nachgelagerten IT-Amt) sowie die allgemeine, strenge zivil-militärische Trennung, die ein Einbinden der Industrie in die Umsetzung von NetOpFü erschwert. Schließlich wurde bisher versäumt, die breite soldatische Öffentlichkeit auf NetOpFü einzuschwören.

Trotz dieser Verzögerungen in der Umsetzung transformatorischer Prinzipien wird der Bereich Konzeptionen und Konzepte auch nach der Veröffentlichung der KdB weiterentwickelt. Hier ist maßgeblich das Zentrum für Transformation beteiligt. Dessen Abteilung I analysiert langfristig weltweite Veränderungen in Politik, Wirtschaft, Gesellschaft, Demografie, Militärwesen, Konflikte, Umwelt, Ressourcen und Technologie und erstellt für das Ministerium wichtige Zukunftsanalysen und militärische Szenare. Die Abteilung II fokussiert eher kurzfristig auf die Entwicklung von Konzepten zum Beispiel in den Bereichen Vernetzte Operationsführung, „Unmanned Aerial Vehicle" (UAV), oder Operationen in urbanem Umfeld. Dabei bedient sich die Abteilung der Methode „Concept Development & Experimentation".[13] Mit Erfolg hat das Zentrum für Transformation in Zusammenarbeit mit

---

[11] Siehe für NEC in den britischen Streitkräften (Alston 2003; Fulton 2003; Griffin/Whetham 2007; Shaw/Ebbutt 2009; Skinner 2006).
[12] Laut der Weisung des Generalinspekteurs vom April 2009 soll die Erstbefähigung in einsatzrelevanten Anwendungsfällen im Verbund Aufklärung-Führung-Wirkung erzielt werden. Allerdings nur bei ausgewählten Truppenteilen. Ziel für die Erstbefähigung ist das gemeinsame Lagebild. Die DemoEx wird im Schwerpunkt die Vernetzung auf der taktischen Ebene nachweisen in den drei Anwendungsfällen streitkräftegemeinsame taktische Feuerunterstützung, Schutz von Einrichtungen und Objekten (auch land-, luft- und seegestützte bewegliche Kräfte) und Luftverteidigung/Flugabwehr in der unteren Abfangschicht.
[13] Mit CD&E, zu Deutsch Konzeptentwicklung und deren experimentelle Überprüfung, wird versucht, neue Innovationen zu erkennen, zu bewerten, und im Experiment zu überprüfen, die Wirksamkeit zu untersuchen und daraus

dem Kommando Operative Führung Einsatzkräfte in Ulm zum Beispiel das Planungsunterstützungstool Knowledge Development entwickelt, welches sogar in NATO Hauptquartiere eingeführt werden soll (Wiesner 2009).

Wie sind die konzeptionellen Grundlagen der Bundeswehrtransformation zu bewerten? Zunächst ist festzustellen, dass anders als in anderen Nationen Transformation in Bezug auf die Bundeswehr keine bloße deskriptive Kategorie zur Beschreibung von Veränderungen, sondern ein zentral gesteuerter Prozess ist. Das hat den Vorteil, dass die handelnden Akteure in den militärischen Organisationsbereichen zur Transformation verpflichtet sind. Rein politisch kann man den Erfolg der Transformation nicht leugnen, hat sie doch einen Ministerwechsel überlebt und wurde von Franz Josef Jung (2005 – 2009, CDU), dem Nachfolger Strucks, ebenso vehement verfolgt. Allerdings birgt die zentrale Steuerung des Transformationsprozesses auch die Nachteile von Übersteuerung und Kopflastigkeit. So wundert es nicht, dass sowohl Offiziere der Bundeswehr als auch externe Beobachter beklagen, die Transformation sei zu konzeptionell und zu wenig pragmatisch.[14] Diese Kritik wiederholt sich auch in Bezug auf die Ausrüstung der Bundeswehr. Im folgenden Teilabschnitt werden transformationsrelevante Aspekte von Ausrüstung und Beschaffung betrachtet.

4 Ausrüstung

Mit der Entscheidung, NetOpFü zum Kern der Transformation zu machen, folgte gleichzeitig die Notwendigkeit einer größeren informationstechnologischen Vernetzung, besserer Informationsverarbeitung und besserer Aufklärungsmittel.

Im Bereich Nachrichtengewinnung und Aufklärung setzt das Heer schon seit Beginn des Jahrtausends verschiedene unbemannte Luftfahrzeuge (Drohnen) ein (Klos 2008). Zur taktischen Aufklärung in Afghanistan stehen zum Beispiel ALADIN und die senkrecht startenden MIKADO Drohnen bereit. Seit Sommer 2009 verfügt das Heer in Afghanistan zudem mit der KZO über eine Drohne mittlerer Reichweite, welche Videodaten verschlüsselt und in Echtzeit an eine Bodenkontrollstation übertragen kann. Das System LUNA, welches Videodaten über eine Entfernung von mehr als 65 Kilometern an eine Bodenkontrollstation senden kann, wurde schon im Kosovo, Mazedonien und Afghanistan eingesetzt. Die Luftwaffe unterstützt das Heer mit Aufklärungsdaten von Recce-Tornados, die allerdings auf Nassfilm aufgezeichnet werden und daher erst mit erheblichem Zeitverlust nach Rückkehr des Flugzeuges am Boden entwickelt werden können. Im Jahr 2009 wurde deshalb die Beschaffung (zunächst in Form eines Leasingvertrages) von israelischen HERON Drohnen für die weiträumige Aufklärung in Echtzeit beschlossen. Zudem hat die Luftwaffe mit ROVER einen Laserzielbeleuchtungsbehälter mit Sender beschafft, der Zieldaten an einen am Boden befindlichen Fliegerleitoffizier überträgt, der diese Informationen an Bodentruppen weiterleiten kann. Seit 2006 verfügt die Marine über den Seefernaufklärer P-3C ORION.

Neben der Anschaffung von Gerät zur taktischen Aufklärung ist es aber die Fähigkeit zur weltweiten strategischen Aufklärung, die für die Bundeswehr von besonderer Bedeutung ist. Als direkte Lehre aus dem Kosovo-Krieg, als sich die Abhängigkeit Deutschlands

---

einen überprüften Lösungsvorschlag für künftige Konzepte, Methoden, Strukturen und/oder Systeme zu entwickeln. Für einen umfassenden Überblick über CD&E siehe Honekamp (2008).
[14] Die Streitkräfte Großbritanniens, zum Beispiel, haben *network-enabled capabilities* inkrementell und je nach operationellem Bedarf eingeführt, statt auf den experimentellen Nachweis einer Erstbefähigung hinzuarbeiten.

von amerikanischen Aufklärungsprodukten zeigte, hat Verteidigungsminister Scharping die Entwicklung eines eigenen Aufklärungssatellitensystems beauftragt. Seit 2006 ist die SAR-Lupe im Einsatz (Lange 2007; Moniac 2007). Die SAR-Lupe besteht aus fünf allwetterfähigen Satelliten für die radargestützte Aufklärung und einem Bodensegment. Das Verteidigungsministerium ist zudem mit dem französischen Militär ein Kooperationsabkommen eingegangen und kann im Austausch von SAR-Lupe Bildern auf die Ergebnisse der französischen optischen HELIOS Satelliten zugreifen. Die SAR-Lupe wird vom Kommando Strategische Aufklärung der SKB betrieben.

Die Verbesserung der Führungsfähigkeit ist der zweite große Schwerpunkt in Hinblick auf die Transformation. Dieser Bereich betrifft nicht nur die Befähigung zu NetOpFü, sondern gleichzeitig auch die Befähigung zum streitkräftegemeinsamen Handeln. Die Herausforderung besteht darin, dass Heer, Luftwaffe und Marine in den letzten Jahrzehnten eigene Führungs- und Informationssysteme entwickelt haben.[15] Die Entwicklung eines streitkräftegemeinsamen Systems stand daher im Vordergrund. Mit FüInfoSys SK wird versucht, die zurzeit noch bestehende fehlende Interoperabilität zwischen den existierenden Führungs- und Informationssystemen zu überwinden. Im derzeitigen Funktionsumfang ist das FüInfoSys SK (auch in Afghanistan) unter anderem zu VS-E-Mail, Office und zur militärischen Lageführung (taktische Zeichen vor Kartenhintergrund) fähig. In der zweiten Aufbaustufe ab 2010 sollen der Portalzugriff auf die FüInfoSys der anderen TSK mit der Möglichkeit zum Austausch von Lageinformationen hinzukommen.

Jedoch werden die eigenen Führungs- und Informationssysteme der TSK noch immer weiterentwickelt. Das FüInfoSysH (H für Heer) wurde zum Beispiel erst im Frühjahr 2008 an die Truppe übergeben. Kurz- und mittelfristig ist daher nicht die Ablösung TSK-eigener Systeme vorgesehen sondern eher deren Harmonisierung.

Eine weitere Errungenschaft für die Bundeswehr ist das eigene Satellitenkommunikationssystem (SATCOMBw Stufe 2). SATCOMBw ist eine breitbandige Satellitenübertragung basierend auf zwei Kommunikationssatelliten. Der erste Satellit wurde im Oktober 2009 ins Weltall verbracht, der zweite folgte 2010. Zusätzlich benötigte Übertragungskapazitäten wird die Bundeswehr wie bisher bei kommerziellen Anbietern zumieten.

Weniger erfolgreich gestaltet sich zurzeit die Entwicklung der mobilen taktischen Funkkommunikation. Die Bundeswehr versucht seit Jahren ein sogenanntes *software-defined radio* zu beschaffen.[16] Die Einführung ist offiziell ab 2012 geplant. Dieses Datum wurde jedoch von den beteiligten Akteuren im Ministerium und beim Bundesamt für Wehrtechnik und Beschaffung (BWB) aufgrund technischer Schwierigkeiten als unrealistisch angesehen.

Neben Aufklärungs- und Führungsfähigkeiten verlangt das neue Aufgabenspektrum der Bundeswehr auch die Fähigkeit zur schnellen weltweiten Verlegung von Truppen. Zurzeit hat die Bundeswehr eine eigene Transall-Flotte im Einsatz, ein taktisches Transportflugzeug mittlerer Größe. Zudem verfügt sie über einzelne Airbus Frachtflugzeuge. Da diese Kapazitäten gerade zur Verlegung von Großgerät jedoch nicht ausreichen, mietet die Bundeswehr im Rahmen des SALIS Vertrages weitere Flüge hinzu.[17] Auf mittelfristige

---

[15] Innerhalb des Heeres gibt es zudem truppenspezifische Führungssysteme wie zum Beispiel das Führungs- und Waffeneinsatzsystem ADLER für die Artillerie.
[16] SDR Funkgeräte verbinden die Funktionalität von (bewährter) Sprechfunkübermittlung und breitbandiger digitaler Datenübertragung.
[17] Der SALIS Vertrag besteht seit Januar 2006 und ist zurzeit bis zum Dezember 2010 gültig. Nach Informationen der Bundeswehrwebseite hat die Bundeswehr jährlich 651 vollfinanzierte und 912 teilfinanzierte Flugstunden für 20,345 Millionen Euro gemietet (Bundeswehr 2008).

Sicht war die Einführung eines neuen Militärtransporters von Airbus geplant, des A400M. Allerdings haben – sehr zum Unmut der Luftwaffe – technische Schwierigkeiten offenbar auch Missmanagement beim Hersteller EADS zu großen Verzögerungen geführt, so dass die Einführung des A400M in die Bundeswehr nicht vor 2013 erwartet werden kann (Lange 2009). Auch bei der strategischen Verlegefähigkeit auf See gibt es Fähigkeitslücken, die zurzeit nur durch Rückgriff auf einen kommerziellen Anbieter teilweise geschlossen werden können.

Durch die Verschlechterung der Sicherheitslage und den Tod von Bundeswehrsoldaten in Afghanistan hat die Fähigkeitskategorie Überlebensfähigkeit und Schutz an Bedeutung gewonnen.[18] So wurden in den Bundeswehrplänen 2009 und 2010 Mittel für die Beschaffung von Störsendern gegen ferngesteuerte Sprengsätze, gegen Minen und Heckenschützen eingeplant.[19] Das Zielerkennungssystem Freund/Feind (ZEFF), auch als Blue Force Tracking bekannt, soll ab 2012 zur Verfügung stehen. Die taktische Aufklärungsfähigkeit, die weiter oben schon beschrieben wurde, hat zudem auch für den Schutz von Feldlagern und Konvois eine hohe Wichtigkeit. Aus diesem Grund wurde der langwierige Entscheidungsprozess für die Beschaffung der israelischen Heron Drohnen vielfach negativ diskutiert.[20]

Wie ist der Stand der Ausrüstung bei der Bundeswehr zu bewerten? Unbestreitbar sind in den letzten Jahren erste Erfolge bei der Modernisierung von Gerät und bei der Einführung neuer „transformatorischer" Ausrüstung erzielt worden. Jedoch ist Transformation kein Selbstzweck und Ausrüstung muss vor allem eines unterstützen – die Soldaten im Einsatz.

Immer wieder beklagt der Bundeswehrverband Mängel bei der Ausrüstung der Soldaten in Afghanistan.[21] Auch Sicherheitsexperten sehen immensen Nachholbedarf bei der Ausrüstung (Lange 2008). Die Kritikpunkte betreffen nahezu alle Bereiche: Viele der geschützten Fahrzeuge in Afghanistan seien nicht einsatzbereit, da Ersatzteile fehlten. Die Transall-Flotte sei ebenso von Ersatzteilmangel betroffen, so dass Maschinen ausgeschlachtet würden. Die Anzahl der CH-53-Hubschrauber sei zu gering, zudem fehle es an Piloten. Es fehlten gepanzerte FENNEK-Fahrzeuge für die Nahaufklärung und die eingesetzten LUNA Drohnen könnten bei Hitze und Staub nur unzureichend zuverlässig arbeiten (Szandar 2009). Die Beschaffung eines Feldlagerschutzes gegen Mörserangriffe sei ebenfalls zu langwierig.

Die Umsetzung speziell von NetOpFü hinkt auch Erwartungen und Hoffnungen hinterher. Eine interne Bestandsaufnahme der Hauptabteilung Rüstung im Ministerium und des BWB Anfang des Jahres 2009 ergab, dass nur etwa 25 Prozent der vorhandenen Waffensysteme voll oder teilweise NetOpFü-fähig sind (Forster 2010).

Wie ist dieser festgestellte Ausrüstungsmangel trotz einem allseitigen Bekenntnis zur Transformation zu erklären? Ein Grund liegt klar in den haushaltärischen Beschränkungen (Bayer 2009). Personalkosten, Pensionen und Betrieb verbrauchen einen Großteil des jährlichen Budgets, welches für 2010 bei 31,2 Milliarden Euro liegt. Als Konsequenz verbleiben für die sogenannten verteidigungsinvestiven Ausgaben (Forschung, Entwicklung und Erprobung, militärische Beschaffungen) nur unzureichende Mittel. Die jährliche Erhöhung des Wehretats bedeutet zudem nicht unbedingt mehr Geld für Beschaffung, da die Erhö-

---

[18] Siehe hierzu exemplarisch den Beitrag in Y! dem Magazin der Bundeswehr (Y! 2008).
[19] Der Bundeswehrplan ist die ressortinterne Grundlage für die Haushaltsaufstellung. Dessen Rahmen bildet die Finanzplanung des Bundes insgesamt und der Anteil für den Verteidigungshaushalt.
[20] Siehe hierfür die Beiträge und Kommentare des Journalisten Michael Forster (†) auf seinem Blog zur deutschen Sicherheitspolitik.
[21] Siehe zum Beispiel Spiegel Online (2008).

hung meistens unter der Inflationsrate liegt. Bedenkt man zudem, dass der Markt für Rüstungsgüter eine doppelt hohe Inflationsrate hat (Kirkpatrick 2008), so hat die Bundeswehr zurzeit real mit einem sinkenden Etat zu kämpfen.

Ein weiteres Problem ist der geringe Pragmatismus bei der Beschaffung. Um die nationale Verteidigungsindustrie zu stärken, werden lange und teure Entwicklungszeiten in Kauf genommen, statt auf dem Weltmarkt bereits verfügbare Produkte zu kaufen.[22] Diese nationalen Vorbehalte erschweren auch die Bündelung von militärischer Beschaffung auf europäischer Ebene, wie es die Europäische Verteidigungsagentur seit 2004 versucht.

Letztlich könnte man Gründe auch im Beschaffungsregime sehen. Fortschrittliche betriebswirtschaftliche Lösungen, wie sie in anderen Staaten betrieben werden (Senior Responsibility Ownership, Integrated Project Teams, Through-life Management, Industrial Partnering) werden beim BWB nicht in der Breite angewendet.

So bleibt abschließend in Bezug auf die Ausrüstung festzuhalten, dass es in Deutschland eines Umdenkens auf zwei Ebenen bedarf. Zum einen muss der Verteidigungshaushalt den Einsatzrealitäten angepasst werden. Hierzu bedarf es einer größeren mentalen Verankerung der Bundeswehr, ihrer Soldaten und Einsätze in der Bevölkerung und Politik. Nur so kann auf politischer Ebene ein höherer Verteidigungsetat gerechtfertigt werden. Zum anderen bedarf es eines Umdenkens im Ministerium um mit mehr Pragmatismus zielgerichtet wichtige Beschaffungsprojekte zu verfolgen.

Dieses Umdenken findet in den Köpfen statt und das ist ebenfalls ein Teilaspekt der Transformation. Bevor in den Schlussbetrachtungen kurz ein Resümee gezogen wird, soll im nächsten Teilabschnitt dieses Aufsatzes der Stand der Transformation im Bereich Personal und Ausbildung betrachtet werden.

5   Personal und Ausbildung

Die KdB macht deutlich, dass Transformation keineswegs nur mit der Hoffnung auf bessere Ausrüstung verbunden ist. Ganz klar sieht sie als eine von drei Leitlinien den „Mensch im Mittelpunkt".[23]

Durch das Einführen neuer Technik und neuer Verfahren steigen die Anforderungsprofile für die einzelnen Soldaten (Thiele 2006). Benötigt wird Führungspersonal mit hoher Sozialkompetenz und der Fähigkeit zum ganzheitlichen Denken. Zudem verlangen die neuen Einsätze ein großes Maß an Flexibilität und den Willen sich weiterzubilden (Bedienung neuer Geräte, Sprachen). Um diesen neuen Anforderungen gerecht zu werden, wurde die Zentrale Dienstvorschrift (ZDv) für die Inneren Führung angepasst, um die Einsatzrealität besser widerzuspiegeln. Neue Schwerpunkte hierbei waren die Erstellung eines ethischen Regelwerks sowie die Stärkung des Führungsverhaltens der Vorgesetzten. Die Bundeswehr hat ein modulares Ausbildungssystem eingeführt, welches auf die neuen wahrscheinlichen Einsätze vorbereitet. Offiziere und Unteroffiziere werden zum Beispiel in Konfliktverhütung und Krisenbewältigung ausgebildet (Schneiderhan 2005). Die Streitkräftegemeinsamkeit in der Ausbildung wurde ebenfalls eingeführt: Seit 2005 sind die Stabsoffiziergrundlehrgänge einem TSK-gemeinsamen Stabsoffizierlehrgang (SOL) gewichen. Der Lehrgang für den Generalstabs-/Admiralstabsdienst findet seit 2004 TSK-

---

[22] Siehe BMVg/Bundesverband der Deutschen Industrie e.V. (2007).
[23] Daneben stehen die beiden anderen Leitlinien Modernisierung von Material und Ausrüstung sowie Wirtschaftlichkeit in Beschaffung und Betrieb.

gemeinsam statt. Die Herauslösung gemeinsamer Funktionen aus den TSK und deren Bündelung in der SKB hat sich ebenso auf die Ausbildung ausgewirkt. So wurden die Logistikschule, die Führungsunterstützungsschule und die Schule für Feldjäger und Stabsdienst der Bundeswehr neu aufgestellt.

Neben der richtigen Ausbildung ist jedoch auch die Personalgewinnung (und das Halten von Personal) eine Herausforderung, denn die Bundeswehr konkurriert mit der freien Wirtschaft um humanes Kapital. Problematisch ist diese Konkurrenz besonders bei Piloten und Ärzten, die der Bundeswehr und damit auch im Auslandseinsatz fehlen (Buch 2009). Personalnotstand gibt es zum Beispiel bei der Transall-Flotte und bei den Heeresfliegern der CH-35 Hubschrauber mit den für Afghanistan notwendigen Zusatzausbildungen (z. B. Staublandungen, Nachtflüge) (Szandar 2009). Ebenso bringt der zukünftige Betrieb der neuen Kommunikationsmittel (zum Beispiel das Mobile Kommunika-tionssystem MobKommSys) erhebliche Probleme mit sich, da zurzeit die für einen Betrieb im Einsatz erforderliche Zahl von Technikern fehlt. Als Reaktion auf diese Defizite hat das Ministerium Stellenzulagen für Piloten, Ärzte und Rettungssanitäter eingeführt. Zudem wurde der Auslandsverwendungszuschlag erhöht. Um die Attraktivität der Bundeswehr gegenüber der Wirtschaft für Fachexperten zu erhöhen, hat das Ministerium außerdem im Haushalt 2009 rund 7.000 zusätzliche Beförderungen ermöglicht (siehe hierzu BMVg 2009).

Die Bewertung der NetOpFü-Ausbildung fällt zwiespältig aus, denn es gibt kein flächendeckendes Ausbildungsprogramm. So fehlt NetOpFü zurzeit noch in den Modulen des Generalstabslehrganges. Positiv hingegen ist der Plan der Vernetzung von Simulationseinrichtungen wie dem Gefechtssimulationszentrum des Heeres in Wildflecken. So kann die Bundeswehr zukünftig streitkräftegemeinsam und multinational üben. Eine bundeswehrweite NetOpFü *Awareness* Kampagne, wie sie andere Armeen gestartet haben, gibt es in Deutschland allerdings nicht.

6 Schlussbetrachtung

Verglichen mit den Reformbemühungen der 1990er Jahre ist die Bundeswehr seit Beginn der Transformation einen großen Schritt in Richtung Einsatzarmee gegangen. Vermutlich war es nicht allein die Idee der Transformation, die eine Reihe von Veränderungen bei den Konzepten, der Ausrüstung und der Ausbildung vorwärts getrieben hat, sondern der zunehmend robuste Einsatz der Bundeswehr in Afghanistan, wo sich die Sicherheitslage auch im Norden seit 2008 erheblich verschlechtert hat. Die deutlichen Worte, die der neue Verteidigungsminister Karl-Theodor Freiherr zu Guttenberg für den Kampfeinsatz in Afghanistan fand – er sprach von kriegsähnlichen Zuständen – war eine wichtige Klarstellung der momentanen Einsatzrealität.[24]

Bei der Transformation kann es daher nicht um einen konzeptionellen Anspruch gehen, sondern um die unbedingte und sofortige Unterstützung der Einsatzkräfte. Aus diesem Grunde müssen die Bundeswehr und das Verteidigungsministerium pragmatischer agieren, um die Truppe schneller und effizienter auszustatten und somit das Leben der Bundeswehrsoldaten zu schützen.

---

[24] Siehe zum Beispiel das Interview in der Süddeutschen Zeitung (2009).

Literatur

Agüera, M. (2002) „Reform of the Bundeswehr: Defense Policy Choices for the Next German Administration", *Comparative Strategy*, 21 (3), 179–202.

Alston, A. (2003) „Network Enabled Capability: The Concept", *Journal of Defence Science*, 8 (3), 108–116.

Bayer, S. (2009) „Die Mittelausstattung der Bundeswehr: Der Einzelplan 14 im Spannungsfeld zwischen Auftragslage und (finanzieller) Realität", in: H.J. Gießmann/A. Wagner (Hg.) *Armee im Einsatz: Grundlagen, Strategien und Ergebnisse einer Beteiligung der Bundeswehr*, Baden-Baden: Nomos, 224–234.

Bredow, W. von (2007) *Militär und Demokratie in Deutschland: Eine Einführung*, Wiesbaden: VS Verlag für Sozialwissenschaften.

Buch, D. (2009) „Der Kampf um die Besten erreicht die Bundeswehr", *Europäische Sicherheit*, Juli/2009, 89–90.

Bundesministerium der Verteidigung – BMVg (Hg.) (2003) „Verteidigungspolitische Richtlinien für den Geschäftsbereich des Bundesministers der Verteidigung", Berlin: BMVg, http://www.bmvg.de/fileserving/PortalFiles/C1256EF40036B05B/N264XJ 5C768MMISDE/VPR_BROSCHUERE.PDF (Zugriff: 08.09.2010).

Bundesministerium der Verteidigung – BMVg (Hg.) (2004) „Konzeption der Bundeswehr", Berlin: nicht veröffentlicht.

Bundesministerium der Verteidigung – BMVg (Hg.) (2004a) „Grundzüge der Konzeption der Bundeswehr", Berlin: BMVg, http://www.bundeswehr.de/ fileserving/PortalFiles/C1256EF4002AE D30/W268ZKHE176INFODE/broschuere_kdb.pdf (Zugriff: 08.09.2010).

Bundesministerium der Verteidigung – BMVg (Hg.) (2006) „Weißbuch 2006: Zur Sicherheitspolitik Deutschlands und zur Zukunft der Bundeswehr", Berlin: BMVg, http://www.bmvg.de/fileserving/PortalFiles/C1256EF40036B05B/W26UYEPT431INFODE/WB_2006_dt_mB.pdf (Zugriff: 14.09.2010).

Bundesministerium der Verteidigung – BMVg (Hg.) (2009) „Die Bundeswehr: Modern und leistungsstark", Berlin: BMVg, http://www.bundeswehr.de/fileserving/Portal Files/C1256EF40036 B05B/W27PLEGS917INFODE/2009-02-10%20BMVG%20Brosch%C3%BCre_barrierefrei.pdf (Zugriff: 14.09.2010).

Bundesministerium der Verteidigung – BMVg/Bundesverband der Deutschen Industrie e.V. (2007) „Gemeinsame Erklärung des Bundesministeriums der Verteidigung und des Ausschusses Verteidigungswirtschaft im Bundesverband der Deutschen Industrie e.V. zu nationalen wehrtechnischen Kernfähigkeiten", Berlin: 20. November 2007, http://www.bmvg.de/fileserving/PortalFiles/C1256EF40036B05B/W2795HZA433INFODE/gemeinsame_erklaerung.pdf (Zugriff:14.09.2010).

Bundeswehr (2008) „Fragen und Antworten zu SALIS", http://www.bundeswehr.de/ portal/a/bwde/streitkraefte/streitkraeftebasis?yw_contentURL=/C1256EF4002AED30/W27MDER Z393INFODE/content.jsp#par6 (Zugriff: 14.09.2010).

Clark, W.K. (2001) *Waging Modern War: Bosnia, Kosovo, and the Future of Combat*, New York: Public Affairs.

Dyson, T. (2005) „German Military Reform 1998–2004: The Triumph of Domestic Constraint over International Opportunity", *European Security*, 14 (3), 361–386.

Forster, M. (2010) "GeoPowers: Verteidigungs- und Sicherheitspolitik 19992009", http://www.geopowers.com/Machte/Deutschland/Rustung/Rustung_2009/rustung_2009.html (Zugriff: 20.03.2010).

Fulton, R. (2003) „Network Enabled Capability (Foreword) ", *Journal of Defence Science*, 8 (3), 103.

Gießmann, H.J./Wagner, A. (Hg.) (2009) *Armee im Einsatz: Grundlagen, Strategien und Ergebnisse einer Beteiligung der Bundeswehr, Demokratie, Sicherheit, Frieden*, Baden-Baden: Nomos.

Gießmann, H.J./Wagner, A. (2009a) „Die Bundeswehr im Auslandseinsatz: Eine Standortbestimmung", in: H.J. Gießmann/A. Wagner (Hg.) *Armee im Einsatz : Grundlagen, Strategien und Ergebnisse einer Beteiligung der Bundeswehr*, Baden-Baden: Nomos, 9–29.

Griffin, S./Whetham, D. (2007) „Case Study 7 – Iraq", in: DOD Office of Force Transformation (Hg.) *Network Centric Operations (NCO) Case Study: The British Approach to Low-Intensity Operations: Part II*, Washington, DC: United States Department of Defense.

Haltiner, K.W./Klein, P. (2005) „The European Post-Cold War Military Reforms and Their Impact on Civil-Military Relations, in: F. Kernic/P. Klein/K.W. Haltiner (Hg.) *The European Armed Forces in Transition: A Comparative Analysis*, Frankfurt am Main et al.: Peter Lang, 9–30.

Honekamp, W. (Hg.) (2008) *Concept Development und Experimentation: Erfahrungen aus der praktischen Anwendung der Methode zur Transformation von Streitkräften*, Remscheid: Re Di Roma Verlag.

Inacker, M. (2002) „Jetzt kommt die Reform der Reform", *Frankfurter Allgemeine Sonntagszeitung*, 01. Dezember: 7.

Jackson, M. (2007) *Soldier: The Autobiography of General Sir Mike Jackson*, London: Bantam.

Kirkpatrick, D. (2008) „Is Defence Inflation Really as High as Claimed?", *RUSI Defence Systems*, October/2008, 66–71.

Klos, D. (2008) „LUNA und ALADIN im EINSATZ", *Europäische Sicherheit*, 4/2008, 40–45.

Kümmel, G. (2003) „The Winds of Change: The Transition from Armed Forces for Peace to New Missions for the Bundeswehr and its Impact on Civil-Military Relations", *Journal of Strategic Studies*, 26 (2), 7–28.

Lange, S. (2007) „SAR-Lupe Satellites Launched", *Strategie & Technik (International Edition)*, II/2007, 13–15.

Lange, S. (2008) „Die Bundeswehr in Afghanistan", SWP-Studie, S9/2008, Berlin: SWP.

Lange, S. (2009) „The End for the Airbus A400M?", SWP Comments, 26/2009, Berlin: SWP.

Longhurst, K. (2005) „Endeavors to Restructure the Bundeswehr: The Reform of the German Armed Forces 1990-2003", *Defense & Security Analysis*, 21 (1), 21–36.

Maull, H.W. (2006) „Introduction", in: H.W. Maull (Hg.) *Germany's Uncertain Power: Foreign Policy of the Berlin Republic*, Houndmills et al: Palgrave Macmillan, 1–12.

Moniac, R. (2007) „SAR-LUPE: Deutsche Regierung mit Radar-Augen im Weltraum", *Europäische Sicherheit*, 2/2007, 33–6.

Sarotte, M.E. (2001) „German Military Reform and European Security", *Adelphi Papers*, 340, London: International Institute for Strategic Studies.

Schneiderhan, W. (2005) „Material- und Ausrüstungsplanung", *Europäische Sicherheit online Edition*, 2/2005, http://www.europaeische-sicherheit.de/alt/2005/2005_02/05_GenInsp/2005,02,05,05.html (Zugriff: 23.03.2010).

Schneiderhan, W. „Aktueller Stand und weitere Schritte der Transformation der Bundeswehr", Vortrag vor der deutschen Parlamentarischen Gesellschaft, Deutschland: 23. September 2008, http://www.bmvg.de/portal/a/bmvg/kcxml/04_Sj9SPykssy0xPL MnMz0vM0Y_QjzKLd4k38TIHSYGZbkAmTCwoJVXf1yM_N1XfWz9AvyA3otzRUVERAE Q5aL0!/delta/base64xml/L2dJQSEvUUt3QS80SVVFLzZfRF80Sjc!?yw_contentURL=%2FC12 56F1200608B1B%2FW27JT8XS057INFODE%2Fcontent.jsp (Zugriff: 29.12.2009).

Schwennicke, C. (2002) „Bundeswehr von neuen Aufgaben", *Süddeutsche Zeitung*, 06. Dezember: 2.

Shaw, K./Ebbutt, G.(2009) „NEC in Ation", in: Ministry of Defence (Hg.) *NEC - Understanding Network Enabled Capability*, London: Ministry of Defence, 25–27.

Skinner, T. (2006) „Striving for NEC", *Jane's Defence Weekly*, 43 (1), 20.

Smith, R. (2005) *The Utility of Force: The Art of War in the Modern World*, London: Penguin Books.

Spiegel Online (2008) „Afghanistan: Bundeswehrverband beklagt Ausrüstungsmängel der Truppen", 30. Januar, http://www.spiegel.de/politik/ausland/0,1518,531943,00.html (Zugriff: 23.03.2010).

Süddeutsche Zeitung (2009) „Wir brauen Rechtssicherheit für unsere Soldaten: Der neue Verteidigungsminister Karl-Theodor zu Guttenberg über den Luftanschlag von Kundus und die weitere Entwicklung in Afghanistan", Interview mit Verteidigungsminister Guttenberg, 07. November: 7.

Szandar, A. (2009) „Falsche Sicherheit", *Der Spiegel*, 36/2009, 28–29.

Thiele, R. (2006) „Ausbildung in der Transformation", in: H. Borchert (Hg.) *Führungsausbildung im Zeichen der Transformation*, Wien: Landesverteidigungsakademie, 126–149.

Thießen, J./Plate, U. (2009) „Bundeswehr und Parlament", in: H.J. Gießmann/A. Wagner (Hg.) *Armee im Einsatz: Grundlagen, Strategien und Ergebnisse einer Beteiligung der Bundeswehr*, Baden-Baden: Nomos, 148–159.

Wiesner, I. (2009) „Vernetzte Sicherheit und Knowledge Development", *Europäische Sicherheit*, 58 (8), 34–36.

Wiesner, I. (2010) „NCO in Germany: Still a Long Way to Go", *RUSI Defence Systems*, May/2010, 82–84.

Y! (2008) „Ausrüstung: Mängel erkannt", Dezember/2008, 21.

Der Transformationsprozess und die Fähigkeit zur Interoperabilität: Wertschöpfung durch Vernetzung

Der Transformationsprozess und die Fähigkeit zur Interoperabilität: Wertschöpfung durch Vernetzung in Österreich

Bruno Hofbauer

1 Einleitung

Die Fähigkeit auf internationaler Ebene zusammen zu arbeiten wird für moderne westliche Streitkräfte eine immer essenziellere Forderung. Die Konflikte, die nach dem Ende der Paktkonfrontation in Europa ausgebrochen sind, haben gezeigt, dass Stabilität nur auf Basis multinationaler Anstrengungen wieder hergestellt werden konnte. Anders als in der Zeit der drohenden Konfrontation zwischen NATO und Warschauer Pakt, in der Streitkräfte Aufgaben oftmals fix eingebettet in ein multinationales Umfeld auf der operativen und oberen taktischen Ebene erfüllen sollten, wurde bei diesen Einsätzen klar, dass Zusammenarbeitsfähigkeit bis in die untersten taktischen Ebenen notwendig wurde.

Diese Entwicklung traf vor allem jene Nationen besonders, die im Ost-West-Konflikt nicht in ein militärisches Bündnis eingebunden waren. In einem neutralen Staat wie Österreich war es kaum nötig, mit anderen Truppen auf dem Gefechtsfeld zusammen zu arbeiten. Die Streitkräfteentwicklung war primär durch die nationalen Anstrengungen der territorialen Verteidigung bestimmt. Das Niveau der Interoperabilitätsanforderungen war für Kontingente, welche im Rahmen der United Nations (UN) entsandt waren, relativ gering. Während der Einsätze im Rahmen der Operationen auf dem Balkan, wie IFOR, SFOR oder KFOR, offenbarte sich die Notwendigkeit der verbesserten Zusammenarbeit mit Streitkräften anderer Nationen. Es wurde in diesen Einsätzen auch klar, dass die Zusammenarbeit mit nicht-militärischen Organisationen in einer anderen Ausprägung und Qualität erforderlich ist, als bei Operationen zur Verteidigung des eigenen Heimatlandes.

2 Interoperabilität als Grundlage

Spricht man von Interoperabilität im militärischen Zusammenhang, so liegt der Schluss nahe, die Definitionen der NATO, die im Bereich der Streitkräfteentwicklung eine wesentliche Vorreiterrolle in Europa einnimmt, zu betrachten. Interoperabilität wird durch die Vorschrift der NATO AAP-6 (2008) wie folgt definiert: „The ability to operate in synergy in the execution of assigned tasks" (NATO/NATO Standardization Organisation (NSA) 2008: 2-I-8) In Zusammenhang mit dem Begriff sind aber auch weitere Begriffe relevant:

„Force Interoperability" wird als „The ability of the forces of two or more nations to train, exercise and operate effectively together in the execution of assigned missions and tasks"(NATO/NATO Standardization Organisation (NSA) 2008: 2-F-6) definiert.

Aus der Definition für Standardisierung lassen sich weitere Schlüsse ziehen. Die APP-6 (2008) legt zu diesem Begriff fest:

Standardization:

> "The development and implementation of concepts, doctrines, procedures and designs in order to achieve and maintain the compatibility, interchangeability or commonality which are necessary to attain the required level of interoperability, or to optimise the use of resources, in the fields of operations, materiel and administration" (NATO/NATO Standardization Organisation (NSA) 2008: 2-S-10).

Interoperabilität ist somit auch in Zusammenschau mit drei weiteren Begriffen aus der Welt der Standardisierung zu sehen, nämlich „Compatibility, Interchangeability und Commonality".

Während gemäß AAP-6 (2008) „Compatibility" als „the suitability of products, processes or services for use together under specific conditions to fulfil relevant requirements without causing unacceptable interactions" (NATO/NATO Standardization Organisation (NSA) 2008: 2-C-11) und „Interchangeability" als "the ability of one product, process or service to be used in place of another" (NATO/NATO Standardization Organisation (NSA) 2008: 2-I-6) beschrieben wird, steht der Begriff „Commonality" für „the state achieved when the same doctrine, procedures or equipment are used" (NATO/NATO Standardization Organisation (NSA) 2008: 2-C-10).

Aus diesen Definitionen ist abzuleiten, dass Interoperabilität über die verschiedenen Stufen der Standardisierung erreicht werden kann und eben diese ein wesentlicher Schlüssel für die erfolgreiche Implementierung darstellt. Das Wissen um diesen Stufenbau der Standardisierung und die Zusammenhänge zwischen den unterschiedlichen Begriffen sind Grundvoraussetzung für die richtige Umsetzung aller Anstrengungen in Zusammenhang mit Steigerung der Interoperabilität. Es muss besonders hervorgehoben werden, dass im Bereich der Interoperabilität nicht ausschließlich technische Fragen im Vordergrund stehen, sondern auch die ganz besonders wichtigen Themenfelder wie Doktrin, Verfahren und Abläufe eingeschlossen sind.

3 Der Transformationsprozess

Der Transformationsprozess im Sinne einer ständigen Veränderung eines Systems zur Anpassung an aktuelle Herausforderungen hat die Notwendigkeiten der Anstrengungen zur Herstellung der Interoperabilität zu berücksichtigen.

Die Notwendigkeit, die Streitkräfte in Europa einem Transformationsprozess zu unterziehen, wurde durch die Zwänge der laufenden Einsätze unterstrichen. Der frühere NATO Generalsekretär Jaap de Hoop Scheffer stellte dazu fest: „We need forces that are slimmer, tougher and faster; forces that can reach further and stay in the field longer" (NATO, Allied Command Transformation, Public Information Office 2005: 1). Aus dieser Aussage kann geschlossen werden, dass jene Streitkräfte, die der NATO zur Verfügung gestanden haben, nicht den Ansprüchen der laufenden Operationen entsprechen und daher einer Transformation zu unterziehen sind. Es stellt sich folglich die Frage, in welche Richtung diese Transformation zu erfolgen hat und welches Ziel dabei zu erreichen ist.

Der Transformationsprozess läuft grundsätzlich in einem fünfstufigen Verfahren ab. Zunächst ist eine Vision für die weitere Entwicklung nötig, in der beschrieben wird, wie der zu erreichende Endzustand aussehen soll. Dabei soll aber kein strategischer Plan vermittelt, sondern Inspiration für die Zukunft gegeben werden.

Die zweite wesentliche Stufe umfasst die Herausforderung für die Führung des Verfahrens. Außergewöhnliche Führungsleistungen sind nötig, um einerseits die Vision klar zu formulieren und andererseits den Prozess der Veränderung zu steuern. In diesem Zusammenhang stellte Cebrowski[1] fest: „If the senior leadership do not want transformation, there is no sense in pursuing it" (o.A. 2009).

Die nächste wesentliche Stufe ist die Notwendigkeit der Anpassungsfähigkeit. Transformation muss die idealisierte Vision an die jeweiligen Gegebenheiten und Umweltbedingungen anpassen können.

Die Veränderung soll in der vierten Stufe zur Kultur erhoben werden. Diese Kultur der Veränderung soll ermöglichen, dass die involvierten Personen Veränderung nicht als Gefahr, sondern als Chance sehen und auch Bereitschaft erzeugt wird, Risiko in diesem Zusammenhang zu akzeptieren.

Die fünfte und letzte Stufe ist die ständige Fortsetzung des Prozesses. Es muss in das Bewusstsein aufgenommen werden, dass die Zukunft, über die man nachdenkt, und an der man die Transformation ausrichtet, ständig näher kommt, und eine neue Zukunft entsteht, welche wiederum neue Herausforderungen, auf die neuerlich zu reagieren ist, mit sich bringt. Somit endet der Transformationsprozess nicht an einem gewissen Punkt, sondern dauert an.

4 Österreich und die Frage der Interoperabilität

Wie oben angeführt, hat Österreich in einer langen Phase der militärischen Entwicklung die Notwendigkeit der Interoperabilität mit anderen Streitkräften nicht in den Mittelpunkt seiner streitkräfteplanerischen Überlegungen stellen müssen. Die Rolle des neutralen Kleinstaates an den Grenzen zwischen NATO und Warschauer Pakt haben eine sehr eigenständige Entwicklung ermöglicht, die nicht durch die Zwänge, mit anderen militärischen Organisationen zusammenarbeiten zu müssen, dominiert waren. Österreich entwickelte folglich vor allem im doktrinären Bereich eigene Konzepte und Vorschriften, die auf den nationalen Kampf auf dem eigenen Territorium ausgerichtet waren. Im technischen Bereich fand grundsätzlich eine Ausrichtung an westlichen Normen statt, war doch mit Masse aus westlichen Nationen stammendes Großgerät im Einsatz.

Mit dem Ende der Paktkonfrontation begann sich die Situation grundlegend zu ändern. Besonders die Operationen im Balkanraum zeigten auf, dass es nötig geworden war, die Verfahren mit Militärs anderer Nationen abzustimmen – wollte man erfolgreich sein und unnötige Friktionen vermeiden.

Das Österreichische Bundesheer (ÖBH) begann die Verfahren der NATO in verschiedenen Bereichen zu übernehmen und ab dem Beitritt Österreichs zur Partnerschaft für den Frieden (PfP) wurde auch ein strukturierter Prozess zur Herstellung der Interoperabilität gestartet. Der NATO Planning and Review Process (PARP) bietet seitdem die Grundlage für die Anstrengungen in diese Richtung. Zunächst wurden einfache Partnerschaftsziele angenommen und implementiert, im Laufe der Jahre wurde das Anspruchsniveau jedoch zunehmend höher und stellt die Streitkräfteplaner vor entsprechende Herausforderungen in der Implementierung.

---

[1] Vice Admiral Artur K Cebrowski ist einer der Begründer der Transformation in den US Streitkräften und war Director of Force Transformation.

5 Relevanz der NATO Transformation

Die NATO hat die Transformation sehr stark an den Anforderungen an zukünftige Streitkräfte orientiert. Die *Comprehensive Political Guidance* aus dem Jahr 2006 gewährte erste Einblicke in die Forderungen, welche die NATO an die Streitkräfte ihrer Mitgliedsstaaten stellt. Dabei werden klare Ziele formuliert, die sich besonders auf Einsätze außerhalb des atlantischen Vertragsgebietes beziehen. Die NATO musste erkennen, dass für die Einsätze der Zukunft die Streitkräfte nicht ausreichend strukturiert und organisiert waren (vgl. NATO 2006).

Ähnliche Erfahrungen machte auch das Österreichische Bundesheer. Es war in vielen Bereichen nötig geworden die nationalen Abläufe an die internationalen Gepflogenheiten anzugleichen. Die Herausforderung, Kräfte des Bundesheeres über längere Zeiträume in einen anspruchsvollen Einsatz, dessen Anspruchsniveau klar über jenem des traditionellen UN-Peacekeeping lag, einzubringen und dort zu unterhalten, brachte die Notwendigkeit eines grundsätzlichen Umdenkens mit sich. Das alles bestimmende Paradigma (des Kampfes im eigenen Land zur Aufrechterhaltung und Behauptung der nationalen Souveränität und um das nationale Überleben) wurde in seiner Relevanz reduziert und die neuen Herausforderungen von „Expeditionary Operations" außerhalb des eigenen Staatsgebiets zum neuen Maßstab für die Leistungsfähigkeit der Streitkräfte in Österreich erhoben. Die Zusammenarbeit mit Streitkräften anderer Nationen zeigte relativ rasch die neuen Notwendigkeiten auf und verlangte nach klaren Regeln.

Als Referenz war die NATO die logische Wahl, war sie doch Mitte der 90er Jahre als einzige relevante politisch-militärische Organisation in Europa von bestimmender Wirkung. Darüber hinaus trug die NATO auch wesentlich dazu bei, die nicht gebundenen europäischen Staaten, die entweder während des Ost-West-Konflikts neutral oder blockfrei, oder Mitglied der zerfallenen Warschauer Vertragsorganisation waren, an sich zu binden. Die Partnerschaft für den Frieden war in diesem speziellen Fall der Mechanismus, der die Annäherung in politischer aber auch militärischer Weise ermöglichte.

Für das österreichische Militär wurden aber auch die Erfahrungen der Einsätze im NATO-Rahmen von entscheidender Bedeutung, zeigten diese Einsätze doch auf, wie nötig die Fähigkeit zur Zusammenarbeit war. Es ergab sich hier eine enge Kooperation mit der Deutschen Bundeswehr, die in unterschiedlicher Ausprägung die folgende Zeit bestimmen sollte. Besonders die Operationen auf dem Balkan erzwangen in Österreich ein Umdenken und die Aufgabe der hergebrachten Ansätze und verteidigungspolitischen Grundlagen. Diese Erkenntnisse fanden auch in die Dokumente der Streitkräfteplanung ihren Weg und im Militärstrategischen Konzept wird heute erklärt, dass die Gewährleistung der Zusammenarbeitsfähigkeit mit Partnerstreitkräften bei Operationen der internationalen Konfliktprävention und des Konfliktmanagements (Interoperabilität) an Hand der vereinbarten Standards sowie die Gewährleistung eines angemessenen quantitativen Potenzials der Beitragsleistung vorrangiges Ziel der österreichischen Streitkräfteentwicklung bildet (BMLV 2006: 29).

6 Die Vernetzung

Vernetzung soll in diesem Artikel nicht in technischer Hinsicht betrachtet werden. Die Auslegung in rein technischer Hinsicht würde viel zu kurz greifen, sind ja auch besonders die geistigen und inhaltlichen Aspekte zu berücksichtigen, ohne die keine Interoperabilität im Sinne von Standardisierung herzustellen ist.

Vernetzung als Begriff aus der Systemtheorie, beschreibt, dass verschiedene einzelne Teile in einer Ursachen-Wirkung-Beziehung stehen und ihre Eigenschaften miteinander vielfältig verknüpft sind (vgl. Uni-Protokolle.de 2009). Im militärischen Bereich kann somit Vernetzung als Zusammenwirken mit anderen Teilen, die auf die jeweiligen Maßnahmen und Unterlassungen reagieren, definiert werden. Die Vernetzung ist dabei aber nicht nur in Zusammenhang mit Militär anderer Nationen, sondern auch mit nicht-militärischen Stellen zu sehen.

Das militärische System in Österreich ist heute auf verschiedenste Weise mit anderen Akteuren vernetzt. Die Palette reicht hier von der internationalen militärischen Ebene bis zu den Schnittstellen mit nationalen Stellen des öffentlichen Lebens. Qualität und Umfang der Vernetzung mit anderen Systemen ist direkt von der militärstrategischen Absicht abhängig und den Zielen, die in diesem Zusammenhang verfolgt werden. Die Interaktion mit internationalen Partnern ist fester Bestandteil der grundlegenden Ausrichtung des Bundesheeres, wird doch im Militärstrategischen Konzept festgehalten, dass das ÖBH 2010 eine moderne, zur multinationalen Zusammenarbeit mit hoher Fähigkeit zur Aufgabenerfüllung und Flexibilität ausgerichtete Struktur haben soll, welche auf die Vorgaben der EU und die Qualitätskriterien der Partnerschaft für den Frieden abgestimmt ist (BMLV 2006: 32).

Hier wird klar zum Ausdruck gebracht, dass für die Entwicklung der Streitkräfte in Österreich die Entwicklungen in der NATO, im Wege der PfP, und der EU von bestimmender Wirkung sind. So wird in der Konzeption festgelegt, dass sich das Bundesheer in seiner Entwicklung auf die Vorgaben aus dem internationalen Bereich auszurichten hat. Diese internationalen Vorgaben nehmen somit eine zentrale Rolle ein, die weit darüber hinaus geht, nur informativen Charakter zu haben.

Eine entsprechende Herausforderung ergibt sich in diesem Zusammenhang aber aus der Sonderposition Österreichs, das zwar Mitglied in der Europäischen Union ist, jedoch nicht Mitglied der NATO.

7 Interoperabilität – EU und NATO

Interoperabilität ist im europäischen Zusammenhang sehr eng mit der NATO verknüpft. Die NATO hat über Jahrzehnte die Standardisierung vorangetrieben und so versucht, die Zusammenarbeitsfähigkeit der Streitkräfte ihrer Mitgliedsstaaten zu erhöhen.

In jenem Bereich der Europäischen Union, der sich mit Streitkräfteentwicklung befasst, ist das Thema der Interoperabilität zwar präsent, jedoch wird keine Grundlagenarbeit betrieben.

Dieser grundsätzliche Ansatz ist vor allem aus der Sicht jener Nationen, die in beiden Organisationen Mitglied sind, nachzuvollziehen, besteht doch im Rahmen der NATO ein eingespieltes System, welches sich mit Standardisierung beschäftigt. Die EU verfasst grundsätzlich nur in jenen Bereichen eigene Dokumente, in welchen die Spezifika der Organisation zum Ausdruck gebracht werden sollen, und dies ist primär auf die militärstrategische Ebene beschränkt. Auf operativer und taktischer Ebene besteht durch die umfassenden Grundlagen, die aus der NATO vorhanden sind, keine Notwendigkeit in der EU diesen Bereich neu zu regeln. Eine solche Entwicklung wäre ganz im Gegenteil sogar kontraproduktiv und hätte neben einer unnötigen Duplizierung auch die Gefahr der unterschiedlichen Doktrinentwicklung zur Folge. Die Nationen, welche in beiden Organisationen maßgeblichen Einfluss haben sind aber grundsätzlich bemüht, eine solche Duplizierung zu vermeiden.

Für Österreich ergibt sich aus dieser Entwicklung wiederum eine spezielle Situation. Einerseits besteht in manchen Bereichen eine Grunderwartungs-haltung, dass einerseits Herstellung der Interoperabilität auch über die EU Streitkräfteplanung erfolgen kann und andererseits ist die österreichische Streitkräfteplanung auf die Überlassung von NATO-Dokumenten auf der „Need to Know Basis" angewiesen.

Zugang zu relevanten NATO Dokumenten ergibt sich für Österreich nicht aus seiner Rolle als EU-Mitglied, sondern vielmehr aus den Möglichkeiten der Partnerschaft für den Frieden.

Dem „Need to Know"-Prinzip der NATO liegt zugrunde, dass nur jene Dokumente an eine Partnernation überlassen werden, für die auch nachgewiesen werden kann, dass diese auch tatsächlich benötigt werden. Dieser Prozess läuft grundsätzlich über die Annahme von auf die Nation zugeschnittenen Partnerschaftszielen ab, die unmittelbar mit Fragen der Standardisierung verknüpft sind. Das kann beispielsweise im doktrinären Bereich der Fall sein, aber natürlich auch im technischen.

Grundsätzlich kann heute davon ausgegangen werden, dass alle jene Dokumente, die zur Umsetzung und Erreichung der Partnerschaftsziele notwendig sind, durch die NATO an Österreich übergeben worden sind und die Streitkräfteentwicklung in Österreich informieren.

In diesem Zusammenhang muss aber auch festgestellt werden, dass der Einfluss in der Entstehungsphase, vor allem von doktrinären Inhalten, für Österreich nur marginal vorhanden und die Möglichkeit der aktiven Mitwirkung nur sehr eingeschränkt bzw. überhaupt nicht möglich ist. Aus Sicht der NATO ist das eine logische Konsequenz aus der Nichtmitgliedschaft in der Allianz. Für das Militär in Österreich entsteht daraus aber die Situation, dass de facto von außen Streitkräfteentwicklung gesteuert wird, ohne dass in diesem wesentlichen Bereich eine Möglichkeit der Mitsprache bei der Entwicklung erfolgen kann. Diese Tatsache führt dazu, dass auf Grund der mangelnden Einbindung oft nur geringe Betroffenheit und Identifikation gegeben ist und somit die Akzeptanz der Dokumente erst herzustellen ist.

Im Bereich der Europäischen Union ist für Österreich jedenfalls die Entwicklung, die sich aus der European Defense Agency (EDA) ergeben, zu beachten. Besonders die Anstrengungen im Bereich der Fähigkeitsentwicklungen, die sich aus dem Capability Development Plan ergeben, sind für die Streitkräfteplanung in Österreich von hohem Nutzen. Auf Basis der durch die EDA geschaffenen Grundlagendokumente kann die Entwicklung im eigenen Bereich so vorangetrieben werden, dass neben der nationalen Umsetzung auch ein klarer internationaler Nutzen entsteht. Auch die Möglichkeiten der EDA im Bereich der Forschung bzw. des Rüstungsmarktes gilt es zu nutzen. Hier ergibt sich ein Zusammenarbeitsfeld, bei dem durch multinationale Anstrengungen nationale Ressourcen bestmöglich eingesetzt werden können.

8 Das österreichische Ambitionsniveau

Österreich hat sich zum Ziel gesetzt, eine Framework-Brigade für den internationalen Einsatz bereit zu stellen. Dieses sehr ambitionierte Ziel sieht vor, dass die Brigade entweder geschlossen oder mit Teilen zum Einsatz kommt. Den Kern der Framework-Brigade bilden

zwei infanteristische Kampfverbände in Bataillonsgröße, welche durch entsprechende Führungs-, Kampfunterstützungs- und Einsatzunterstützungselemente ergänzt werden.
Das Militärstrategische Konzept hält dazu fest:

> „Sicherstellung kurzfristig verfügbarer Kapazitäten (Readiness-Kategorie 30 Tage) zur Führung einer multinationalen Framework-Brigade mit hoher Leistungs- und umfassender Aufgabenfähigkeit, einschließlich entsprechender Unterstützung. Eine Verweildauer im Einsatzraum von zumindest einem Jahr soll dabei gewährleistet sein. Der Einsatz soll in einem drei- bis vierjährigen Rhythmus wiederholbar sein. Teile dieser Kräfte können alternativ auch in einer Battle Group zum Einsatz kommen" (BMLV 2006: 33).

Aus dieser Ambition lässt sich ableiten, dass das Österreichische Bundesheer in Zukunft in der Lage sein soll, in einem internationalen Einsatz einen substanziellen Beitrag zu leisten. Es bleibt zu beachten, dass auch für die Erreichung der Brigadeambition die Herstellung der Interoperabilität mit anderen Nationen von entscheidender Bedeutung ist. Diese Notwendigkeit ergibt sich nicht nur für jene lang dauernde Phase, während der die Kapazitäten für die Framework-Brigade aufgebaut werden, sondern auch nach dem endgültigen Erreichen des Planungszieles. Die Framework-Brigade muss dazu befähigt sein, über die national eingebrachten Verbände auch weitere Truppen in ihren Rahmen aufzunehmen und diese entsprechend auf allen Ebenen einzubinden.

Insgesamt lässt sich zusätzlich der Trend erkennen, dass nicht nur national homogene Verbände in solche Strukturen eingebunden werden, sondern es auch auf den Ebenen unterhalb des Bataillons zu Mischungen kommt. Das kann sowohl bei den Kampftruppen wie auch in anderen Bereichen erfolgen. Aufklärung, Logistik oder Sanitätsdienst seien als Beispiele angeführt. Somit lässt sich zwingend ableiten, dass die Interoperabilität bis zur untersten Ebene herzustellen ist. Dabei sind nicht nur zusammenarbeitsfähige, technische Systeme nötig, die beispielsweise ein gemeinsames Lagebild ermöglichen, sondern es muss auch das Verständnis zwischen den zusammenarbeitenden Soldaten hergestellt werden. Herauszuheben sind in diesem Zusammenhang etwa die Bereiche des gemeinsamen Verständnisses für Begrifflichkeiten und die Art der Aufgabenerfüllung.

Die besondere Herausforderung für die Herstellung der Zusammenarbeitsfähigkeit ergibt sich somit nicht für eine spezifische Führungsebene, die eine klare Abgrenzung zwischen den Kräften der verschiedenen Nationen herbeiführen kann, sondern es wird nötig, auf allen Ebenen zusammen zu arbeiten. Aus dieser Forderung ist einerseits ableitbar, in welchen Bereichen die Zusammenarbeitsfähigkeit grundsätzlich herzustellen ist, und andererseits bleibt zu berücksichtigen, dass bereits vor einem möglichen Einsatz die Zusammenarbeitsfähigkeit erprobt werden muss.

Zur Überprüfung der Interoperabilität hat sich Österreich massiv im Bereich des NATO Operational Capability Concepts (OCC) eingebracht und die Weiterentwicklung dieses Konzepts, das bereits im Jahr 1999 in seinen Grundzügen entstanden war, im möglichen Rahmen einer Partnernation vorangetrieben und unterstützt. Wiederholt werden Evaluierungen von Organisationselementen der Framework-Brigade im Rahmen von OCC durchgeführt und diese sind ein fester Bestandteil der Ausbildung und vor allem der Einsatzvorbereitung geworden. OCC bietet die Möglichkeit über die in der NATO Task List definierten Aufgaben und den damit verknüpften Normen, wie z. B. den relevanten Forces Standards, den Grad der Aufgabenerfüllung eines bestimmten Organisationselements zu überprüfen und eine entsprechende Rückmeldung von neutraler Seite zu bekommen. Diese Evaluierungen werden meist im Rahmen von Übungen entweder im Rahmen einer Selbst-

Evaluierung durch österreichisches Personal oder einer Evaluierung durch ein Team der NATO durchgeführt

9   Vernetzung in Einsätzen

Die Zusammenarbeit mit Organisationen und Akteuren außerhalb des militärischen Bereiches ist von hoher Bedeutung. Besonders bei Einsätzen mit niedrigem bis mittleren Gefährdungsniveau ist davon auszugehen, dass militärische Kräfte nicht die einzigen handlungsfähigen Akteure in einem Operationsgebiet sind. Gerade in Einsätzen zur Stabilisierung von Räumen werden verschiedene internationale und Nicht-Gouvernmentale Organisationen (NGO) vertreten sein. Die militärischen Kräfte werden daher gefordert, deren Anwesenheit und Wirken im Raum und auch außerhalb des unmittelbaren Operationsgebietes zu berücksichtigen. Oft entsteht die Notwendigkeit, die Handlungen, vor allem das Handeln der an einem Einsatz beteiligten relevanten internationalen Organisationen, zu koordinieren. Hier sind jedoch bei den meisten Operationen Einschränkungen gegeben, die dazu führen, dass eine solche Koordinierung zwar gewünscht wird, aber nicht in allen Fällen ausreichend umgesetzt werden kann.

Die Zusammenarbeit zwischen verschiedenen Organisationen im Feld, also im unmittelbaren Bereich der Truppe in Kontakt mit internationalen Organisationen und NGOs, ist hier oft unkomplizierter, als jene die auf höherer Ebene durchgeführt werden soll. Zu unterschiedlich sind in verschiedensten Fällen die Interessen der unterschiedlichen Organisationen. Ein möglicher Weg, um diese Koordinierung zwischen den Akteuren herbeizuführen, ist die Etablierung einer mit ausreichenden Kompetenzen ausgestatteten Persönlichkeit auf der politisch-strategischen Ebene, die sich auch im Operationsraum befindet. Dieser Hohe Repräsentant agiert auf politischer Ebene und ist mit ausreichenden Kompetenzen auszustatten, um die unterschiedlichen Anstrengungen der verschiedenen, an einer Operation beteiligten Organisationen zu steuern. Nur das Zusammenwirken von Militär, Polizei, zivilen Missionen zum Aufbau der Rechtsordnung und verschiedener UN-Organisationen, wie etwa UNDP, kann einen langfristigen Erfolg sicherstellen.

Es ist jedoch nicht ausreichend, die Tätigkeiten der verschiedenen internationalen Organisationen in einem Operationsgebiet zu koordinieren, sondern es ist auch zwingend erforderlich, die Handlungsstränge der verschiedenen Akteure einer Nation abzustimmen. Idealtypischerweise sollte ausgehend von einer nationalen Policy, das Wirken der verschiedenen Ministerien eines Staates in einem Operationsgebiet aufeinander angepasst werden.

10   EU Battle Group und die Frage der Interoperabilität

Die österreichische Beteiligung an der EU Battle Group (EU BG) bringt eine neue Qualität der Interopabilität in das Österreichische Bundesheer, welche die Anforderungen an die Framework-Brigade übersteigen. Die Battle Group Beteiligung fungiert aber nicht nur als Beschleuniger der Herstellung von Interoperabilität in gewissen Bereichen, sondern ist auch als Motor für die Transformation der Streitkräfte und deren Ausrichtung auf zukünftige Anforderungen zu sehen. Diese besondere Situation ergibt sich wiederum aus der Nicht-Beteiligung Österreichs an der NATO Response Force (NRF), die ja im Rahmen der Allianz eine wesentliche Triebfeder für die Transformation darstellt.

Das EU Battle Group Engagement des Bundesheeres bringt eine Vielzahl von neuen Herausforderungen mit sich, die auch weit über die bisherige Qualität der für Auslandseinsätze vorgesehenen Kräfte hinausgeht. Die EU BG ist von ihrer Ausrichtung her entweder für Einsätze als Vorausverband eines größeren Kontingents zu sehen oder hat selbstständig Aufträge von beschränktem Umfang zu erfüllen. In beiden Fällen sind die Anforderungen an die Battle Group äußert komplex, sie werden in weit entfernten Operationsgebieten erwartet und es kann nicht auf umfassende Unterstützung durch eine Host Nation zurückgegriffen werden. Weiters muss berücksichtigt werden, dass die Zusammenarbeit des Landelements der EU BG mit den Elementen der anderen Teilstreitkräfte für die Auftragserfüllung von entscheidender Bedeutung ist. Auf Basis der erwartbaren Einsatzszenarien ist anzunehmen, dass bei einem Einsatz der EU BG die Präsenz anderer Organisationen im Operationsgebiet durchaus gewollt und das Handeln der Kräfte der EU BG von deren Wirken massiv beeinflusst ist.

In diesem Zusammenhang ist darüber hinaus von entscheidender Bedeutung, dass von der EU BG und ihrem Kommandoelement Aufgaben wahrzunehmen sind, die üblicherweise durch Kommanden höherer Führungsebenen zu erfüllen sind. Durch den spezifischen Charakter der EU BG als Entry Force muss sie dazu befähigt sein, die entsprechende Ebene im Operationsgebiet abzudecken und die nötigen Verbindungen aufzubauen, lange bevor höhere Hauptquartiere im Operationsgebiet eintreffen. Auch hier wird das Wissen um die Zusammenarbeit mit internationalen Organisationen als sehr wichtig einzustufen sein, da bei Einsätzen der EU BG mit hoher Wahrscheinlichkeit solche Akteure im Raum sein werden.

Diese Forderung nach Zusammenarbeitsfähigkeit mit Akteuren aus dem nichtmilitärischen Bereich bringt mannigfache Herausforderungen mit sich, die nicht nur durch technische Schranken beeinflusst werden. Überzogene Sicherheitsvorschriften sind in diesem Zusammenhang ebenso kontraproduktiv wie das Streben nach Instrumentalisierung dieser Akteure für militärische Ziele.

Zur Verhinderung von falschen Erwartungshaltungen und um unnötige Missverständnisse zu vermeiden wird es nötig sein, auch die Zusammenarbeit mit diesen nichtmilitärischen Akteuren im Rahmen der Vorbereitung auf die Stand-by Phase der EU BG gezielt in die Ausbildung einzubauen. Nur so kann erreicht werden, dass in einem nachfolgenden Einsatz ausreichende Wissensgrundlagen bei den beteiligten Soldaten vorhanden sind. Es bleibt zu betonen, dass sich dieses Wissen nicht auf die höheren Stabsoffiziere und Kommandanten beschränken darf, sondern alle Soldaten im nötigen Umfang mit den spezifischen Herausforderungen dieser Art der Zusammenarbeit vertraut gemacht werden müssen.

11 Zum Abschluss

Die Kernforderungen an die Herstellung der Interoperabilität richten sich an die Bereiche Doktrin und Konzeption, woraus sich dann die Folgerungen für die weitere Streitkräfteentwicklung aber auch die Ausbildung ableiten lassen.

Die Entwicklungen, die sich im unmittelbaren militärischen Umfeld Österreichs ergeben, sind dabei als leitend für das Österreichische Bundesheer zu identifizieren und zu nutzen. Die österreichische Streitkräfteplanung ist auf diese Entwicklungen abzustimmen. Ein Alleingang ist weder zweckmäßig noch zielführend. In Zeiten schwindender Ressourcen wird es im Gegenteil nötig sein, die nationalen Planungen supranational abzustimmen, um unnötige Duplikationen zu vermeiden und die fehlenden Kapazitäten verfügbar zu machen. Das österreichische Militärstrategische Konzept hält fest, dass die Streitkräfteentwicklung im internationalen Umfeld für das ÖBH einerseits im Planungsprozess von Interesse ist, um eigene Erkenntnisse und Absichten der nationalen Streitkräfteplanung zu validieren, und andererseits, um die Fähigkeit zur Interoperabilität mit derzeitigen oder zukünftigen Partnern weiter zu entwickeln (BMLV 2006: 18).

Die klare Festlegung von möglichen Partnerschaften ist Grundvoraussetzung für die gezielte Herstellung der Zusammenarbeitsfähigkeit mit den so ausgewählten Streitkräften. Dazu zählt aber nicht nur die Partnerschaft in der friedensmäßigen Vorbereitung von Einsätzen, sondern auch die Verlässlichkeit, dass im Einsatzfall die Kräfte zur Verfügung stehen und eingesetzt werden.

Literatur

Bundesministerium für Landesverteidigung und Sport – BMLV (2006) „Militärstrategisches Konzept", Wien: nicht veröffentlicht.
North Atlantic Treaty Organisation – NATO, Allied Command Transformation, Public Information Office (2005) „Understanding NATO Military Transformation", Brüssel.
North Atlantic Treaty Organisation – NATO (2006) „Comprehensive Political Guidance", von den Staats- und Regierungschefs der NATO befürwortet, Riga, 29. November 2006, http://www.nato.int/docu/basictxt /b061129e.htm (Zugriff: 03.06.2009).
North Atlantic Treaty Organisation – NATO/NATO Standardization Organisation (NSA) (2008) „AAP-6(2008) NATO Glossary of Terms and Definitions", Brüssel: nicht veröffenlticht.
o.A. (2009) „Transformation: A strategy for Reform of Organisations and Systems", www.samhsa.gov/Matrix/MHST_printable.pdf, (Zugriff: 11.06.2009).
Uni-Protokolle.de (2009) „Lexikon: Vernetzung", http://www.uni-protokolle.de/Lexikon/Vernetzung.html (Zugriff: 29.05.2009).

Der Transformationsprozess und die Fähigkeit zur Interoperabilität: Wertschöpfung durch Vernetzung in Deutschland

Jörg Neureuther

1 Einleitung: Transformation, Interoperabilität und Vernetzung

„Transformation" wird im nachfolgenden als ablösende bzw. disruptive Innovation verstanden, wie sie im Allgemeinen durch Änderungen in der Umwelt ausgelöst und durch menschliches Anpassungsverhalten in Reaktion darauf bewältigt wird. Im Gegensatz dazu sind „Modernisierung" und „Weiterentwicklung" nach innen gerichtete Optimierungsprozesse bestehender Verhältnisse und Strukturen, die meist ein geringeres Innovationspotenzial in sich tragen. Da in modernen Gesellschaften ein Zwang zum Konsens besteht, führen so verstandene Initiativen der Transformation in aller Regel zu anfänglichen Widerständen und zur Dreiteilung einer Gesellschaft in Advokaten, frühe Anwender und Spätanwender. Historisch nimmt die Bereitschaft zur Anwendung transformatorischer und damit grundsätzlich neuer Konzepte unter dem Innovationsdruck von Kriegszeiten und -ereignissen zu (Alberts 2002: VII, 14–15).

Als Beispiel für die in laufende gesellschaftliche Transformationsprozesse eingebettete Rolle des Militärs kann der Übergang der U.S.-amerikanischen Streitkräfte von einer Bedrohungsorientierung zu einer Fähigkeitsorientierung gegen Ende der 90er Jahre angesehen werden. Dabei wurde die ursprüngliche Annahme, dass mit Wegfall der vormaligen Blockkonfrontation geringere Vorkehrungen für die konventionelle Kriegführung mit gleichwertigen Gegnern zu leisten wären, spätestens durch das Trauma der Ereignisse vom 11. September 2001 und den daraus resultierenden Einsätzen mit ihrer sich gerade herauskristallisierenden Bandbreite an neuartigen Aufgaben abgelöst. Dennoch bleiben militärische Organisationen traditionell misstrauisch, wenn es um die Implementierung grundlegend neuartiger Konzepte geht, was vor allem an ihrer „Unternehmenskultur" der Risikominimierung unter ansonsten gefährlichen und oftmals unklaren Einsatzbedingungen liegt. Diese ohnehin vorhandenen Widerstände verstärken sich insbesondere im Umgang mit Initiativen zur Neugestaltung von Führungsprozessen und organisatorischen Änderungen (Alberts 2002: VII, 1, 20, 25). Konzepte im Umgang mit den u. a. bei Sun Tzu und Clausewitz hinlänglich beschriebenen militärtheoretischen Konstanten von „fog and friction of war" handeln klassisch von der zugehörigen Risikominimierung, allem voran der Vorbeugung vor Überraschung. Um Zweifler überzeugen zu können, müssen Neuansätze daher bereits einen Nachweis der Verbesserung und Robustheit in sich tragen (Alberts et al. 2001: 37–38).[1]

Hinsichtlich der Nutzung des Begriffs „Transformation" in Deutschland gilt es zunächst die Sprache der Sicherheitspolitik im Allgemeinen zu analysieren, welche von Wandlungsprozessen ausgelöst durch neue Risiken und Konflikte handelt, also in erster

---

[1] Als Beispiele für die gelungene Implementierung disruptiver, militärischer Konzepte können die Einführung mechanisierter Kräfte im Verbund mit Luftkriegsmitteln im Deutschland der Zwischenkriegszeit (gegen die Widerstände der Infanterie-Generalität) und die Einführung von Flugzeugträger-Gruppen in Japan und den USA. (gegen die Widerstände der Schlachtschiff-Admiralität) dienen (Alberts et al. 2001: 49).

Linie extrinsisch motiviert ist.[2] Dagegen nutzt die Sprache der sicherheitspolitischen Anwendung auf die Bundeswehr bewusst den Begriff Transformation und verbindet ihn mit der intrinsisch motivierten permanenten Entwicklung und Implementierung neuartiger und ganzheitlicher Konzepte,[3] welche die Relevanz deutscher Streitkräfte im Einsatz dauerhaft garantieren sollen.[4]

Allgemein lässt sich die Bedeutung von „Interoperabilität" als der Fähigkeit zum Zusammenwirken organisatorisch ansonsten nicht zusammengehöriger Akteure in der Ausrichtung auf ein gemeinsames Ziel verstehen. Darüber hinaus hat dieser Begriff eine konkrete und explizite Ausprägung für die Bundeswehr, z. B. im Streben nach Kompatibilität deutscher Streitkräfte mit denen der Vereinigten Staaten ebenso wie mit denen seiner anderen Bündnispartner, zur Steigerung der Interoperabilität von Nationen im Mittelmeerdialog in ihrer Teilnahme an Krisenreaktionseinsätzen der Allianz und schließlich bei der engen Abstimmung zwischen NATO und EU, um Doppelarbeit zu vermeiden und gleichzeitig Verbesserungen in der Führung von Land-, Luft- und Seestreitkräften einzuführen (BMVg 2006: 35–36, 88, 113).

Ungeachtet der in Kapitel 2 zu vertiefenden Grundlagen zur Vernetzungstheorie im Informationszeitalter lässt sich „Vernetzung" allgemein als die intelligente Verknüpfung von anderweitig geografisch und/oder hierarchisch getrennter Wissensentitäten verstehen (Alberts et al. 2003: 6). Darin enthalten ist zugleich die zentrale Herausforderung, das Zusammenwirken in einem Team zielgerichtet zu organisieren, was die Bedeutung der Verbindung dieser Wissensentitäten durch ein rein technisches Netzwerk weit übersteigt (Alberts 2002: 21). In der Entwicklung einer möglichen Anwendung von Vernetzung für militärische Zwecke war in den 1990er Jahren zunächst von „Network Centric Warfare" (NCW) die Rede. Damit wird die effektive Verbindung von Wissensentitäten in einem militärisch-operationellen Umfeld beschrieben, wie sie auf der Grundlage von Informationsüberlegenheit und zum Zweck eines gesteigerten Gefechtswertes durch die Vernetzung von Sensoren, Entscheidungsträgern und Effektoren entsteht (Alberts et al. 2003: 2).[5]

In Deutschland wird der Begriff Vernetzung in zweifacher Ausprägung in Verbindung mit dem sicherheitspolitischen Konzept der Vernetzten Sicherheit (NetSichh) und des militärischen Konzepts der Vernetzten Operationsführung (NetOpFü) gebraucht. Diese beiden Konzepte und ihr derzeitiger Ausprägungsgrad werden im Einzelnen in den Kapiteln 3 und 4 behandelt. Der Leitgedanke von NetSichh ist dabei, dass nicht in erster Linie militärische,

---

[2] Konflikte als Wesensbestandteil aller Wandlungsprozesse und mithin allen Fortschritts. Gewaltsame Konflikte als Folge erheblicher Missstände in Politik, Wirtschaft, Gesellschaft und Umwelt. Konflikte sind Bestandteil jedes gesellschaftlichen Wandlungsprozesses (Die Bundesregierung 2004: 11, 15).
[3] Das übergeordnete Ziel der Transformation ist, die Einsatzfähigkeit der Bundeswehr in einem sich wandelnden Umfeld zu erhöhen und auf Dauer zu erhalten. Sie hat eine sicherheitspolitische, eine gesellschaftliche, eine technologische und vor allem eine innovative und mentale Dimension. Die Transformation der Bundeswehr umfasst alle Dimensionen der Streitkräfte und ihrer Verwaltung – Fähigkeiten, Umfänge, Strukturen, Stationierung, Personal, Material, Ausrüstung und Ausbildung (BMVg 2006: 102).
[4] Verteidigungsminister a.D. Jung hält in der Einleitung zum Weißbuch 2006 fest, dass sich die Bundeswehr durch den eingeleiteten Transformationsprozess konsequent an den Erfordernissen des Einsatzes ausrichtet und entwicklungsoffen bleibt, um jederzeit auf denkbare Veränderungen der sicherheitspolitischen und militärischen Anforderungen reagieren zu können. Sie wird ihr Fähigkeitsprofil weiter verbessern und als Teil einer zunehmend vernetzten Sicherheitspolitik ihren Beitrag zur gesamtstaatlichen Sicherheitsvorsorge leisten (BMVg 2006: 5).
[5] Da es sich bei NCW um ein Transformationskonzept mit dem entsprechend disruptiven Inno-vationspotenzial handelt, ist bemerkenswert, dass auch hier zunächst die Zweifel bezüglich einer Implementierung überwogen haben. So gab der damalige U.S. Chairman Joint Chiefs of Staff, General Shalikashvili, bereits im Jahr 1996 eine Studie in Auftrag mit dem Titel „A look at the unintended consequences of information age technologies", bevor auch er zu einem Advokaten dieser Initiative wurde (Alberts et al. 2001: 50).

sondern gesellschaftliche, ökonomische, ökologische und kulturelle Bedingungen, die nur in multinationalem Zusammenwirken beeinflusst werden können, die künftige sicherheitspolitische Entwicklung bestimmen. Sicherheit kann daher weder rein national noch allein durch Streitkräfte gewährleistet werden. Erforderlich ist vielmehr ein umfassender Ansatz, der nur in vernetzten sicherheitspolitischen Strukturen sowie im Bewusstsein eines umfassenden gesamtstaatlichen und globalen Sicherheitsverständnisses zu entwickeln ist (BMVg 2006: 29). Demgegenüber ermöglicht NetOpFü – ganz im Sinne der oben stehenden Beschreibung von NCW – die Führung und den Einsatz von Streitkräften auf der Grundlage eines alle Führungsebenen übergreifenden und interoperablen Informations- und Kommunikationsverbundes. Dieser verbindet alle relevanten Personen, Truppenteile, Einrichtungen, Aufklärungs- und Waffensysteme. Nicht mehr die klassische Duellsituation auf dem Gefechtsfeld steht zukünftig im Vordergrund, sondern das Ziel, auf der Basis eines gemeinsamen Lageverständnisses Informations- und Führungsüberlegenheit zu erlangen und diese in Wirkung umzusetzen (BMVg 2006: 107).

2 Vernetzungstheorie: Grundlagen und Potenzial vernetzter Strukturen

Wir befinden uns in einem Ablöseprozess von der Industrie- zur Informationsgesellschaft, der trotz seiner noch nicht in Gänze absehbaren Konsequenzen eine ähnlich bedeutsame Neuausrichtung nach sich ziehen wird wie der vormalige Übergang vom Agrar- zum Industriezeitalter. Damit tritt zu den klassischen Faktoren Land, Kapital und Arbeitskraft der Faktor Information als eigenständiger Parameter hinzu, was wiederum den relativen Wert der drei vormaligen Bestimmungsgrößen abnehmen lässt (Alberts 2002: 17). Die zugehörige Ausgangshypothese für den Umgang mit diesem die Relationen neu bestimmenden Faktor Information ist, dass dessen Nutzung durch Individuen und Organisationen als inhärent komplexer und disruptiver Prozess die linearen und deterministischen Planungsstrategien des Industriezeitalters ablösen wird (Alberts et al. 2001: XIV). Erste Ausprägungen im Umgang mit Information haben bereits in unserem Alltag Platz gegriffen und zu neuen Formen in der Produktion von Vermögen, bei der Machtverteilung, zu zunehmender Komplexität und zu einer Reduktion der Bedeutung geografischer Distanzen bei gleichzeitiger Kompression von Zeit geführt.

Information kann zugleich als eigenständige Domäne verstanden werden, welche als Bindeglied fungiert zwischen der physischen bzw. realen Welt der tatsächlichen Lebewesen, Dinge und Handlungen und der kognitiven Domäne von Perzeptionen, Wahrnehmungen, Verstehen, Überzeugungen, Werte, aber auch als demjenigen Bereich, in dem Entscheidungen getroffen und Erfahrungen gespeichert werden. Eine so verstandene Informationsdomäne dient zum einen der Wiedergabe physischer Elemente in Form von Daten, Informationen und Wissen (Bindeglied von der physischen zur kognitiven Domäne) und zum anderen der Kommunikation von Entscheidungen und Vorgaben (Bindeglied von der kognitiven zur physischen Domäne). Die zugehörigen Bausteine für die Beschreibung der Wechselwirkungen zwischen physischer und kognitiver Welt durch die Übersetzungsleistung in der Informationsdomäne sind: Sinneswahrnehmungen, Beobachtungen, Daten, Information, Wissen, Wahrnehmung, Aufmerksamkeit, Verstehen, Teilen bzw. Mitteilen, Kollaborieren, Entscheidungen, Handlungen, Synchronisation (Alberts et al. 2001: 10–14).[6]

---

[6] Für eine definitorische wie beschreibende Abgrenzung dieser einzelnen Bausteine und ihrer jeweiligen Funktion in der Informationsdomäne s. (Alberts et al. 2001: 16–18).

Der Einzug moderner Informationstechnologien (IT) hat dabei das Sammeln, Verarbeiten, Darstellen und Kommunizieren von Daten, Informationen und Wissen in bis dahin nicht vorstellbarer Weise revolutioniert, was sich auch auf absehbare Zeit noch fortsetzen wird. Die damit einhergehende kontinuierliche Erhöhung von Rechenleistungen und Speichermöglichkeiten hat auch bereits dazu geführt, dass die vormals hauptsächlich vertikalen Infor-mationsflüsse durch horizontale Ergänzungen verdichtet werden konnten, mithin also das Prinzip der „Vernetzung" Einzug gehalten hat. Bereits bekannte Resultate solcher Vernetzungen sind u. a. das Verfügbarmachen verteilter Dienste zur Kommunikation durch Verarbeitung und Bereitstellung von Information sowie die Möglichkeit zur virtuellen Kollaboration, außerdem ein fortgesetzter Trend zur Dezentralisierung von Entscheidungsprozessen (Alberts 2002: 32–33).

Das eigentliche Potenzial, das sich aus der Vernetzung vorhandener Informationsstrukturen ergibt, besteht jedoch in:

- der Fülle und Qualitätsverdichtung von Informationen,
- der Möglichkeit zum breit gefächerten Verteilen bzw. dem Schaffen von Zugang, und
- einer neuartigen Qualität zur Interaktion durch Kollaboration (Alberts et al. 2001: 217).

Um dieses Potenzial zielgerichtet zu nutzen ist zwar die richtige technische Vernetzungsstrategie – beispielsweise die gezielte Auswahl von Verbindungen vernetzter Dienste (Stimmübertragung, digitaler Datenaustausch, gemeinsames Lagebild, Kollaborationsunterstützung) aus bestehenden Einzel- und Teilnetzen – von Bedeutung; wichtiger als die reine Technologie-Orientierung ist jedoch der Vorrang eines Konzeptfokus von Vernetzung, um die eigentliche Wertschöpfungskette zu generieren, bestehend aus Informationsverteilung – Wissenspartizipation – gemeinsamem Situationsbewusstsein – Kollaboration (zum Herbeiführen einer Entscheidung) – Selbstsynchronisierung (zum abgestimmten Handeln).[7] Beispielhaft für die Erzeugung eines verbesserten Situationsbewusstseins durch geeignete Vernetzung seien dabei Datenfusion und Verbesserungen in der zeitlichen Bereitstellung von Information, das Ausmerzen von Fehlern durch Mehr-Perspektiven-Betrachtung und die Möglichkeit zum Abgleich mit bereits vorhandenem Wissen, u. a. durch „Reach-Back", genannt (Alberts et al. 2001: 193–194).

Da es sich im Umgang mit den Einzelelementen dieser Wertschöpfungskette zugleich um das Studium komplexer, adaptiver Systeme handelt, ist weitergehender Forschungs- und Experimentierbedarf dringend angezeigt, u. a. für die Bestimmung der Leistungsfähigkeit föderierter Informationssysteme (InfoSys), zum besseren Verstehen kognitiver Prozesse ebenso wie des Verhaltens verteilter Teams und zur Durchdringung der Besonderheiten virtueller Kollaboration. Bereits jetzt steht aber fest, dass das Arbeiten in einer vernetzten Umgebung zum Erlernen neuer Individualfähigkeiten zwingt (Teilen von Information, Info-*Pull* aus einem föderierten InfoSys, rollengerechtes Verhalten bei Kollaboration und Selbst-Synchronisierung), ferner zum Abwägen über die richtige Mischung zwischen Möglichkeiten zur Automation und fortbestehendem Bedarf nach menschlicher Einflussnahme. Außerdem ist anzuerkennen, dass es bei aller Euphorie über das in der Vernetzung von Informationsstrukturen enthaltene Wertschöpfungspotenzial immer wieder auch einen Bedarf nach „Insellösungen" geben wird, z. B. aus Gründen der Spezialisierung oder notwendigen Be-

---

[7] Zu den Einzelelementen dieser Wertschöpfungskette siehe Alberts (2002: 129) und Alberts et al. (2001: 24–26).

schränkungen für die Datenverarbeitung und -übertragung bei der Notwendigkeit zur Geheimhaltung.

Zusammenfassend bleibt aus diesen theoretischen Grundlagen im Informationszeitalter festzuhalten, dass die Synergien durch Organisation einer vernetzten Team-Leistung, charakterisiert durch die Möglichkeiten zur virtuellen Kollaboration und einem Trend zur Dezentralisierung von Entscheidungen, die Summe der Einzelleistungen aller Wissensentitäten im Netz deutlich übersteigen kann. Dabei stellen die Bereitstellung einer robusten Informationsstruktur (das eigentliche Netz mit der Möglichkeit zum „plug-and-play" der Netzteilnehmer) und der zugehörigen Informationsdienstleistungen lediglich das Schaffen der technologischen Voraussetzungen dar. Konzeptionell bedarf es darüber hinaus weiterer Anstrengungen in der intellektuellen Durchdringung aller Bausteine der oben beschriebenen Wertschöpfungskette.

3 Vernetzte Sicherheit in Deutschland

Aus Sicht der Bundesrepublik Deutschland besteht das geänderte Bedrohungsbild mit seinen neuen Risiken[8] zu Beginn des 21. Jahrhunderts darin, dass die weit überwiegende Mehrzahl aktueller bewaffneter Konflikte innerstaatlicher Natur ist. Das signalisiert zugleich eine mangelnde Gewährleistung der physischen Sicherheit der betroffenen Bürger und ihrer Rechtssicherheit durch den Staat. Damit geht eine Privatisierung der Gewalt und das Wiedererscheinen von Krieg als Unternehmensform einher, deren Rentabilität von einer niedrigen, aber kontinuierlichen Konfliktintensität und der Involvierung billiger Kämpfer (z. B. Kindersoldaten) mit bestimmt wird. Die Übergänge zur organisierten Kriminalität sind dabei fließend (Die Bundesregierung 2004: 50). Im Ergebnis dieser Analyse hat sich die Erkenntnis durchgesetzt, dass nur ein „erweiterter bzw. umfassender Sicherheitsbegriff"[9] sowohl der Komplexität der Problembeschreibung als auch der dazu erforderlichen Reaktion gerecht wird. Eben dieser Reaktionsmechanismus auf weltweit sich anbahnende Krisen, deren Behandlung nach einem gewaltsamen Ausbruch und die notwendige Nachsorge nach einer erfolgreichen Konfliktbeendigung wurde erstmals im Sommer 2000 im „Gesamtkonzept der Bundesregierung: ‚Zivile Krisenprävention, Konfliktlösung und Friedenskonsolidierung'" verabschiedet (Die Bundesregierung 2000). Unter dem bewusst so gewählten Sammelbegriff „Zivile Krisenprävention" wird darin die Verfügbarkeit einer nationalen wie internationalen Infrastruktur in einem umfassenden Ansatz beschrieben. Das Gesamtkonzept betont die Bedeutung von Abstimmung und Koordinierung zwischen nationalen und internationalen, staatlichen wie auch nicht-staatlichen Akteuren. Das Ziel ist

---

[8] Die neuen Risiken haben transnationale Wirkungen: Probleme wie zerfallende Staaten, internationaler Terrorismus, Proliferation von Massenvernichtungswaffen, Organisierte Kriminalität, Menschenhandel, Armut, Seuchen oder Umweltzerstörung betreffen alle Politikbereiche. Eine wirksame krisenpräventive Politik erfordert daher einen integrativen Ansatz und die Bündelung der einzelnen Politikfelder zu einer kohärenten Strategie. Außen-, Sicherheits- und Entwicklungspolitik müssen stärker als bisher zur Krisenprävention genutzt werden. Angesichts von Ökonomisierung und Ökologisierung vieler Konflikte muss Krisenprävention auch Eingang in Wirtschafts-, Finanz- und Umweltpolitik finden. Kein Akteur allein – weder auf nationaler noch auf internationaler Ebene – verfügt über alle Strategien, Instrumente und Ressourcen, die für Krisenprävention, Krisenmanagement und Konflikt-Nachsorge erforderlich sind (Die Bundesregierung 2006: 13).
[9] Erweiterter Sicherheitsbegriff, der politische, ökonomische, ökologische und soziale Stabilität um-fasst. Grundlage dafür sind die Achtung der Menschenrechte, soziale Gerechtigkeit, Rechtsstaatlichkeit, partizipatorische Entscheidungsfindung, Bewahrung natürlicher Ressourcen, Entwicklungschancen in allen Weltregionen und die Nutzung friedlicher Konfliktlösungsmechanismen (Die Bundesregierung 2006: 12, 87).

dabei stets eine auf die jeweilige Situation zugeschnittene Gesamtstrategie. Durch einen effektiven Dialog soll die Zivilgesellschaft verstärkt in Bemühungen zur Krisenprävention einbezogen werden. Die verschiedenen, auf nationaler und internationaler Ebene entwickelten Instrumente sollen eng miteinander verzahnt werden (Die Bundesregierung 2004: 18). Als staatlicher Beitrag Deutschlands zu einem solchen größeren Ganzen sollen die unterschiedlichen Instrumente nationalen Regierungshandelns dabei koordiniert und wann immer möglich konfliktpräventiv zur Wirkung gebracht werden (BMVg 2006: 2–3).

Im Jahre 2004 wurde dieses umfassende Sicherheitsverständnis mit seinen zugehörigen Prinzipien in einem Aktionsplan der Bundesregierung mit 161 mittel- bis langfristig angelegten, konkreten Einzelaktionen formalisiert. Als staatlicher Beitrag zu einem kohärenten Handeln mit anderen in- und ausländischen Akteuren wurde damit die Zivile Krisenprävention als fester Bestandteil deutscher Friedenspolitik und damit als politische Querschnittsaufgabe in der Gestaltung aller relevanten Politikbereiche[10] verankert. An der Erarbeitung dieses Plans hatten neben der Bundesregierung Repräsentanten der Legislative, der Zivilgesellschaft, der Wissenschaft und anderer Institutionen mitgewirkt. Die wichtigsten Eckpunkte des Aktionsplans und der Maßnahmen zu seiner Umsetzung sind:

- die Orientierung am erweiterten Sicherheitsbegriff und eine umfassende Interpretation der Krisenprävention als Politik vor, während und nach einem Konflikt,
- das Prinzip des alle Ressorts umfassenden, kohärenten Vorgehens unter Verzahnung aller verfügbaren Instrumente,
- die Erkenntnis, dass Kooperation und Transparenz auf nationaler Ebene durch entsprechende krisenpräventive Strukturen getragen werden müssen und eine wirksame Krisenprävention im multilateralen Verbund die Verfügbarkeit, Befähigung und Vernetzung entsprechender Strukturen auf europäischer und globaler Ebene voraussetzt,
- die komplementäre Rolle der Zivilgesellschaft und nicht staatlicher Akteure unter besonderer Berücksichtigung des Friedenspotenzials von Frauen.

Davon abgeleitet werden strategische Ansatzpunkte (Herstellung verlässlicher staatlicher Strukturen (Rechtsstaatlichkeit, Demokratie, Menschenrechte, Sicherheit), Schaffung von Friedenspotenzialen (in der Zivilgesellschaft, bei den Medien sowie in Kultur und Bildung), Sicherung von Lebenschancen der betroffenen Menschen (durch Maßnahmen in Wirtschaft, Gesellschaft und Umwelt) und weltweite Handlungsfelder definiert (Nichtverbreitung, Abrüstung und Rüstungskontrolle, Verrechtlichung der Konfliktaustragung, Mitwirkung der Internationalen Finanzinstitutionen (IWF, Weltbank, regionale Entwicklungsbanken), globale Partnerschaften zwischen privatem und öffentlichem Sektor) sowie die globalen und regionalen Partner (in der Hauptsache UN, OSZE, EU, NATO, zivilgesellschaftliche Akteure) benannt (Die Bundesregierung 2004: 12).

In Würdigung der Tatsache, dass solchermaßen formalisierte querschnittliche Prinzipien für eine umfassende Sicherheitsvorsorge aber weiterhin der Ressortunabhängigkeit des jeweils mit der Anwendung betrauten Bundesministeriums unterworfen bleiben, sieht der Aktionsplan eine ablauforganisatorisch einzurichtende nationale Infrastruktur der Krisenprävention in einer ganzen Reihe seiner Einzelaktionen vor. Dazu gehören insbesondere:

---

[10] Wegen ihrer Bedeutung für das erweiterte Sicherheitsverständnis werden dabei im Kern die Verantwortlichkeiten von Außen-, Sicherheits- und Entwicklungspolitik genannt, in beitragender Rolle aber ebenso Wirtschafts-, Umwelt-, Finanz-, Bildungs-, Kultur- und Sozialpolitik (Die Bundesregierung 2006: 7).

- die unverzügliche Benennung von Ansprechpartnern/Beauftragten für zivile Krisenprävention in den betroffenen Ressorts (Aktion 135),
- die Einrichtung eines regelmäßig tagenden „Ressortkreis zivile Krisenprävention" (RK ZK) aus diesen Beauftragten, unter Vorsitz eines Botschafters des Auswärtigen Amts (AA) und mit dem Auftrag der Implementierung des Aktionsplans (Aktion 136),
- das bedarfsgerechte Verfügbarmachen von Personal durch die Bundesregierung (Aktion 137),
- eine querschnittliche Schulung, Weiterbildung und Simulation der Mitarbeiter in den Ressorts (Aktion 138),
- die Verstetigung von Haushaltsmitteln für Krisenprävention (Aktion 139),
- die fallweise Einrichtung von Länder- und Regionalgesprächskreisen für die Entwicklung angepasster Einzelstrategien (Aktion 140),
- eine gezielte Prüfung der Einrichtung von gemeinsamen Haushaltsmitteln für AA, BMVg (Bundesministerium der Verteidigung) und BMZ (Bundesministerium für wirtschaftliche Entwicklung und Zusammenarbeit) nach britischem Vorbild (Aktion 145) und
- die Einrichtung eines „Beirat Zivile Krisenprävention" aus Vertretern der Zivilgesellschaft (Nichtregierungsorganisationen, Kirchen, Wirtschaft) zur fachlichen Begleitung der Arbeit des RK ZK (Aktion 147).

Eine detaillierte Analyse der Umsetzung des Aktionsplans auf Grundlage der zweijährigen Berichtspflicht der Bundesregierung und mithin der beiden mittlerweile vorliegenden Rechenschaftsberichte der Jahre 2006 und 2008 (siehe hierzu Die Bundesregierung 2006, 2008) ergibt zunächst, dass der weitaus überwiegende Teil weniger den Fortschritt bei den Einzelaktionen als vielmehr der vielfachen Wiederholung der oben dargestellten Prinzipien zur Zivilen Krisenprävention und der zugehörigen Einflussnahme Deutschlands auf internationale Gremien und Organisationen gewidmet ist.[11] Hinsichtlich der oben ausgewählten Einzelaktionen mit konkreter Bedeutung für die national ablauforganisatorisch einzunehmende Infrastruktur der Krisenprävention lässt sich im 6. Umsetzungsjahr festhalten, dass

- die Ansprechpartner der beteiligten Ressorts benannt sind und der RK ZK seit dem 20.09.2004 in einem Rhythmus von 4–5 Sitzungen pro Jahr regelmäßig tagt. Dabei befördert er als Informations- und Koordinierungsgremium zwar die horizontale Zusammenarbeit der Ministerien, erfährt aber regelmäßig die Grenzen seiner operativen Durchsetzungskraft, da er kein politisches Steuerungsgremium darstellt;
- sich die Personalgestellungen durch die Bundesregierung bislang auf die Einrichtung eines Arbeitsstabs im AA und den punktuellen Einsatz von Austauschbeamten auf freiwilliger Basis der abgebenden und aufnehmenden Ressorts beschränken;
- die Aus- und Fortbildung durch ressortgemeinsame Seminare und Konferenzen sowie durch Ergänzung der Curricula an der Bundesakademie für Sicherheitspolitik, in der Diplomatenausbildung und an der Führungsakademie der Bundeswehr verbessert wurde. Außerdem befinden sich die vorbereitenden Arbeiten an einem „Nationalen Planspiel" in ihrer Schlussphase, mit dem die Teilnehmer in Einsatzszenarien mit unterschiedlichen Formaten deutscher Beteiligung geschult werden sollen, um unterschied-

---

[11] Dieser Bericht soll nicht Rechenschaft über die Umsetzung der 161 Aktionen des Aktionsplans ablegen, welche zunächst auf einen Zeitraum von 5–10 Jahren ausgelegt und weiterzuentwickeln sind. Zudem handelt es sich bei den meisten Aktionen um langfristige Fokussierung der Präventionspolitik im Gegensatz zu kurzfristig umzusetzenden Einzelmaßnahmen (Die Bundesregierung 2006: 14).

liche Führungsverfahren und Einsatzgrundsätze kennen zu lernen und so auf eine Kooperation in Einsätzen vorbereitet zu werden;
- für den Zeitraum 2006–2008 insgesamt 10 Mio. Euro aus dem Haushalt des BMVg bereitgestellt wurden, mit denen insgesamt zehn gemeinsam beschlossene Projekte finanziert werden konnten, der Großteil davon in Form von „Provincial Development Funds" (PDF) in Nordafghanistan. Die Aufstockung weiterer direkt oder indirekt für Krisenprävention zur Verfügung stehender Mittel wurde allerdings für „ressortreine Zwecke" an AA und BMZ vergeben;
- als Pilotprojekt der übergreifende Ländergesprächskreis Nigeria eingerichtet wurde, der in einer politischen Analyse die strukturellen Defizite des Landes mit ihrem Krisenpotenzial aufbereitete und daraus im Oktober 2005 eine Politikstrategie mit Handlungsoptionen ableitete und vorlegte;
- der Prüfauftrag „Ressourcenpooling" eines Fonds für Konfliktprävention nach britischem Vorbild, der wegen der anders gelagerten Verhältnisse bei der Ausübung der Exekutivgewalt und im Haushaltsrecht mit dem vorläufigen Ergebnis der Nichtanwendbarkeit auf deutsche Verhältnisse abgearbeitet wurde;
- der Beirat „Zivile Krisenprävention", der seit 11.05.2005 eingerichtet wurde und zuletzt aus 19 Vertretern von Wirtschaft und Wissenschaft, nicht staatlichen Organisationen, Kirchen und politischen Stiftungen sowie Einzelpersönlichkeiten bestand. Dieser hat seine fachliche Beratungsfunktion des RK ZK in bislang acht Plenumssitzungen durchaus kritisch wahrgenommen[12] und darüber hinaus eigene thematische Initiativen entwickelt.

Parallel zum Einfluss des Aktionsplans und seiner Umsetzung haben sich in den vergangenen Jahren zwei quasi empirische Entwicklungen in Deutschland ergeben, welche gewissermaßen die gelebte Vernetzung sicherheitspolitischer Instrumente auf der Grundlage äußerer Notwendigkeiten darstellen. Als Reaktion auf einen zunehmenden Zwang zur Spezialisierung bei gleichzeitiger Ressortdurchlässigkeit hat sich eine Vielzahl von Einrichtungen der Sicherheitsvorsorge im Inland etabliert. Ausgewählte Einzelbeispiele für diese Art nationaler, staatlicher Vernetzung sind das Krisenreaktionszentrum im AA, der Einsatzführungsstab im BMVg, das Nationale Lage- und Führungszentrum für die Sicherheit im Luftraum, das Gemeinsame Terrorismusabwehrzentrum, das Maritime Sicherheitszentrum sowie Einrichtungen des Bevölkerungsschutzes von Bund und Ländern, alle mit einem dezidierten Federführer eines Ressorts und freiwilligen Beistellungen aus anderen Ressorts ausgestattet. Das zugehörige Pendant für die gelebte Ressortgemeinsamkeit im Ausland sind die „Provincial Reconstruction Teams" (PRT) in Afghanistan mit Beistellungen aus AA, Bundesministerium des Inneren (BMI), BMVg, BMZ und deren Unterorganen. Zwar wurde deren Funktionsweise in der Zwischenzeit auch mit einem mehrfach aufdatierten Konzept der Bundesregierung für ihren Betrieb unterlegt, tatsächlich ergab sich die Not-

---

[12] Dem Beirat ist bewusst, dass der Aktionsplan nach innen wie nach außen ein außerordentlich am-bitioniertes Vorhaben der Bundesregierung darstellt. Mit ihm hat erstmals der Gedanke einer kohärenten ressortübergreifenden und die vielfältigen nicht staatlichen Akteure einbeziehenden Außenpolitik konkret Gestalt angenommen. Das hat indes nach unserem Eindruck zugleich auch die strukturellen Hindernisse, die sich aus der fortbestehenden Ressortbindung von Entscheidungen, divergierenden Routinen und konfligierenden Interessen ergeben, deutlicher hervortreten lassen. Die außerordentlich komplexe Aufgabenstellung des Aktionsplans kollidiert daher nahezu unverändert mit unzureichenden Instrumenten für ihre Umsetzung. Auch hat der Beirat angesichts der bisherigen Erfahrungen Zweifel, dass zivile Krisenprävention und Friedensförderung als eine die Ressorts umfassende und anleitende Querschnittsaufgabe und als langfristiger Schwerpunkt deutscher Außen-, Sicherheits- und Entwicklungspolitik im Bewusstsein der Handelnden verankert ist (Die Bundesregierung 2008: 2–3).

wendigkeit für diese neuartige Form des Zusammenwirkens aber zunächst aus den Gegebenheiten vor Ort.

Ungeachtet des integrierenden und im Grundsatz vernetzten Charakters der bis hierher beschriebenen nationalen Gesamtkonzeption (erweiterter Sicherheitsbegriff, Aktionsplan, ganzheitliche Herangehensweise) und deren tatsächlicher, teilweise noch lückenhafter Ausgestaltung in Deutschland, taucht der Begriff „Vernetzte Sicherheit" (wie in Kapitel 1 definiert) fast ausschließlich im Sprachgebrauch der Bundeswehr auf. Das wirkt umso weniger überraschend, wenn man das fortgesetzt ambivalente Rollenverständnis großer Teile der deutschen Politik und Gesellschaft im Umgang mit den eigenen Streitkräften berücksichtigt. Demnach genießen vorbeugende und zivile Maßnahmen Priorität vor einer militärischen Reaktion. Dazu sollen in der Sprache des Aktionsplans eine Kultur der Prävention und des Dialogs gefördert werden sowie der Fokus auf Konfliktprävention (einschließlich Konfliktlösung und Friedenskonsolidierung) und friedliche Konfliktaustragung zugleich eine Präferenz für die Nutzung ziviler Instrumente zum Ausdruck bringen (Die Bundesregierung 2004: 11, 18). Dennoch wird eingeräumt, dass auch die Bundeswehr einen Beitrag zur Handlungsfähigkeit der Bundesregierung auf dem Gebiet der Krisenbearbeitung leistet. Dies betrifft neben robusten Einsätzen zur Krisenprävention, Krisenbewältigung und Krisennachsorge vor allem den Dialog und die Kooperation zur Förderung ziviler Krisenprävention. Militärische Ausbildungshilfe und die Entsendung von Militärischen Beratern haben zu beachtlichen Erfolgen bei der Reform von Streitkräften in den Partnerländern geführt (Die Bundesregierung 2004: 70). Immer wieder wird dabei gerade der zivile Charakter des militärischen Engagements betont, beispielsweise auch in der besonderen Hervorhebung der Teilkonzeption Zivil-Militärische Zusammenarbeit („Civil-Military Cooperation" – CIMIC) der Bundeswehr, welche als konzeptionelles Grundlagendokument die zivil-militärische Zusammenarbeit innerhalb Deutschlands und bei Auslandseinsätzen der Bundeswehr regelt. In enger Abstimmung mit den zivilen Partnern vor Ort sowie AA und BMZ in Deutschland werden Ziele und Durchführungsmodalitäten festgelegt und die Finanzierung von Projekten in den Einsatzgebieten der Bundeswehr sichergestellt. Seit 1997 hat die Bundeswehr so in ihren Einsätzen 4.780 Projekte mit einem Gesamtvolumen von 41 Mio. Euro zur Unterstützung des zivilen Umfelds durchgeführt (Die Bundesregierung 2006: 91–92).

Diese für notwendige Einsätze der Bundeswehr an den Tag gelegte Ambivalenz im Verständnis eines „notwendigen Übels" bei gleichzeitiger Überbetonung ihrer zivilen und damit vermeintlich krisenpräventiveren und friedlicheren Teilfähigkeiten, lässt auf ein weit schwerwiegenderes, einer echten Vernetzung aller relevanten Akteure für eine gegebene Problemlösung im Wege stehendes, nationales Dilemma schließen. In dem Maße, in dem Vertreter des AA auf der durch Grundgesetz und Kabinettsbeschlüsse abgesicherten Zuständigkeit für alle Belange der äußeren Sicherheit und Vertreter des BMI auf der ausschließlichen Zuständigkeit für die innere Sicherheit der Bundesrepublik Deutschland und ihrer Bürger beharren, macht der erweiterte oder umfassende Sicherheitsbegriff keinen realpolitischen Sinn. So betrachtet muss die Nutzung eines Begriffs wie Vernetzte Sicherheit im Sprachgebrauch von Vertretern des BMVg und der Versuch der praktischen Ausgestaltung wie ein Signal zum beabsichtigten „Aufstieg in die 1. Liga der Sicherheitspolitik" klingen. Anders ausgedrückt scheitert der konzeptionell ernst gemeinte Versuch, in Deutschland eine echte Mannschaftsleistung zur ganzheitlichen Bewältigung von Sicherheitsherausforderungen zu organisieren, nach wie vor am Status Quo bestehender politischer Machtverhältnisse. Die echten Alternativmodelle[13] zum ablauforgani-satorisch eingerichteten Feigenblatt eines RK ZK sind lange bekannt und reichen auf Seiten der Exekutive von der Einrichtung eines Nationalen Sicherheitsrates oder der Benennung eines Koordinators für Sicherheitsfragen im Kanzleramt bis hin zur Aufstellung einer eigenständigen Bundesbehörde. Auf Seiten der Legislative ließe sich das beispielsweise durch die Einrichtung eines Bundestagsausschuss für Sicherheitsfragen spiegeln.

4 Vernetzte Operationsführung der Bundeswehr

In Ergänzung zu der in Kapitel 1 gegebenen Definition von NetOpFü als der Führung und dem Einsatz von Streitkräften auf Grundlage eines alle Führungsebenen übergreifenden und interoperablen Informations- und Kommunikationsverbundes unterstützt diese ein weiteres Konzept, mit dem NetOpFü quasi im Team antritt, nämlich das der „Wirkungsorientierten Operationsführung".[14] Diese umfasst das einheitlich geplante und durchgeführte Zusammenwirken militärischer Fähigkeiten mit anderen Instrumenten von Staaten, Bündnissen und Organisationen. Sie berücksichtigt alle Faktoren, die zur Erreichung politischer und militärisch-strategischer Ziele erforderlich sind (BMVg 2006: 107). Aus dieser Beschreibung wird die enge Verbindung zu den in Kapitel 3 dargestellten Prinzipien einer ganzheitlichen Lösungsstrategie im Sinne eines umfassenden Sicherheitsbegriffs deutlich. Mithin können NetOpFü und Wirkungsorientierung also als der militärische und konkrete Beitrag zu einem sicherheitspolitisch größeren Ganzen verstanden werden.

Bereits im Jahr 2004 wurde mit Herausgabe der „Konzeption der Bundeswehr" (KdB) die Realisierung der Fähigkeit zu NetOpFü als die wichtigste Einzelmaßnahme in der kontinuierlichen Transformation der Bundeswehr festgeschrieben. Parallel und in gegenseitiger Abstimmung mit den Entwicklungen bei zahlreichen befreundeten Streitkräften und in der NATO wurden seither konzeptionell wie experimentell und durch technologische Untersuchungen erhebliche Fortschritte erzielt. Auf dieser Grundlage wurde mit Weisung des Generalinspekteurs der Bundeswehr vom 15.04.2009 der Nachweis einer „Erstbefähigung NetOpFü" (EB NetOpFü) in Form einer Demonstrationsübung im Jahr 2013 beauftragt (DEMOEX 2013)[15]. Die Projektleitung in Form von Steuerung und Koordinierung des zugehörigen mehrjährigen Vorhabens EB NetOpFü wurde dem Kommando für die operative Führung der Eingreifkräfte (KdoOpFüEingrKr) im Ulm übertragen. Dieser Nachweis einer Erstbefähigung ist als „proof of principle" zu verstehen, also dem grundsätzlichen Nachweis der Machbarkeit unter Einbeziehung von Truppenteilen aller Teilstreitkräfte. Einzige Auflage dabei ist die primäre Verwendung bis 2012 in die Bundeswehr eingeführter IT- und Kommunikationssysteme. Aufbauend auf die im Jahr 2013 erzielten Ergebnisse

---

[13] Die oft diskutierte Stärkung der Kompetenzen des Bundessicherheitsrates als reinem Kabinettsausschuss ist nach Meinung des Autors kein echtes Alternativmodell.
[14] Obwohl in dieser Form im Weißbuch 2006 verbindlich angewiesen, gibt es derzeit in der Bundeswehr noch erhebliche Diskussionen über dessen Umsetzung, ganz im Sinne der in Kapitel 1 ausgeführten natürlichen Anfangswiderstände gegenüber transformatorischen und damit disruptiv innovativen neuen Konzepten. Unter den Begriffen „Effects Based Operations" (EBO) und „Effects Based Approach to Operations" (EBAO) gibt es mittlerweile eine Fülle von Fachliteratur, die dieses Konzept der Wirkungsorientierung und seine Anwendung bei anderen Streitkräften umfänglich beschreibt.
[15] Mit Stand Januar 2011 ist dieses Vorhaben zwar nach wie vor durch den Generalinspekteur der Bundeswehr gewiesen, es besteht aber die begründete Sorge, dass es in Folge der anstehenden großen Reformen entfallen könnte.

sollen die Teilbefähigung NetOpFü dann in den Jahren 2015/16 und die Vollbefähigung NetOpFü für 2020/21 erreicht werden.[16]

Da bei DEMOEX 2013 nur bereits eingeführte oder bis dahin beschaffte Führungs-, Informations- und Waffeneinsatz-Systeme miteinander verbunden werden sollen, bedarf es also – auch in Würdigung der bereits experimentell erzielten Untersuchungsergebnisse und der in Vorbereitung auf DEMOEX 2013 zu erwartenden Erkenntnisse – einer Migrationsstrategie zur Vernetzung aller bestehenden Entitäten (Sensoren, Führungssysteme, Effektoren; im Einsatz- und im Heimatland) zu einem IT-System der Bundeswehr (IT-Sys Bw) nach den Prinzipien „gemeinsam, modular und flexibel" (Leinhos 2009). Angesichts der gewachsenen und schier unübersichtlichen Landschaft an in der Bundeswehr vorhandenen Einzelsystemen bedarf es für eine solche Migration des Muts, in der Vergangenheit getroffene Entscheidungen kritisch zu hinterfragen und bei erkennbar fortbestehenden Inkompatibilitäten zwischen Einzellösungen notfalls harte Entscheidungen ausschließlich nach dem Kriterium der Vernetzungsfähigkeit im Gesamtverbund zu treffen.

Neben diesem grundsätzlichen und noch einige Zeit andauernden Migrationsprozess gilt es mit Blick auf DEMOEX 2013, noch eine Reihe technologischer Einzelprobleme zu lösen. Ganz nach dem Motto „NetOpFü bedeutet: ohne Net keine OpFü" (Marschall 2009) bedarf es zur Realisierung eines interoperablen Verbundes aller beteiligten Führungs-, Informations- und Waffeneinsatz-Systeme vor allem der Installation und des Betriebs einer Informations-Drehscheibe zur Integration der Systeme und ihrer Daten (Groth 2009). Das geht weit über die manchmal zu stark fokussierte Betrachtung von taktischen Sensor-Effektor-Verbünden hinaus. Um die gewünschte Informations- und Führungsüberlegenheit zu erreichen, müssen stattdessen raum- und strukturübergreifende Informationsaustauschbeziehungen ermöglicht werden (Marschall 2009). Dabei muss es darum gehen, die traditionelle Vorgehensweise zur Optimierung von Wirkungsketten (individuelle *sensor-to-shooter*-Ketten) aufzubrechen und im Sinne flexibler und verteilter Dienste zu einer Wirkstruktur integrierter Waffen- und Einsatzsysteme mit der Fähigkeit zur Selbst-Synchronisation neu zu verknüpfen. (Wolf 2009). Die eigentliche Managementleistung im Design eines solchen Verbundes besteht darin, das Netzwerk als solches zu konfigurieren und Entscheidungen über automatisierte gegenüber manuellen (Teil-)Prozessen bzw. die Koordinierung der nicht-automatisierten Anteile zu treffen (Barth 2009).

Wie allerdings bereits in Kapiteln 1 und 2 ausgeführt, besteht über die Lösung der technischen Probleme hinaus die eigentliche Herausforderung in der Realisierung einer Transformationsidee wie NetOpFü in den notwendigen Anpassungen bei Organisation und Verfahren (Leinhos 2009). Kybernetisch betrachtet gilt es dabei zwei Ausprägungen zu betrachten:

- Wie lassen sich Köpfe ersetzen? (Frage nach den Möglichkeiten zur Automation im vernetzten Verbund) und
- wie muss man die verbliebenen Köpfe vernetzen? (Frage nach dem Schaffen der Voraussetzungen für das Treffen komplexer Entscheidungen).

---

[16] Während die EB NetOpFü in drei ausgewählten Anwendungsfällen mit den Teilkonzepten Luftverteidigung/ Flugabwehr, Streitkräftegemeinsame Taktische Feuerunterstützung (STF), Schutz nachgewiesen werden soll, ist der Gegenstand der Teilbefähigung ein voll funktionsfähiger Verbund Aufklärung – Führung – Wirkung, wobei sich die Vollbefähigung über das gesamte Fähigkeitsspektrum der Bundeswehr erstrecken soll (Führungsfähigkeit, Nachrichtengewinnung und Aufklärung, Wirksamkeit im Einsatz, Überlebensfähigkeit und Schutz, Unterstützung und Durchhaltefähigkeit, Mobilität).

Die damit verbundene Frage ist die der Anpassungswürdigkeit und -fähigkeit vor allem der heute genutzten militärischen Führungsprozesse in einer vernetzten Umgebung. Gerade dieser Aspekt hat in der Bundeswehr besonders leidenschaftlich geführte Diskussionen ausgelöst, bei denen oftmals die in Kapitel 1 beschriebenen Phänomene der Angst vor dem Unbekannten und der realen Sorge um den Verlust von Organisationsmacht, oftmals noch verstärkt um Elemente eines Generationenkonflikts im Vordergrund stehen. Es lohnt sich also, die psychologischen Auswirkungen auf Führer und Soldaten im Netz noch genauer zu untersuchen, experimentell zu überprüfen und die Ergebnisse nicht nur in die Anpassung von Führungsprozessen und Doktrinentwicklung einfließen zu lassen, sondern vor allem in Ausbildungs- und Trainingsmaßnahmen (Detje 2009).

Ein besonders gelungenes Beispiel dafür, welches Potenzial bereits heute in intelligent angewendeter Vernetzung steckt, wenn konzeptionelle Durchdringung – auch im Austausch mit nicht-militärischer Expertise –, technische Realisierung und die geeignete Anpassung von Einsatzverfahren mit der richtigen Mentalität zusammentreffen, liefert der Sanitätsdienst der Bundeswehr. Dort ist es in den vergangenen Jahren gelungen, ein „Near-Realtime Disease Surveillance System" zur krankheits- und symptombasierten Überwachung an den Einsatzorten der Bundeswehr zu etablieren, das halb automatisch aus Deutschland heraus in den besonders kritischen ersten drei Tagen einer möglicherweise aufkommenden Epidemie alle Frühwarnindikatoren analysiert und das zeitgerechte Auslösen von Gegenmaßnahmen erlaubt. Ebenso hat die in Gefechtsstände integrierte „Patient Evacuation Coordination Cell" zu einer erheblichen Verbesserung und Erleichterung bei der Steuerung des Patientenflusses als Funktion vorhandener Sanitätseinrichtungen und Verwundetentransportmittel geführt. Schließlich folgt die aus dem zivilen Bereich übernommene Telemedizin für den Einsatz von Experten dem Prinzip „moving information – not people". Alle diese Errungenschaften werden in dem Sanitätsdienstlichen Führungs- und Einsatzsystem (SAFES) zur Verwundetensteuerung einschließlich Dokumentation und zum „Patiententracking" zusammengefasst (Kowitz 2009).

5 Zusammenfassung: keine nationalen Sonderwege

Ungeachtet des beträchtlichen Potenzials, das in der intelligenten Vernetzung sicherheitspolitisch relevanter Akteure und Strukturen steckt, gibt es in der gegenwärtig noch andauernden Übergangsphase vom Industrie- zum Informationszeitalter nach wie vor zahlreiche Hindernisse auf dem bereits eingeschlagenen Weg.

Dazu gehören in allen anpassungswürdigen Aufbau- und Ablauforganisationen staatlicher wie nicht-staatlicher, nationaler und supra- wie internationaler Entitäten deren bis dahin gewachsene Standards, die entsprechende Gewöhnungseffekte nach sich gezogen haben. Zur Überwindung solcher Gewohnheiten bedarf es entweder zwingend äußerer Einflüsse, gleichsam als Katalysator, oder einer Bereitschaft zum selbstkritischen Hinterfragen des Status Quo in Verbindung mit einer gezielten Suche nach Verbesserungsmöglichkeiten. Aber selbst bei vorliegender Erkenntnis in die Notwendigkeit oder einer intrinsisch motivierten Bereitschaft, den offenkundig viel versprechenden Fähigkeitsgewinn interoperabler Vernetzungstechnologien und -verfahren zu nutzen, sind die zugehörigen Implementierungsstrategien regelmäßig von einem Hang zu „sanften Übergängen" geprägt. Das hängt zum einen mit den bisher getätigten Investitionen zusammen, die beginnend bei Personalgewinnung und dessen Ausbildung bis hin zu materiellen und organisatorischen Ausprägungen nicht auf Vernetzbarkeit angelegt waren, aber weiter „friedlich ko-existieren" sollen. Dieses Phänomen wird noch durch einen unterschwelligen Generationenkonflikt verschärft, bei dem IT-Produkte, -Systeme und -Dienstleistungen durch die „Generation Gameboy" alltäglich genutzt werden, während in den älteren, derzeit noch den Berufsalltag dominierenden Generationen weiterhin Vorbehalte bestehen, die unter anderem mit deren relativ spätem Erwerb von Computerkenntnissen zu tun haben könnten.

Haupthinderungsgrund für eine disruptive Einführung vernetzter Architekturen, vor allem bei staatlichen Organen und Instrumenten, ist jedoch der antizipierte Verlust an heutiger Organisationsmacht. Bei konsequenter Anwendung von Vernetzungsprinzipien müsste nämlich nicht nur meistens eine größere Zahl an zu einer Entscheidung beitragenden Akteuren und Elementen einbezogen werden, ein Großteil davon wäre auch dem eigenen direkten Regelungsbereich und der zugehörigen Organisationshierarchie entzogen. Dadurch werden weitgehend unspezifische Sorgen vor den noch unbekannten Auswirkungen einer Vernetzung um reale Ängste hinsichtlich Verlusts von Macht und Einflussmöglichkeiten verstärkt. Es bedarf also in Würdigung der in Kapitel 2 dargestellten Prinzipien zur Vernetzungstheorie vor allem einer neuen Kultur von Team-Fähigkeit mit Individualbeiträgen im Sinne eines eigenen (Mehr-)Rollenverständnis und dem uneingeschränkten Willen zum Kollaborieren in einem Verbund mit anderen.

Neben diesen allgemeinen Hemmnissen auf dem Weg zu einer systematischen Ausgestaltung des Prinzips Vernetzung gibt es in Deutschland zwei Besonderheiten, die wie in Kapiteln 3 und 4 dargestellt, das Risiko eines nicht-interoperablen Sonderwegs in sich tragen. Unter dem Begriff der Vernetzten Sicherheit ist das die Erkenntnis, dass zwar Änderungen der Bedrohungslage seit 1990 im sicherheitspolitischen Umfeld einerseits und die Bereitstellung grundlegend neuer Fähigkeiten im Informationszeitalter andererseits zu berücksichtigen sind. Anders als bei anderen Nationen fehlt aber zur Bündelung dieser Erkenntnisse aus äußeren und inneren Einflüssen in eine zielgerichtete politische Umsetzung nach wie vor die Definition der nationalen Interessen Deutschlands in einer nachvollziehbaren und weisungsgebenden Form. Obwohl sich dieses fortbestehende Fehlen teilweise mit historischen Entwicklungen nach dem 2. Weltkrieg und den Verfassungsbesonderheiten des Artikels 65 Grundgesetz (Richtlinienkompetenz des Bundeskanzlers versus Ressortunabhängigkeit der Minister) begründen lässt, ist der tiefer sitzende Grund vor allem in der Bildung von Koalitionsregierungen seit 1966 zu suchen. Der damals ausgelöste Dauerkompromiss der Vizekanzlerschaft und damit der Repräsentation des kleineren Koalitionspartners in Person des Außenministers hat im Ergebnis zu einer Paralyse der für die Entwicklung sicherheitspolitischer Zielvorgaben notwendigen Abstimmungen innerhalb der Exekutivorgane geführt. Ersatzweise exportiert die Bundesregierung ihre wesentlich weniger konkret ausformulierten Prinzipien der vorzugsweise zivilen Krisenprävention in alle internationalen Gremien, der sie angehört. In der weiteren Verstetigung der praktischen Arbeiten zur Vernetzten Sicherheit in Deutschland wäre es daher fatal, wenn als Ersatz für die in Kapitel 3 dargestellten querschnittlichen Lösungsmöglichkeiten (Nationaler Sicherheitsrat, Koordinator für Sicherheitsfragen, Sicherheitsausschuss des Bundestages, Sicherheitsoberbehörde) ausschließlich weiter auf das bislang mit wenig Befugnissen ausgestattete Gremium des Ressortkreis Zivile Krisenprävention gesetzt würde. Selbst eine Stärkung dieser ablauforganisatorischen Einrichtung durch eigenständigere Kompetenzen, zusätzliche Personalabstellungen und Haushaltsmittel würde weiterhin unter die oben dargestellte politische Paralyse fallen, wenn zugleich der Vorsitz weiterhin durch einen Botschafter des Auswärtigen Amts wahrgenommen würde. Alternativmodelle dazu, z. B. durch Rotation des Vorsitzes, besser noch durch ein Team in Anwendung moderner Vernetzungsverfahren, gälte es diesbezüglich zu entwickeln.

Der zweite Sonderweg, der vor allem die Interoperabilität der Bundeswehr mit anderen Streitkräften in Bezug auf Vernetzte Operationsführung gefährden könnte, ist einmal mehr eine allzu zögerliche Implementierungsstrategie, diesmal bei der Migration der existierenden IT-Insellösungen (z. B. SASPF, HERKULES, FüInfoSysSK, FüInfoSys der Teilstreitkräfte, sämtliche FÜWES) in ein ganzheitliches IT-System der Bundeswehr. Die auflagendominierte Vorgehensweise zum Nachweis einer Erstbefähigung NetOpFü in einer Demonstrationsübung 2013 ausschließlich auf Grundlage bis dann bereits eingeführter Systeme, die fortbestehende Weigerung des IT-Direktors der Bundeswehr, bereits in der Nutzung durch befreundete Streitkräfte befindliche moderne Standards auch nur zu betrachten (z. B. SOA – „Service Oriented Architec-tures"), vor allem aber die mangelnde Bereitschaft zu einem ernsthaften Diskurs über die bereits in ihrer Konstruktion verankerten Unverträglichkeiten weiterhin betriebener Systeme hinsichtlich ihrer grundsätzlichen Vernetzungsfähigkeit miteinander (z. B. FüInfoSysSK versus FüInfoSys Heer) illustrieren dabei den fehlenden Willen zu einer konsequenten Ausphasung von absehbar nicht-vernetzbaren Einzelsystemen. Um bei einem wie auch immer zustande kommenden Kompromiss für ein IT-System der Bundeswehr aber auch im multinationalen Verbund relevant und einsetzbar zu bleiben, wären neben den im Bündnis bereits vereinbarten formalen Vernetzungs- und Schnittstellen-Standards weitere Minima wie SOA- und IP-Fähigkeiten („Internet Protocol") für die Bewertung und Auswahl von Behaltenswertem gegenüber Auszusonderndem zu beachten.

Abschließend kann festgestellt werden, dass trotz derzeit fehlendem äußeren Druck für eine wirkungsvollere Implementierung bei der Vernetzung der nationalen Sicherheitspolitik (Vernetzte Sicherheit) und des zugehörigen militärischen Beitrages (Vernetzte und Wirkungsorientierte Operationsführung) alle zu berücksichtigenden Handlungsfelder der Transformation der Bundeswehr auch im größeren staatlichen Rahmen und darüber hinaus zu betrachten wären. Das bedeutet, dass die bereits bekannten und noch weiter zu untersuchenden Parameter von Vernetzung gleichzeitig und sich gegenseitig verstärkend auf Konzeption/Konzepte, Personal, Ausbildung/Übungen/Einsatz, Methoden/Verfahren, Organisation/Betrieb und Material/Ausrüstung übertragen werden müssen.

Literatur

Alberts, D.S. (2002) *Information Age Transformation: Getting to a 21st Century Military*, Washington, D.C.: CCRP Publication Series.
Alberts, D.S./Garstka, J.J./Hayes, R.E./Signori, D.A. (2001) *Understanding Information Age Warfare*, Washington, D.C.: CCRP Publication Series.
Alberts, D./Garstka, J.J./Stein, F.P. (2003) *Network Centric Warfare: Developing and Leveraging Information Superiority*, 2. Aufl., Washington, D.C.: CCRP Publication Series.
Auswärtiges Amt (2008) „Krisenprävention als gemeinsame Aufgabe: 2. Bericht der Bundesregierung über die Umsetzung des Aktionsplans – Bereichtzeitraum: Mai 2006 bis April 2008", http://www.ifa.de/pdf/zivik/ap_bericht02_de.pdf (Zugriff: 15.09.2010).
Barth, R. „Begleitung der Konzeption/Anwendung einer vernetzten Operationsführung (NetOpFü) mit Methoden der Operations Research (OR)", eigene Mitschrift des Autors vom Forum „Vernetzte Operationsführung", Bad Godesberg, 8./9. Oktober 2009.
Bundesministerium der Verteidigung – BMVg (Hg.) (2006) „Weißbuch 2006: Zur Sicherheitspolitik Deutschlands und zur Zukunft der Bundeswehr", Berlin: BMVg, http://www.bmvg.de/fileserving/PortalFiles/C1256EF40036B05B/W26UYEPT431INFODE/WB_2006_dt_mB.pdf (Zugriff: 15.09.2010).

Detje, F. „NetOpFü – Notwendige Softskills zur Vernetzung von Entscheidungsträgern, Psychologische NetOpFü-Erstbefähigung", eigene Mitschrift des Autors vom Forum „Vernetzte Operationsführung", Bad Godesberg, 8./9. Oktober 2009.

Die Bundesregierung (2000) „Gesamtkonzept der Bundesregierung: ‚Zivile Kriesenprävention, Konfliktlösung und Friedenskonsolidierung'", Berlin.

Die Bundesregierung (2004) „Aktionsplan: ‚Zivile Krisenprävention, Konfliktlösung und Friedenskonsolidierung'", Berlin, http://www.auswaertiges-amt.de/diplo/de/Aussenpolitik/Themen/Krisenpraevention/Downloads/Aktionsplan-De.pdf (Zugriff: 15.09.2010).

Die Bundesregierung (2006) „Sicherheit und Stabilität durch Krisenprävention gemeinsam stärken: 1. Bericht der Bundesregierung über die Umsetzung des Aktionsplans – Berichtszeitraum: Mai 2004 bis April 2006", Berlin, http://www.ifa.de/pdf/zivik/ap_bericht01_de.pdf (Zugriff: 15.09.2010).

Die Bundesregierung (2008) „Zivilgesellschaftliche Perspektiven zum Aktionsplan: Bericht und Stellungnahme des Beirats ‚Zivile Krisenprävention'", http://www.auswaertiges-amt.de/diplo/de/Aussenpolitik/Themen/Krisenpraevention/Downloads/Aktionsplan-Bericht2-Stellungnahme.pdf (Zugriff: 15.09.2010).

Groth, A. „Agile Mission Oriented Networking (AMON): Gemeinsames Lagebild – Das Kernelement von NetOpFü", eigene Mitschrift des Autors vom Forum „Vernetzte Operationsführung", Bad Godesberg, 8./9. Oktober 2009.

Kowitz, S. „Die Einbindung des Sanitätsdienstes in das Prinzip NetOpFü", eigene Mitschrift des Autors vom Forum „Vernetzte Operationsführung", Bad Godesberg, 8./9. Oktober 2009.

Leinhos, L. „IT-Unterstützung der Vernetzten Operationsführung", eigene Mitschrift des Autors vom Forum „Vernetzte Operationsführung", Bad Godesberg, 8./9. Oktober 2009.

Marschall, R. „Die Führungsunterstützung auf dem Weg zur Vernetzten Operationsführung", eigene Mitschrift des Autors vom Forum „Vernetzte Operationsführung", Bad Godesberg, 8./9. Oktober 2009.

Wolf, P. „Befähigungsgrade NetOpFü, Anwendungsfälle und Wirkungsketten im Verbund Aufklärung-Führung-Wirkungs", eigene Mitschrift des Autors vom Forum „Vernetzte Operationsführung", Bad Godesberg, 8./9. Oktober 2009.

Das Verhältnis von Militär und Polizei im Inneren und in internationalen Einsätzen

Das Verhältnis von Militär und Polizei im Inneren und in internationalen Einsätzen: Länderbericht Österreich

Robert Strondl/Karlheinz Dudek

1 Einleitung

Nach dem für die aktuelle österreichische Sicherheitspolitik nach wie vor gültigen zentralen sicherheitspolitischen Dokument, der österreichischen Sicherheits- und Verteidigungsdoktrin[1] (BKA 2002) ist auch Österreich trotz allgemein günstiger Sicherheitslage mit den negativen Auswirkungen der Globalisierung insbesondere in Form der organisierten Kriminalität und des internationalen Terrors, aber auch der illegalen Migration, konfrontiert.

Gefahren wie subversive Angriffe auf strategisch bedeutsame Infrastruktur, Terroranschläge oder deren erpresserische Androhung zur Durchsetzung bestimmter politischer Ziele gewinnen in Verbindung mit der Verfügbarkeit neuer Einsatzmittel (insbesondere Massenvernichtungswaffen und Informationstechnologie) an Bedeutung. Derartige Bedrohungen können sowohl von staatlichen wie auch nichtstaatlichen Akteuren, wie z. B. terroristischen Bewegungen, Gruppierungen der organisierten Kriminalität, Sekten, aber auch von Einzeltätern ausgehen (BKA 2002: 5).

Nach herrschender Meinung können die sicherheitspolitischen Herausforderungen des 21. Jahrhunderts nur mehr umfassend verstanden und im gesamtstaatlichen Zusammenwirken bewältigt werden. Die Begriffe „vernetzte Sicherheit" oder „umfassende Sicherheit" sind austauschbar (Gärtner 2005: 128) und zum Schlüsselwort moderner Sicherheitspolitik geworden (Thiele 2008: 399): Sicherheit in der Gesellschaft habe verschiedene Facetten und sei das Ergebnis von Bemühungen verschiedenster Institutionen, auch, aber nicht nur der Polizei (Weiss 2007: 76; Schröfl/Pankratz 2004: 9–10; Baumann 2004: 33–34).

2 Sicherheitspolitische Rahmenbedingungen und konzeptionelle Grundlagen zur vernetzten Sicherheit in Österreich

„Vernetzte Sicherheit" findet auch in der Doktrin einen entsprechenden Stellenwert:

> „Sicherheit in all ihren Dimensionen ist Grundvoraussetzung für den Bestand und das Funktionieren einer rechtsstaatlichen Demokratie sowie für das wirtschaftliche Wohlergehen der Gesellschaft und ihrer Bürger (…). Der Zweck der Sicherheitspolitik besteht in der Gewährleistung von Sicherheit für möglichst alle Bereiche eines Gemeinwesens." (BKA 2001: 1)

---

[1] Im Weiteren Doktrin genannt.

2.1 Der Ausbau der umfassenden Landesverteidigung zur umfassenden Sicherheitsvorsorge

Die Doktrin definiert als politisches Ziel u. a. das Grundprinzip der „umfassenden Sicherheitsvorsorge", das sowohl militärischen als auch nicht-militärischen Aspekten der Sicherheit entsprechende Bedeutung beimisst (BKA 2001: 1–3).

Bereits 1975 wurde in Österreich mit Art. 9a Bundes-Verfassungsgesetz das Bekenntnis zur „umfassenden Landesverteidigung" eingeführt. Es besteht in der Bewahrung der Unabhängigkeit nach außen sowie der Unverletzlichkeit und Einheit des Bundesgebietes, insbesondere zur Aufrechterhaltung und Verteidigung der immerwährenden Neutralität. Hierbei sind auch die verfassungsmäßigen Einrichtungen und ihre Handlungsfähigkeit sowie die demokratischen Freiheiten der Einwohner vor gewaltsamen Angriffen von außen zu schützen und zu verteidigen. Zur umfassenden Landesverteidigung gehören die militärische, die geistige, die zivile und die wirtschaftliche Landesverteidigung (BGBl 1975/368).

Die umfassende Landesverteidigung soll gemäß Doktrin noch weiter zu einem „System der umfassenden Sicherheitsvorsorge" ausgebaut werden. Für Giller erliegt man hier dennoch nicht den gleichermaßen gefährlichen, wie vielleicht auch reizvollen Verlockungen eines übermächtigen Sicherheitsministeriums – man denke nur an die bürokratische Hypertrophie der amerikanischen „Homeland Security-Behörde" –, sondern bleibt trotz mancher Überschneidungen bei der Aufgabenteilung zwischen innerer und äußerer Sicherheit. Neben anderen Ressorts wie dem Außen-, Verteidigungs- oder Gesundheitsministerium ist das Innenministerium demzufolge zwar nicht das alleinige, so doch das wesentliche Sicherheitsministerium mit der Hauptaufgabe, die Funktionsfähigkeit des innerstaatlichen Lebens sowie die individuelle Sicherheit der Menschen zu gewährleisten (Giller 2007: 33).

Im Kern der Doktrin ersucht der Nationalrat die Bundesregierung, die österreichische Sicherheitspolitik nach einer Reihe von definierten Grundsätzen zu gestalten und für alle sicherheitspolitisch relevanten Politikbereiche Teilstrategien auszuarbeiten.

Diesen 2001 formulierten Zielen ist im aktuellen Regierungsprogramm 2008–2013 nichts an Relevanz genommen: Die Bundesregierung solle – unter anderem –

> „die Errichtung eines Sicherheitsclusters zur Schaffung von Synergien im Sicherheitsbereich sicherstellen, insbesondere zur Gewährleistung einer qualitativ hochwertigen Vernetzung von Aus- und Weiterbildungseinrichtungen von Entscheidungsträgern, Experten und Einsatzkräften aus den verschiedenen sicherheitsrelevanten Bereichen (Polizei, Bundesheer, Katastrophenhilfeeinrichtungen, Blaulichtorganisationen, Wirtschaft, Wissenschaft und Forschung) (…) Dazu gehört auch die Organisation gemeinsamer Ausbildungselemente für ressortübergreifende Aktivitäten und Einsätze im In- und Ausland, mit dem Ziel eines bestmöglichen Zusammenwirkens nach einheitlichen Standards und auf der Grundlage koordinierter Planungs- und Führungsverfahren." (BKA 2008: 142)

2.2 Der Bundesheer-Assistenzeinsatz als Teil des sicherheitspolitischen Konzepts

Ähnlich wie Verteidigungsminister Platter die 2004 vorgelegten Empfehlungen der Bundesheer-Reformkommission bekräftigte, wonach bei der Bewältigung von Krisen im Inneren den Streitkräften eine wichtige Rolle zukommt – vor allem im Rahmen von Assistenzeinsätzen zur Unterstützung der zivilen Behörden (vgl. Platter 2004: 675–677) – gibt auch das aktuelle Regierungsprogramm vom Herbst 2008 vor, das Bundesheer sei ein wesentliches Instrument zur Umsetzung der umfassenden Sicherheitsvorsorge im Inland. Es stellt eine strategische Handlungsreserve für Not- und Krisensituationen dar und muss auch weiterhin Assistenzleistungen im Inneren, etwa zur Unterstützung sicherheitspolizeilicher Aufgaben, zum Schutz kritischer Infrastruktur, durch Hilfestellungen bei der Bewältigung terroristischer Bedrohungen oder im Katastropheneinsatz erbringen können (BKA 2008: 145–146).

3 Polizei und Militär im Spiegel der österreichischen Rechtsordnung

Nach Schätz (2007) und anderen Autoren ist eine internationale Tendenz zur „Konstabulisierung der Streitkräfte", also zur Übernahme polizeilicher Aufgaben durch militärische Strukturen, zunehmend festzustellen, weil internationale Einsätze die Streitkräfte zunehmend subkonventionellen Bedrohungsformen aussetzen und diese auch durch die Zuweisung von polizeilichen Aufgaben aktiviere. Gleichzeitig erfolge aber auch eine Militarisierung der Sicherheitspolizei, insbesondere bei den Sondereinsatzkräften (Schätz 2007: 395–397; Polli/Gridling 2002; Haltiner 2001). Maßgeblich erscheint aber vor allem die Zusammenarbeit dieser beiden wesentlichen Sicherheits-Akteure. Nachfolgend soll zunächst der dafür relevante österreichische Rechtsrahmen dargestellt werden.

3.1 Die Aufgaben der Sicherheitsbehörden und der Organe der Bundespolizei

Maßgebliche Aufgaben der Sicherheitsbehörden[2] und der Organe des Wachkörpers Bundespolizei im Inneren sind – unter dem Oberbegriff „Sicherheitspolizei"[3] – vor allem die Erste Allgemeine Hilfeleistungspflicht, die Aufrechterhaltung der öffentlichen Sicherheit (u. a. mit der Teilaufgabe Gefahrenabwehr), die Aufrechterhaltung der öffentlichen Ordnung sowie die Aufgaben der Kriminalpolizei nach den Bestimmungen der Strafprozessordnung (vgl. hierzu BGBl. I 2007/93 idgF.).

Weitere Aufgaben für die Sicherheitsbehörden und den Wachkörper Bundespolizei ergeben sich aus Mitwirkungsverpflichtungen in Materiengesetzen des Bundes und der Länder.

Im Ländervergleich ist eine weitgehende Aufgabenkonformität mit der deutschen, aber auch mit der schweizerischen Polizei festzustellen.

Im Unterschied zur Polizeistruktur etwa in Deutschland und der Schweiz kommt dem Bund in Österreich neben der „Wehrhoheit" aber auch die „Polizeihoheit" zu. Nicht die Länder, sondern alleine der Bund ist in Gesetzgebung und Vollziehung zuständig.

Ohne tiefere Analyse ist in diesem Zusammenhang auch festzuhalten, dass dem Bundesheer keine eigenständigen Aufgaben zur Aufrechterhaltung der öffentlichen Ordnung und Sicherheit zukommen, sondern ausschließlich den Sicherheitsbehörden. Diese sind für die Aufrechterhaltung der Sicherheit im Inneren umfassend und exklusiv zuständig.[4]

---

[2] Oberste Sicherheitsbehörde ist der Bundesminister für Inneres. Ihm unterstellt sind die Sicherheitsdirektionen (eine pro Bundesland), ihnen nachgeordnet die Bezirksverwaltungsbehörden (in Summe 86) und die Bundespolizeidirektionen (in 14 größeren Städten) (BGBl. 1991/566: § 4). Den Sicherheitsbehörden zur Aufgabenerfüllung unterstellt bzw. beigegeben – aber organisatorisch selbst-ständig – ist der Wachkörper Bundespolizei (BGBl. 1991/566).
[3] Vgl. BGBl. (1991/566: § 3).
[4] Zur Kompetenzlage bei „Renegade-Flights", vgl. Grosinger (2008: 26–28).

3.2 Die Aufgaben des Bundesheeres

Die Aufgaben des Bundesheeres sind verfassungsrechtlich normiert (vgl. Bundesverfassungsgesetz – B-VG 79 Abs. 1 u. 2) und werden im Wesentlichen durch das Wehrgesetz (WG)[5] einfachgesetzlich wiederholt. Weitere Aufgaben können dem Bundesheer nur durch Bundesverfassungsgesetz übertragen werden (B-VG Art. 79 Abs. 3).[6]

In erster Linie obliegt dem Bundesheer die militärische Landesverteidigung (B-VG Art. 79 Abs. 1), worunter die Abwehr von Gefahren für die Unabhängigkeit, die Existenz und die immerwährende Neutralität des Staates mit militärischen Mitteln zu verstehen ist (Walter et al. 2007: 364).

Der Begriff „militärische Landesverteidigung" bezieht sich zwar grundsätzlich auf die Abwehr von Gefahren von außen, aber auch die Abwehr von Vorgängen im Staatsinneren kommt in Betracht, sofern diese im Zusammenhang mit äußeren Bedrohungen und Gefahren stehen und eine wirksame Abwehr nicht ohne Einsatz militärischer Mittel möglich ist (Micewski et al. 2007: 16).

Darüber hinaus hat das Bundesheer im Rahmen der „umfassenden Landesverteidigung" (vgl. oben) neben den anderen Staatsorganen auch an der geistigen, zivilen und wirtschaftlichen Landesverteidigung mitzuwirken.

3.3 Der Assistenzeinsatz für die zivile Macht als Aufgabe des Bundesheeres

Neben der militärischen Landesverteidigung sieht Art. 79 Abs. 2 des B-VG die Assistenzleistung des Bundesheeres auf Anforderung der Behörden und Organe der „gesetzmäßigen zivilen Gewalt" vor, und zwar

1. zum Schutz der verfassungsmäßigen Einrichtungen und ihrer Handlungsfähigkeit sowie der demokratischen Freiheiten der Einwohner und die Aufrechterhaltung der Ordnung und Sicherheit im Inneren überhaupt, sowie
2. zur Hilfeleistung bei Elementarereignissen und Unglücksfällen außergewöhnlichen Umfanges.

Die vorliegende Arbeit beschränkt sich auf den sogenannten „sicherheitspolizeilichen" Assistenzeinsatz gem. Art. 79 Abs. 2 Z. 1 des B-VG, einfachgesetzlich normiert in § 2 Abs. 1 lit. b des WG.

Der Assistenzeinsatz des Bundesheeres hat seine Tradition trotz Einrichtung ziviler Organisationseinheiten zur Aufrechterhaltung der öffentlichen Ruhe, Ordnung und Sicherheit vor allem in der zweiten Hälfte des 19. Jahrhunderts, wo es Polizeiarbeit nach heutigen Maßstäben noch nicht gab. In vielen Fällen war ohne militärische Assistenz bei inneren Unruhen nicht das Auslangen zu finden. Behörden und Organe, die die Mitwirkung des Bundesheeres zur Assistenzleistung unmittelbar in Anspruch nehmen können, sind im § 2 Abs. 2 WG bestimmt (vgl. auch B-VG Art. 79 Abs. 4).

Handelt es sich um eine Inanspruchnahme von weniger als 100 Soldaten, kann jede Behörde des Bundes, der Länder und der Gemeinden im Rahmen ihrer Kompetenz die Mitwirkung des Bundesheeres erforderlichenfalls unmittelbar in Anspruch nehmen.

---

[5] BGBl. I 2001/146, idgF.
[6] Grundsätzlich zum österreichischen Wehrrecht siehe Ermacora et al. (1980).

Ist jedoch für einen Assistenzeinsatz gem. § 2 Abs. 1 lit. b WG die Inanspruchnahme von mehr als 100 Soldaten erforderlich, ist die Bundesregierung – bei Gefahr im Verzuge der Bundesminister für Inneres im Einvernehmen mit dem Bundesminister für Landesverteidigung – kompetent, eine solche Verwendung (über Ersuchen der zuständigen Behörde) anzuordnen (vgl. § 2 Abs. 2 WG).

In den im Art. 79 Abs. 2 des B-VG angeführten Fällen hat das Einschreiten des Bundesheeres grundsätzlich nur über Verfügung der gesetzmäßigen zivilen Gewalt zu erfolgen; ein selbstständiges militärisches Einschreiten ist zu den im Abs. 2 genannten Zwecken gem. Art. 79 Abs. 5 des B-VG nur zulässig, wenn

1. entweder die zuständigen Behörden durch höhere Gewalt außerstande sind, das militärische Einschreiten herbeizuführen *und* bei weiterem Zuwarten ein nicht wieder gutzumachender Schaden für die Allgemeinheit eintreten würde, oder
2. wenn es sich um die Zurückweisung eines tätlichen Angriffes oder um die Beseitigung eines gewalttätigen Widerstandes handelt, die gegen eine Abteilung des Bundesheeres gerichtet sind (vgl. Walter et al. 2007: 365).

Die Organe des Bundesheeres treten im Falle einer Assistenzleistung grundsätzlich in jene Befugnisse ein, die den Behörden und Organen zukommen, die die Assistenzleistung des Bundesheeres angefordert haben. Die von den eingeschrittenen Soldaten wahrgenommenen Aufgaben sind funktionell der Sicherheitsbehörde zuzurechnen (Hauer/Keplinger 2005: 116–117).

Die Befugnisse der Assistenzsoldaten werden dabei von der Sicherheitsbehörde im Behördenauftrag taxativ definiert und anlassbezogen eingeschränkt.

3.4 Das Erkenntnis des Verfassungsgerichthofes Vf B 115/93 und seine Interpretation

Eine vom Unabhängigen Verwaltungssenat Burgenland abgewiesene Maßnahmenbeschwerde wegen der Ausübung verwaltungsbehördlicher Befehls- und Zwangsgewalt durch Soldaten des Bundesheeres im Rahmen eines Assistenzeinsatzes zur Grenzüberwachung (siehe unten) wurde Gegenstand einer Beschwerde an den Verfassungsgerichtshof (VfGH).

Die Entscheidung des VfGH Vf B 115/93 vom 7.3.1994 (VfSlg 13708) bildet „das verfassungsrechtliche „leading case" für die staats- und verwaltungsrechtliche Beurteilung eines sicherheitspolizeilichen Assistenzeinsatzes" (Funk/Stern 2007: 3).

Hauer kommt in einer rechtswissenschaftlichen Analyse des zitierten Erkenntnisses zusammenfassend zu folgenden Thesen (Hauer 1995: 227–236):

- Die Heeresfunktion „Aufrechterhaltung der Ordnung und Sicherheit im Inneren überhaupt" (B-VG Art. 79 Abs. 2 Z. 1 lit. b) geht über den Kompetenztatbestand der „Aufrechterhaltung der Ruhe und Sicherheit" (B-VG Art. 10 Abs. 1 Z. 7) im Sinne der herrschenden engen Verständnisses hinaus und umfasst – zumindest – die Angelegenheiten der Sicherheitsverwaltung (Sicherheitspolizeigesetz – SPG § 2 Abs. 2), sohin etwa auch Aspekte der polizeilichen Grenzkontrolle.[7]
- Der polizeiliche Einsatz des Heeres im Inneren (B-VG Art. 79 Abs. 2 Z 1) ist *ultima ratio* und nur unter folgenden Voraussetzungen gestattet: Die abzuwehrende oder zu

---

[7] Später noch weiter gehend: Hauer (2000: 359, FN 272).

beseitigende Störung der Ordnung und Sicherheit muss ernsthaft und gravierend sein. Die (personellen und sachlichen) Mittel der zivilen Gewalt dürfen auch bei Anspannung aller Kräfte nicht ausreichen, die Störung der Ordnung und Sicherheit zu bekämpfen.
- Der konkrete Assistenzeinsatz des Bundesheeres an der österreichisch-ungarischen Grenze erscheint vor dem Hintergrund dieser Kriterien dem Grund nach vertretbar; wohl aber ist die lange Dauer des Einsatzes verfassungsrechtlich bedenklich.
- Die Rechtsordnung kennt im Wesentlichen keine Befugnisse des Bundesheeres zur selbstständigen (wenn auch unter Leitung der Zivilbehörden stattfindenden) Setzung von Akten verwaltungsbehördlicher Befehls- und Zwangsgewalt für Fälle eines polizeilichen Assistenzeinsatzes.
- Allerdings ist es nach Maßgabe von Art. 79 Abs. 2 des B-VG zulässig, dass Angehörige des Bundesheeres im polizeilichen Assistenzeinsatz unselbstständig an der Befugnisausübung durch Organe des öffentlichen Sicherheitsdienstes mitwirken; Unselbstständigkeit bedeutet, dass die jeweilige Willensbildung (etwa der Entschluss zu einer Festnahme) durch die Organe des öffentlichen Sicherheitsdienstes erfolgt und dass die Heeresangehörigen bloß diesen konkretisierten Willen hilfsweise (nach den Anweisungen der Organe des öffentlichen Sicherheitsdienstes) durchführen.
- Faktisch beschränk(t)en sich die Angehörigen des Bundesheeres allerdings nicht auf diese unselbstständige Mitwirkung an der Befugnisausübung durch Organe des öffentlichen Sicherheitsdienstes. Insbesondere die durch Angehörige des Bundesheeres vorgenommenen selbstständigen Verhaftungen finden daher keine gesetzliche Deckung (Hauer 1995: 236; zustimmend Funk/Stern 2007: 4–5).

Zu den Punkten 5 und 6 ist erklärend darauf hinzuweisen, dass das SPG zwischen Befugnissen, die den Sicherheitsbehörden vorbehalten sind, und solchen, die ausschließlich von Organen des öffentlichen Sicherheitsdienstes[8] wahrgenommen werden dürfen, unterscheidet (Wiederin 1998: 38, Rz 155).

Wenn also Organe des Bundesheeres im Rahmen des sicherheitspolizeilichen Assistenzeinsatzes Befugnisse ausüben, die gesetzlich Organen des öffentlichen Sicherheitsdienstes vorbehalten sind, so erfolgt die Assistenzleistung unmittelbar für die Organe des öffentlichen Sicherheitsdienstes, deren Akte wiederum der örtlich und sachlich zuständigen Sicherheitsbehörde zugerechnet werden (Hauer/Keplinger 2005: 117–118).

Die Heeresangehörigen setzen also nicht „selbstständig" – wie die Organe des öffentlichen Sicherheitsdienstes – Maßnahmen für die Sicherheitsbehörde, sondern sie wirken – auf einer noch untergeordneteren Ebene – auch an der Befugnisausübung durch die Organe des öffentlichen Sicherheitsdienstes mit (Hauer 1995: 235).

---

[8] Darunter sind Organe des Wachkörpers Bundespolizei, der Gemeindewachkörper („Gemeindepolizei") und juristisch ausgebildete (sog. „rechtskundige") Bedienstete bei Sicherheitsbehörden, wenn diese zur Ausübung von Befehls- und Zwangsgewalt ermächtigt sind, zu verstehen (vgl. SPG § 5 Abs. 2).

4 Praxis der Zusammenarbeit in Einsatz, Übung, Ausbildung

4.1 Sicherheitspolizeilicher Assistenzeinsatz zur Grenzüberwachung

Die jahrzehntelange geopolitische Randlage Österreichs direkt am Eisernen Vorhang machte eine eigenständige grenzpolizeiliche Organisation obsolet. So waren die Organe der Zollwache mit der Wahrnehmung grenzpolizeilicher Aufgaben für die Sicherheitsbehörden betraut.

Mit dem Fall des Eisernen Vorhanges setzte ein von den Sicherheitsbehörden mit den Organen der Bundesgendarmerie und den Organen der Zollwache nicht zu bewältigender Anstieg der illegalen Migration über die österreichische Bundesgrenze ein.

Die Bundesregierung ordnete mit Beschluss vom 4.9.1990 den Assistenzeinsatz des Bundesheeres gem. § 2 Abs. 1 lit. b des WG zur Überwachung der österreichischen Staatsgrenze im Bundesland Burgenland für die Dauer von zunächst maximal zehn Wochen an.

Da die Lage nicht beruhigt werden konnte, verlängerte die Bundesregierung den Assistenzeinsatz bis Ende des Jahres 1991 und ab dann jährlich um ein weiteres Jahr.

Die jahrelange Fortschreibung begründet sich zunächst im erforderlichen weiteren Aufbau einer Grenzpolizei im Rahmen der Bundesgendarmerie, die allerdings die notwendige personelle Stärke nie erhielt, später in der 1997 erfolgten Schengen-Integration Österreichs, dann im steigenden bzw. auf hohem Niveau stagnierenden Druck illegaler Migration und schließlich im bevorstehenden völligen Abbau der Kontrollen an den Landgrenzen zu den österreichischen Nachbarstaaten. Somit erwies sich der temporär geplante Einsatz des Bundesheeres im Nachhinein als bedarfsorientierte Brückenfunktion zum Status Quo.

Am 21.9.1999 wurde das Überwachungsgebiet bis Hohenau an der March in Niederösterreich erweitert und umfasste somit insgesamt 470 km Grenze zu Ungarn und zur Slowakei.

Zur Erfüllung des Auftrages „Überwachung der grünen Grenze und Verhinderung verbotener Grenzübertritte außerhalb von Grenzkontrollstellen" waren dem Bundesheer durch Auftrag der Sicherheitsbehörde taxativ definierte, in einem Merkblatt festgehaltene und eingehend geschulte Exekutivbefugnisse eingeräumt. Diese umfassten die Befugnis zum Anhalten, zur Identitätsfeststellung, zum Durchsuchen von Personen, Sachen und Kraftfahrzeugen sowie zur Festnahme und Übergabe an die zuständigen Organe des öffentlichen Sicherheitsdienstes, schließlich das auf Notwehr oder Nothilfe eingeschränkte Recht zum Waffengebrauch.

Der Einsatz wurde mit einer Personalstärke von durchschnittlich ca. 2.050 Soldaten in zunächst vierwöchigen, ab dem Jahr 2000 sechswöchigen Turnussen unter Einbeziehung von Rekruten im Rahmen ihres Grundwehrdienstes durchgeführt. Damit haben in insgesamt 17 Jahren mehr als 330.000 Soldaten an diesem Assistenzeinsatz teilgenommen und dabei mehr als 90.000 illegale Grenzgänger aus 110 Staaten aufgegriffen.

Mit dem Abbau der Kontrollen an den Binnengrenzen zur Slowakei und Ungarn aber auch zu Tschechien und Slowenien mit 21.12.2007 endete dieser bisher längste und bedeutendste Assistenzeinsatz des Bundesheeres (ausführlich: Steiger 2004; Segur-Cabanac 2005: 595–597; Striedinger 2008: 69–71).

4.2 Assistenzeinsatz zur Überwachung des Grenzraumes in der Tiefe

Unmittelbar an das Ende des Assistenzeinsatzes zur Grenzüberwachung anschließend wurde eine neuerliche – kontroversiell diskutierte (vgl. Funk/Stern 2007: 1–3) – Assistenzleistung des Bundesheeres in der Tiefe des Grenzraumes – also nicht an der Grenze sondern im Hinterland – angeordnet:

Nach Beschluss der Bundesregierung vom 7.11.2007 sei bis zur Implementierung der nach der Schengenerweiterung endgültigen Organisations- und Personalstruktur der Bundespolizei eine Assistenzleistung des Bundesheeres im Ausmaß von bis zu rund 1.500 Soldaten erforderlich. Diese Assistenzleistung sei insbesondere zur Unterstützung der Sicherheitsbehörden bei der Bekämpfung grenzüberschreitender Deliktsbereiche in den Regionen zur Slowakischen Republik und zur Republik Ungarn durch mobile und stationäre Beobachtungen, insbesondere zur Feststellung sicherheits- und fremdenpolizeilich relevanter Ereignisse notwendig (vgl. Striedinger 2008: 69–71).

Der, zunächst bis Ende 2008 angeordnete Assistenzeinsatz wurde mittlerweile bis Ende 2011 verlängert. Die Befugnisse der Assistenz leistenden Soldaten wurden im Hinblick auf die Komplexität möglicher polizeilicher Alltagssituationen im Einsatzraum mit Behördenauftrag und eingehend geschultem Merkblatt – kurz gesagt – auf eigenständiges Patrouillieren, Beobachten und Melden an die Polizei, beschränkt.

4.3 Gemeinsame Übungen und Ausbildungsmaßnahmen

Gemeinsamkeiten im Ausbildungs- und Übungsbetrieb ergaben sich vor dem 11.9.2001 vor allem im Zuge der mit Erlass geregelten Zusammenarbeit zwischen Polizei und Bundesheer zur Wahrnehmung von Objektschutzaufgaben im Falle von Anschlägen bzw. Angriffen auf besonders zu schützende Objekte (BMI 2003; Thanner/Vogl 2005: 579–601).

Als Beispiele für gemeinsame Übungstätigkeiten in den 1990er Jahren sind vor allem die Übungen Hochstrahlbrunnen 1997 und „Energie 99'" im November 1999 in der Bundeshauptstadt Wien zu nennen. Maßgebliches Übungsthema war dabei das Zusammenwirken von Polizei, Bundesheerkräften sowie dem Krisen- und Katastrophenschutzmanagement der Stadt Wien bei Attentatsdrohungen sowie Anschlägen gegen die Wasser- bzw. Energieversorgung Wiens.

Im November 2002 führte das Bundesheer bereits zum zweiten Mal eine bundesweite Alarmübung mit der Bezeichnung *Zugriff* durch, deren Ziel es war, die Zusammenarbeit zwischen den Behörden im Zeichen des Anti-Terrorkampfes zu erproben (Bognar/Wanetschek 2006: 443–445; Striedinger 2003: 203).

Rückblickend bleibt für diese Übungen aus Sicht der Sicherheitsbehörden anzuerkennen, dass sich das Bundesheer mit diesen möglichen Formen der Kooperation in antizipativer Weise auseinandersetzte, jedoch die Beübung vernetzter Stabsarbeit bzw. Einsatzführung, wie sie im Anlassfall zwingend erforderlich wäre, gar nicht oder nur ansatzweise erfolgte.

Bei diesen Übungen waren auch die von Haltiner (2001: 292–293) beschriebenen organisationskulturellen Unterschiede, die sich aus der grundsätzlichen Aufgabenstellung von Polizei und Militär heraus entwickelt haben, deutlich wahrnehmbar: Die Polizei nimmt ihre Rolle umso besser wahr, je enger sie in einem Netz von externen Beziehungen und Kontakten der lokalen Bevölkerung eingebunden ist: insoweit sind Polizeiorganisationen in der Regel relativ umweltoffene Organisationen, das heißt, ihre enge Integration in die soziale

Umwelt vermittelt ihnen die relevanten Informationen für ihr Handeln und ist somit wichtige Voraussetzung für die Erfolgswirksamkeit. Dagegen sind Militärorganisationen auf die Androhung und Anwendung kollektiver Gewalt gegen fremde Streitkräfte, bzw. eine fremde Sozialordnung ausgerichtet, wobei das militärische Gewalthandeln auf ein von extremer Ungewissheit und Unberechenbarkeit gekennzeichnetes Umfeld zielt (Haltiner 2001: 292–293; Freudenberg 2008: 362).

Aus diesen Erkenntnissen ergab sich eine Intensivierung der Ausbildungstätigkeit auf der Führungsebene von Bundesheer und Polizei.

Vor allem die Kooperation in Stäben wird von der Landesverteidigungsakademie (LVAk)[9] in Zusammenarbeit mit der Sicherheitsakademie (SIAK)[10] im Rahmen von Lehrgängen und Seminaren mit Planübungen trainiert (beispielhaft SIAK 2004: 23).

Ein wesentlicher Fortschritt wurde im Rahmen des Manövers „Schutz 04" erzielt, das im Zeitraum vom 13.-23.4.2004 in den Bundesländern Kärnten und Steiermark stattfand. Sicherheitsbehörden und Polizei aus den Bundesländern Steiermark und Kärnten sowie insgesamt bis zu 12.000 Soldaten, rund 2.000 Kraftfahrzeuge, 250 gepanzerte Fahrzeuge und ca. 40 Luftfahrzeuge des Bundesheeres nahmen daran teil.

Vor dem Hintergrund eines fiktiven Konfliktes dreier Staaten östlich von Österreich war sowohl der europäische Raum als auch das Krisengebiet selbst Terrordrohungen ausgesetzt.

In der ersten Übungswoche war durch das Bundesheer zunächst eine Assistenz für die Sicherheitsbehörden sicherzustellen. In der zweiten Woche der Übung wurde ohne Übungsbeteiligung der Sicherheitsbehörden zur militärischen Landesverteidigung übergegangen.

In den bundesländerübergreifend zuständigen behördlichen Führungsstab in Graz waren entscheidungsbefugte militärische Verbindungsoffiziere integriert.

Der von einem Einsatzstab unterstützte Einsatzkommandant des Landesgendarmeriekommandos Steiermark steuerte hingegen mit den führenden militärischen Kommanden bundesländerübergreifend die operativ-taktische Umsetzung des Behördenauftrages.

Die von einem bemerkenswerten Echo im nationalen und internationalen Bereich begleitete Übung unterstrich unter anderem die Notwendigkeit einer permanenten, intensiven Kooperation und Beübung zwischen den Sicherheitsbehörden und den militärischen Strukturen (vgl. Oschep 2004: 469–470).

4.4 Weitere Zusammenarbeit im Ausbildungsbereich

Aus der 2006 zwischen SIAK und LVAk geschlossenen Kooperationsvereinbarung ergeben sich Zusammenarbeitsfelder im Rahmen der Fremdsprachenausbildung, bei Wissenschaft und Forschung, bei Planübungen sowie in der Bereitstellung von Ausbildungsunterlagen und dem Austausch von Vortragenden zu unterschiedlichen Themen.

Im FH-Masterstudiengang „Strategisches Sicherheitsmanagement" (Durchführung durch SIAK in Kooperation mit der Fachhochschule Wr. Neustadt), werden Lehrveranstaltungen gemeinsam mit der LVAk (LV Strategische polizeiliche Führung in besonderen Lagen) bzw. dem Militärkommando Tirol (LV Teams and decisions-exercise) gestaltet.

---

[9] Höchste militärische Bildungs- und Forschungseinrichtung des Österreichischen Bundesheeres.
[10] Zentrale Aus- und Fortbildungseinrichtung des BMI.

Auf der praktischen Ebene erfolgt eine enge Ausbildungszusammenarbeit im Technikbereich (z. B. Waffen, IKT) sowie zwischen Spezialkräften, etwa bei der Aus- und Fortbildung im Fallschirmsprung, beim Schießtraining aus Hubschraubern oder bei der Ausbildung von Diensthunden für den Zugriff.

Eine besondere Stellung nimmt der von der LVAk mit Unterstützung des BMI und anderen Ressorts organisierte „Strategische Führungslehrgang" ein.

Mit der österreichischen Sicherheits- und Verteidigungsdoktrin ersuchte der Nationalrat die Bundesregierung auch, zur Gewinnung und Vermittlung einer umfassenden sicherheitspolitischen Expertise einen postgradualen strategischen Führungslehrgang für Entscheidungsträger aus Politik, Wirtschaft, Verwaltung und Militär einzuführen. Mit Beschluss des Ministerrates vom 20.12.2002 wurden folgende Lehrgangsziele festgelegt:

- Erkennen grundlegender Zusammenhänge von Strategie, nationaler und internationaler Sicherheit,
- Förderung der Fähigkeit zum Erkennen von sicherheitspolitischen und gesamtstrategischen Zusammenhängen,
- Verstehen von Entscheidungsprozessen samt den auf sie einwirkenden Einflüssen,
- Beitrag zur Entwicklung eines strategischen Denkens und Handelns sowie der Fähigkeit zur Schaffung einer „Strategic Community" in Österreich.

Der LVAk wurden die Erstellung der konzeptionellen Grundidee und die Durchführung unter der Steuerung eines interministeriell zusammengesetzten Leitungsgremiums übertragen.

Seit 2004 wird der Strategische Führungslehrgang jährlich mit etwa 20 Teilnehmerinnen und Teilnehmern durchgeführt. Als Vortragende sind anerkannte Experten aus den maßgeblichen Ressorts, Universitäten und der Wirtschaft engagiert.

Nach fünf durchgeführten Lehrgängen beurteilt Wagner die Erfahrungen durchwegs positiv: Die oben zitierten Zielsetzungen seien erreicht worden. Der Strategische Führungslehrgang sei als qualitativ höchst wertiger Lehrgang der Republik Österreich etabliert (Wagner 2008: 485–486).

4.5 Richtlinie für das Führen im Katastropheneinsatz

Dem seit 2003 anstelle des BKA vom BMI zu koordinierenden Gremium „Staatliches Krisen- und Katastrophenmanagement" (SKKM) gehören verantwortliche Vertreter aller für das Katastrophenmanagement zuständigen oder involvierten Bundesministerien, Bundes- und Landesbehörden sowie Einsatzorganisationen (Feuerwehr, Rettungsdienste) an.

Der SKKM-Koordinationsausschuss nahm 2006 die „Richtlinie für das Führen im Katastropheneinsatz" an (SKKM 2007). Damit wurde die Grundlage für vernetzte Führung bei der Bewältigung von Katastrophenlagen geschaffen. Zur verbindlichen Umsetzung bedarf die Richtlinie jedoch der jeweiligen organisationsinternen Anordnung.

Die Richtlinie definiert einheitliche Grundsätze für das Führungssystem, insbesondere die Führungsorganisation (einschließlich jenen für die Gliederung von Stäben), einheitliche Führungsgrundsätze, ein einheitliches Führungsverfahren sowie Standards für die Ausstattung mit Führungsmitteln und stellt im Verbund mit gemeinsamen Übungen einen hohen Grad an Interoperabilität sicher.

4.6 Richtlinie Führungssystem der Sicherheitsexekutive in besonderen Lagen (RFbL)

Die Richtlinie für das Führen im Katastropheneinsatz wurde vom BMI mit Erlass vom 6.4.2007 BMI-EE1000/0019-II/2/a/2007 für die Sicherheitsexekutive als RFbL verbindlich angeordnet, und zwar über die Fälle des Katastrophenmanagements hinaus auch für polizeiliche Sonderlagen (z. B. Geiselnahmen, Entführungen) sowie für sonstige besondere Lagen (z. B. Demonstrationen, Staatsbesuche) (vgl. hierzu BMI 2007).

Mit der RFbL wurde auch das Modell integrierter Stabsarbeit etabliert. Lageabhängig werden Vertreter weiterer sachlich und/oder örtlich zuständiger Behörden und Einsatzorganisationen in die polizeiliche Führungsstruktur (auf Ebene der Stäbe und der Einsatzabschnitte) eingebunden und damit eine abgestimmte Lagebeurteilung, Willensbildung und Auftragserteilung/Befehls-gebung gewährleistet. Ohne Eingriff in gesetzlich normierte Zuständigkeiten trägt – je nach Vollzugsmaterie – das Organ der zuständigen Behörde die Verantwortung für den jeweiligen Teilaspekt des Einsatzes. Die notwendigen Entscheidungen und Veranlassungen werden in koordinierter Weise, im Idealfall nach gemeinsamer Willensbildung getroffen.

Damit bleibt der Führungsgrundsatz „Einheit der Führung" auch bei mehrfacher oder überschneidender Zuständigkeit bestmöglich gewährleistet (vgl. Dudek 2007: 41–62).

4.7 Bundesweite Anwendung vernetzter Einsatzführung im großdimensionalen Dauereinsatz EURO 08

Nach intensiver Vorbereitung, Ausbildung und Beübung wurden im Rahmen des Einsatzes EURO 08 anlässlich der gemeinsam mit der Schweiz ausgetragenen Fußball-Europameisterschaft vom 7. bis 29.6.2008 in Österreich von den Sicherheitsbehörden mit den betroffenen Behörden und Einsatzstrukturen – so auch mit dem Bundesheer – vernetzte Führungs- und Einsatzorganisationen eingerichtet.

Auf Bundesebene erfolgte dies im Innenministerium mit dem Stab BMI sowie in allen neun Bundesländern mit integrierten Führungs- und Einsatzstäben, insbesondere an den Spielorten Innsbruck, Klagenfurt, Salzburg und Wien.

In eigener Zuständigkeit oblag dem Bundesheer die Sicherung des Luftraumes in zeitlich befristeten Flugbeschränkungsgebieten. Wie bereits in der Vergangenheit bei sicherheitspolizeilichen Großereignissen erfolgreich angewendet – etwa anlässlich der österreichischen EU-Präsidentschaft 2006 oder bei sensiblen Staatsbesuchen (z. B. durch den Heiligen Vater (vgl. Striedinger 2008: 69) – wurden auch während der EURO 08 durchgehend polizeiliche Verbindungsoffiziere in das militärische „Air Operation Center" (AOC) zur Sicherstellung der direkten Kommunikation abgeordnet.

Insbesondere nach festgestellten Verletzungen der Flugbeschränkungsgebiete durch die Luftstreitkräfte erweist sich nach der Landung die unmittelbare Zusammenarbeit im AOC mit den Organen der Sicherheitsexekutive als zweckmäßig, um die Identitätsfeststellung und Einleitung der Verwaltungsstrafverfahren gegen die verantwortlichen Piloten sicherzustellen.

5 Der Einsatz von österreichischen Einheiten im Ausland

Nach den Bestimmungen eines besonderen Bundesverfassungsgesetzes (BGBl. I 38/1997) ist grundsätzlich die Bundesregierung ermächtigt, im Einvernehmen mit dem Hauptausschuss des Nationalrates Einheiten und Einzelpersonen zur solidarischen Teilnahme an Maßnahmen der Friedenssicherung im Rahmen einer internationalen Organisation (insb. UNO, OSZE, EU) oder zur Teilnahme an Maßnahmen der humanitären Hilfe und der Katastrophenhilfe in das Ausland zu entsenden. Dabei ist auf die völkerrechtlichen Verpflichtungen Österreichs (insb. Satzung der UN, EUV, Vertrag von Lissabon) Bedacht zu nehmen (Walter et al. 2007: 365).

Eine solche Einheit kann auf Grund freiwilliger Meldungen gebildet werden und aus Angehörigen des Bundesheeres, Angehörigen der Wachkörper des Bundes (Bundespolizei) und aus Personen bestehen, die sich zur Dienstleistung für den betreffenden Einsatz vertraglich verpflichtet haben.

Für jede ins Ausland entsendete Einheit ist vom zuständigen Bundesminister bzw. von der Bundesregierung ein Vorgesetzter zu bestellen; dieser ist berechtigt, den Angehörigen der betreffenden Einheit Weisungen zu erteilen. Inwieweit dieser Vorgesetzte selbst an die Weisungen der Organe der internationalen Organisation gebunden ist, und inwieweit Organe einer solchen Organisation den Mitgliedern der österreichischen Einheit unmittelbar Wei-sungen erteilen dürfen, ist durch Staatsvertrag zwischen der Republik Österreich und der internationalen Organisation zu regeln.

Bei Weisungskonflikten im Ausland (Weisungserteilung des internationalen Vorgesetzten im Widerspruch zu jener des nationalen Vorgesetzten) gehen die Weisungen der nationalen Vorgesetzten vor, der jedenfalls von der gegensätzlichen Weisung in Kenntnis zu setzen ist; auf die Beseitigung des Konfliktes ist hinzuwirken (Walter et al. 2007: 366).

Aufgaben und Befugnisse sowohl der Soldaten als auch der Polizisten ergeben sich dabei aus dem jeweiligen Mandat (Sicherheitsratsresolution/Gemeinsame Aktion) und den „Rules of Engagement". Es gibt keine innerstaatlichen Normen, welche die Ausübung von zivilpolizeilichen Befugnissen durch österreichische Soldaten im Krisenmanagementeinsatz gegenüber der Bevölkerung im Einsatzgebiet normieren. Die Befugnisausübung österreichischer Polizisten im Ausland ist durch das Polizeikooperationsgesetz geregelt. Diese Rechtsvorschrift normiert das Einschreiten von Organen des öffentlichen Sicherheitsdienstes auf fremdem Hoheitsgebiet. Die österreichischen Kräfte unterliegen zudem weiterhin dem innerstaatlichen Recht (Dienst- und Disziplinarrecht, Waffengebrauchsrecht, Strafrecht, etc.).

Der Einsatz von österreichischen Polizisten im Ausland erfolgt meist im Rahmen von non-executive Aufgaben (im Rahmen von „Strengthening Missions", innerhalb deren vorwiegend Ausbildungsunterstützung und Beratungstätigkeiten für die lokale Polizei erfolgen.

Darüber hinaus ist auch die Entsendung zu „Missions" mit „executive" Aufgaben („Law Enforcement Missions/Substitution Missions, Polizisten sind bewaffnet) möglich, wenn keine funktionierende zivile Polizeigewalt am Bestimmungsort vorhanden ist, oder innerhalb einer „Strengthening Mission" auch „Enforcement" Aufgaben zu erfüllen sind (z. B. im Bereich der Bekämpfung von Kriegsverbrechen und Schwerkriminalität).[11] Ziel solcher Einsätze ist vor allem die Aufrechterhaltung von Recht und Ordnung unter gleichzeitigem Aufbau lokaler, professionell agierender Polizeikräfte.

---

[11] Vgl. insbesondere die Gemeinsame Aktion 2008/124/GASP des Rates über die Rechtsstaatlichkeitsmission der EU im Kosovo, EULEX-KOSOVO. Siehe hierzu Official Journal of the European Union (2008).

Polizei und Militär arbeiten im Rahmen von friedensunterstützenden Einsätzen (Krisenmanagementeinsätzen) zusammen, soweit Aufgabenstellung (Mandat) und Sicherheitslage im Einsatzgebiet es zulassen. Ein Unterstellungsverhältnis in gemeinsamer Kommandostruktur besteht nicht.

6 Erfahrungen

Aus den Erfahrungen der Autoren lassen sich folgende gemeinsame Lernfelder ableiten, die sich bei der Zusammenarbeit entwickelt haben:

- Einer ausgeprägten Kompetenz der Polizei, spontane Interventions- und Improvisationserfordernisse in ad hoc Lagen zu beherrschen, steht die gelebte Planungskompetenz des Bundesheeres gegenüber, die sich insbesondere durch das klare, strukturierte und vor allem bei Kommandanten aller Ebenen internalisierte Führungsverfahren (als Kommandantenverfahren oder in Form der Stabsarbeit) auszeichnet.
- Die Polizei stellt in erster Linie die Frage nach dem Rechtsgrund des Einschreitens und muss hier in hohem Maße differenzieren; die Verhältnismäßigkeit bei der Befugnisausübung als Basis jeglichen polizeilichen Agierens – als grundlegende Einsatzphilosophie – bestimmen nach Wahrnehmung der Autoren nunmehr auch das militärische Handeln (vermutlich ein Ergebnis aus der Erfahrung internationaler Einsätze des Bundesheeres sowie der geltenden Rechtslage);[12] die Fähigkeit zur Differenzierung und deren praktische Umsetzung bedürfen vor allem ausbildungsmäßiger Anstrengungen.

7 Zusammenfassung

Die vorstehenden Ausführungen geben einen Überblick über die Zusammenarbeit von Sicherheitsbehörden, dem Wachkörper Bundespolizei und dem österreichischen Bundesheer im nationalen und internationalen Bereich.

Struktur und Wirkung dieser Zusammenarbeit wurden von den Autoren auf Grund der Vorgaben und unter Bezugnahme auf die in der Sicherheits- und Verteidigungsdoktrin beschriebene Bedrohungsanalyse auf die Bereiche Recht, Einsatz, Aus- und Weiterbildung eingeschränkt und erheben keinen Anspruch auf Vollständigkeit.

Das Verhältnis zwischen Militär und Polizei in Österreich ist charakterisiert durch den gesetzlichen Rahmen, durch Tradition, gelebte Realität, aktive Weiterentwicklung, bewusste Abgrenzung und zukunftsorientierte Initiativen.

Im Ergebnis lässt sich festhalten, dass die Zusammenarbeit – die von den Autoren sehr positiv erlebt wird – dort von hoher Professionalität sowie von Respekt und Wertschätzung getragen ist, wo es den handelnden Personen gelingt, die jeweils andere Sichtweise zu hinterfragen, zu verstehen und entsprechend zu handeln. Ressentiments und falsch verstandene Konkurrenz sind im Sinne der Sache fehl am Platz – es geht um die gemeinsamen Anstrengungen zur Professionalisierung der Sicherheit der Republik Österreich im europäischen und internationalen Kontext.

---

[12] Vgl. § 4 des Militärbefugnisgesetzes (MBG), BGBl. I 86/2000 idgF.

Literatur

Baumann, W. (2004) „Geopolitik – ein zeitgemäßer Beitrag zum gesamtstaatlichen Führungsverfahren", in: W. Schober (Hg.) *Vielfalt in Uniform*, Wien: Landesverteidigungsakademie.
Bundesgesetzblatt für die Republik Österreich – BGBl (1975) „Bundesverfassungsgesetz vom 10. Juni 1975, mit dem das Bundes-Verfassungsgesetz in der Fassung von 1929 durch die Einfügung von Bestimmungen über die umfassende Landesverteidigung geändert wird", BGBl. 1975/368, Wien.
Bundesgesetzblatt für die Republik Österreich – BGBl (1991) „Bundesgesetz über die Organisation der Sicherheitsverwaltung und die Ausübung der Sicherheitspolizei (Sicherheitspolizeigesetz – SPG)", BGBl. 1991/566, Wien.
Bundesgesetzblatt für die Republik Österreich – BGBl (1997) „Bundesverfassungsgesetz über Kooperation und Solidarität bei der Entsendung von Einheiten und Einzelpersonen in das Ausland (KSE-BVG)", BGBl I 1997/38, Wien.
Bundesgesetzblatt für die Republik Österreich – BGBl (2000) „Bundesgesetz, mit dem ein Bundesgesetz über Aufgaben und Befugnisse im Rahmen der militärischen Landesverteidigung (Militärbefugnisgesetz – MBG) eingeführt sowie das Sperrgebietsgesetz 1995 geändert werden", BGBl I 2000/86, Wien.
Bundesgesetzblatt für die Republik Österreich – BGBl (2001) „Kundmachung des Bundeskanzlers und des Bundesministers für Landesverteidigung, mit der das Wehrgesetz 1990 wiederverlautbart wird", BGBl. I 2001/146, Wien.
Bundesgesetzblatt für die Republik Österreich – BGBl (2007) „Bundesgesetz, mit dem die Strafprozessordnung von 1975, das Strafgesetzbuch, das Jugendgerichtsgesetz 1988 und das Finanzstrafgesetz geändert werden", BGBl. I 2007/93 , Wien.
Bundeskanzleramt – BKA (Hg.) (2001) „Österreichische Sicherheits- und Verteidigungsdoktrin", http://www.bka.gv.at/DocView.axd?CobId=794 (Zugriff: 23.02.2009).
Bundeskanzleramt – BKA (Hg.) (2008) „Regierungsprogramm 2008–2013: Gemeinsam für Österreich", http://www.bka.gv.at/DocView.axd?CobId=32965 (Zugriff: 09.05.2009).
Bundesministerium für Inneres – BMI (2003) „Assistenzeinsatz des Bundesheeres zum Schutz ziviler Objekte, Dienstbehelf für die Sicherheitsbehörden", GZ: 4242/1/1-II/BVT/3/03.
Bundesministerium für Inneres – BMI (2007) „Richtlinie für das Führungssystem der Sicherheitsexekutive in besonderen Lagen", GZ: BMI-EE1000/0019-II/2/a/2007.
Bognar, S./Wanetschek, J. (2006) „Die Geschichte des Jagdkommandos", *Österreichische Militärische Zeitschrift*, 4/2006, 443–448.
Dudek, K. (2007) „Die besondere Aufbauorganisation (2)", *SIAK-Journal*, 2/2007, 41–62.
Ermacora, F./Kopf, O./Neisser, H. (1980) *Das österreichische Wehrrecht*, Wien: Manz.
Funk, B.-C./Stern, J. (2007) „Ist eine Fortsetzung des Assistenzeinsatzes des österreichischen Bundesheeres zur Überwachung der Staatsgrenze oder des ganzen Grenzraumes nach einem Wegfall der Schengen-Außengrenze zulässig?", Wien, http://www.gruene.at/uploads/media/Gta.2007. 11.Schengen.Assistenzeinsatz.pdf (Zugriff: 23.02.2009).
Freudenberg, D. (2008) *Theorie des Irregulären*, Wiesbaden: Verlag für Sozialwissenschaften.
Gärtner, H. (2005) *Internationale Sicherheit, Definitionen von A-Z*, Baden-Baden: Nomos.
Giller, J. (2007) „Sicherheitsempfinden in Österreich", *SIAK Journal*, 4/2007, 32–41.
Grosinger, W. (2008) „Renegade – Flights: Rechtliche Rahmenbedingungen für staatliches Einschreiten", *SIAK Journal*, 2/2008, 26–38.
Haltiner, K.W. (2001) „Polizisten oder Soldaten: Organisatorische Dilemmata bei der Konstabulisierung des Militärs", *Österreichische Militärische Zeitschrift*, 3/2001, 291–298.
Hauer, A. (2000) *Ruhe Ordnung Sicherheit*, Wien, New York: Springer.
Hauer, A. (1995) „Der ‚Grenzeinsatz' des Bundesheeres: Bemerkungen zu VfGH V [recte: B, Anmerkung des Verfassers] 115/93-16", *Juristische Blätter*, 117 (4), 227–236.
Hauer, A./Keplinger, R. (2005) *Sicherheitspolizeigesetz Kommentar*, Wien: Linde.

Micewski, E.R./Neumüller, G./Schörner, B. (2007) *Österreichische parlamentarische Parteien – Positionen zur Sicherheitspolitik und Streitkräften: Vom Ende des Kalten Krieges bis zur österreichischen EU-Ratspräsidentschaft 2006*, Wien: ReproZ Wien/Akademiedruckerei LVAk.

Official Journal of the European Union (2008) "Council Joint Action 2008/124/CFSP of 4 Februrary 2008 on the European Rule of Law Mission in Kosovo, EULEX Kosovo", L 42/92, 16.02.2008, Brüssel.

Oschep, A. (2004) „Schutz 04 – Manöverbericht", *Österreichische Militärische Zeitschrift*, 4/2004, 469–470.

Platter, G. (2004) „Österreichische Verteidigungspolitik für europäische Sicherheit", *Österreichische Militärische Zeitschrift*, 6/2004, 675–680.

Polli, G.R./Gridling, P. (2002) „Der 11. September 2001 und seine Auswirkungen auf die Terrorismusbekämpfung", *Österreichische Militärische Zeitschrift*, 4/2002, 679.

Schätz, A. (2007) „Nachrichtendienste im Transformationsprozess?", *Österreichische Militärische Zeitschrift*, 4/2007, 395–406.

Schröfl, J./Pankratz, T. (Hg.) (2004) *Asymmetrische Kriegführung – Ein neues Phänomen der internationalen Politik*, Baden-Baden: Nomos.

Segur-Cabanac, C. (2005) „Der Assistenzeinsatz an der Ostgrenze", *Österreichische Militärische Zeitschrift*, 5/2005, 595–602.

Sicherheitsakademie – SIAK (2004) (Hg.) „Fortbildungskatalog, Modul 03.23 Führungskompetenz, Seminarveranstaltung ‚Führungs- und Stabsarbeit'", Wien, 14.-18. Juni 2004.

Staatliches Krisen- und Katastrophenschutzmanagement – SKKM (2007) „Richtlinie für das Führen im Katastropheneinsatz", Wien: Bundesministerium für Inneres, http://www.bmi.gv.at/cms/BMI_Service/Richtlinie_fuer_das_Fuehren_im_Katastropheneinsatz.pdf (Zugriff: 19.10.2010).

Steiger, A. (2004) „Zum Schutz der Grenze bestimmt!?", in: FH-Diplomstudiengang ‚Militärische Führung' an der Theresianischen Militärakademie Wiener Neustadt (Hg.) *Armis et litteris*, Bd. 17, Wiener Neustadt: Theresianischen Militärakademie.

Striedinger, R. (2008) „Zur österreichischen Verteidigungspolitik", *Österreichische Militärische Zeitschrift*, 1/2008, 69–71.

Striedinger, R. (2003) „Alarmübung im Zeichen des Anti-Terrorkampfes", *Österreichische Militärische Zeitschrift*, 2/2003, 203.

Thanner, T./Vogl, M. (2005) *Sicherheitspolizeigesetz: Kommentar*, Wien/Graz: Neuer Wissenschaftlicher Verlag.

Thiele, R. (2008) „Vernetzte Sicherheit: Über die Konzeptionen gesamtstaatlichen Zusammenwirkens", *Österreichische Militärische Zeitschrift*, 3/2008, 299-308.

Wagner, K. (2008) „Strategic Community in Österreich – Fünf Jahre strategischer Führungslehrgang", *Österreichische Militärische Zeitschrift*, 4/2008, 485–487.

Walter, R./Mayer, H./Kucsko-Stadlmayer, G. (2007) *Grundriss des österreichischen Bundesverfassungsrechts*, Wien: Manz.

Weiss, K. (2007) „Perspektiven einer Sicherheitsarchitektur", *SIAK-Journal*, 1/2007, 73–82.

Wiederin, E. (1998) *Sicherheitspolizeirecht*, Wien/New York: Springer.

Das Verhältnis von Militär und Polizei im Innern und in internationalen Einsätzen in der Schweiz

Stefan Leuenberger

1 Einleitende Worte

Zu den wesentlichen Trägern moderner Staatsgewalt gehören Polizei und Armee. Zweifelsohne trifft diese Tatsache auch auf die Schweiz zu. Während die Polizei bis in die jüngere Vergangenheit primär für die innere Sicherheit der Eidgenossenschaft zuständig war, hatte die Armee das Land gegen Gefahren von außen zu schützen. Angesichts einer stark veränderten Bedrohungslage mit zum Teil neuen Aufgaben stellt sich heutzutage berechtigterweise die Frage, ob diese traditionell verstandene Rollen- und Aufgabenteilung noch zeitgemäß sei.

Heute, zu Beginn des 21. Jahrhunderts, steht unbestritten fest, eine strikte Trennung zwischen innerer und äußerer Sicherheit ist nicht mehr möglich. Die Grenzen zwischen den beiden Bereichen haben sich in den letzten Jahren derart stark verwischt, dass ein „Zwischenbereich" entstanden ist, wo sowohl für die Polizei als auch für die Streitkräfte zusätzliche Aufgaben mit neuer Tragweite angefallen sind. Extremismus, die Bedrohung durch Massenvernichtungswaffen, organisierte Kriminalität oder etwa auch Ausschreitungen bei Großveranstaltungen gehören in diese Schnittmenge. Sie sind zu permanenten Begleiterscheinungen, vielmehr noch zur ständigen Gefahr geworden.

Der in die Jahre gekommene aber mindestens noch bis Ende 2009 gültige „Sicherheitspolitische Bericht" (SIPOL B 2000; VBS 1999)[1] unterscheidet noch zwischen innerer und äußerer Sicherheit. Das Basisdokument weist allerdings bereits darauf hin, dass es angesichts der zunehmenden Globalisierung (und den damit verbundenen Risiken und Gefahren) immer schwieriger werde, diesen beiden Aspekten der Sicherheit getrennt gerecht zu werden. Der Bericht betont denn auch, wie wichtig es sei, eine wirklich effiziente und effektive Zusammenarbeit unter den zuständigen zivilen und militärischen Stellen zu ermöglichen. Diese Forderung basiert auf der Erkenntnis, dass heutzutage Sicherheit umfassend, das heißt jenseits der traditionellen Unterscheidung zwischen Krieg und Frieden, zwischen innerer und äußerer Sicherheit, zwischen ziviler und militärischer Sicherheitsvorsorge, verstanden werden muss (Thiele 2008: 299). In diesem Zusammenhang gilt es ferner darauf hinzuweisen, dass umfassende Sicherheit grundsätzlich nur in Zusammenarbeit mit anderen – dies sowohl im Innern als auch im Äußern – zu erreichen ist.[2] Der Kampf gegen

---

[1] Objektiv betrachtet sind im 21. Jahrhundert zehn Jahre eine viel zu lange Zeitspanne, um auf der Metaebene angemessen auf veränderte Rahmenbedingungen zu reagieren. Erfahrungen anderer Staaten, allen voran Großbritannien, haben klar gezeigt, dass es sinnvoll ist, alle vier Jahre eine systematische Überprüfung der Sicherheits- und Verteidigungspolitik sowie den daraus abzuleitenden und weiterführenden Basisdokumenten durchzuführen (von „Trendanalysen" über ein „Weißbuch der Sicherheits- und Verteidigungspolitik" bis hin zur „Rüstungsstrategie"). Das in der Schweizer Armee aktuell angewandte Verfahren der jährlichen Strategiekontrolle („strategy check") weist zwar in die richtige Richtung, es müsste allerdings tatsächlich auf entsprechend erarbeiteten Grundlagen basieren. Darüber hinaus ist die Strategiekontrolle wesentlich professioneller als bis anhin anzugehen.
[2] Stichwort dazu: vernetzte Sicherheit.

den Terrorismus, gegen die organisierte Kriminalität und die Bestrebungen hinsichtlich der Nonproliferation sind keine nationalen, sondern vielmehr internationale Aufgaben.

Eine besondere Herausforderung für die auf Autonomie bedachte Eidgenossenschaft war deshalb die Ablösung der vom Kalten Krieg geprägten „Gesamtverteidigung"[3] durch eine primär die nationale (und in viel geringerem Maß internationale) Ebene umfassende Sicherheitskooperation. Obwohl der SIPOL B 2000 mit dem Titel „Sicherheit durch Kooperation" auch eine verstärkte Zusammenarbeit auf dem internationalen Parkett forderte (VBS 1999), ließen sich in der Folgezeit die dafür notwendigen politischen Mehrheiten nicht finden. Natürlich hatte diesbezüglich auch die in der Bundesverfassung der Schweizerischen Eidgenossenschaft (BV: Stand 2008) erwähnte „Neutralität" eine hindernde Wirkung (BV: Art. 173.1a und Art. 185.1). Allerdings gilt es zu bedenken, dass die Neutralität nicht starr ausgelegt ist und sich dem jeweiligen Zeitgeist anzupassen vermag. Leider wird die Neutralität jeweils aber nur allzu gerne für kurzfristige politische Ziele missbraucht.[4] Das militärische und polizeiliche Engagement der Schweiz im Ausland blieb jedenfalls trotz humanitärer Werteorientierung, trotz starker internationaler Verflechtung[5] und hoher Exportabhängigkeit der Schweizer Wirtschaft, auf Sparflamme und ist heute in der Gegenüberstellung mit vergleichbaren Staaten wie Österreich, Schweden oder Finnland als bescheiden zu bezeichnen. Gemäß einer Auflistung der Zeitschrift „Swiss Peace Supporter" stehen aktuell 351 Personen im Auslandeinsatz,[6] davon ein Großteil im Kosovo.[7] Auf Grund des geringen Schweizer Engagements und der dementsprechend knappen Datenlage, was die Zusammenarbeit von schweizerischen Polizei- und Armeekräften im Ausland betrifft, fokussiert der Aufsatz im Folgenden auf das Verhältnis von Militär und Polizei im Innern; das Verhältnis der beiden im Äußern bleibt weitgehend unbeleuchtet.

2 Das Verhältnis von Militär und Polizei im Innern (und in internationalen Einsätzen)

Die Schweizerische Bundesverfassung schreibt vor, dass Bund und Kantone gemeinsam im Rahmen ihrer jeweiligen Zuständigkeiten für die Sicherheit des Landes und den Schutz der Bevölkerung sorgen (BV: Art. 57). Während der Bund heute grundsätzlich für die Armee zuständig ist,[8] kommt den Kantonen eine weitgehende Polizeihoheit zu. Da sich aber die

---

[3] Die Schweiz hat keine Armee, sie ist eine Armee. Der früher in der Schweiz oft und gerne zitierte Ausspruch steht stellvertretend für die Vorstellung einer wehrhaften Schweiz mit einer langen militärischen Tradition.
[4] Siehe insbesondere dazu Kreis (2004). Dieses Standardwerk zur schweizerischen Neutralität wurde – im Hinblick auf prospektive Bedürfnisse der längerfristigen Streitkräfteplanung – hauptsächlich vom Planungsstab der Armee finanziert.
[5] Die Schweiz ist eines der globalisiertesten Länder der Welt überhaupt und belegt seit Jahren regelmäßig einen Spitzenplatz im A.T. Kearney/Foreign Policy Globalization Index.
[6] Schweizer Militär- und EDA-Personal sowie Polizei und Grenzwache (EDA = Eidgenössisches Departement des Äußern).
[7] „Swiss Peace Supporter", 2/2009, 27. Zum Vergleich: Allein das Österreichische Bundesheer unterhält im Ausland aktuell ein Kontingent von 1.213 Personen. Unwesentlich geringer ist das Engagement der beiden erwähnten skandinavischen Länder. Schweden und Finnland beteiligen sich zurzeit jeweils mit rund 1.000 Personen an friedensunterstützenden Maßnahmen. Nebenbei bemerkt liegt in Finnland die gesetzlich verankerte Obergrenze des Kontingents für friedensunterstützende Einsätze bei 2.000 Personen. (Quellen: www.bundesheer.at, www.mil.se, www.defmin.fi, Zugriff am 4.8.2009).
[8] Seit der Gründung des Bundesstaates 1848 wurden dem Bund in mehreren Schüben weit reichende Befugnisse, insbesondere auch im Bereich der Verteidigung, übertragen. Mit dem Reformvorhaben „Armee XXI" traten die Kantone erneut einst erworbene Rechte und Befugnisse in größerem Umfang an den Bund ab. Diese über eine

Aufgaben im Bereich der inneren und der äußeren Sicherheit in manchen Belangen überschneiden, sind Koordinationsprobleme unvermeidlich. Diese Problematik vollumfänglich zu erkennen und vor allem auch zu lösen, ist für die künftige Sicherheit des Landes entscheidend. Denn nur eine optimale Koordination der beiden Bereiche kann die gewünschte Sicherheit gewährleisten. Grundsätzlich stellen sich folgende Fragen: Wann soll die Polizei, wann die Armee eingesetzt werden? Wo ergeben sich Synergien, wo Überschneidungen? Und wann – bezüglich der Polizeiaufgaben – soll die Zuständigkeit besser beim Bund liegen?

Um eine Bestandsaufnahme des schweizerischen Sicherheitssektors vornehmen zu können, gilt es zunächst einmal, sich die „traditionellen Unterschiede" zwischen Armee und Polizei zu vergegenwärtigen – denn die klassischen Aufgaben der beiden Bereiche differieren erheblich. Der Hauptauftrag der Armee ist die Verteidigung des Landes gegen Angriffe von außen. Die Polizei hingegen dient der Aufrechterhaltung von Gesetz und Ordnung im Innern. Die Widersacher der Armee sind (zumindest war dies bis in die jüngere Vergangenheit so) gegnerische Streitkräfte. Um die Ziele des Feindes zu vereiteln, kann die Armee massivste Waffengewalt einsetzen. Waffeneinsatz bei der Polizei ist dagegen die große Ausnahme – ihr „Gegenüber" ist die Bevölkerung. In der Schweiz ist die Armee weitgehend eine Miliztruppe, die sehr wohl Übungs-, aber kaum echte Kampferfahrung aufweist. Die Polizei hingegen ist professionell, und ihre Einsätze sind in der Regel keine Übungen. Während die Kantone den Einsatz ihrer Polizeikräfte selber beschließen, muss der Armeeeinsatz vom Parlament genehmigt werden.

Angesichts einer veränderten Bedrohungslage ist heutzutage diese traditionell verstandene Trennung von polizeilichen und militärischen Aufgaben unzulänglich. Ein Problembereich ergibt sich insbesondere da, wo die Ordnung von innen her gefährdet ist – und zwar in einem Ausmaß, dass polizeiliche Mittel nicht mehr ausreichen. Darüber hinaus gibt es Aufgaben, die alleine von den Kantonen und ihren Polizeikorps überhaupt nicht bewältigt werden können. Dazu gehören beispielsweise die Überwachung des Luftraums, die Kontrolle großflächiger Gebiete über eine längere Zeitspanne oder die Sicherstellung wichtiger Infrastrukturen. Sind solche Aufgaben wahrzunehmen, stoßen die kantonalen Polizeikorps rasch an ihre Grenzen und sehen sich gezwungen, zusätzliche Kräfte anzufordern. Damit stellt sich eine weitere Frage: Woher sollen im Bedarfsfall zusätzliche Kräfte für die innere Sicherheit herstammen? Aus anderen kantonalen Polizeikorps, aus der Armee, aus dem Grenzwachtkorps? Oder wäre es vernünftig, eine bundeseigene zivile Polizeireserve zu schaffen?

Die Tatsache allein, dass bestimmte Aufgaben im Bereich der inneren Sicherheit kantonale Grenzen überschreiten, spricht noch lange nicht dafür, dass dem Bund generell die Zuständigkeit zugesprochen werden soll. Die Erfahrungen aus vergangenen Großanlässen[9] haben zwar gezeigt, dass die größten Reibungsverluste bei der Kompetenzordnung unter den Kantonen beziehungsweise zwischen Bund und Kantonen und nicht bei der mangelnden Zusammenarbeit zwischen den involvierten Bundesstellen entstanden. Koordinationsprobleme zwischen den Kantonen sind jedoch nicht grundsätzlich schwieriger zu lösen als diejenigen zwischen Bund und Kantonen. Unabhängig davon ändert dies wenig an der Tatsache, dass heutzutage die interkantonale Zusammenarbeit der Polizeikorps, die polizei-

---

lange Zeitspanne kontinuierlich erfolgte „Zentralisierung" hat den Kantonen im Wesentlichen nur noch administrative Aufgaben belassen.

[9] Diesbezüglich speziell zu erwähnen sind das alljährlich stattfindende World Economic Forum (WEF) in Davos, der *G8-Gipfel* 2003 in Evian-les-Bains (mit Großkundgebung in Genf) und die Fußballeuropameisterschaft 2008 (UEFA EURO 2008) in den Städten Basel, Bern, Genf und Zürich.

liche Zusammenarbeit zwischen Bund und Kantonen sowie zwischen Armee und Polizei markant an Bedeutung gewonnen haben. An dieser Stelle der Bestandsaufnahme gilt es nun der Frage nachzugehen, wer sich in der Schweiz überhaupt alles mit Sicherheit im engeren Sinn beschäftigt.

Auf Bundesebene sind dies folgende drei Departemente: das VBS (Departement für Verteidigung, Bevölkerungsschutz und Sport), das EJPD (Eidgenössisches Justiz- und Polizeidepartement) und das EFD (Eidgenössisches Finanzdepartement) mit dem Grenzwachtkorps.[10] Der Schweizer Regierung (Bundesrat) kommt dabei die strategische Führung zu. In den Kantonen sind, wie bereits erwähnt, die jeweiligen Polizeikorps für die innere Sicherheit zuständig. Vielerorts wird dabei die Sicherstellung von Gesetz und Ordnung den Städten und Gemeinden übertragen. Diese wiederum nutzen dafür teilweise die Dienste privater Sicherheitsanbieter. Für die kantonale Polizeikompetenz sprechen verschiedene Gründe: Insbesondere erwähnenswert sind hierbei das Prinzip der vertikalen Gewaltenteilung, die Notwendigkeit der „Nähe" der Polizei (sowohl als vertrauensbildende Bürgernähe wie auch bezüglich der Kenntnis jeweiliger Milieus) sowie die enge Durchdringung der Polizeifunktionen mit anderen kantonalen Aufgaben (Justiz, Politikvollzug) (Freiburghaus et al. 2005: 103).

Die aus heutiger Sicht kompliziert wirkende Verteilung der mit Sicherheitsaufgaben betrauten Stellen auf verschiedene Departemente und darüber hinaus auf verschiedene Staatsebenen (Bund, Kantone, Gemeinden) ist historisch bedingt. Daraus resultiert aber auch eine der wesentlichen Schwächen der schweizerischen Sicherheitsarchitektur: sektorielles Denken. Dieser Problematik ist man sich durchaus bewusst. Die Zusammenführung aller sicherheitspolitisch relevanten Bereiche des Bundes unter einem Dach wurde in der Vergangenheit diskutiert – als Konzept zwischenzeitlich aber wieder verworfen. Mit der Schaffung eines so genannten „Sicherheitsdepartements" hätte man sich vor allem eine Effizienzsteigerung und damit verbunden einen Sicherheitsgewinn versprochen. Die Kompetenzen wären damit an einem Ort gebündelt, zeitraubende Koordinationsaufgaben eliminiert, Führungsstrukturen optimiert und der Informationsaustausch wesentlich beschleunigt worden. Organisatorische und technische Synergien hätten es zudem ermöglicht, Kosten einzusparen. Nach der Vorstellung der Befürworter hätte ein solches Sicherheitsdepartement neben der Armee und den Nachrichtendiensten auch das Polizeiwesen auf Stufe Bund umfasst. Die Kantone hätten damit einen einzigen Ansprechpartner erhalten, ihre Polizeihoheit wäre jedoch in keiner Weise berührt gewesen. Die Frage, ob die Schaffung eines solchen Departements automatisch auch einen Sicherheitsgewinn gebracht hätte, bleibt indessen unbeantwortet. Von den Gegnern eines Sicherheitsdepartements kam der Einwand, dass diese Militarisierung der inneren Sicherheit eine ungesunde Machtkonzentration und damit verbunden eine Beschneidung der Kantons- und Gemeindeautonomie mit sich brächte. Außerdem sei ein Sicherheitsdepartement generell abzulehnen. Denn die innere Sicherheit sei grundsätzlich Aufgabenbereich der kantonalen Polizeikorps, die nicht nur dafür speziell ausgebildet seien, sondern neben den beruflichen auch über entsprechende soziale Kompetenzen verfügen. Ein reines Sicherheitsministerium lässt sich nebenbei bemerkt auch nicht in den Nachbarländern der Schweiz finden. Und ebenfalls die Vereinigten Staaten von Amerika trennen Verteidigungsministerium („Department of Defense") und Ministerium für innere Sicherheit („Department of Homeland Security").

---

[10] Das *Grenzwachtkorps* (GWK) stellt den uniformierten und bewaffneten Teil der *Eidgenössischen Zollverwaltung* (EZV) dar, beide gehören dem Eidgenössischen Finanzdepartement an. Das GWK ist hauptsächlich im Zoll-, im sicherheitspolizeilichen sowie im Migrationsbereich tätig.

Ein möglicher Ansatz, um temporäre Kapazitätsengpässe bei den kantonalen Polizeikorps zu lösen, wäre die Schaffung einer „bundeseigenen zivilen Polizeireserve". Frankreich, Italien und auch Spanien kennen solche Einheiten („Gendarmerie Nationale", „Arma dei Carabinieri", „Guardia Civil"). Ihrem Wesen nach ist die „Gendarmerie Nationale", um Frankreich als Beispiel zu verwenden, ein Mittelding zwischen Armee und klassischer Polizei. Sie ist Teil der französischen Streitkräfte und daher im Unterschied zu der zivilen Polizei dem Verteidigungsministerium unterstellt. Ihr Aufgabenspektrum hat sich im Lauf der Zeit stark gewandelt. Ursprünglich als Sicherheitstruppe des Staates gegen Revolten im eigenen Land gedacht, dient die „Gendarmerie Nationale" heute hauptsächlich der Unterstützung der Polizei, vor allem wenn diese personell oder technisch an ihre Grenzen stößt. Darüber hinaus wird die „Gendarmerie Nationale" gerne mit Sonderaufgaben betraut. Der Aufbau einer nationalen Einheit, welche beispielsweise bei Großanlässen den kantonalen Polizeikorps mit zusätzlichem Personal und zusätzlicher Logistik zu Hilfe eilen könnte, wäre durchaus auch für die Eidgenossenschaft von Gewinn. Allerdings sei davon abzuraten, so der Politologe Freiburghaus et al., eine neue Einheit aufzubauen, vielmehr empfehle es sich, bisherige Strukturen zu nutzen und beispielsweise das Grenzwachtkorps[11] für entsprechende Einsätze auszubauen (Freiburghaus et al. 2005: 92–93).

In der Schweiz, in der eine Mehrheit der Bevölkerung einer Bundespolizei grundsätzlich skeptisch gegenübersteht,[12] musste infolgedessen nach einer anderen Lösung gesucht werden. Im Herbst 2002 entschied der Bundesrat, sicherheitspolizeiliche Aufgaben des Bundes der Armee zu übertragen. Dies hatte weit reichende Konsequenzen für die Truppe. Der verstärkte Einsatz des Militärs zur Unterstützung der zivilen Kräfte für Grenz-, Konferenz- und Objektschutz wurde damit vom Ausnahme- zum Regelfall.[13] Verfassungsrechtlich war dies wenig problematisch, denn die Bundesverfassung sieht den Einsatz der Armee im Innern grundsätzlich vor:

„Die Armee (…) unterstützt die zivilen Behörden bei der Abwehr schwerwiegender Bedrohungen der inneren Sicherheit und bei der Bewältigung anderer ausserordentlicher Lagen. Das Gesetz kann weitere Aufgaben vorsehen." (BV: Art. 58.2)

Der Einsatz der Streitkräfte im Bereich der inneren Sicherheit ist in der Schweiz allerdings historisch belastet. In der Zwischenkriegszeit kam es wiederholt zu Einsätzen der Armee gegen streikende respektive demonstrierende Bürgerinnen und Bürger (Landesstreik 1918, Genf 1932). Dabei zeigte sich, dass die Zuständigkeiten für solche Einsätze nicht klar geregelt waren. Die Lehren daraus wurden längst gezogen und großmehrheitlich auch umgesetzt. Nur klare, allgemein bekannte und anerkannte Richtlinien sowie eine entsprechende Ausrüstung und Ausbildung der Truppen im Ordnungsdienst vermögen heute solch heikle Einsätze zu legitimieren. Ob und in welchem Umfang die Schweizer Armee zu Gunsten ziviler Polizeikräfte einzuspringen habe, ist politisch weiterhin umstritten, wenn auch in der Öffentlichkeit nicht mehr so lebhaft diskutiert wie auch schon.

---

[11] Im Normalfall wäre das GWK weiterhin für die Kontrollen an oder hinter der Grenze zuständig, im außerordentlichen Fall würden Teile des Korps zur Verstärkung der Kantonspolizei und unter deren Kommando eingesetzt. Die kantonale Polizeihoheit würde damit nicht tangiert.
[12] Das Schweizer Volk hatte in der Vergangenheit mehrfach die Schaffung einer Bundespolizei abge-lehnt. So scheiterte 1978 beispielsweise die so genannte BUSIPO-Vorlage (BUSIPO – Bundes-Sicherheitspolizei). Dieses Gesetz sah den Zusammenzug kantonaler Polizeikontingente zu einer Truppe für bundespolizeiliche Sicherheitsaufgaben vor.
[13] Vgl. hierzu die Medieninformation vom 6.11.2002 des Eidgenössischen Justiz- und Polizeidepartments (2002).

Ungeachtet dessen und gestützt auf das „Militärgesetz" (MG: Stand 2009) kann die Schweizer Armee zivilen Behörden auf deren Verlangen hin Hilfe leisten. Sei dies (a) zur Wahrung der Lufthoheit, (b) zum Schutz von Personen und besonders schutzwürdigen Sachen, (c) zum Einsatz im Rahmen der koordinierten Dienste, (d) zur Bewältigung von Katastrophen oder (e) zur Erfüllung anderer Aufgaben von nationaler Bedeutung (MG: Art. 67.1). Bei aller Skepsis gegenüber dem Einsatz von Militär im Innern gilt es zu bedenken, dass die Schweizer Armee dem „Primat der Politik" untersteht. Einsätze der Armee im Innern sind außerdem subsidiär, das heißt die Verantwortung bei solchen Einsätzen obliegt den zivilen Behörden. Das Prinzip der Subsidiarität besagt, dass der Einsatz der sicherheitspolitischen Mittel im Landesinnern auf einer möglichst tiefen und, was die Armee betrifft, möglichst zivilen Ebene erfolgen soll. Insbesondere ist stets zu prüfen, ob ein Armeeeinsatz angesichts der übrigen Handlungsmöglichkeiten überhaupt gerechtfertigt ist. Mit der Subsidiarität gekoppelt sind fernerhin die Grundsätze der Verhältnismäßigkeit und der Notwendigkeit. In diesem Sinne können militärische Verbände auf Verlangen der zivilen Behörden dann zum Einsatz gelangen, wenn die zur Verfügung stehenden zivilen Mittel aller Stufen weder personell und materiell noch zeitlich in der Lage sind, die gegebene Bedrohungssituation zu meistern (VBS 1999: 84).

Dank Großanlässen wie dem alljährlich stattfindenden WEF, dem G8-Gipfel in Evian oder etwa der UEFA EURO 2008 konnte die Zusammenarbeit im Bereich der inneren Sicherheit praktisch erprobt und laufend optimiert werden. So konnte die Armee 2008 anlässlich der Fußballeuropameisterschaft erstmals ihr Lagebild auch den zivilen Führungsstäben permanent zur Verfügung stellen. Die Armee baute vorgängig die entsprechenden Systeme an den Standorten der zivilen kantonalen Führungsstäbe auf. Damit war man zugleich auch einem erklärten künftigen Ziel hinsichtlich Zusammenarbeit im Bereich der Sicherheit, nämlich dem nach einem gemeinsamen Lagebild, einen bedeutenden Schritt näher gekommen. Subsidiäre Einsätze der Armee erschöpften sich aber keineswegs nur in dieser, zweifelsohne sehr wichtigen Dienstleistung. Weitere Aufgaben, wie beispielsweise die Überwachung des Luftraums oder die Bewachung von Objekten, insbesondere aber auch Logistikaufgaben wie Ordnungsdienst, Sanitätsdienst oder Transportaufgaben wurden von der Armee übernommen.

Der Einsatz von Armeeangehörigen zur Überbrückung von personellen Engpässen scheint auf den ersten Blick eine pragmatische und vor allem auch eine kostengünstige Lösung zu sein. Aber je länger und regelmäßiger subsidiäre Einsätze angeordnet werden und je weiter die Qualifikationen der eingesetzten Truppe von denjenigen in der ursprünglichen Planung vorgesehenen entfernt sind, desto problematischer werden solche Einsätze. Soweit einzelne Teile der Armee über die notwendigen Fähigkeiten verfügen, wie beispielsweise die Luftwaffe für Aufgaben im Luftpolizeidienst oder Genietruppen bei Aufräumarbeiten nach Katastrophen, sind solche Einsätze durchaus sinnvoll. Die Armee für die Bewachung ziviler Einrichtungen (Botschaften, Flughäfen usw.) einzusetzen, ist aber langfristig fragwürdig (Freiburghaus et al. 2005: 104). Das Kostenargument, dass man die Milizsoldaten auf Grund der bestehenden Wehrpflicht ja ohnehin hat, gilt nur, solange glaubhaft nachgewiesen werden kann, dass man sie auch für den Ernstfall braucht und die Kosten anderer Anbieter für solche spezifischen Dienste nicht günstiger sind.

Der Botschaftsschutz wurde in der Folge für viele Soldaten zur lästigen Pflicht. Es stellte sich relativ rasch heraus, dass Milizsoldaten für die Bewachung ziviler Einrichtungen und speziell für den Schutz von Botschaften nicht geeignet waren.[14] Zu dieser Einsicht

---

[14] Dies insbesondere darum, weil sie dafür nicht angemessen ausgebildet waren.

gelangte 2007 letztendlich auch der Bundesrat, nachdem er fünf Jahre zuvor beschlossen hatte, Teile der Armee für eben solche Zwecke zu verwenden. Inskünftig werden nun Polizei und Militärische Sicherheit (Mil Sich) die Bewachung von Botschaften sicherstellen. Diese Professionalisierung des Botschaftsschutzes basiert mitunter auf den Lehren vergangener Einsätze und entspricht der daraus resultierenden Forderung, dass bei direktem Kontakt mit Zivilisten ausschließlich auf professionelle und dafür spezialisierte Polizeikräfte zurückzugreifen ist. Die Militärische Sicherheit wie auch das Grenzwachtkorps, dessen Bedeutung mit „Schengen" ja ohnehin zugenommen hat, erfuhren in der Folge eine allgemeine Aufwertung. Im Zuge ihrer Weiterentwicklung soll die Militärische Sicherheit sogar die Fähigkeiten und Kapazitäten besitzen, die zivilen Behörden bei Bedarf rasch und bedürfnisgerecht mit professionellen Kräften zu unterstützen. Diese Kräfte sollen auch in der Lage sein, die gegebenenfalls nachrückenden Miliztruppen durch gezielte, einsatzbezogene Ausbildung auf ihre Aufgaben vorzubereiten.[15] Außerdem sollen die Vorkehrungen für den Schutz kritischer Infrastruktur verbessert werden, und zwar, indem die Militärische Sicherheit in Absprache mit den zivilen Behörden bereits heute komplementäre Einsatz- und Organisationsdispositionen an vorgängig definierten Objekten erarbeitet und diese Dispositionen durch gemeinsame Übungen getestet werden. Bestehende Defizite sollen so weit wie möglich abgebaut werden. Organisatorisch unterstellt bleibt die Militärische Sicherheit weiterhin der Armee. Diese Zuteilung entspricht dem politischen Willen, wonach keine bundeseigene zivile Polizeireserve unterhalten werden soll.

Sollte sich die Bedrohungslage grundlegend ändern oder würde das Land Angriffsziel terroristischer Anschläge, dann wäre nicht nur die Militärische Sicherheit gefragt. Die Armee müsste im großen Stil Aufgaben im Bereich der inneren Sicherheit übernehmen. Ende 2006 hatten deshalb die Kantone, vertreten durch die Konferenz der Kantonalen Justiz- und Polizeidirektorinnen und -direktoren (KKJPD), und das VBS gemeinsam „Kernaussagen zum Einsatz der Armee im Rahmen der inneren Sicherheit" erarbeitet. Diesbezügliche Aufgaben zu übernehmen, heißt für die Armee vor allem, den Schutz und die Kontrolle von Objekten und Räumen sicherzustellen. Die offizielle Bezeichnung dafür lautet: Raumsicherung. Die Raumsicherung ist Bestandteil des Armeeauftrags „Raumsicherung und Verteidigung" und wird von offizieller Seite als moderne Antwort auf aktuelle Risiken und Gefahren verstanden. In diesem Kontext ist deshalb auch die angestrebte entsprechende Ausrichtung großer Teile der Infanterie zu sehen. Gemäß dem Grundlagendokument „Ergänzung TF XXI" sollen Raumsicherungsoperationen stabilisierend wirken und dazu dienen, eine absehbare oder akute Krisenlage für die Schweiz und ihre Bevölkerung zu bewältigen. Die Raumsicherungsoperation ist Teil der Maßnahmen des Staates zur Vorbeugung und Eindämmung von Gewalt strategischen Ausmaßes, das heißt von Gewalt, die überregionale, nationale oder internationale Auswirkungen hat, erhebliche Teile von Staat und Gesellschaft beziehungsweise der Bevölkerung und des Landes betrifft und deren Verhinderung oder Abwehr die Mittel und Möglichkeiten der Kantone übersteigt (VBS 2007: 2).

Raumsicherungsoperationen können folgende Aufgaben beinhalten: Kontrolle des Luftraumes, Schutz wichtiger Objekte, Schutz größerer Grenzabschnitte, Schutz von Transversalen, Schutz von Schlüsselräumen und Gegenkonzentration.[16] Der Einsatz militärischer Mittel richtet sich nach der Bedrohung, den Leistungsbedürfnissen der zivilen Be-

---

[15] Diese Fähigkeiten der Militärischen Sicherheit sollten im Rahmen eines entsprechenden Bereitschaftskonzepts umgesetzt werden.
[16] Gegenkonzentration: „Einsatz vornehmlich beweglicher Kräfte im Rahmen einer Raumsicherungsoperation. Sie soll gegen einen militärisch organisierten Gegner dissuasiv wirken und kann in eine Verteidigungsoperation übergehen" (VBS 2007: 27).

hörden, dem politischen Auftrag sowie nach den verfügbaren militärischen Mitteln und deren Leistungsprofilen (VBS 2007: 2). Der Einsatz der Armee und die Einsatzart bedürfen der politischen Genehmigung. Die Armee unterstützt die zivilen Behörden auf Grund von Gesuchen, in deren Folge die erwarteten Leistungen in inhaltlicher, zeitlicher und räumlicher Hinsicht abgesprochen werden. Ebenfalls im Dialog werden Einsatz- und Verhaltensregeln erarbeitet. Diese Absprachen können bei Bedarf angepasst werden. Bei grenzüberschreitenden Bedrohungen kann auf Anordnung der Regierung eine Raumsicherungsoperation multinationalen Charakter annehmen. Die Einsatzverantwortung tragen grundsätzlich die zivilen Behörden, die Führungsverantwortung für militärische Verbände liegt hingegen bei den militärischen Kommandanten. Das Subsidiaritätsprinzip hat weiterhin Gültigkeit. Die Wahrung der Lufthoheit bleibt Aufgabe des Bundes. Aus Sicherheitsgründen kann der Bundesrat den Luftraum einschränken und den Luftpolizeidienst anordnen.[17]

In gemeinsamen Übungen, so der Wille von Armeeführung und Behörden, sind Prozesse und Aufgaben zu schulen und die Zusammenarbeit zwischen zivilen und militärischen Stellen über alle Stufen zu vertiefen. Die Armee habe das Handwerk der Raumsicherung gründlich zu beherrschen. Darum fand Ende August 2009 wiederholt eine größere Raumsicherungsübung statt. Die Truppenübung „Protector" hatte den Zweck, die Armee die Bewachung und Überwachung wichtiger Infrastrukturen bei einer instabilen Lage trainieren zu lassen (o.A. 2009: 30). Weitere derartige Übungen sollen folgen.

3 Schlussbemerkungen

Bei all der Diskussion um die Transformation des schweizerischen Sicherheitssektors gilt es zu bedenken, dass sich viele der heutigen Strukturen historisch herausgebildet haben. Sie sind in mancherlei Hinsicht suboptimal, mit Blick für das politisch Machbare jedoch kaum von Grund auf neu zu konzipieren. Wie im Text beschrieben, wurden in jüngerer Zeit verschiedene Optimierungsmöglichkeiten in Betracht gezogen. Die sich verwischenden Grenzen zwischen Militär- und Polizeiaufgaben erfordern nicht zwingend strukturelle Anpassungen grundlegender Art, vielmehr neue Mittel (insbesondere hinsichtlich der Interoperabilität) und vor allem eine verbesserte Koordination, die eine reibungslos funktionierende Zusammenarbeit der involvierten Stellen ermöglicht.

In erster Linie ist es die Armee und weniger die Polizei, die ihr Aufgabenspektrum erweitern und neu priorisieren muss. Nicht mehr die klassische Landesverteidigung steht im Vordergrund, sondern Aufgaben wie Raumsicherung, subsidiäre Hilfestellungen zu Gunsten ziviler Behörden oder das Erbringen von Dienstleistungen in Bereichen, in denen nur die Armee über die entsprechenden Mittel verfügt (zum Beispiel Luftpolizeidienst). Auch bei einer theoretisch angenommenen massiven Aufstockung der kantonalen Polizeikorps müsste die Armee heute wesentlich mehr derartige Aufträge übernehmen als bis anhin. Wenn auch die Kantone dem Einsatz der Armee im Bereich der inneren Sicherheit in einzelnen Bereichen skeptisch gegenüberstehen, so dürften gerade sie vom Transformationsprozess im Sicherheitssektor profitieren. Allerdings wäre es in diesem Kontext nun falsch zu glauben, dass die Streitkräfte auf der Verliererseite stehen. Ihre Bedeutung bleibt unge-

---

[17] Den Bezugsrahmen dazu bilden – neben den rechtlichen Bestimmungen – die durch die KKJPD und das VBS gemeinsam erarbeiteten „Kernaussagen zum Einsatz der Armee im Rahmen der inneren Sicherheit". Für genauere Informationen zu den Kernaussagen siehe VBS/KKJPD (2006).

brochen, ihre Existenz macht unvermindert Sinn. Es sind die veränderten sicherheitspolitischen Rahmenbedingungen, die eine entsprechende Anpassung (Transformation) erfordern.

Die Aufgabenfelder von Armee und Polizei liegen heute deutlich näher beieinander als früher. Mit der Aufwertung der Militärischen Sicherheit und der Ausrichtung großer Teile der Infanterie für Raumsicherungsoperationen unternimmt die Armee die dafür notwendigen Anstrengungen. Es mag freilich kaum erstaunen, dass an den Schnittstellen der verschiedenen Aufgabenbereiche noch Abstimmungsprobleme bestehen. Wichtig ist, diese klar zu benennen – und sie auch tatsächlich lösen zu wollen. Hierzu ist es zwingend erforderlich, dass alle sicherheitsrelevanten Akteure ihre Ziele und Prozesse sowie ihre Fähigkeiten und Mittel so weit wie möglich aufeinander abstimmen. Mit den „Kernaussagen zum Einsatz der Armee im Rahmen der inneren Sicherheit"[18] ist ein wesentlicher Schritt in die richtige Richtung getan.

Die engere und effizientere Zusammenarbeit der einzelnen Sicherheitsorgane ist nicht nur in eben erwähnter Hinsicht folgerichtig, in Zeiten knapper öffentlicher Mittel gewinnen betriebswirtschaftlich bestimmte, ökonomische Effizienzkriterien an Bedeutung. Effizienz und Effektivität sind Zielwerte, denen sich heutzutage auch der sicherheitspolitische Bereich stellen muss. Die beschränkten Ressourcen sind so optimal und nachhaltig wie möglich zu nutzen. Um dies bestmöglich bewerkstelligen zu können, bedarf es eines umfassenden Sicherheitsmanagements, darin enthalten ein Zukunftsmanagement, das diesen Namen auch verdient. Zukunftsmanagement ist das Bindeglied zwischen der Zukunftsforschung[19] einerseits und dem strategischen Management andererseits. Es bezeichnet die Gesamtheit aller Systeme, Prozesse und Methoden zur Früherkennung zukünftiger Entwicklungen und ihrer Einbringung in die Strategie (Mićić 2005). Damit müsste es der Schweiz gelingen, neue Rollen- und Aufgabenzuteilungen zwischen Armee und Polizei sowie anderen sicherheitsrelevanten Akteuren inskünftig effizienter und effektiver als bis anhin den veränderten Rahmenbedingungen anzupassen.

Literatur

Eidgenössisches Justiz- und Polizeidepartment (Hg.) (2002) „Innere Sicherheit: Armee schließt personelle Lücken des Bundes", Medieninformation des Bundes vom 6.11.2002, http://www.news.admin.ch/message/index.html?lang=de&msg-id=23178 (Zugriff: 22.11.2010).

Freiburghaus, D./Buchli, F./Honegger, E. (2005) *Das Duopol der legitimen Gewalt im schweizerischen Bundesstaat: Zwei Fallstudien zu Armee und Polizei*, Chavannes-Lausanne: IDHEAP.

Kreis, G. (2004) *Kleine Neutralitätsgeschichte der Gegenwart: Ein Inventar zum neutralitätspolitischen Diskurs in der Schweiz seit 1943*, Bern et al.: Haupt Verlag.

---

[18] Vgl. VBS/KKJPD (2006).

[19] In der wissenschaftlichen Zukunftsforschung geht es nicht, wie viele glauben, um Wahrsagen oder Prophetie, sondern um eine ernsthafte Vorausschau (vorsorgen durch vorausschauen). Der Versuch sich vorzustellen, was künftig sein wird, beginnt mit einem Blick zurück. Um die Zukunft erahnen zu können, bedingt es einer umfassenden Kenntnis sowohl der Vergangenheit als auch der Gegenwart – denn Zukunft ist auch Herkunft. Nur wer die Trends frühzeitig erkennt, kann Risiken vermeiden und Chancen ergreifen. Wer sich ein Bild von den künftigen Entwicklungen machen will, muss aber nicht nur die wichtigsten Zeitströmungen kennen, sondern auch die Kräfte, die sich ihnen entgegensetzen: Jeder Trend hat einen Gegentrend. Die Zukunft lässt sich indessen nicht einfach aus der Vergangenheit und Gegenwart extrapolieren, denn die gesellschaftlichen, (geo-)politischen, wirtschaftlichen, technischen und militärischen Entwicklungen verlaufen nicht linear, sondern größtenteils chaotisch. Die Zukunft gleicht so einem Möglichkeitsfeld, das heißt, es existieren Alternativen, divergierende Wege in die Zukunft. Aufgabe der wissenschaftlichen Zukunftsforschung ist es, diese alternativen Wege in mögliche, wahrscheinliche, wünschenswerte und weniger wünschenswerte „Zukünfte" einzuteilen und zu beschreiben.

Mićić, P. (2005) *30 Minuten für Zukunftsforschung und Zukunftsmanagement*, Offenbach: GABAL.
o.A. (2009) „Truppenübung PROTECTOR zum Thema Raumsicherung", *INTRA*, 3/2009, 30.
Schweizerisches Eidgenössisches Departement für Verteidigung, Bevölkerungsschutz und Sport – VBS (1999) „Sicherheit durch Kooperation: Bericht des Bundesrates an die Bundesversammlung über die Sicherheitspolitik der Schweiz (SIPOL B 2000) vom 7. Juni 1999".
Schweizerisches Eidgenössisches Departement für Verteidigung, Bevölkerungsschutz und Sport – VBS (2007) „Reglement 51.020.1 d: Raumsicherung – Ergänzung zum Reglement 51.020 d: Taktische Führung XXI (Ergänzung TF XXI)", Bern, http://www.vtg.admin.ch/internet/vtg/de/home/dokumentation/fuhrungsreglemente/taktische.parsys.31902.downloadList.90741.DownloadFile.tmp/51.020.1d.pdf (Zugriff: 20.10.2010).
Schweizerisches Eidgenössisches Departement für Verteidigung, Bevölkerungsschutz und Sport – VBS/Konferenz der Kantonalen Justiz- und Polizeidirektorinnen und -direktoren – KKJPD (2006) „Bericht an das politische Gremium der Plattform KKJPD/VBS über die Bearbeitung der Aufträge vom Juni 2005: Fachgruppe KKJPD/VBS – September 2006", http://www.news.admin.ch/NSBSubscriber/message/attachments/4260.pdf (Zugriff: 20.10.2010).
Thiele, R. (2008) "Vernetzte Sicherheit: Über die Konzeptionen gesamtstaatlichen Zusammenwirkens", *Österreichische Militärische Zeitschrift*, 3/2008, 299–308.

Das Verhältnis von Militär und Polizei in internationalen Einsätzen in Deutschland

Uwe Fischer

> *Denjenigen Menschen, der sich um Fernes nicht kümmert,*
> *erwartet schon in nächster Nähe Kummer.*
> Konfuzius

1 Das Problem: Wachsende internationale Anforderungen an Krisenmanagement – fehlende Ressourcen im Polizeibereich

Spätestens seit den Terroranschlägen vom 11. September 2001 verschwimmen die Grenzen zwischen innerer und äußerer Sicherheit. Die modernen Bedrohungen innerer wie äußerer Sicherheit erfordern heute polizeiliches Handeln auch außerhalb unserer Grenzen. Schon in der europäischen Sicherheitsstrategie von 2003 wurde daraus der Schluss gezogen, dass die neuen Bedrohungen nur noch mit einem Bündel aus polizeilichen, justiziellen, militärischen und sonstigen Mitteln zu bewältigen sind. Im Rahmen des sog. „Capacity Building", also dem Aufbau rechtsstaatlicher Sicherheitsstrukturen in Krisenregionen, steht das Bundesministerium des Innern als Teil einer ressortübergreifenden deutschen Außen- und Sicherheitspolitik vor wachsenden Anforderungen.

Box 1: Bedrohungen der inneren/äußeren Sicherheit Deutschlands

- Wirtschaftliche Bedrohungen und Globalisierungsrisiken (Finanzkrise)
- Terrorismus, Islamismus und Extremismus
- Demographie, illegale Migration und Integrationsprobleme
- Organisierte Kriminalität (v. a. Drogen, Piraterie)
- Katastrophen und Pandemien
- Proliferation, Rüstungswettlauf und illegaler Waffenhandel
- Staatszerfall und Regionalkonflikte (Stabilisierungseinsätze)
- Ressourcenkonflikte (Nahrungsmittelkrise, Energiesicherheit, Wasser- und Bodenknappheit)
- Störungen kritischer Infrastrukturen (Cyber War)
- (Wirtschafts-) Spionage
- Staatsversagen, veränderte Staatsrolle in globalisierter Welt

Internationale Krisen in Form von Regionalkonflikten und Staatszerfall sind im Zeitalter der Globalisierung von wachsender Bedeutung für die innere Sicherheit Deutschlands. Krisenfrüherkennung, zivile Krisenprävention und internationales ziviles Krisenmanagement gewinnen vor diesem Hintergrund auch für das BMI an Gewicht. Die Zahl der Polizeimissionen ist gewachsen und wird weiter wachsen. 2008 waren rund 18.000 Polizisten in

40 Missionen weltweit im Einsatz, während der deutsche Anteil mit rund 270 Polizisten (davon rund die Hälfte Bundespolizisten) in zehn Missionen[1] bescheiden blieb.

Abbildung 1: Failed State Index 2010 (Quelle: The Fund for Peace 2010)

Die neuen asymmetrischen Konfliktformen („neue Kriege") zeichnen sich durch lang anhaltende Destabilisierungen ganzer Regionen aus. Die „Privatisierung" dieser unerklärten „Kriege" von Nicht-Kombattanten löst die Unterscheidung von innerer und äußerer Sicherheit sowie von Krieg und Frieden zunehmend auf.

Organisierte Kriminalität etabliert sich zwischen Revolutionären und Freiheitskämpfern – auch zwischen dem Guerillakrieg gegen militärische Strukturen und dem Terrorismus gegen zivile Strukturen – zur Durchsetzung wirtschaftlicher Interessen. Sie tut dies in der Regel mit destabilisierenden Folgen für die globalisierte Weltwirtschaft, wenn sie u. a. über Drogengeschäfte, illegale Migration, Menschen- und Waffenhandel an unsere offenen Volkswirtschaften andockt.

Nicht staatliche Akteure wie Terroristen, kriminelle Banden und Kriegsunternehmer („Warlords") dominieren dieses moderne Gefechtsfeld, indem sie staatliche Strukturen systematisch bekämpfen. Ihre vielschichtigen und komplizierten wechselseitigen Abhängigkeiten und Beziehungen zur Bevölkerung prägen die Einsatzrahmenbedingungen vor Ort wie auch die innere Sicherheitslage in Deutschland. Es entwickeln sich fast symbiotische Beziehungen und z. B. zwischen Afghanistan als weltgrößtem Rauschgiftproduzenten,

---

[1] 4 UN, 6 EU: Kosovo (EULEX), Afghanistan (EUPOL AFG), Afghanistan (GPPT AFG), Bosnien und Herzegowina (EUPM), Moldau/Ukraine (EU BAM MD/UA), Georgien (EU MM), Palästina (EUPOL COPPS), Liberia (UNMIL), Kosovo (UNMIK), Darfur/Sudan (UNAMID), Sudan (UNMIS).
Auslandseinsätze der Bundespolizei begannen mit Geiselbefreiungen wie in Mogadischu/Somalia 1977 und UN-Missionen in Namibia (1989/90), Kambodscha (1992/93) und der West-Sahara (1993/96). EU-Missionen in den Donau-Staaten (1993/96) und Mostar (1994/96) folgten.
Auslandseinsätze der Bundeswehr mit fast 7.000 Soldaten in Afghanistan (ISAF: 3.640, AWACS: 300, UNAMA. 2), Kosovo (KFOR: 2.050), vor Somalia (ATALANTA: 690, OEF: 90), in Libanon (UNIFIL: 210), Bosnien-Herzegowina (EUFOR: 130), Sudan (UNMIS: 31), Georgien (OSZE-Mission: 1), im Kongo (EUSEC: 3), in Bereitschaft für strategischen Patiententransport (StratAirMedEvac: 41). UNOMIG in Georgien wurde 2009 beendet.

Kosovo als einem der wichtigsten Transitländer für Rauschgift und Drogenkonsumenten in Deutschland. Deutschland wird in diesen Konflikten zum Teil als Ruheraum für Finanzierungs- und Logistikaufgaben der Kampfhandlungen missbraucht oder wird gar Austragungsort von Konflikten – sei es in Form von Terroraktionen, Entführungen oder der offenen Auseinandersetzung von Kontrahenten auf deutschen Straßen.

Viele dieser „neuen Kriege" haben längst ihr ursprüngliches Movens (Freiheitskampf, ethnischer oder ideologischer Konflikt) verloren und folgen überwiegend ökonomischen Kalkülen, die aus unseren Ländern mit gespeist werden – sei es über kriminelle Geschäftstätigkeiten oder auch durch unmittelbare Finanztransfers in die Krisengebiete hinein. Die Unterbindung der Finanzierung dieser neuen Kriege erfordert eine wesentlich schärfere Bekämpfung von Schattenwirtschaft (u. a. qua Antidrogenpolitik), die sinnvoll nur mit polizeilichen Methoden gewährleistet werden kann. Der Kern unserer Interventionskräfte besteht heute jedoch überall aus Militär.

Abbildung 2: Asymmetrische Konflikte und neue Kriege – die Privatisierung des Krieges (Quelle: Eigene Darstellung)

Ziele und Mittel in einem nicht-konventionellen Konflikt

Nicht-konventioneller Konflikt
(zwischen einer Organisation und einem Staat)

Private Sicherheitsagenturen Söldner

Revolutionäre

Guerillakrieg
Zielgerichteter Angriff auf militärisches Personal und militärische Einrichtungen zur Erreichung eines politischen Ziels

Kriminelle

Terrorismus
Zielgerichteter Angriff auf Zivilisten zur Erreichung eines politischen Ziels

Transnationale Konzerne

Freiheitskämpfer

Terroristen

Warlords

Box 2: Mögliche Konfliktszenarien bis 2025 (Zentrum für Transformation der Bundeswehr – Dezernat Sicherheitspolitische Zukunftsanalyse 2007)

1. **Vernetzte Sicherheit**: Intervention zur Sicherung des staatlichen Gewaltmonopols (Peace Support Operation)
2. **Oligarchie im Übergang**: Kriegführung gegen lose organisierte, asymmetrisch und irregulär agierende Akteure (Krieg in urbanisiertem Gelände)
3. **Kalter Krieg der Blöcke**: Extern unterstützter, multilateraler Kleinstaatenkonflikt mit Intervention (Stellvertreterkrieg), Ressourcenkonflikte, Klimabedingte Konflikte, Hegemonialkriege, konfrontative Hegemonialmächte, rund ein Dutzend staatliche Akteure beherrschen das Bild, NGOs präsent, reguläre Verbände eines Kleinstaats werden durch verdeckte reguläre Kräfte einer Blockmacht unterstützt
4. **Der schwache Hegemon**: High-tech-Krieg zwischen staatlichen und nichtstaatlichen Akteuren (zwischenstaatlicher Krieg), Fukuyama, Konflikt der Kulturen; Türkei/Nordirak

Langfriststudien der deutschen Bedrohungslage gehen davon aus, dass Stabilisierungseinsätze in nur partiell militärisch befriedetem Gebiet die wohl wahrscheinlichste Einsatzoption unserer Sicherheits- und Stabilisierungskräfte im Ausland darstellen. Dort stehen internationale Friedenskontingente verdeckt kämpfenden nationalen Widerstandsgruppen (vgl. Taleban/Afghanistan, Patriotic National and Islamic Front/Irak) und internationalen Terrorgruppen gegenüber, die von an Destabilisierung interessierten Nationalstaaten (z. B. Iran) unterstützt werden. Ein weiteres wahrscheinliches Szenario ist die Verlagerung dieser Konfliktlagen in städtisches Gebiet und hier namentlich in die schwer kontrollierbaren Megacities. Beide Szenarien erfordern im Kern einen Polizeieinsatz, in dem militärische Mittel nur temporär und komplementär zum Einsatz kommen. Dass uns hierfür Polizeikräfte fehlen, wird schon heute von allen Beteiligten aktueller Planspiele und Experimente immer wieder schmerzhaft beklagt.

Abbildung 3: Krisenmanagement – Abfolge und Instrumente BMI (Quelle: Eigene Darstellung)

Gefordert werden künftig zivile Sicherheitskräfte, die

- vor einer Krise durch internationale Sicherheitskooperation (z. B. Terror-, OK- und Migrationsbekämpfung) und Informationsaustausch Frühwarnung betreiben, krisenpräventive Maßnahmen einleiten (Beratung, Ausbildungs- und Ausstattungshilfe, Grenzschutzaufbau, Sicherheitstechnologie) und ggf. intervenieren (Evakuierungs- und Befreiungsaktionen),
- in einer Krise Sicherungseinsätze betreiben (Selbst-, Objekt- und Personenschutz deutscher Einrichtungen im Ausland), temporär zusammengebrochene Polizeistrukturen ersetzen (siehe Kosovo) und wiederaufbauen (siehe Afghanistan) sowie im internationalen Verbund Terror-, OK- und Migrationsbekämpfung betreiben,
- und nach einer Krise schnell örtliche und nationale Sicherheitssektorreformen implementieren (Aufbau von Sicherheitsbehörden, Justiz und Gefängniswesen, Ausbildung, Beratung), nation-building (Korruptionsbekämpfung, Wahlbeobachtung, Kriegsverbrecher verhaften) und den Friedensprozess unterstützen (schlichten, beobachten, beraten, Amtshilfe).

Insgesamt gehen wir künftig von einer Schwerpunktverlagerung von militärischen zu zivilen Einsatzkräften im Rahmen des internationalen Krisenmanagements aus. Letztere werden für die Nachhaltigkeit erfolgreicher Stabilisierungspolitik heute als entscheidend angesehen. Dies zeichnet sich in Krisenregionen wie Afghanistan schon ab, wird bislang aber notdürftig mit dem Einsatz von Streitkräften in Polizeifunktion beantwortet.[2] In den USA wird unter Federführung des State Department der Versuch unternommen, einen im Kern zivilen Krisenbewältigungsansatz zu entwickeln, dem das Militär nur noch attachiert ist. In Deutschland müsste jenes breite Spektrum ziviler Sicherheitsmaßnahmen, die auch und gerade im internationalen Krisenmanagement eingesetzt werden könnten, erst aufgebaut werden.

Damit werden umfassende Stabilisierungseinsätze im Ausland mit polizeilichen, militärischen und institutionellen (Justiz/Administration) Aufbauleistungen zur Regelanforderung an deutsche Sicherheitsbehörden im 21. Jahrhundert. Die Notwendigkeit des "Exports von Sicherheit" im Grenzbereich zwischen militärischer Intervention und ziviler Befriedung bei asymmetrischer Kriegführung wird die nächsten Jahrzehnte prägen. Dem wird sich Deutschland als wirtschaftlich potente Mittelmacht, als Handelsmacht abhängig vom ungehinderten globalen Zugang zu Energie und Rohstoffen sowie zu Absatzmärkten, nicht entziehen können. Der Einsatz von Streitkräften als rasch verfügbares und effizientes Instrument z. B. bei Katastropheneinsätzen im Inland wird ebenso zur Regel wie der Einsatz von Polizeikräften im Ausland (Auflösung innerer und äußerer Sicherheit).

2 Maßnahmen – Aufbau eines europäischen zivilen Friedenskorps

Zivile Sicherheitsbehörden bedürfen daher künftig wie Streitkräfte der Neuausrichtung auf veränderte Anforderungen – weg von der nationalen territorialen Verteidigung an den Landesgrenzen hin zur inter-/transnationalen Krisenintervention weltweit. Für die Sicherheitskräfte des Inneren läuft dieser Transformationsprozess gerade erst an.

---

[2] Zu den strategisch-operativen Überlegungen der US-Army siehe Field Manuals (https://pksoi.army.mil/doctrine_concepts/ServiceDoctrine.cfm).

International geht man dabei v. a. den Weg des Aufbaus geschlossener und damit besser führbarer Einheiten – wie im Fall der britischen Kriseninterventionsverbände, die polizeiliche, administrative, technische und Justiz-Komponenten bündeln. In Deutschland könnten die beiden Einsatzhundertschaften der Bundespolizei für den Auslandseinsatz einen ersten Nukleus bilden, der um Fähigkeiten weiterer Behörden (z. B. BKA, THW) ergänzt werden könnte. Das Konzept der „vernetzten Sicherheit" und des „erweiterten Sicherheitsbegriffs", wie im Weißbuch des Verteidigungsministeriums von 2006 entwickelt, würde hier seine Konkretisierung in die zivilen Sicherheitsorgane hinein erfahren.

Seit der Wiedervereinigung sind zudem die Bündnis-Verpflichtungen im Rahmen UN und NATO und insbesondere die europäischen Verpflichtungen gewachsen, wie nicht zuletzt die Vereinbarungen zum Aufbau schneller polizeilicher Eingreifkräfte auf EU-Ebene zeigen. In Frankreich gehen die Überlegungen zum Aufbau einer polizeilichen EU-Eingreiftruppe mit Gendarmerie-Fähigkeiten („Euro-Gendarmerie") im Übrigen einher mit der Reduzierung militärischer Kräfte.[3]

In Deutschland erfordert dies die stärkere Ausrichtung der Bundespolizei auf Einsätze im Rahmen des internationalen Krisenmanagements. Der Export ziviler deutscher Polizei-Kompetenz rückt in Krisengebieten wie Afghanistan immer stärker ins Zentrum unserer Sicherheitspolitik – sei es hinsichtlich der Ausbildung nationaler Polizeikontingente, des Aufbaus von Grenzschutzstrukturen, der BKA-Tätigkeit (z. B. Terror- und Drogenbekämpfung) sowie der Bekämpfung illegaler Migration.

Im Kern wird es dabei stets um Hilfe zur Selbsthilfe gehen, d. h. um den Aufbau von Sicherheitsorganen der jeweiligen souveränen Nationen (Sicherheitssektorreform) und damit um den Ausbau von Ausbildungs- und Beratungskapazitäten. Für eine Übergangsphase zwischen militärischem Einsatz und jeweils eigenverantwortlicher Ausübung der Polizeihoheit instabiler Staaten zeichnet sich jedoch der Bedarf zumindest im Selbstschutz ertüchtigter deutscher Sicherheitskräfte ab, die ausgebildete nationale Kräfte im Einsatz und in nicht immer vollständig befriedetem Umfeld anleiten.

Die polizeilichen Aufgaben in einer Auslandsmission sind vielfältig: Sie reichen von der Beratung der Entscheidungsträger wie dem jeweiligen Innenminister über die Mitwirkung an der strategischen und strukturellen Ausrichtung der Polizei, der Begleitung von Projekten (z. B. Bauprojekten im Sicherheitsbereich) bis zur Durchführung von Trainingsmaßnahmen. Mit dieser Arbeit sollen die Sicherheitsinstitutionen in die Lage versetzt werden, eigenständig und -verantwortlich für die Sicherheit in ihrem Land zu sorgen – auf der Basis eines rechtsstaatlich demokratischen Grundverständnisses. Auch Ausstattungsprojekte für die Bereitschafts- und Grenzpolizei werden geleistet.

---

[3] Frankreich hat 01/2009 angekündigt, seine Auslandstruppen um 1/5 zu reduzieren. Derzeitiges Jahresbudget: 900 Mio. Euro.

Abbildung 4: Ausbildung der afghanischen Polizei durch die Bundespolizei in Kabul (Afghanistan) im Jahre 2008

Für die Vor- und Nachbereitung internationaler Polizeimissionen bietet sich eine zentralisierte Führungsstruktur an, wie sie derzeit im Einsatzführungszentrum des Bundespolizeipräsidiums in Potsdam in Aufbau ist. Die Einsätze selbst erfolgen dann i. d. R. über Führungsstrukturen des Mandatsträgers, können jedoch auch über eigenständige Führungsstrukturen erfolgen. Dies erfordert einen Paradigmenwechsel und mehr Budgetmittel (die USA bilden für 2,4 Mrd. US-$ über mehrere Jahre Polizei in Afghanistan aus). Der Export ziviler deutscher Polizei-Kompetenz würde damit wesentlich stärker ins Zentrum deutscher Krisenpräventionsstrategien rücken.

Neben der Schaffung von Kontingenten mit Fähigkeiten unterhalb militärischer Einsätze sind Personalrekrutierung, Ausbildung, Einsatzregeln, Organisation und insbesondere materielle Ausstattung an die neuen Anforderungen anzupassen. Neue Ausbildungsschwerpunkte für internationales Krisenmanagement müssen noch stärker in die Lehrpläne der Polizeiakademien/-schulen Eingang finden (in der Bundespolizeiakademie ist dies z. T. schon erfolgt). Insbesondere ist die Verzahnung unterschiedlicher Einsatzoptionen auf der Zeitachse zu optimieren.

Die Bundespolizei würde daher grundsätzlich über Ressourcen verfügen und könnte deshalb verstärkt in die Auslandseinsätze hineinwachsen. An das vom Bund zur Verfügung gestellte Grundgerüst könnten die Kompetenzen der Länderpolizeien, die in Auslandseinsätzen aufgrund hoher Praxisnähe besonders gefragt sind, andocken. Die Zusammensetzung der national entsandten Missionsteilnehmer erfolgte zuletzt in etwa paritätisch zwischen Bund und Ländern. Erstmals im Bundespolizei-Gesetz erfolgte ein deklaratorischer Hinweis auf die Verwendung des BGS im Ausland, mittlerweile entwickeln sich die Auslandseinsätze zu einer Kernkompetenz der Bundespolizei.

Die Bundeswehr befindet sich seit Anfang der 90er Jahre in einem Transformationsprozess, in dessen Verlauf Stabilisierungseinsätze im Ausland zur Hauptaufgabe der Streitkräfte wurden. Dieser Prozess wurde vom Verlust der traditionellen Aufgabe der klassischen Landesverteidigung an den Grenzen begleitet. In mancher Hinsicht könnte sich die

Bundespolizei in einen ähnlichen, internationale Einsätze stärker berücksichtigenden Transformationsprozess begeben. Alle Prognosen indizieren wachsenden Interventions- und Stabilisierungsbedarf in den nächsten Jahrzehnten und einen Aufwuchs der Bedeutung ziviler Krisenprävention. Für diese Zukunftsaufgabe könnte und sollte die Bundespolizei systematisch vorbereitet werden.

3 Rechtsgrundlage und Mandatierungsfragen

Rechtsgrundlagen der Auslandseinsätze der Bundespolizei sind heute Art. 32 GG (allgemeine Gefahrenabwehr als Teil der Verwaltungskompetenz des Bundes; Pflege der auswärtigen Beziehungen), Art. 73 GG (internationale Organleihe; internationale Verbrechensbekämpfung) und Art. 24 GG (Missionen in Systemen gegenseitiger kollektiver Sicherheit: EU, WEU, OSZE, wohl auch NATO). § 8 Bundespolizeigesetz regelt, dass die Bundespolizei zur Mitwirkung an polizeilichen oder anderen nicht-militärischen Aufgaben im Rahmen von internationalen Maßnahmen auf Ersuchen und unter Verantwortung der UN, einer regionalen Abmachung oder Einrichtung gemäß Kapitel VIII der Charta der UN oder der EU im Ausland verwendet werden kann. Ferner kann sie zur Rettung von Personen aus Gefahr und im Rahmen humanitärer Intervention mit Zustimmung des Staats im Einsatzgebiet verwendet werden. Die Entscheidung darüber trifft die Bundesregierung, der Bundestag ist zu unterrichten. Dieser kann durch Beschluss verlangen, dass die Verwendung beendet wird. Ein konstitutiver Parlamentsvorbehalt und ein Rückholrecht vergleichbar einem Streitkräfte-Einsatz gibt es jedoch nicht. Die Mandatierungsfrage für die Bundeswehr tangiert allerdings bei ressortübergreifend geführten Einsätzen auch die Arbeit der Polizeikräfte.

Die Entscheidung über ein Engagement im Rahmen internationaler Maßnahmen zur Konfliktbewältigung trifft heute grundsätzlich das Kabinett, wenngleich viele Entscheidungen in UN, EU oder NATO „vorentschieden" werden. Bislang waren Voraussetzungen für die rund 20 internationalen polizeilichen Auslandsmissionen seit 1989:

1. ein Mandat einer internationalen Organisation (UN, EU, OSZE);
2. ein Kabinettsbeschluss;
3. ein Einsatz in militärisch befriedeten Regionen;
4. kein Einsatz unter militärischen Kommandostrukturen;
5. das Prinzip der Freiwilligkeit hinsichtlich der Einsatzkräfte.

Bilaterale Polizeiprojekte – wie derzeit im Libanon und auch in Afghanistan – bedürfen keines Mandats. Die Operationsformen von Militär und Polizei überlappen im Grenzbereich beider Institutionen – z. B. in der Terrorismus- und Pirateriebekämpfung sowie bei Entführungen. Die bisherige Staatspraxis kennt zwar keine Bundespolizei-Einsätze mit militärischen Aufgaben, wohl aber Bundeswehr-Einsätze mit Polizeiaufgaben.

Die bisherige Staatspraxis kennt durchgehend eine Trennung von Organisation, Rechtsbefugnissen, Befehlsstruktur und dienstlichem Gepräge beider Institutionen – dem Trennungsgebot war insofern bislang Genüge geleistet. Langfristig wird man über Möglichkeiten einer noch engeren Kooperation und Vernetzung bei grundsätzlicher Aufrechterhaltung des Trennungsgebots nachdenken müssen.

4 Notwendigkeit ressortübergreifender Steuerungsorgane

Die meisten internationalen Partner verfügen heute über permanente ressortübergreifende Steuerungsorgane zur Krisenbewältigung beim Kabinett, die Entscheidungen über ein internationales Engagement vorbereiten und deren Implementierung koordinieren. Hierzu bündeln sie Lageinformationen namentlich der Nachrichtendienste, betreiben Krisenfrüherkennung, entwickeln Strategien für Konfliktprävention und Krisenmanagement und steuern den Mitteleinsatz – d. h. personelle wie finanzielle Ressourcen. Ferner verfügen sie zur Implementierung von Auslandseinsätzen über ressortübergreifende Einsatzführungskommandos in der Hauptstadt wie im Einsatzgebiet. Ohne ressortübergreifende Entscheidungsstrukturen bleibt die Informationsteilung in der Hauptstadt wie im Einsatzgebiet erfahrungsgemäß unzureichend.

Das Kabinettsplenum eignet sich nicht zur Erörterung komplexer Sicherheitsfragen insbesondere im Grenzbereich zwischen Militär und Polizei – z. B. bei Entführungen. Eine informell eingerichtete wöchentlich im Kanzleramt stattfindende „Nachrichtendienstliche-Lage und verschiedene Staatssekretärsrunden der im Bundessicherheitsrat vertretenen Ressorts füllen derzeit die bestehende Koordinierungslücke im Krisenmanagement. Sie verfügen jedoch über keinen „Arbeitsmuskel".

Aufgaben des Gremiums wären die Krisenfrüherkennung durch systematische Vernetzung von Frühwarninstrumenten, der Entwurf ressortübergreifender Krisenmanagement-Strategien sowie die Vorbereitung der Staatssekretärs-Runden (Lage, Handlungsoptionen, Ressourcen-Steuerung, ressortübergreifende Koordinierungs-Erfordernisse). Die Ressortvernetzung soll über gleichen Zugang zu allen Lageinformationen in den Ressorts erfolgen.

So soll eine ressortgemeinsame Lage- und Konfliktanalyse befördert werden. So könnte auch eine ressortübergreifende Gesamtstrategie zum Management verschiedener Krisenschauplätze und ein verbessertes präventives Handeln der Bundesregierung im Sinne des Aktionsplans sichergestellt werden. Auch die Evaluierung von Auslandseinsätzen und der Aufbau einer ressortgemeinsamen Wissensbasis für Peace-Building-Missionen könnten hier erfolgen.

Alle Einsätze der deutschen Streitkräfte werden heute vom Einsatzführungskommando der Bundeswehr in Potsdam koordiniert. Dieses soll zukünftig auch als Zentrum der Europäischen Union für militärische Einsätze genutzt werden. Hier findet die Ressourcensteuerung auf operativer Ebene statt. Analog zu dieser militärischen Lösung wurden im Bundesinnenministerium erste Schritte in Richtung eines polizeilichen Einsatzführungszentrums im Bundespolizeipräsidium in Potsdam gegangen.

Vor Ort gilt es ressortübergreifende nationale Führungsstrukturen (Joint Situation Centres) nach Vorbild der deutschen Provincial Reconstruction Teams (PRT) in Afghanistan bzw. der US CIMIC-Strukturen (koordinieren zivil-militärische Zusammenarbeit) aufzubauen.

Abbildung 5: Krisenmanagement – Strukturmodell für Führungsebenen (Quelle: Eigene Darstellung)

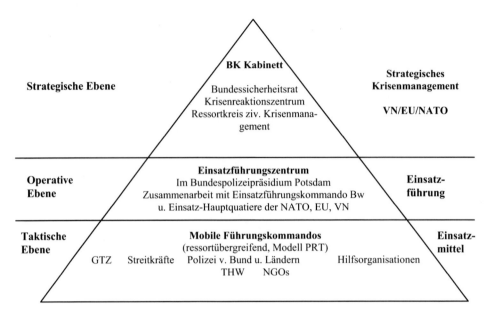

5 Internationale Krisenmanagementstrukturen

Das UN Department of Peacekeeping in New York steuert heute den Polizeieinsatz der wachsenden Zahl von UN-Friedensmissionen (rd. ein Dutzend, 6.000 Polizisten). Der oberste Polizeibeamte der UN ist mittlerweile ranggleich mit dem Militärberater – beide unterstehen dem Unter-Generalsekretär und Leiter der Hauptabteilung für friedensschaffende Maßnahmen. Aus der Civil Police Unit wurde mittlerweile eine UN Police Division zur Führung der Zivilpolizei der UN (UN Police). Die UN haben die Bedeutung des Einsatzes ziviler Polizei längst erkannt, die Ressourcenverschiebung aus dem Militärbereich in Richtung international einsatzfähiger Polizeikontingente kommt aber nur langsam voran. Die wenigsten Staaten verfügen heute über nennenswerte Reserven an schnell international einsetzbaren Polizeikräften. Erstmals wurden aber Grundlagendokumente und Richtlinien für Polizeimissionen erarbeitet.[4]

Der Aufbau europäischer Interventionskräfte im Grenzbereich zwischen militärischer und ziviler/polizeilicher Konfliktlösung (z. B. die 2003 vereinbarte schnelle deutsch-französische EU-Eingreiftruppe oder die European Gendar-merie Force) könnte die europäische Integration im Sicherheitsbereich auch in Richtung der Gemeinsamen Außen- und Sicherheitspolitik der EU (GASP) befördern. Er kommt jedoch – wie die Europäische Sicherheits- und Verteidigungspolitik (ESVP) als „Global Player" insgesamt – nur zögerlich in Gang.[5] Dies hat nicht nur mit der sorgsamen Umhegung nationalstaatlicher und in

---

[4] Siehe hierzu United Nations/DPKO (1995).
[5] Vgl. Erhardt/Schmitt (2004); die GASP wurde 1992 als zweite Säule im Maastrichter Vertrag ver-ankert; in der Petersberger Erklärung 06/1992 wurden humanitäre Aktionen, Evakuierungsmaßnahmen, friedenserhaltende

Deutschland länderbezogener Polizeisouveränität zu tun, sondern auch mit einem Fehlen adäquat ausgerüsteter und ausgebildeter Polizeistrukturen (einem neuen Typus Polizei genau genommen).

Während das ursprüngliche Konzept des Peacekeeping von der idealtypischen zeitlichen Abfolge von militärischem, zivil-polizeilichem und zivilem Einsatz ausging, wird v. a. seit den Interventionen auf dem Balkan der zeitgleiche Einsatz von Militär und Polizei gefordert. Der Brahimi-Report definierte die schnellere Verfügbarkeit ziviler Komponenten, realistischere Mandate und integrierte Führung als wichtigste Verbesserungsvorschläge für künftige UN-Friedensoperationen.[6] Gefordert wird heute zudem, an der Nahtstelle vom militärischen zum polizeilichen Einsatz Spezialverbände einzusetzen, die auch bei militärisch-polizeilichen Gemengelagen zur robusten Krisenintervention in der Lage sind.[7]

Vereinbart wurde schließlich 1999 der Aufbau gemeinsamer europäischer Interventionskräfte im militärischen[8] wie zivilen Bereich[9] (5.000 Polizisten, Einzeldienstbeamte und geschlossene Polizeieinheiten, davon 1.400 binnen 30 Tagen einsetzbar) – mit einer Betonung ziviler Mittel (EU Headline Goals[10]). Deutschland sagte 910 Polizeibeamte (davon 90 für das rapid deployment) zu. Sie sollen das gesamte Einsatzspektrum bis hin zur Durchführung bewaffneter Exekutivmandate in Bürgerkriegsszenarien oder failing states abdecken. Sie sollen das Gewaltmonopol mit dem Ziel des Friedensaufbaus durchsetzen und neue Polizeistrukturen vor Ort aufbauen. Der Rat in Göteborg vereinbarte 2001 zusätzlich 200 Experten im Justiz- und Verwaltungsbereich sowie bis zu 2.000 Mann in kurzfristig entsendbaren Katastrophenschutz-Teams. Die europäische Sicherheitsstrategie schuf schließlich den Überbau für die neuen zivilen Strukturen.

Die tatsächliche Implementierung wird Zeit und (budgetäre) Mühen erfordern und war bislang nur unzureichend zu beobachten. Sie würde europäische Interventionsentscheidung und Mittelbereitstellung weniger entkoppeln als bisher. Auch NATO-Krisenreaktionskräfte (Nato Response Forces NRF) mit bis zu 25.000 Mann (5.000 stand by) wurden für robustere und komplexere militärische Missionen seit 11/2006 vereinbart. Sie sollen in der Lage sein, etwa 30 Tage lang eigenständig im Einsatzgebiet zu agieren, um verschiedene Aufgaben zu erfüllen (Bündnisverteidigung, Terror- und Proliferationsbekämpfung, Evakuierungsmaßnahmen).

Das Weißbuch der Bundesregierung vom Oktober 2006 hatte NATO und EU als gleichberechtigte Pfeiler der einen europäischen Sicherheitsidentität bezeichnet. Die NATO-Dominanz der Krisenmanagement-Strategien in Afghanistan und Irak steht in der Kritik. Stärker zivil orientierte Krisenmanagement-Konzepte unter EU-Ägide sollen Abhilfe bringen, zumal die Handelsmacht EU (25% des Welt-BIP) neben der UN die einzige

---

Maßnahmen und der Einsatz von Kampftruppen für das Krisenmanagement beschlossen; die Petersberg-Aufgaben wurden Grundlage für den Aufbau ziviler Krisenreaktionskräfte.
[6] United Nations (1992) (definiert erstmals ein mehrstufiges Konzept des Post-Conflict Peacebui-lding); Unites Nations (2000); Sonnenschein (2000).
[7] Siehe hierzu Kühne (1993); Thakur/Schnabel (2001); Preuss (2004); insgesamt bislang schwache Aufarbeitung; Möllers/Van Ooyen (2006).
[8] „Battle groups" binnen weniger Tage einsatzbereite, schnelle Eingreiftruppe von bis zu 60.000 Mann binnen 60 Tagen einsatzbereit; derzeit wohl de facto 18.000, +1.000 im Rahmen UN Standby Arrangement System, plus 1.000 für unilaterale Evakuierungseinsätze.
[9] Konkretisiert Europäischer Rat von Santa Maria da Feira (2000) und Göteburg (2001), wo neben Polizei auch Justiz, Verwaltung und Zivilschutz als Teil ziviler Krisenseinsätze definiert wurde.
[10] Siehe die Erklärung zur Stärkung der GASP des Europäischen Rats von Helsinki, die erstmals eine eigene Sicherheitskomponente für Petersberg-Aufgaben umsetzt und v. a. die Ressourcen im Bereich der zivilen Krisenbewältigung und der Polizeieinsätze auch außerhalb Europas stärkt.

supranationale Organisation ist, die dauerhaft militärische und zivile Kapazitäten bereitstellen könnte. Doch dazu muss die EU erst ertüchtigt werden.

Box 3: Beschlüsse des Europäischen Rats von 2007

- Einrichtung eines dauerhaften Eurocorps der EU;
- Einrichtung einer European Gendarmerie Force aus geschlossenen, paramilitärisch organisierten Polizeieinheiten ohne einzeldienstliche Komponente (900 Mann);
- Einrichtung von eigenen Einsatzführungsstäben der EU;
- Verbesserung der Interoperabilität zwischen Streitkräften und Sicherheitskräften u. a. im Bereich der satellitengestützten Aufklärung, Beobachtung und Frühwarnung, Hubschraubern und Telekommunikation sowie im Bereich des Luft- und Seeverkehrs;
- Schaffung eines gemeinsamen Marktes im Bereich der Verteidigung und Sicherheit;
- Einrichtung einer effektiven und transparenten parlamentarischen Kontrolle der ESVP;
- Als Fernziel die Einrichtung einer Europäischen Armee mit der Aufgabe von Auslandseinsätzen. Als Zwischenlösung wird die Synchronisierung nationaler Streitkräfte – Gründung einer „Synchronized Armed Force Europe (SAFE)" – vorgeschlagen.

Der Ministerrat ist derzeit höchstes Entscheidungsorgan für allgemeine Angelegenheiten. Das Politische und Sicherheitspolitische Komitee (PSK), der EU-Militärausschuss (EUMC) und der noch immer schwach besetzte Ausschuss für zivile Aspekte des Krisenmanagements (CIVCOM) wurden als weitere Beratungsorgane geschaffen. Daneben existieren der zivil und militärisch besetzte EU-Militärstab (EUMS) und das Lagezentrum (SITCEN) mit Aufgaben der Frühwarnung und der Bewertung krisenrelevanter Entwicklungen. Die zivile/militärische Zelle der EU wurde im EUMS eingerichtet.

Seit 1999 wurden Arbeitseinheiten für das zivile Krisenmanagement im Ratssekretariat aufgebaut, die auch mit Nichtregierungsorganisationen wie dem Berliner Zentrum für Internationale Friedenseinsätze zusammenarbeiten. Seit 2001 existiert im Ratssekretariat eine Polizeiplanungs- und Polizeiführungseinheit (EU Police Unit), die für die Planung und Durchführung von EU-Polizeioperationen zuständig ist (25 Mitarbeiter). Die Ressourcen reichen nicht wirklich für Frühwarnung, permanente Lagefeststellung und -beurteilung sowie strategische Planung. Auch von einem Führungsstab kann keine Rede sein, aber „fact finding" und „contigency planning" finden statt. Und auch der Konzeption eines gemeinsamen Trainings der Einsatzkräfte und der Einsatzauswertung widmet man sich hier.

Insgesamt bleibt der politische Konsens v. a. hinsichtlich militärischer Auslandseinsätze äußerst fragil und von geringen Verlusten und humanitärer Notwendigkeit abhängig. Ihre Durchsetzbarkeit wird in der Zukunft immer stärker von der zivilen Dominanz der Intervention abhängen (comprehensive approach). Die zivile Krisenbewältigung soll künftig mindestens gleichberechtigt neben militärischen Aspekten der Petersberg-Aufgaben stehen, möglicherweise die Gemeinsame Europäische Sicherheits- und Verteidigungspolitik sogar prägen. Dem muss künftiger Kräfteaufwuchs in diesen Feldern – namentlich im Polizeibereich – vorsorgen.

6 Fazit: Das Verhältnis von Polizei und Militär wird enger und erfordert eine Fortentwicklung der Sicherheitsarchitektur

Die klassische Trennung von innerer und äußerer Sicherheit löst sich auf und das hat Auswirkungen auf das traditionelle Selbstverständnis von Polizei und Militär. Im Äußeren erfordern internationale Interventionen in instabilen Weltregionen und „failing states" eine neue Art polizeilicher Stabilisierungskräfte, die es eng mit militärischen Fähigkeiten zu verzahnen gilt („vernetzte Sicherheit").

Ressortübergreifende Führungsstrukturen gilt es dafür zu schaffen und die Kräfte in die Krisenreaktionskräfte der EU zu integrieren. Ferner zeichnet sich die Notwendigkeit einer stärkeren Gefahrenabwehrkomponente der Polizei im Ausland ab, wenn eine wachsende Zahl von Bedrohungen der inneren Sicherheit moderner und offener Gesellschaften ihren Ausgang im Ausland nimmt. Unter den Bedingungen globalisierter Gesellschaften nehmen die von außen drohenden Gefahren für westliche Gesellschaften zu, ohne dass dies bislang zu einer entsprechenden Änderung in unserer Sicherheitsarchitektur geführt hätte. Die Dominanz militärischer Interventionsformen folgt bislang den vorhandenen Mitteln (Einsatzkräften), nicht aber den erforderlichen Zwecken (Funktionen). Häufig wird Militär heute in Polizeifunktion eingesetzt. Erforderlich sind künftig komplementäre Strategien aus militärischer und polizeilicher Aktion im Ausland.

Abbildung 6: Sicherheitsarchitektur Deutschlands (Quelle: Eigene Darstellung)

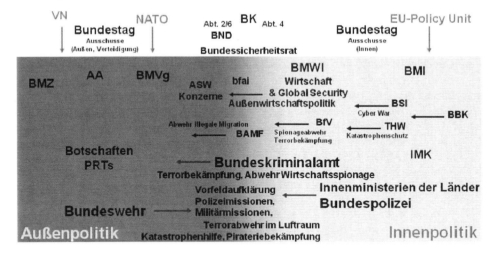

Abbildung 7: Aktuelle sicherheitspolitische Themen (Quelle: Eigene Darstellung)

Im Inneren erfordern neue Bedrohungsformen (Katastrophen, Terrorismus aus der Luft, Piraterie) Fähigkeiten zu deren Abwehr, über die bislang nur das Militär verfügt und die sinnvollerweise auch in der Obhut des Militärs verbleiben sollten (schnell verfügbare Großverbände mit schwerem Pioniermaterial, Luftwaffe, Marinekräfte). In diesen Feldern wird es zu einer intensiveren Zusammenarbeit im Rahmen der Amtshilfe (Art. 35 GG) kommen und hier erfolgten erste rechtliche Anpassungen. Im Luftsicherheitszentrum in Büdem wurden die erforderlichen institutionellen Vernetzungen von Polizei und Militär geschaffen. Im Rahmen der Planungen für den Katastrophenfall ist ein stabiles Netz an polizeilich-militärischen Beziehungen entstanden, das die Distanz zwischen beiden Organisationen abbauen wird. Ein Einsatz des Militärs über diese eng definierten Amtshilfebereiche hinaus in polizeilicher Funktion im Inneren (v. a. repressiv) steht nicht zur Debatte. Eine Umfunktionierung der Bundeswehr als Hilfspolizei und als Ersatz für Bereitschaftspolizei wäre weder funktional sinnvoll noch rechtlich zulässig. Weder ist die Bundeswehr eine Polizei mit schweren Waffen noch ist Kriegführung eine Steigerungsform polizeilicher Gefahrenabwehr. Allerdings hat sich ein Graubereich der Überlappung beider Funktionen gebildet, der eine Anpassung unserer Sicherheitsarchitektur erforderlich macht.

Literatur

Bundesministerium der Verteidigung – BMVg (2006) „Weißbuch zur Sicherheitspolitik Deutschlands und zur Zukunft der Bundeswehr", Berlin.
Erhardt, H.-G./Schmitt, B. (Hg.) (2004) *Die Sicherheitspolitik der EU im Werden: Bedrohungen Aktivitäten, Fähigkeiten*, Baden-Baden: Nomos Verlag.
Europäischer Rat (1999) „Erklärung zur Stärkung der GASP", Helsinki.
Kühne, W. (1993) *Blauhelme in einer turbulenten Welt: Beiträge internationaler Experten zur Fortentwicklung des Völkerrechts und der Vereinten Nationen*, Baden-Baden: Nomos Verlag.
Möllers, M./Van Ooyen, R. (Hg.) (2006) *Europäisierung und Internationalisierung der Polizei*, Frankfurt: Verlag für Politikwissenschaft.

Preuss, A. (2004) *Friedensaufbau durch internationale Polizeieinsätze in ethnonationalen Konflikten Bosnien-Herzegowinas am Beispiel der WEU-Polizei in Mostar*, Münster: Lit. Verlag.

Sonnenschein, G. (2000) „Aufgaben der deutschen Polizei bei internationalen Missionen", *Deutsches Polizeiblatt*, 1/2000, 14–20.

Thakur, R./Schnabel, A. (Hg.) (2001) *United Nations Peacekeeping Operations: Ad Hoc Missions, Permanent Engagement*, Tokyo: United Nations University Press.

The Fund for Peace (2008) „Failed State Index Scores 2010", http://www.fundfor peace.org/web/index.php?option=com_content&task=view&id=99&Itemid=140 (Zugriff: 04.11.2010).

United Nations (1992) „An Agenda for Peace: Preventive Diplomace and Related Matters", Report of the Secretary-General Prsuant to the Statement Adopted by the Summit Meeting of the Security Council on 31. January 1992, A/47/277-S/24111, 17. June 1992.

United Nations (2000) „Report of the Panel on United Nations Peace Operations (Brahimi-Report; VN A/55/305-S/2000/809)", http://www.un.org/peace/reports/peace_o perations/ (Zugriff: 03.11.2010).

United Nations/Department of Peacekeeping Operation – DPKO (1995) *United Nations Civilian Police Handbook*, New York: United Nations/DPKO.

Zentrum für Transformation der Bundeswehr/Dezernat Sicherheitspolitische Zukunftsanalyse (2007) „MidTerm Study 2015: Kriegsbilder der Zukunft", 11/2007, Berlin.

Die zivil-militärische Zusammenarbeit

Die zivil-militärische Zusammenarbeit in Österreich: Entwicklung und Perspektiven[1]

Günther Barnet

1 Zum Verständnis von zivil-militärischer Zusammenarbeit (ZMZ)

Eine analytische Untersuchung des Begriffs der zivil-militärischen Zusammenarbeit führt rasch zur Erkenntnis, dass er eine Reihe von unterschiedlichen Phänomenen hinsichtlich der Interaktion von „militärischen" und „nicht-militärischen" Akteuren in einer Vielzahl von Bereichen der Sicherheitspolitik umschreibt. Alleine die Verwendung des Wortes „zivil" in der Zusammensetzung lässt differenzierte Schlüsse zu. Sind darunter etwa alle nicht-militärischen Akteure und Maßnahmen zu verstehen oder nur solche, die nicht dem (staatlichen) Sicherheitssektor (Militär, Polizei, Justiz, Zoll etc.) angehören? Ebenso könnte und kann „zivil" in einer seiner Dimensionen auch als nicht staatlich verstanden werden. Für die weitere Betrachtung in diesem Beitrag wird ganz verallgemeinert „zivil" in jeder Sichtweise als nicht militärisch verstanden (Palm 2008: 36) und umfasst somit alle anderen Bedeutungsformen- und -ebenen.

Die trotz dieser Vereinfachung vorhandenen unterschiedlichen Deutungen des Begriffs zivil-militärische Zusammenarbeit (ZMZ) – einschließlich der Übersetzungsproblematik im Verhältnis zu relevanten englischen Ausdrücken[2] – machen neben der inhaltlichen Befassung mit seinen Ausformungen somit auch einen breiten Erklärungsversuch über das Verständnis von ZMZ in verschiedenen Kontexten unumgänglich. Diese müssen auch den historischen Bedeutungswandel, der zweifelsohne stattgefunden hat, berücksichtigen (Vorhofer 2003: 753–755). Für die Betrachtung des österreichischen Beispiels ist dies auch deshalb von Bedeutung, da die nationale(n) Auffassung(en) von ZMZ immer im Zusammenhang mit der allgemeinen internationalen Diskussionen und Referenzen gesehen werden muss, aber auch aus dem spezifischen Verständnis der unterschiedlichen staatlichen und nicht staatlichen Akteure, etwa von Nicht-Regierungsorganisationen (NROs). Diese leiten ihre Sichtweise nämlich sowohl aus historischen und aktuellen Debatten in Österreich, aber zunehmend auch aus jenem internationalen Handlungsrahmen (einer Vielzahl unterschiedlichster Internationaler Organisationen und deren Teilorganisationen, dem militärischen Komplex generell, der entwicklungspolitischen Community, dem ökonomischen Sektor etc.) ab, in den sie neben der nationalen Interaktion primär eingebunden sind.

Diese Sichtweise, dass neben den NROs als nicht staatliche Akteure – auch eine Reihe von staatlichen Akteuren ihr jeweiliges Verständnis zu Begriffen und Phänomenen mittler-

---

[1] Der vorliegende Aufsatz wurde im September 2009 abgeschlossen und beruht daher auf dem Stand der damaligen Entwicklungen. Mittlerweile wurde 2010 eine politische Debatte zwischen den österreichischen Bundesregierungsparteien (SPÖ und ÖVP) ausgelöst, die eine Adaption der Sicherheits- und Verteidigungsdoktrin und einiger ihrer Umsetzungsprozesse (insbesondere die im Aufsatz erwähnte USV und das AEK, welche in Folge ausgeführt werden) notwendig erscheinen ließen. Die erwähnten Prozesse wurden daher entweder verzögert oder verändert, worauf in einigen neuen Fußnoten eingegangen wird. Der Grundaufsatz selbst blieb aber unverändert.
[2] Auf die im Weiteren noch eingegangen wird.

weile primär aus ihrem internationalen Handlungsrahmen ziehen, hat sich dabei in den jüngsten Diskussionen um Politikkohärenz für Entwicklungspolitik (BMeiA 2008: 13) wie auch um ein „gesamtstaatliches Auslandseinsatzkonzept" (AEK) in Österreich klar manifestiert.[3] Negativ wird diese Art des Verwaltungshandelns allgemein oft als „exekutiver Multilateralismus" beschrieben, dem es vor allem an demokratischer Legitimität fehlt (Steffek 2008: 179). Für die nachstehenden Betrachtungen soll letzterer These nicht näher nachgegangen werden. Als Faktum ist die voranschreitende „Multilateralisierung" ehemals nationalstaatlicher Politikformulierung durch die allgemeine Transformation des Staates in der post-modernen oder post-nationalen Ära aber festzuhalten (Leibfried/Zürn 2006: 13–15; Hurrelmann et al. 2008: 23–25). Diese schlägt sich in Form fragmentierter und vielschichtiger Steuerungsprozesse auch im Bereich der Sicherheitspolitik wieder (Mayer/Weinlich 2008: 86).

Um diese teilweise auseinander laufenden Prozesse auf internationaler wie auf nationaler Bühne zumindest für die staatlichen Akteure, grundsätzlich aber auch für die – zumindest bei der Finanzierung weitgehend von den Staaten und Internationalen Organisationen (IOs) abhängigen – nicht staatlichen Organisationen zum Zusammenwirken im Sinne von Politikkohärenz zu bringen, wurde eine Reihe von Theorien, Konzepten, Ansätzen und Mechanismen entwickelt, die im unmittelbaren Kontext von ZMZ verstanden werden müssen.

2 Allgemeine Überlegungen zu umfassender und vernetzter Sicherheit als Grundlage für ZMZ

Den theoretischen Hintergrund für ZMZ im Hinblick auf modernes Krisenmanagement im In- und Ausland bilden sicher Überlegungen im Verständnis „umfassender" und „vernetzter" Sicherheit. Die „umfassende Sicherheit" („Comprehensive Security") – in Bezug zu sicherheitspolitischen Herausforderungen nach Ende des Ost-West-Konflikts – entstammt Überlegungen der sogenannten „Kopenhagener Gruppe" um Barry Buzan und bedeutete im Wesentlichen, dass Sicherheit nur durch das Zusammenwirken von militärischen, politischen, ökonomischen und gesellschaftlichen Faktoren zu erreichen sei. In logischer Auslegung dieser These wurde neben der „horizontalen Beziehung" zwischen den Akteuren auch die „vertikale Ausrichtung" vom Staat, über Gruppen bis zu den Individuen ausgedehnt, was letztlich zu Überlegungen wie „Human Security" und „Societal Security"[4] geführt hat (Gärtner 2008: 217), die den Diskurs um ZMZ mitbestimmen. So wird etwa in Finnland der Zusammenhang von erfolgreichem „Comprehensive Crisis Managment" und der Beachtung von Prinzipien, wie sich aus Überlegungen zur „Human Security" etwa im UN-Kontext ergeben,[5] als unabdingbar angesehen (Palm 2008: 37).

Das „Vernetzungsparadigma" (Borchert 2004: 56) als Notwendigkeit für organisationsübergreifende Lösungsansätze bisher nationaler (Sicherheits-) Sektoren in vielfältiger Hinsicht (zivil-zivil, zivil-militärisch, militärisch-militärisch, national-international/multilateral, international/multilateral-inter-national/multi-lateral, politisch-strategisch, taktisch-operativ etc.) erfordert aus rationalen Gründen die Definition von zivil-militärischen

---

[3] Die internen Diskussionen zwischen den Ministerien zu beiden aktuellen Beispielen für nationale ZMZ-Konzeptionen im internationalen Kontext legen eine solche Verallgemeinerung nahe. Nähere soziologische Überlegungen dazu würden den Rahmen der vorliegenden Arbeit aber deutlich sprengen.

[4] Beide mit einer Vielzahl von Autoren.

[5] Freedom from fear, freedom from want, und freedom to live in dignity.

Zusammenarbeitskonzepten für alle Akteure in jeder dieser Ebenen und für nahezu alle Aufgaben. Der Übergang von „segmentierter"[6] zu „vernetzter Sicherheitspolitik" (Borchert/Rummel 2004: 263) ist somit sowohl Beschreibung des Zustandes als auch Postulat geworden. Die „vernetzte Sicherheit" erweiterte dabei die „umfassende Sicherheit" um die policy-Dimension, weil sie die Trennung der Bereiche als dysfunktional ansieht und überwinden will (Gärtner 2008: 218).

Die Gründe für die Notwendigkeit zur Vernetzung sind vielfältig und reichen von den neuen Bedrohungsformen über die Interdependenz der Akteure bis hin zu technologischen und organisationstheoretischen Überlegungen (Borchert 2004: 54–56). Insbesondere moderne Stabilisierungsoperationen oder „Integrated Missions" (De Coning/Friis 2008: 14) als qualitativ und quantitativ anspruchsvollste Herausforderung der zivil-militärischen Zusammenarbeit im Ausland (ZMZ/A) bedürfen besonderer Planungs- und Führungskonzepte zur erfolgreichen, also effekt- und wirkungsorientierten sowie kosten- und zeiteffizienten Umsetzung (Borchert 2004: 65–67). Diese Konzepte beschränken sich aber nicht nur auf Mechanismen für die Operationsführung, sondern sie setzen bereits bei der mittel- und langfristigen Fähigkeits- und Kapazitätsentwicklung im ZMZ-Kontext an und binden daher neben der Verwaltung die Zivilgesellschaft und insbesondere den Wirtschaftssektor sowie den Wissenschaftsbereich gleichermaßen mit ein (Borchert 2004: 73–75). Daraus entsteht gleichsam aus den Überlegungen zur „vernetzten Operationsführung" die Ableitung hin zu „vernetzter Sicherheitspolitik" auf nationaler wie internationaler Ebene.

Jüngste Überlegungen, die vor allem aus Einsatzerfahrungen von Haiti über den Kongo, Irak und Afghanistan bis Nepal und Ost-Timor geprägt sind, haben diese Annahmen bestätigt und die Entwicklung entsprechender Konzepte in den Staaten, aber auch in den IOs vorangetrieben. UNO, NATO, EU, OECD, Weltbank (WB), Währungsfond (IMF) und andere suchen daher nach entsprechenden Ansätzen, dies theoretisch und praktisch zu verwirklichen (Möckli 2008: 2). Begriffe wie „Comprehensive Approach" (CA) und „Whole of System Approach" (WoSA)[7] beschreiben die damit verbundenen Gedankengebäude, die „vernetzte Operationsführung" (oder „Network Centric Warfare") und „Effect Based Approach to Operations" (EBAO) um sämtliche Politikdimensionen (policy, polity und politics) erweitern. Ähnliche Abbildungen dazu auf innerstaatlicher Ebene existieren für verschiedenste Aufgaben oder als gesamtstaatliches sicherheitspolitisches (Planungs-)Konzept und werden als „Whole of Government Approach" (WoGA), oder die Zivilgesellschaft mit einbindend, als „Whole of Nation Approach" (WoNA) bezeichnet (Möckli 2008: 2; De Coning/Friis 2008: 4–5). Inwieweit dies die österreichische Sichtweise von ZMZ beeinflusst hat bzw. von dieser übernommen wurde, soll anschließend untersucht werden.

3 Die umfassende Sicherheitsvorsorge als neues Prinzip der österreichischen Sicherheitspolitik

In Österreich hat der Begriff der „umfassenden Sicherheit" im Wege der Rezeption und Umsetzung der „Sicherheits- und Verteidigungsdoktrin 2001" (SVD 2001) wieder[8] Eingang in die Konzeptlandschaft gefunden. Eine umfassende Untersuchung über „Comprehensive

---

[6] *Segmentiert* wird im Kontext dieser Überlegungen im Hinblick auf die Konsequenzen oftmals sehr ähnlich wie *fragmentiert* zu verstehen sein.
[7] Ein Begriff, der anlässlich der sog. „3C-Konferenz" von UNO, NATO, OECD u. a., die auf Einladung der Schweiz im März 2009 in Genf stattgefunden hat, geprägt wurde.
[8] Auf den zeitlichen *Bruch* zwischen ULV und USV wird in Folge eingegangen.

Security" im Auftrag des damaligen Bundesministers für Wissenschaft und Verkehr[9] beschrieb das Phänomen ausführlich und analytisch (Magenheimer 2001). Etwas zeitlich versetzt hat ein, ähnlich gelagerter und um die konkrete Umfeldanalyse ergänzter Expertenbericht von Ministerialbeamten mehrerer Ressorts die Bundesregierung (BReg) dazu veranlasst, diesen Expertenbericht dem Österreichischen Nationalrat (NR) zur Beratung vorzulegen, um eine parlamentarische Beschlussfassung und die Grundlage für eine neue „Doktrin" zu erwirken. Mit Entschließungsantrag (EA-NR) wurde vom NR ein solcher Auftrag zur Entwicklung eines neuen Systems der österreichischen Sicherheitspolitik beschlossen und die BReg aufgefordert, dies durch geeignete Maßnahmen – eine Reihe davon wurde im EA-NR bereits detailliert aufgelistet – umzusetzen. Dabei wurde insbesondere die Weiterentwicklung der „Umfassenden Landesverteidigung" (ULV) zu einem System der „umfassenden Sicherheitsvorsorge" (USV) durch: „(…)Ausrichtung auf die neuen Risiken und Bedrohungen und Anpassung der gesetzlichen Bestimmungen (...)" gefordert (Österreichischer Nationalrat 2001).

Die BReg ist dem insofern nachgekommen, als sie die ebenfalls im EA-NR geforderten Teilstrategien – mit denen dessen Empfehlungen in Verwaltungshandeln umgeformt werden sollten – durch die jeweiligen Ressorts in Folge (2002 bzw. Teile erst 2005) erarbeiten hat lassen.[10] Die Teilstrategien umfassen dabei neben den klassischen sicherheitspolitischen Feldern (Außenpolitik, Verteidigungspolitik, Innere Sicherheit und Justiz) auch die Bereiche Wirtschafts-, Landwirtschaft-, Verkehrs-, Infrastruktur- und Finanzpolitik sowie Bildungs- und Informationspolitik (BKA 2002: 3).

Aus dieser Aufzählung ergibt sich in logischer Konsequenz die Notwendigkeit zur Zusammenarbeit in zivil-militärischer Hinsicht sowohl für Aufgaben im Inland, als auch im Ausland. Die österreichische Verwaltung hat dem insofern Rechnung getragen, als den Teilstrategien eine so genannte „Gesamtstrategie der umfassenden Sicherheitsvorsorge" vorangestellt wurde. In dieser werden unter anderem jene Prinzipien beschrieben, mit denen die Teilstrategien in gesamtstaatlicher Sichtweise verknüpft und verwirklicht werden sollen. Dabei formuliert die USV neben dem „Prinzip der Prävention" und dem „Prinzip der Europäischen Solidarität", verstanden als ESVP, also jenem Handlungsrahmen, in dem österreichische Sicherheitspolitik mangels Mitgliedschaft in der NATO überwiegend erfolgen wird müssen, das „Prinzip der umfassenden Sicherheit" als Handlungsmaxime für den Einsatz der österreichischen Mittel (BKA 2005: 6).

In der laufenden Evaluierung der USV ist vorgesehen, die jüngsten Überlegungen hinsichtlich der Notwendigkeit von „vernetzter Sicherheit" und den Ableitungen aus dem CA zu berücksichtigen. Da es dabei notwendigerweise in Österreich erstens auch einer WoGA-/ oder WoNA-Struktur und zweitens eines entsprechenden „gesamtstaatlichen sicherheitspolitischen Planungsprozesses" (GSP-USV) bedarf, wurden in einer Arbeitsgruppe des „Sekretariats des Nationalen Sicherheitsrates" (Sekr-NSR) Entwürfe zirkuliert, die die bestehende Gesamtstrategie um diese Sichtweise ergänzen sollen und im Herbst 2009 von der Bundesregierung beschlossen werden könnten (BKA 2009: 6–7)[11].

---

[9] Diese wurde vom Österreichischen Institut für Internationale Politik (OIIP) in Kooperation mit der Landesverteidigungsakademie (LVAk) um das Jahr 2000 durchgeführt.

[10] Diese werden 2009 in Summe einer ersten Evaluierung unterzogen.

[11] Dieser Schritt ist 2010 nicht erfolgt, wie aus der einleitenden Erklärung ersichtlich ist. Die Sichtweise der „umfassenden und vernetzten Sicherheit, eines CA und die Notwendigkeit eines dafür notwendigen permanenten und Ressort übergreifenden sicherheitspolitischen Planungs- und Führungsprozesses, wie in die USV festschreiben wollte, soll nun derzeitigen Überlegungen folgend, unmittelbar in die neue politische „Sicherheitsstrategie" in den Grundzügen inkorporiert und in entsprechend detaillierten (Verwaltung-)Strategien Teilkonzepten in Folge umgesetzt werden.

4 Civil-Military Cooperation (CIMIC), Civil-Military Coordination (CMCO/CMCoord) und Civil-Military Relations (CMR) im Verhältnis zu ZMZ

Der englische Begriff „Civil-Military Relations" erschiene am ehesten geeignet, das oben eingeführte allgemeine Verständnis von ZMZ bei der folgenden Bearbeitung für Österreich zu umschreiben. Er wird aber in der konzeptionellen Debatte in Österreich nahezu nicht verwendet, sondern lediglich in der wissenschaftlichen Befassung mit Sicherheitspolitik als Synonym (Gärtner 2008: 41–43) für ein weiteres Verständnis von CIMIC. Dieser weiter gefasste Begriff von CIMIC (Vorhofer 2003: 753) – der über NATO- und EU-Definitionen hinausgeht, diese aber gleichzeitig auch umfasst – war vor allem bis 2006 in der öffentlichen Verwaltung der Republik Österreich in Verwendung. Bis heute prägt die unreflektierte dichotome und duale Verwendung der Abkürzungen CIMIC und CMCO für unterschiedliche Begriffe und Phänomene die Diskussion, und das trägt zur Verwirrung maßgeblich bei. So wurde mittlerweile CIMIC in einer engeren Auslegung die eher taktisch-operative Dimension zur Unterstützung von Krisenmanagement-Operationen (Projektgruppe Gesamtstaatliches CIMIC-Konzept 2006: 1) sowie die spezifischen Interpretationen von EU und NATO zugeordnet (Gärtner 2008: 42–44). Dennoch hat sich dieses CIMIC-Verständnis – und daher in Unterscheidung bzw. Ergänzung dazu CMCO (mit seinen Prägungen v. a. durch die USA, UNO und EU) sowie der Gesamtkontext von ZMZ – nicht bei allen österreichischen Akteuren durchgesetzt.

CMCO wird in der Literatur und im Begriffsverständnis teilweise mit CIMIC gleichgesetzt und andererseits Ebenen- und Aufgabenbezogen davon unterschieden (Gärtner 2008: 45). In Österreich hat die vom Ministerrat 2006 eingesetzte Projektgruppe zur Erstellung eines „Gesamtstaatlichen CIMIC-Konzeptes"[12] diese Frage unbeantwortet gelassen und CIMIC den oben erwähnten Platz zugeordnet. Diese Projektarbeit war Ausfluss der Überlegungen der Bundesheerreformkommission (BHRK), die 2003/2004 getagt und die Erarbeitung eines CIMIC-Konzeptes empfohlen hatte. Die BHRK selbst war von den Überlegungen der SVD 2001 etwas abgerückt und hatte versucht, ungeklärte gesamtstaatliche Fragestellungen der Sicherheitspolitik (Teilnahme an Kampfeinsätzen der ESVP, NATO-Annäherung etc.) im Wege der Aufgabendefinition für das Militär zu umgehen, was letztlich nicht gelingen konnte. Dabei wurde ebenfalls eine Reihe von Fragestellungen des ZMZ-Kontexts offensichtlich, die mangels gesamtstaatlichem Überbau – die Gesamt- und Teilstrategien USV waren zu diesem Zeitpunkt noch nicht verfügt – auch nicht beantwortet werden konnte (Scheibner/Barnet 2005: 350).

Eine dem „Rahmenplan-CIMIC" ähnliche Sichtweise wurde in Folge vom Verteidigungsministerium und vom Österreichischen Bundesheer (ÖBH) übernommen und in das „Konzept Zivil-Militärische Zusammenarbeit"[13] implementiert. In beiden Dokumenten steht daher ZMZ als Überbegriff sämtlicher Interaktionsformen – nur Kooperation und Koordination werden ausdrücklich angesprochen – von zivilen und militärischen Akteuren im Inland (ZMZ/I) und Ausland (ZMZ/A). Die ZMZ/A wird bei der Projektgruppe-CIMIC in vier Aufgabenkomplexe unterteilt, in denen ZMZ stattfindet: internationale Katastrophenhilfe (IHKH), internationale humanitäre Hilfe (IH[K]H); Krisenmanagementoperationen mit CIMIC und Entwicklungszusammenarbeit (Projektgruppe Gesamtstaatliches CIMIC-Konzept 2006: 5).

---

[12] Auch als „Rahmenplan-CIMIC" bezeichnet.
[13] Im Weiteren vereinfacht immer als Teilkonzept-ZMZ bezeichnet.

Abbildung 1: System der ZMZ AUSTRIA (Quelle: Projektgruppe Gesamtstaatliches CIMIC-Konzept 2006: 5)

Zivil-Militärische Zusammenarbeit AUSTRIA			
Zivil-Militärische Zusammenarbeit Inland (ZMZ/I)	Zivil-Militärische Zusammenarbeit Ausland (ZMZ/A)		
	Internationale Katastrophenhilfe (IHKH)	Internationale humanitäre Hilfe (IHKH)	Krisenmanagement Operationen
			CIMIC
	Entwicklungszusammenarbeit		

Diese vereinfachte Sichtweise wird vom Teilkonzept-ZMZ (BMLV 2008: Konzept Zivil-Militärische Zusammenarbeit [ZMZ] Anlage zum Militärstrategischen Konzept [MSK]) des ÖBH übernommen, wobei CMCO in Unterscheidung zum CIMIC als UNO-Version von CIMIC verstanden wird. Diese falsche Deutung berücksichtigt das neuere Verständnis von CMCO in der EU als „säulenübergreifende" Vorgangsweise der ZMZ nicht, die somit sowohl eine funktionale Trennung als auch eine ebenenbezogene Unterscheidung macht. CMCO drückt im EU-Verständnis daher neben der internen Koordination auch das planerische Element des EU-Krisenmanagements – nicht nur der ESVP – aus. In den jüngeren Dokumenten der Union kommt daher auch ein CIMIC-Verständnis der taktisch-operativen Umsetzung (mit Schwergewicht auf den Beziehungen des Militärs zu sonstigen zivilen Akteuren zum Zwecke der Unterstützung des militärischen Auftrags) zum Ausdruck, was eher auch der NATO-Sichtweise gleichkommt (Gärtner 2008: 42–44; Rummel 2004: 269). Eine ältere Betrachtungsweise von CMCO in der EU als allein auf technische, humanitäre und Naturkatastrophen im Gegensatz zu sonstigem Krisenmanagement bezogen scheint sich nicht durchzusetzen.

Eine stringente Zuordnung der internationalen Definitionen wurde im „Teilkonzept-ZMZ" aufgrund der Unübersichtlichkeit und Uneinheitlichkeit der Begriffslandschaft letztlich übergangen; es erfolgte die grundsätzliche Anlehnung an das EU-Verständnis, das wie gezeigt, für die Unterscheidung von CIMIC und CMCO in der EU aber anders zu interpretieren wäre. Für ZMZ/I werden als Ableitung Luftraumüberwachung, sicherheitspolizeilicher Assistenzeinsatz, Katastrophenhilfe Inland und Unterstützungsleistungen als konkrete militärische Aufgaben definiert. ZMZ/A wiederum regelt:

> „(…) die phasengerechte Zusammenarbeit mit staatlichen und nichtstaatlichen Stellen (…) während und nach dem Einsatz militärischer Kräfte des ÖBH im Ausland im Rahmen von humanitären und Katastrophenhilfseinsätzen sowie von Einsätzen zur Krisenbewältigung, in Abstimmung mit Maßnahmen der Entwicklungszusammenarbeit (…)." (BMLV 2008: 6)

Der Anspruch an ZMZ wird im Teilkonzept des BMLV richtigerweise aus der Notwendigkeit zur Bündelung der Kräfte, Vermeidung von Redundanzen und Erreichung der strategischen Ziele in maximal effizienter und effektiver Weise abgeleitet (BMLV 2008).

Abbildung 2: ZMZ im Verständnis des ÖBH (Quelle: BMLV 2008: 9)

ZMZ		
ZMZ/I	**ZMZ/A**	
- Luftraumüberwachung	Internationale humanitäre und Katastrophenhilfe	Krisenbewältigung
- Sicherheitspolizeilicher Assistenzeinsatz		CIMIC
- Katastrophenhilfe Inland	CMCoord (VN)	
- Unterstützungsleistung	Entwicklungszusammenarbeit	

5 Verfassungsrechtliche, konzeptionelle und organisatorische Fragestellungen der zivil-militärischen Zusammenarbeit in Österreich im Kontext von ULV und USV

Die „Umfassende Sicherheitsvorsorge" sollte dem Willen des Nationalrates aus der Entschließung zur SVD 2001 folgend auch auf gesetzlicher Basis die seit 1975 bestehende „Umfassende Landesverteidigung" ablösen, die im Artikel 9a des österreichischen Bundesverfassungsgesetzes (B-VG) verankert ist. Diese entsprach einem historischen Verständnis von ZMZ (Vorhofer 2003: 754), war auf den Kalten Krieg hin orientiert und hatte ein System bestehend aus „militärischer (Raumverteidigung), wirtschaftlicher, ziviler und geistiger Landesverteidigung" entwickelt und als Teilgebiete mit klaren Aufgaben- und Kompetenzzuordnungen geschaffen. Diese waren nicht nur auf die Ministerien verteilt, sondern hatten neben den „horizontalen Koordinierungsgremien" auch „vertikale" geschaffen, die bis in die Gemeinden hinunter reichten (BKA 1985: 38–40). Von diesen Gremien ausgehend, hatte sich für die innerstaatliche Koordination in Krisen- und Katastrophenanlassfällen im Inland (und teilweise für den Auslandseinsatz) auch in Friedenszeiten ein zivil-militärisches Zusammenarbeitsgefüge entwickelt, das selbst nach Ende des Ost-West-Konfliktes weiterhin bestand und im Kern bis heute als „Staatliches Krisen- und Katastrophenmanagement" (SKKM) existiert (Ladurner 2007: 29).[14] Für beide Aufgaben, die gesamtstaatliche Verteidigungsplanung im Hinblick auf Fähigkeiten und Aufgaben und die Koordinierung sämtlicher übergreifender Einsatzformen, war im Bundeskanzleramt die so genannte Gruppe[15] „umfassende Landesverteidigung" eingerichtet, die bis 2003, als sie aufgelöst wurde, auch aus Vertretern der befassten Ressorts bestand.

Die organisatorische Trennung zwischen sicherheitspolitischer Planung und Koordination, die im BKA verblieben ist, und dem Krisen- und Katastrophenmanagement, das seit 2003 zur Koordinierung grundsätzlich beim Bundesministerium für Inneres (BMI), in spe-

---

[14] Siehe dazu näher den Beitrag von Dudek und Strondl in dieser Ausgabe.
[15] Eine Gruppe ist eine Verwaltungseinrichtung aus mehreren zusammengehörenden Abteilungen eines Bundesministeriums.

zifischen Anlassfällen aber auch bei einzelnen Ressorts liegt, hat zu einer „vertikalen und horizontalen Aufsplitterung" der ZMZ in Österreich geführt, die die Umsetzung gesamtstaatlicher Sicherheitspolitik negativ berührt. Dazu kommt, dass die Agenden des Katastrophenschutzes gemäß Artikel 15 B-VG aus historischen Gründen Sache der Bundesländer sind.

Dies ist für die ZMZ/A insofern von Bedeutung, als die für das Inland vorgesehenen Einsatzorganisationen, die überwiegend auf dem Freiwilligkeitsprinzip beruhen, von den Ländern bereitgestellt werden und neben den wenigen Bundeseinsatzkräften (Militär, Polizei, Justiz und Zoll) daher die Masse der zivilen Wirkmittel auch für den Auslandseinsatz darstellen. Nachdem von Bundesseite relativ geringe Möglichkeiten der Einflussnahme auf die Kapazitäts- und Fähigkeitenentwicklung dieser Kräfte bestehen, hat sich einerseits die vorwiegende Inanspruchnahme von militärischen Elementen für an sich zivile Auslandseinsatzmodule (Einrichtungen des Gesundheits-, Such- und Rettungswesens, des infrastrukturellen Wiederaufbauwesens, des Wasseraufbereitungswesens, des Transportwesens etc.) und andererseits die Übernahme von informellen Prinzipien, Abläufen und Elementen aus dem innerstaatlichen SKKM für Teile der ZMZ/A herausgebildet (Ladurner 2007: 29). Eine strukturelle Transformation dieser Organisationsgrundlagen hin zu Kapazitäten und Fähigkeiten mit vordefinierter Mehrfachnutzung (Inland und Ausland, zivil und militärisch) ist bis dato nur ansatzweise möglich und basiert derzeit überwiegend auf dem „Verfügbarkeitsprinzip" und nicht auf dem „Bedarfsprinzip". Eine Änderung dieser Praxis könnte aber auf der Grundlage einer neuen Strategie zum SKKM erfolgen (BMI 2009: Pkt 5.4.).

Neben den gezeigten organisatorischen Rahmenbedingungen mit einiger Komplexität ist die Verfassungsordnung auch weiterhin einer jener dominanten Faktoren, die die konzeptionelle Neuausrichtung der österreichischen Sicherheitspolitik im Sinne von Transformation einschränken. Die angestrebte Verfassungsbereinigung in der vorangegangenen Gesetzgebungsperiode (XXIII. GP) erfolgte trotz vorhandener 2/3 Mehrheit der Regierungsparteien im Nationalrat nicht. Ein bereits im sogenannten „Verfassungskonvent" formulierter Text für den Ersatz der ULV durch die USV wurde daher auch nicht beschlossen (Satzinger 2004). Dieser Text hätte die Grundlage für weitgehendes Umdenken im Verwaltungshandeln sein können, das nunmehr weiterhin darauf angewiesen ist, auf einfachgesetzlicher Basis oder durch darunter liegende Rechtsgrundlagen (Beschlüsse des Ministerrates, Richtlinien, Weisungen etc.) nationale Sicherheitsplanung für zivil-militärische Fragestellungen zu betreiben, der es oftmals am notwendigen verfassungsrechtlichen Überbau fehlt.

Während die ULV verfassungsunmittelbar aus dem erwähnten Artikel 9a B-VG abgeleitet werden konnte und daher – nach entsprechender Rechtsinterpretation – Ministerratsbeschlüsse in solchen Angelegenheiten auch ohne einfachgesetzlicher Regelung oder ohne Vereinbarung mit den Bundesländern (Artikel 15a B-VG) Wirksamkeit hätte erzeugen können (Funk 1989: 75), fehlt der USV eine solche Basis. Nachdem die Zusammenarbeit zwischen den Bundesbehörden und den Landesorganen oder zivilgesellschaftlichen Einrichtungen rechtlich nicht ausdrücklich geregelt ist, kann die USV in Koordinationsfragen keine Verbindlichkeit erzeugen. Es ist dadurch die paradoxe Situation entstanden, dass die veraltete und überholte ULV weiterhin in der Verfassung steht, die auf sie hin entwickelten Gremien und Institutionen in teilweise transformierter Weise auf überwiegend freiwilliger Weise weiter genutzt werden. Die als Doktrin verfügte SVD 2001 mit den Prinzipien der USV gilt aber nur im Wirkungsbereich einzelner Ministerien. Dies ist insbesondere dort problematisch, wo in Krisensituationen (z. B. für Evakuierungs- und Befreiungsoperationen) keine klare Kompetenzregelung vorhanden ist und für die langfristige Fähigkeitenentwicklung divergierende Ansätze gleichzeitig wirken.

6 Die institutionelle Weiterentwicklung von ZMZ als Ergebnis der SVD 2001

Trotz der gezeigten Problematik des Auseinanderklaffens von Rechtsbestand und politischer Absicht (bzw. vor allem dem Verwaltungshandeln) ist es in den letzten Jahren gelungen, eine Reihe von sicherheitspolitischen Prozessen zu implementieren oder zu initiieren, die zumindest die lang- und mittelfristige Planung von ZMZ und in Folge auch den gemeinsamen Einsatz von Wirkmitteln beeinflussen werden können. Dazu gehören vor allem der sogenannte Lagebildprozess, das „Österreichische Konzept für den Schutz kritischer Infrastruktur" (APCIP), die Entwicklung eines „Gesamtstaatlichen Auslandseinsatzkonzepts" (AEK) und die Fortschreibung der Gesamt- und Teilstrategien sowie die Begleitung und Unterstützung dieser Schritte durch das nationale Sicherheitsforschungsprogramm „KIRAS". In all diesen Projekten war von Anbeginn klar, dass dies einerseits der Beteiligung einer Reihe von Ressorts (aber auch des Wirtschaftssektors sowie dem Wissenschafts- und Bildungsbereich) für die Strategie- und Fähigkeitsentwicklung bedürfen wird und dass andererseits die Umsetzung im Anlassfall überwiegend auf die zivil-militärische Zusammenarbeit auf unterschiedlichen Bedeutungsebenen abzielen muss.

Nachdem die überwiegend operativ angelegten Gremien des SKKM ungeeignet dafür erschienen, derartige Prozesse permanent zu betreuen, hat das Sekretariat des Nationalen Sicherheitsrates (Sekr-NSR) mit den Verbindungspersonen der im Nationalen Sicherheitsrat (NSR) vertretenen Ressorts (Bundeskanzleramt/BKA, Vizekanzleramt/VKA, Bundesministerium für europäische und internationale Angelegenheiten/BMeiA, Bundesministerium für Inne-res/BMI, Bundesministerium für Justiz/BMJ und Bundesministerium für Landesverteidigung und Sport/BMLVS) die Umsetzung dieser sich aus der SVD 2001 ergebenden Prozesse zur umfassenden Sicherheitsvorsorge übernommen. Mit den genannten Projekten werden vor allem Fähigkeiten und der Anstoß für Kapazitätsentwicklungen generiert, die im Anlassfall dazu beitragen sollen, gesamtstaatliche Entscheidungen und Einsatzführung in einem wirkungsorientierten Sinn zu ermöglichen. Ob die operative Umsetzung von ZMZ/A dann weiterhin im Rahmen eines neuen SKKM erfolgen wird, ist noch zu prüfen.

Dabei ist aber zu beachten, dass das bestehende SKKM grundsätzlich auf kurzfristige Hilfseinsätze ausgelegt ist. Gesamtstaatliche Stabilisierungsoperationen im multinationalen Kontext mit mittel- bis langfristigen Einsatz-/Engagementhorizonten können aus diesem heraus nicht bewältigt werden und sind der österreichischen Verwaltung eher fremd. Lediglich durch das mittlerweile über ein Jahrzehnt andauernde Engagement am Westbalkan hat sich als Ergebnis der „Handlungsempfehlungen 2008"[16] eine informelle Koordinationsgruppe aus Vertretern unterschiedlicher Ressorts entwickelt, die die österreichischen Aktivitäten (Kapazitätsaufbau in den Streitkräften, der Polizei und Justiz) vor allem bei der Unterstützung der Heranführung dieser Länder an die EU begleitet. Ähnlich dazu, aber organisatorisch und prozessual unabhängig davon hat zumindest zeitweilig vor Ort der Versuch der Koordination der österreichischen Aktivitäten und Akteure stattgefunden, wofür sich jeweils der Vertreter des Außenministeriums (Botschafter etc.) als Koordinator angeboten hat. Dies wurde nicht von allen Akteuren immer angenommen und letztlich unterschiedlich bewertet. In Summe beklagen vor allem die österreichischen NROs weder in der Bundeshauptstadt noch vor Ort über entsprechende koordinierte Ansprechpunkte zu verfügen, die ihnen eine positive Kooperation leichter machen würden.

---

[16] Ein Produkt des Lagebildprozesses.

Eine organisatorisch-strukturelle und prozessuale Abbildung von Koordinationsmechanismen (Ablauforganisation), die über das derzeitige SKKM hinausgehen und somit im Anlassfall die umfassende Lageanalyse und Strategieentwicklung auf Regierungsebene sowie eine ressortübergreifende und die Zivilgesellschaft einbindende Einsatz-/Engagementkoordinierung für Stabilisierungsoperationen oder ähnliche Aktivitäten zulassen, fehlt weitgehend. Diese werden im Zuge der Erarbeitung für das erwähnte AEK zu beurteilen sein und wurden im Rahmenplan der Projektgruppe-CIMIC nur in sehr vereinfachter Form angedacht und gefordert. Dafür wurde darin, ausgehend von den bestehenden Strukturen des SKKM, eine Aufbauorganisation für ZMZ vorgeschlagen. Diese war aufgrund der Zusammensetzung der Projektgruppe – überwiegend operative Akteure – naturgemäß auf das SKKM und die dazu informell entstandenen so genannten „3er/7er Lagen" (Beratungsgremien der Spitzenbeamten aus BMeiA, BMI, BMLVS und BKA sowie anlassbezogen Vertreter anderer Ministerien und der Länder) orientiert (Projektgruppe Gesamtstaatliches CIMIC-Konzept 2006: 5). Die Organisationsform wurde aber nicht verfügt.

Abbildung 3: Vorschlag für eine Aufbauorganisation ZMZ (Projektgruppe Gesamtstaatliches CIMIC-Konzept 2006: 5)

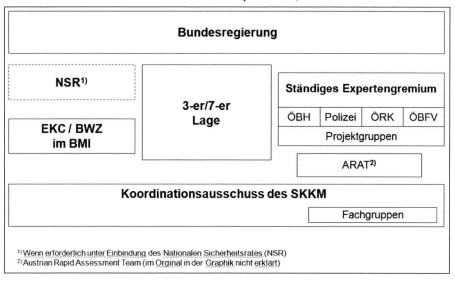

Die Notwendigkeit der Verknüpfung zwischen der langfristigen Strategie-, Fähigkeiten- und Kapazitätsentwicklung und den operationsbezogenen Elementen kam dabei zu kurz, wie die Anmerkung 1 in Abbildung 3 deutlich macht. Die damit verbundenen Aufgaben wurden entweder dem ständigen Expertengremium (mit Projektgruppen) oder dem Koordinationssausschuss des SKKM (mit Fachgruppen) zugeordnet. Beide wären nicht permanent und wiederum eher mit operativ tätigen Akteuren zu besetzen gewesen. Der Koordinationssausschuss besteht im Konzept des SKKM bereits seit 2004. Ihm gehören neben Bundes- und Landesbehörden auch Vertreter der freiwilligen Einsatzorganisationen (Blaulichtorganisationen) sowie im Bedarfsfall auch des staatlichen Rundfunks (ORF) und der Pressagentur APA an. Er ist vor allem für die allgemeine Weiterentwicklung (Grundsatzplanung) des auf kurzfristige Maßnahmen beschränkten SKKM zuständig (BMI 2004: 3). Überlegungen zu einem gesamtstaatlichen Lagezentrum, das über die bestehende Bundeswarnzentrale (BWZ) und das Einsatz- und Krisenkoordinationszentrum (EKC) hinausgeht und neben den Einsatzlageanalysen vor allem auch vorausschauende Lagebilder unterschiedlichster Art (einschließlich Trendanalysen etc.) produziert, bzw. die Verknüpfung mit den politisch-strategischen Planungsprozessen des Sekr-NSR wurden in ihrer Bedeutung zwar erkannt, aber nur rudimentär bearbeitet.

Den Autoren und der Projektleitung war dies durchaus bewusst, und sie forderten daher im Abschlussbericht als erste Empfehlung zur Umsetzung eines umfassenden ZMZ-Konzeptes, das über die bestehenden Aufgaben des SKKM hinaus gehen müsste und insbesondere auch Aspekte der Entwicklungszusammenarbeit (EZA) zu berücksichtigen hätte, die Integration in ein gesamtstaatliches Auslandseinsatzkonzept (Projektgruppe Gesamtstaatliches CIMIC-Konzept 2006: 7–9). Ein solches war damals zwar als Umsetzungsprozess der Gesamt- und Teilstrategien in Erwägung gezogen worden, eigentlich hätte es aber als Grundlagendokument (Ziele und Mittel des österreichischen Auslandsengagements etc.) vorher vorliegen müssen, um ZMZ in diesem Rahmen näher definieren zu können. Der „Rahmenplan-CIMIC" wurde von der Bundesregierung entgegen früherer Absichten nicht verabschiedet und erzielte – bis auf einzelne Überlegungen wie etwa im „Teilkonzept-ZMZ" des BMLV – vorerst nur geringe Wirkung.

7 Ausblick auf die Konzeptentwicklung und neue Herausforderungen

Die Überlegungen des „Rahmenplan-CIMIC" waren dennoch ein wichtiger Anstoß für laufende Bearbeitungen zum AEK und zur „SKKM-Strategie 2020". Beide werden jedenfalls noch zu verknüpfen sein, da sie unterschiedliche Schwergewichte in der Aufgabenstellung haben: das AEK mit mittelfristigen Stabilisierungsoperationen während sich das SKKM weiterhin auf kurzfristige Hilfeleistung, aber gleiche Planungsprozesse[17] und bedingt auch gleiche Einsatzmodule konzentriert. Insgesamt gilt es, Koordinationsstrukturen zu schaffen, die die politisch-strategischen und ressortübergreifenden Fragen auf Ebene der Hauptstädte und mit den Zentralen und Kommanden der IOs berät und daraus ein umfassendes nationales Mandat für die operative Führung entwickelt, das in die internationalen Strategien eingebunden werden kann und eine abgestimmte Einsatzführung aller österreichischen Akteure ermöglicht. Ebenso bedarf es der Koordination vor Ort sowie gegebenenfalls in einem Raum, der unter österreichischer Führungsverantwortung steht. Letztlich ist dabei auf allen Ebenen die Einbindung der Zivilgesellschaft und hierbei insbesondere des Wirtschaftssektors, des Wissenschafts- und Bildungsbereichs sowie des breiten Spektrums an NROs von den zivilen Blaulichtorganisationen über Hilfsvereine bis hin zu Entwicklungshilfegruppen zu berücksichtigen (Sekretariat des Nationalen Sicherheitsrates 2009: 8–10).

Dafür sind die Ablaufstrukturen von der Lageanalyse bis zur Entsendung auf Ähnlichkeiten zwischen den beiden unterschiedlichen Aufgabenstellungen (SKKM und Stabilisierungseinsätze) zu überprüfen, und im besten Fall ist eine gemeinsame Kernstruktur zu entwickeln, die allen Bedürfnissen dienen kann. Als eigenständige und besonders wichtige Herausforderung wurde neben der gemeinsamen Konzeptentwicklung für Strategie-, Fähigkeiten- und Einsatzführungsprozesse in beiden Handlungssträngen die Notwendigkeit zur

---

[17] Zu den Überlegungen für eine nationale Sicherheitsplanung und einen gesamtstaatlichen sicherheitspolitischen Planungsprozess für umfassende Sicherheitsvorsorge (GSP-USV) in Österreich siehe den Beitrag von Gustenau in diesem Buch.

vernetzten Ausbildung sowie zu gemeinsamen Übungen und Planspielen erkannt. Diese Aufgaben waren bereits in der ULV vorgesehen und auch in Ansätzen umgesetzt worden. Nach Ende des Kalten Krieges und dem Auslaufen des „Raumverteidigungskonzeptes" gingen derartige Aktivitäten aber massiv zurück. Gemeinsame Übungen für ZMZ auf unterschiedlicher Ebene blieben für Inlandsaufgaben zwar in begrenztem Maße auf der Tagesordnung, für den Auslandsbereich finden sie bis dato meist nur als nationale Anteile an internationalen Stabsübungen statt. Die davon ausgehende Vernetzungsdynamik ist eher gering.

Im Ausbildungsbereich für ZMZ besteht ebenso hoher Nachholbedarf. Zwar ist in der oberen und obersten Führungsausbildung der verschiedenen Verwaltungskörper die Tendenz dazu gegeben, den jeweiligen Teilnehmern auch die Sichtweise, die Führungsverfahren und die Organisationsgrundsätze der jeweils anderen Institutionen zu vermitteln, eine integrierte Ausbildung verschiedener Akteure des staatlichen Krisenmanagements ist aber nicht vorhanden. Auf taktisch-operativer Ebene gibt es zwar immer wieder einzelne Kursteilnehmer von fremden Organisationen; gemeinsame Ausbildungsmodule unterschiedlicher Verwaltungs-Organisationen für allgemeine Fragestellungen des internationalen Krisenmanagements gibt es aber nicht. Ebenso mangelt es an spezifischen Kursen zu thematisch angrenzenden Aufgabenstellungen. 2009 wurde deshalb ein ressortübergreifender SSR-Kurs und ein Peacebuilding-Kurs an einer nicht staatlichen zivilen Institution angeboten, die vom Verteidigungsministerium initiiert und gefördert wurden. Die Annahme durch die anderen Ressorts oder von NROs war eher bescheiden. Das ÖBH jedenfalls bereitet seine und die Angehörigen anderer Streitkräfte durch zwei unterschiedliche CIMIC-Kurse auf die entsprechenden Aufgabenstellungen in einer Brigade oder einem höheren Kommando vor,[18] wobei ein Kurs für Zivilisten aus internationalen Organisationen offen ist. Die Teilnahme von Personen aus den zivilen Einsatzorganisationen in Österreich oder von NROs ist derzeit nicht vorgesehen. Individuelle Ausbildungen für österreichische Zivilpersonen mit Auslandsaufgaben – wie „mine awareness" und Verhalten in Gefahrensituationen – finden aber im Zentrum für Einsatzvorbereitung des ÖBH statt[19].

8 Sicherheit und Entwicklung als künftige Herausforderungen für ZMZ

Letztlich gilt es für die Zukunft, auch Schnittstellen und Gemeinsamkeiten zur Österreichischen Entwicklungszusammenarbeit (OEZA) zu definieren. Beide Aufgaben – humanitäre und Katastrophenhilfe wie Stabilisierungsoperationen/-missionen – finden vielfach in Fällen und Räumen statt, die bereits vorher Ziel von nationalen wie multinationalen EZA-Aktivitäten sind oder es danach werden können (Ghani/Lockhart 2008: 11; Trachsler/Möckli 2008: 1).

Der internationalen Debatte folgend, gibt es auch in Österreich eine beginnende Diskussion darüber, welcher Zusammenhang zwischen stabilisierenden Maßnahmen des Sicherheitssektors und der Entwicklungszusammenarbeit besteht (Werther-Pietsch 2009: 21). Sowohl im Kontext der Aktualisierung des Dreijahresprogramms der OEZA als auch

---

[18] Mit neuen Organisationsplänen wird es in jedem Kommando der oberen Führung und auch in den Brigaden eigene CIMIC-Elemente geben, sofern sie nicht bereits implementiert sind. Im Einsatz verfügen die nationalen Kontingente bereits ab Bataillonsebene über ein solches Element.
[19] Die hier beschriebene Situation hat sich 2010 erstmalig verbessert und Überlegungen im vorangestellten Kontext konnten durch einige nationale Planspiele und intensivierte Ressort übergreifende Kurse und Seminare vorangetrieben werden. Dennoch bleiben dies singuläre Ereignisse, denen eine entsprechende Systematik fehlt.

im erwähnten Prozess zur Erstellung eines gesamtstaatlichen Auslandseinsatzkonzeptes werden entsprechende Überlegungen angestellt. Ziel ist die konzeptionelle Darstellung und Definition von gemeinsamen Aufgabenstellungen und Schnittstellen in komplexen und fragilen Situationen, wie sie vor allem OECD, UNO und WB auf der einen Seite, aber auch die NATO und in zu geringem Ausmaß die EU (Rummel 2007: 19) in den letzten Jahren betreiben (Werther-Pietsch 2009: 162; Nagelhus Schia/Stale 2007: 6–7). Konkret soll ein gemeinsamer „Leitfaden Sicherheit und Entwicklung" erarbeitet werden, der die geforderte Politikkohärenz für Österreich ermöglichen soll.

Dabei ist zumindest theoretisch unbestritten, dass das Militär neben der unmittelbaren Lösungskompetenz in Situationen mit hohem Gewaltpotenzial – etwa durch die Trennung von Konfliktparteien – auch in Präventiv- und Postkonfliktphasen zum Einsatz kommen wird. Welche Aufgaben dies konkret umfasst, ist aber offen. Akzeptanz für den Einsatz von Streitkräften sui generis – z. B. im Rahmen von „Security Sector Reform/SSR-Aktivitäten" – oder unterstützend, etwa als Transportmittelbereitsteller und als Schutz von zivilen Einsatzorganisationen besteht weitgehend. Ob aber in anderen Aufgabenbereichen – wie etwa der Bereitstellung von Gütern des täglichen Bedarfs, der Aufrechterhaltung von Infrastruktursystemen einschließlich der Gesundheitsvorsorge etc. – die Notwendigkeit besteht, mit militärischen Kräften auch ersatzweise für nicht vorhandene zivile Akteure tätig zu werden, ist mehr als umstritten. Dabei sprechen sowohl die mangelnde Projektionsfähigkeit ziviler Organisationen in ausreichendem Maße und in entsprechender Geschwindigkeit bzw. zeitlicher Durchhaltefähigkeit als auch die Einsicht, dass in Stabilisierungsoperationen oftmals Räume über längere Zeit für zivile Einsatzkräfte nicht zugänglich sein werden und die lokalen Behörden ebenfalls nicht ausreichend vorhanden sind, dafür, dass diese Aufgaben – wie etwa in Afghanistan – auch durch das Militär übernommen werden müssen. Selbst Tätigkeiten des restlichen Sicherheitssektors, wie Polizei und Justiz, bei der Wiederherstellung von Rechtsstaatlichkeit („Rule of Law") und der öffentlichen Sicherheit allgemein können dabei zumindest temporär nicht nur in Unterstützung, sondern auch vollständig subsidiär durch die Streitkräfte notwendig sein (Palm 2008: 37; Rummel 2004: 263–264; Feichtinger/Gauster 2008: 22–23; EUMS 2009: 9; Cole 2009; Henthorne 2009).

In Österreich, gleich wie in der internationalen Debatte, bestehen aber weitgehende Bedenken von Teilen der entwicklungspolitischen Community, die – abgeleitet aus den MCDA- oder den Oslo-Guidelines der UNO und vergleichbaren Dokumenten der EU – um die Einhaltung des „humanitären (neutralen oder impartialen) Prinzips" fürchten, vor dem sich aus ZMZ ergebenden Sicherheitsrisiko für die zivilen Akteure warnen und generellen Zweifel an den Fähigkeiten des Militärs zu sinnvoller Entwicklungsarbeit hegen (Feichtinger/Gauster 2008: 16–17).

Umso wichtiger erscheint es, für bestimmte Funktionskomplexe bei der Unterstützung von Staatlichkeitsprozessen („State-/Nationbuilding") wie

- Entwicklung von Rechtsstaatlichkeit,
- Schaffung eines sicheren Umfelds,
- Etablierung eines demokratischen Regierungs- und Gemeinwesens,
- Entwicklung nachhaltiger Wirtschaftsstrukturen oder
- Sicherstellung von Bedürfnissen des täglichen Lebens

zu definieren, welche konkreten Aufgaben welchem Akteur zukommen und wie sich diese in einer Zeitleiste eines Konfliktverlaufes entwickeln können. Dabei sind insbesondere „Transitionszeitpunkte" (Übergabe der Verantwortung an einen anderen Aufgabenträger:

von militärisch auf zivil, von interna-tionalen/multinationalen Akteuren auf lokale Behörden etc.) und „Transformationsaspekte" (etwa von präventiven Konflikteindämmungsmaßnahmen, über eine Konfliktparteientrennungsaufgabe/„Separation of Parties by Force" hin zu „Stabilisierungsaufgaben" und von diesen zu echter „Friedenskonsolidierung" oder „Konflikttransformation" (im Sinne von Peacebuilding) auf normale politische Diskurse etc.) von Bedeutung, wie sie etwa neue Stabilisierungskonzepte einzelner Staaten und diverser IOs zu berücksichtigen versuchen (Friis/Jarmyr 2008: 19; Smith 2009; Gordon 2009). Das Teilkonzept-ZMZ des ÖBH hat eine derartige idealtypische Krisenentwicklung anhand einer Zeit- und Intensitätskurve ebenfalls grundsätzlich erwogen und in Folge die dabei für das Militär auftretenden unterschiedlichen Aufgabenstellungen generell festgelegt (BMLV Teilkonzept-ZMZ 2008: 13–15). In Detailfragen, aber auch am Gesamtansatz bestehen weitgehende Bedenken – innerhalb der Streitkräfte in Österreich und international. Man befürchtet eine Überforderung und den Verlust der Fähigkeit zur primären Aufgabenerfüllung – zum Kampf der verbundenen Waffen (vgl. erklärend Kiszely 2007: 11).

Es gilt, diese Sichtweisen ernst zu nehmen, sie aber gleichzeitig durch einen integrierten Ansatz, der aber nicht Assimilation bedeutet, zu überwinden und beide in einen gesamtstaatlichen Überbau zu stellen. Sowohl für die taktisch-operative Ebene als auch für Fragen der strategischen Planung sowie der Fähigkeiten- und Kapazitätsentwicklung wird dies im Rahmen der oben beschriebenen Prozesse (AEK und „Leitfaden Sicherheit und Entwicklung") für Österreich in Hinkunft verbindlich festgelegt werden müssen. Hinter dieser Überlegung steht die begründete Annahme, dass kleine europäische Staaten noch mehr als andere herausgefordert sind, ihre unterschiedlichen Beiträge zum internationalen Krisenmanagement und zur Friedenskonsolidierung in vielerlei Hinsicht genau abzustimmen, um diese effektiv, effizient und sichtbar einbringen zu können (Feichtinger/Gauster 2008: 14; Borchert et al. 2006: 6). Gleichzeitig sind sie, ebenfalls mehr noch als große Staaten oder Mächte, daran interessiert, dass die Welt aus gut regierten und stabilen Staaten besteht, denn das ist der beste Schutz ihrer Souveränität und Interessen (Wagemaker 2008: 49). Diesen Postulaten wird Österreich in den nächsten Jahren im Hinblick auf seine ZMZ-Aktivitäten und seinen sicherheitspolitischen Ambitionen nachkommen müssen, will es nicht die Entwicklungen innerhalb der EU und UNO verabsäumen und seine Rolle als „aktiver Akteur" verlieren (Borchert et al. 2006: 14; Frank 2005: 7; Gärtner et al. 2005: 15).

Literatur

Borchert, H. (2004) „Vernetzte Sicherheitspolitik und die Transformation des Sicherheitssektors: Weshalb neue Sicherheitsrisiken ein verändertes Sicherheitsmanagement erfordern", in: H. Borchert (Hg.) *Vernetzte Sicherheitspolitik: Leitidee der Sicherheitspolitik im 21. Jahrhundert*, Hamburg et al.: E.S. Mittler & Sohn, 53–79.
Borchert, H./Frank, J./Gustenau, G. (2006) *Politischer Wert/Nutzen von Engagements im Bereich des internationalen Krisenmanagements unter besonderer Beachtung von Beiträgen und Entwicklungsoptionen des österreichischen Bundesheeres*, Wien: Büro für Sicherheitspolitik.
Borchert, H./Rummel, R. (2004) „Von segmentierter zu vernetzter Sicherheitspolitik in der EU der 25", *Österreichische Militärische Zeitschrift*, 3/2004, 259–267.
Bundeskanzleramt – BKA (2009) „'Umfassende Sicherheitsvorsorge' Das Sicherheitspolitische Konzept Österreichs (3. überarbeiteter Entwurf)".
Bundeskanzleramt – BKA (2005) „Umfassende Sicherheitsvorsorge: Das Sicherheitspolitische Konzept Österreichs (2. überarbeitete Fassung)".

Bundeskanzleramt – BKA (2002) „Vortrag an den Ministerrat/MRV vom 9. Jänner 2002 betreffend Entschließung des Nationalrates über eine neue österreichische Sicherheits- und Verteidigungsdoktrin".

Bundeskanzleramt – BKA (Hg.) (1985) „Landesverteidigungsplan", Wien: Österreichische Staatsdruckerei.

Bundesministerium für europäische und internationale Angelegenheiten – BMeiA (2008) „Dreijahresprogramm der österreichischen Entwicklungszusammenarbeit 2008 bis 2010: Fortschreibung 2008", Wien: BMeiA.

Bundesministerium für Inneres – BMI (2009) „SKKM Strategie 2020, Anlage zum Ministerratsvortrag vom 20. Juli 2009", Wien.

Bundesministerium für Inneres – BMI (2004) „Vortrag an den Ministerrat vom 20. Jänner 2004 betreffend Neuorganisation des Staatlichen Krisen- und Katastrophenschutzmanagements sowie der internationalen Katastrophenhilfe (SKKM)", Wien.

Bundesministerium für Landesverteidigung – BMLV (2008) „Konzept Zivil-Militärische Zusammenarbeit (ZMZ): Anlage zum Militärstrategischen Konzept (MSK)", Wien.

Cole, B.E. „Civil-Military Strategic Principles and Doctrine: Creating Common Tools for Stabilisation Operations", Vortrag auf der Wilton Park Conference, Steyning, April 2009.

De Coning, C./Friis, K. (2008) „How to Conceptualise Comprehensive Approach?", in: K. Friss/P. Jarmyr (Hg.) *Comprehensive Approach: Challenges and Opportunities in Complex Crisis Management*, Oslo: Norsk Utenrikspolitiks Institutt, 2–9.

EU-Militärstab – EUMS (2009) „Food for Thought Paper: A Military Perspective on a Comprehensive Approach for EU-led Operations at Theatre Level", Brüssel.

Feichtinger, W./Gauster, M. (Hg.) (2008) *Zivil-militärische Zusammenarbeit am Beispiel Afghanistan*, Wien: Landesverteidigungsakademie.

Frank, J. (2005) „Das Konzept des ‚aktiven Akteurs' in der Sicherheitspolitik", in: G. Gustenau (Hg.) *Österreich als außen- und sicherheitspolitischer Akteur: Anspruch und Wirklichkeit*, Wien: Büro für Sicherheitspolitik, 6–9.

Funk, B.-C. (1989) *Einführung in das österreichische Verfassungs- und Verwaltungsrecht*, Graz: Leykam.

Gärtner, H. (2008) *Internationale Sicherheit: Definitionen von A – Z*, Baden-Baden: Nomos.

Gärtner, H./Höll, O./Luif, P. (2005) „Österreichische Außen- und Sicherheitspolitik", in: G. Gustenau (Hg.) *Österreich als außen- und sicherheitspolitischer Akteur: Anspruch und Wirklichkeit*, Wien: Büro für Sicherheitspolitik, 10–15.

Ghani, A./Lockhart, C. (2008) *Fixing Failed States: A Framework for Rebuilding a Fractured World*, Oxford: University Press.

Friss, K./Jarmyr, P. (Hg.) (2008) *Comprehensive Approach: Challenges and Opportunities in Complex Crisis Management*, Oslo: Norsk Utenrikspolitiks Institutt.

Gordon, R. „Civil-Military Strategic Principles and Doctrine: Creating Common Tools for Stabilisation Operations", Vortrag auf der Wilton Park Conference, Steyning, April 2009.

Henthorne, S. „Civil-Military Strategic Principles and Doctrine: Creating Common Tools for Stabilisation Operations", Vortrag auf der Wilton Park Conference, Steyning, April 2009.

Hurrelmann, A./Leibfried, S./Martens, K./Mayer, P. (Hg.) (2008) *Zerfasert der Nationalstaat? Die Internationalisierung politischer Verantwortung*, Frankfurt/Main: Campus.

Kiszely, J. (2007) „Post-Modern Challenges for Modern Warriors", *The Shrivenham Papers*, 5/2007.

Ladurner, L. (2007) „Zivil-Militärisches Krisenmanagement: Eine Bestandsaufnahme", Studie im Auftrag des Büros für Sicherheitspolitik/BMLV, Wien.

Leibfried, S./Zürn, M. (Hg.) (2006) *Transformation des Staates?*, Frankfurt/Main: Suhrkamp.

Magenheimer, H (2001) *Comprehensive Security: Zum erweiterten Verständnis von Sicherheit*, Wien: Landesverteidigungsakademie.

Mayer, S./Weinlich, S. (2008) „Die Internationalisierung von Sicherheitspolitik: UN, EU und der moderne Staat", in: A. Hurrelmann/S. Leibfried/K. Martens/P. Mayer (Hg.) *Zerfasert der Nationalstaat? Die Internationalisierung politischer Verantwortung*, Frankfurt/Main: Campus, 83–112.

Möckli, D. (2008) „Umfassende Ansätze im Internationalen Krisenmanagement", *CSS Analysen zur Sicherheitspolitik*, 42/2008.

Nagelhus Schia, N./Ulriksen, S. (2007) *The UN, EU and NATO: Common Challenges in Multidimensional Peace Operations*, Oslo: Norsk Utenrikspolitiks Institutt.

Österreichischer Nationalrat (2001) „Entschließungsantrag des Nationalrates vom 21. Dezember 2001 (EA-NR) 114/XXI. GP, Sten. Prot. NR III-87 d.B.".

Palm, A. (2008) „NGOs Vital Actors in Comprehensive Crisis Management", in: O. Eronen (Hg.) *Needs of Comprehensiveness: Building Blocks for Finnish Crisis Management*, Helsinki: FINCENT Publication Series, 35–40.

Projektgruppe Gesamtstaatliches CIMIC-Konzept (2006) „Rahmenplan für die Erarbeitung eines Regelwerkes über die Zivil-Militärische Zusammenarbeit Österreichs im Ausland. Gesamtstaatliches CIMIC-Konzept".

Rummel, R. (2007) „Europäische Krisenintervention: Die Politik des umfassenden Krisenmanagements", in: A. Siedschlag (Hg.) *Jahrbuch für europäische Sicherheitspolitik 2006/2007*, Baden-Baden: Nomos, 15–24.

Rummel, R. (2004) „Soft-Power EU – Interventionspolitik mit zivilen Mitteln", in: H.-G. Erhart/B. Schmitt (Hg.) *Die Sicherheitspolitik der EU im Werden: Bedrohungen, Aktivitäten, Fähigkeiten*, Baden-Baden: Nomos, 259–279.

Satzinger, K. (2004) „Arbeitspapier für eine mögliche Neufassung des Art. 79 B-VG", Ausschuss 1, 14. Sitzung (18.06.2004), http://www.konvent.gv.at/K/DE/AVORL-K/AVORL-K_00789/pmh.shtml (Zugriff: 07.08.2009).

Scheibner, H./Barnet, G. (2005) „Die Ergebnisse der Bundesheerreformkommission: Eine politische Interpretation", in: A. Khol/G. Ofner/A. Stirnemann (Hg.) *Österreichisches Jahrbuch für Politik 2004*, Wien: Oldenbourg, 347–362.

Sekretariat des Nationalen Sicherheitsrates (2009) „Gesamtstaatliches Auslandseinsatzkonzept: Grundsatzdokument (Entwurf vom Juni 2009)", Wien.

Smith, S. (2009) „Civil-Military Strategic Principles and Doctrine: Creating Common Tools for Stabilisation Operations", Vortrag auf der Wilton Park Conference, Steyning, April 2009.

Steffek, J. (2008) „Legitimität jenseits des Nationalstaates: Vom exekutiven zum partizipativen Multilateralismus?", in: A. Hurrelmann/S. Leibfried/K. Martens/P. Mayer (Hg.) *Zerfasert der Nationalstaat? Die Internationalisierung politischer Verantwortung*, Frankfurt/Main: Campus, 179–208.

Trachsler, D./Möckli, D. (2008) „Sicherheit und Entwicklung: Zwischen Konvergenz und Konkurrenz", *CSS Analysen zur Sicherheitspolitik*, 40/2008.

Vorhofer, P. (2003) „Civil-Military Cooperation: Zur Evolution einer neuen Aufgabe in der Krisenbewältigung", *Österreichische Militärische Zeitschrift*, 6/2003, 753–759.

Wagemaker, A. (2008) „Rescuing Afghanistan? Small Western Liberal Democracies and Multinational Intervention", in: W. Feichtinger/M. Gauster (Hg.) *Zivil-militärische Zusammenarbeit am Beispiel Afghanistan*, Wien: Landesverteidigungsakademie, 45–86.

Werther-Pietsch, U. (2009) *Sicherheit und Entwicklung: Zwei Pfeiler eines Systems?*, Wien: Landesverteidigungsakademie.

Die zivil-militärische Zusammenarbeit in Deutschland

Albrecht Broemme

1 Vorwort

„Zusammenkommen ist ein Beginn, Zusammenbleiben ein Fortschritt, Zusammenarbeiten ein Erfolg". Diese Feststellung von Henry Ford gilt seit über 20 Jahren auch für die internationale zivil-militärische Zusammenarbeit zwischen Deutschland, Österreich und der Schweiz auf dem Gebiet der humanitären Hilfe.

Zivil-militärische Zusammenarbeit, abgekürzt mit ZMZ oder international mit CIMIC, ist heute ein oft und vielfältig benutzter Begriff. Er wird auf verschiedenen Ebenen wie United Nations, Europäische Union, NATO und im nationalen Bereich mit unterschiedlichen Definitionen und Zielsetzungen verwendet.

Unbestritten ist die Tatsache, dass die zivil-militärische Zusammenarbeit in den vergangenen Jahren immer mehr an praktischer Bedeutung gewonnen hat und sowohl wissenschaftlich als auch juristisch immer weiter durchdrungen und optimiert wird. Tatsache ist auch, dass es in zahlreichen Krisen und Katastrophen schlichtweg keine Alternative zur zivil-militärischen Zusammenarbeit gibt. Einleuchtende Beispiele sind die Lufttransportmöglichkeiten von Hilfsmannschaften und Hilfsgütern oder die medizinische Betreuung im Ausland.

Die zivil-militärische Zusammenarbeit im Inland ist nichts Neues und seit jeher die Aufgabe der territorialen Kommandostruktur der Bundeswehr. Obwohl es aus Sicht der militärischen Strukturen gelegentlich andere Vorstellungen über die Ziele der ZMZ gibt als bei einigen zivilen Organisationen der humanitären Hilfe, ist klar, dass die Bundeswehr bei Katastrophen im Inland – auch und vielleicht vor allem auf Kreisebene als Berater in den Krisenstäben – gebraucht wird, um sowohl „Manpower" als auch Geräte zielgerecht anbieten und einsetzen zu können. Dabei übernehmen die Streitkräfte keinesfalls die Leitung eines Einsatzes. Diese Aufgabe obliegt nach wie vor den Ländern und deren Behörden.

Durch Erlass des Bundesministeriums des Innern (BMI) vom 22. Dez. 1992 wurde die seit 1958 bestehende organisatorische Verbindung des Technischen Hilfswerks (THW) mit dem Bundesamt für Zivilschutz aufgehoben. Das Gesetz über das Technische Hilfswerk (THW-Gesetz in der Fassung vom 29.07.2009) regelt in § 2, Absatz 2 die Aufgaben des THW:

> „Das Technische Hilfswerk leistet technische Hilfe:
> 1. nach dem Zivilschutz- und Katastrophenhilfegesetz,
> 2. im Ausland im Auftrag der Bundesregierung,
> 3. bei der Bekämpfung von Katastrophen, öffentlichen Notständen und Unglücksfällen größeren Ausmaßes auf Anforderung der für die Gefahrenabwehr zuständigen Stellen sowie
> 4. bei der Erfüllung öffentlicher Aufgaben im Sinne der Nummern 1 bis 3, soweit es diese durch Vereinbarung übernommen hat."

Weitere wichtige Rechtsgrundlagen für die zivil-militärische Zusammenarbeit in Deutschland sind der Artikel 35 des Grundgesetzes sowie das Zivilschutzgesetz.

Am 8. Dezember 2008 unterzeichneten der Präsident des THW und der Generalinspekteur der Bundeswehr ein „Kooperationsprotokoll zwischen dem Bundesministerium des Innern, vertreten durch die Bundesanstalt Technisches Hilfswerk, und dem Bundesministerium der Verteidigung über die Zusammenarbeit bei Hilfeleistungen im In- und Ausland".[1] Danach kann das THW im Rahmen der zivil-militärischen Zusammenarbeit Liegenschaften der Bundeswehr mitnutzen sowie gegenseitige Ausbildungsunterstützung leisten. Für Auslandseinsätze des THW wurden Vereinbarungen zum Mitflug von THW-Helfern in Transportflugzeugen der Bundeswehr, der medizinischen Mitversorgung von THW-Helfern in Einsatzsanitätseinrichtungen der Bundeswehr und zu verschiedenen Maßnahmen logistischer Unterstützung, zum Beispiel Einbindung der THW-Helfer in die Feldpost- und Bargeldversorgung getroffen.

Im Folgenden wird als ein Praxisbeispiel der zivil-militärischen Zusammenarbeit eine langjährige internationale Kooperation vorgestellt. Eine Kooperation, deren Grundlagen in einer Zeit geschaffen wurden, als der Begriff „zivil-militärische Zusammenarbeit" nicht einmal existierte. Das Beispiel zeigt die Entwicklung von der Deutsch-Österreichisch-Schweizerischen Arbeitsgruppe (DACH-AG) für den Bereich „Urban Search and Rescue" (USAR) zur „International Search and Rescue Advisory Group" (INSARAG). Aufzeigt wird, wie drei unterschiedliche Einrichtungen den Weg von einer Vision dreier Einsatzleiter in einem Katastrophengebiet bis zu einer weltweiten Bewegung mit UN-Resolution gegangen sind – ein gutes Bespiel für erfolgreiche zivil-militärische Zusammenarbeit. Diese drei Einrichtungen sind

- die „Austrian Forces Disaster Relief Unit" des Österreichischen Bundesheeres (AFDRU),
- die schweizerische „Direktion für Entwicklung und Zusammenarbeit" mit dem „Schweizerischen Korps für Humanitäre Hilfe" (DEZA/SKH)
- und das Technische Hilfswerk (THW) Deutschlands.

Diese Einrichtungen sind sehr unterschiedlich in Aufbau und Organisation:

- Die AFDRU Österreichs ist eine professionelle militärische Einheit, die vorrangig aus Elementen der ABC-Abwehrschule des österreichischen Bundesheeres in Korneuburg bei Wien, Niederösterreich, zusammengesetzt ist.
- Das schweizerische SKH besteht dagegen einerseits aus haupt- und ehrenamtlichen, andererseits aus militärischen wie aus nicht-militärischen Elementen.
- Das deutsche THW ist eine Bundesanstalt im Geschäftsbereich des Bundesministeriums des Innern mit 99 % zivilen ehrenamtlichen Helferinnen und Helfern und nur einem Prozent Hauptamtlichen.

Es ist leicht erkennbar, wie unterschiedlich diese drei Einrichtungen unter dem Aspekt zivil-militärischer Zusammenarbeit aufgestellt sind. Wie war es also möglich, dass sie es trotz dieser Unterschiede schafften, so erfolgreich zusammenzuarbeiten?

---

[1] Für die folgenden Ausführungen zu dem Kooperationsprotokoll siehe THW/Bundeswehr (2008).

2 Wie alles begann

Auslöser war das schwere Erdbeben in Armenien im Jahr 1988. Am 7. Dezember erschütterte das Beben der Stärke 6,8 der Richterskala die Region Lori im Norden der Sozialistischen Sowjetrepublik Armenien. Viele Gebäude, insbesondere Schulen und Krankenhäuser, hielten dem Erdbeben nicht stand. 25.000 Menschen starben. Erschwerend kamen winterliche Temperaturen hinzu. Die Regierung ließ ausländische Hilfsmannschaften ins Land – dies war der erste Fall, in dem die Sowjetunion ausländische Hilfe in größerem Umfang annahm.

Unter anderem Deutschland, Österreich und die Schweiz entsandten Hilfsmannschaften des THW, des Bundesheeres und des SKH in das Katastrophengebiet. Fest steht, dass alle damaligen Akteure mit herausragendem Engagement arbeiteten, um Verschüttete zu retten und Überlebende zu versorgen. Trotzdem gab es eine hohe Opferzahl zu beklagen. Grund dafür war die mangelhafte Vorbereitung der lokalen Behörden und ein nicht zu übersehendes Defizit im Bereich der internationalen Koordination.

Daraufhin hatten die damaligen Entscheidungsträger von AFDRU, SKH und THW, Norbert Fürstenhofer, Toni Frisch und Dietrich Läpke eine gemeinsame Vision: Die internationale Koordination muss, allen möglichen Widerständen zum Trotz, auf ein solides Fundament gestellt werden.

3 Entstehung der DACH-AG

Im Bestreben, die internationale Koordination der Katastrophenhilfe nach Erdbebeneinsätzen neu zu gestalten, wurde die Kooperation der einschlägigen Einrichtungen aus Deutschland, Österreich und der Schweiz, kurz die DACH-AG, gebildet. Es gab keine Zusammenarbeitsvereinbarung, keinen „Letter of Intent", kein Gründungsprotokoll oder sonstigen formalen Akt. Die DACH-AG entstand de facto in der täglichen Arbeit. Deutlich wurde dies für Außenstehende erstmalig bei der „Washingtoner Konferenz" 1989 bei der Auswertung der Katastrophenhilfe nach dem Armenien-Erdbeben.

Es begann ein intensiver fachlicher Austausch der AFDRU, der SKH und des THW unter Einbeziehen der jeweils zuständigen Ministerien der drei Staaten. Gespräche der DACH-AG in Wien 1989 und 1990 führten zu einer Klausurtagung in Beuggen, die mit der sogenannten „Beuggener Resolution vom 29. Mai 1990" endete. Wegen ihrer Bedeutung wird sie nachfolgend auszugsweise wiedergegeben (vgl. hierzu DACH-AG 1990):

> „BEUGGENER RESOLUTION dated 29th March 1990
>
> Determined to improve international cooperation during future relief operations in foreign countries, the participants of the "Workshop of the European official relief units for Search and Rescue" have resolved to achieve the following targets and projects:
>
> 1. Measures to be carried out before and during relief operations
>   1.1. Mutual contacting after a disaster has become to be known, between the Swiss Disaster Relief Corps (SKH), the Federal Institute of the Technical Relief Organization (THW), the HQ of the Austrian Armed Forces Disaster Relief Unit (AAFDRU), Official authorities of other countries who want to dispatch disaster relief units to areas hit by disasters and UNDRO.

1.2. Arrangements concerning possible mutual completion and/or support during preparation and performance of relief operations.
1.3. Preparations to dispatch a coordinated or joint reconnaissance and/or advance party.
1.4. Organizations of a central command post in the host country by the first unit to arrive.
1.5. Organization of a coordination center at the site of the disaster to carry out relief operations in the area hit by the disaster, in cooperation with national and regional authorities.
1.6. Exchange of information by national organizations.

2. Preparatory Measures to Achieve Common Standards
2.1. Endeavours to achieve comparable standards of training.
2.2. Mutual participation in training activities and exercises.
2.3. Establishing of joint operation procedures.
2.4. Endeavours to achieve common technical standards as far as possible. (...)

4. Subsequent Workshop
For a further continuity of the workshops in Washington in 1989 and Beuggen in 1990, Austria will invite for a subsequent workshop in spring 1991.
UNDRO will be invited, under the terms of the International Decade Prevention of Natural Disasters, enacted by the 42nd General Assembly, to take over the patronage of this workshop." (DACH-AG 1990)

Die „Beuggener Resolution" stellt Forderungen auf, die heute im Rahmen der internationalen humanitären Hilfe selbstverständlich sind: Punkt 1.1 fordert die Koordinierung der internationalen Hilfe, was man heute gemeinhin die koordinierte Antwort der internationalen Gemeinschaft unter dem Dach der UN nennt. Punkt 1.2 ist heute umgesetzt durch „International Humanitarian Partnership (IHP)" bzw. durch die Module im EU-Gemeinschaftsverfahren. Punkt 1.3 ist, genaugenommen, die Forderung nach Schaffen einer Einrichtung wie UNDAC (United Nations Disaster Assessment and Coordination). Unter Punkt 1.4 wird die Notwendigkeit der heute für uns selbstverständlichen örtlichen Einsatzkoordinierung, der „Local Emergency Management Agency (LEMA)" betont, und Punkt 1.5 kann man als die Geburtsstunde der Idee des „On Site Operations Coordination Centre (OSSOC)" ansehen.

Der unter Punkt 4 avisierte Workshop fand als „Wattener Lizum" 1991 statt. Seine vier Protokolle stellen im Wesentlichen die detaillierte Ausarbeitung der „Beuggener Resolution" dar. Sie bereiteten die weitere Entwicklung der kommenden Jahre maßgeblich vor.

4 Gründung der INSARAG – Entstehungs- und Aufbauphase

Mit der „Beuggener Resolution" war INSARAG de facto gegründet; ihre offizielle Gründung fand dann letztendlich unspektakulär im Jahr 1991 statt.

In den folgenden Jahren konzentrierte sich INSARAG auf den Aufbau des INSARAG-Systems. Hierzu zählen insbesondere das Erarbeiten, das Verbreiten und Umsetzen der INSARAG Guidelines sowie das Einrichten des INSARAG-Sekretariats im schweizerischen DHA (Department for Humanitarian Affairs) und der UNDRO (United Nations Disaster Relief Organisation), dem direkten Vorgänger von UN-OCHA (United Nations Office for the Coordination of Humanitarian Affairs).

Hauptprodukt der INSARAG-Arbeit in den Anfangsjahren waren die Richtlinien für die koordinierte, internationale humanitäre Hilfe nach Erdbebenkatastrophen (INSARAG Guidelines). Instrumente wie UNDAC und OSOCC sind nicht nur bei Erdbebenkatastrophen anwendbar, sondern – im Rahmen der Soforthilfe – bei vielen Arten von Krisen und Katastrophen.

Es war wohl ganz besonders die Arbeit an den INSARAG Guidelines, die jedes Jahr weitere Staaten veranlasste, sich dieser Bewegung anzuschließen. Die Vielzahl der mitarbeitenden Staaten führte dazu, dass die Arbeit mehr strukturiert und regionalisiert werden musste. So entstanden weltweit drei Regionalgruppen: Amerika, Europa/Afrika und Asien/Pazifik. In diesen Anfangsjahren war die Regionalgruppe Europa/Afrika die führende, der Impulsgeber und *think tank*. Und innerhalb dieser Regionalgruppe war die DACH-AG die treibende Kraft.

Besondere Aufmerksamkeit aus Sicht der zivil-militärischen Zusammenarbeit verdient das Jahr 1999. Am 21. September erschütterte ein schweres Erdbeben Taiwan. Und zum ersten Mal in der Geschichte der INSARAG kam dort eine gemischt zusammengesetzte Einsatzmannschaft der DACH-AG unter der Führung eines Schweizer Einsatzleiters zum Einsatz. Das in Tai Chung, einer Stadt im Westen der Insel, eingesetzte Team rettete nicht nur Menschenleben, sondern erarbeitete sich auch die Achtung und den Respekt der anderen internationalen Teams.

Abbildung 1: Die Einsatzleitung des DACH-Teams auf Taiwan (Foto: General a.d. U. Ott, Schweiz)

Viele Forderungen und deklarierte Vorhaben der „Beuggener Resolution" waren zu diesem Zeitpunkt bereits umgesetzt oder befanden sich in der Umsetzung — doch mit diesem ersten gemeinsamen Team wurden alle Erwartungen übertroffen. Es war der erfolgreiche Einsatz eines deutschsprachigen Teams bestehend aus ehren- und hauptamtlichen Kräften, Zivilisten und Militärs, denen — von der Sprache einmal abgesehen — eigentlich nur eins gemeinsam war: Der Wille, geordnete humanitäre Hilfe zu leisten.

Noch wichtiger, im Sinne dieses Beitrags, ist jedoch ein Abend im „Café Maure" in Tunesien im Rahmen der Jahrestagung 1999 der INSARAG-Regionalgruppe Europa/Afrika. Während der Diskussion zu allfälligen INSARAG-Themen fiel den Delegationsleitern auf, dass es eigentlich an der Zeit wäre, INSARAG zu „institutionalisieren" oder einen „rechtlichen Rahmen" zu geben. Im Endergebnis wurde die Idee geboren, eine Arbeitsgruppe zu gründen, die auf eine UN-Konvention hinarbeiten soll, um INSARAG und das geschaffene System festzuschreiben und zu institutionalisieren.

Eine Arbeitsgruppe nahm ihre Arbeit auf, während alle anderen Vorhaben kontinuierlich fortgesetzt wurden. Besonders die DACH-AG entwickelte und testete viele Elemente des INSARAG-Systems im Rahmen verschiedener Ausbildungsmaßnahmen.

Abbildung 2: Stabsrahmenübung der DACH-AG (Foto: Dr. T. Hönicke, THW)

Im Sinne der zivil-militärischen Zusammenarbeit waren erste praktische Erfolge eine der Voraussetzungen für die weiteren Schritte.

5 INSARAG – Konsolidierungsphase

Am 10. Dezember 2002 wurde die UN Resolution A/57/L.60 unter dem Titel „Strengthening of the coordination of humanitarian and disaster relief assistance of the United Nations, including special economic assistance: strengthening of the coordination of emergency humanitarian assistance of the United Nations" angenommen:

> „Recognizing, in this regard, the Guidelines developed by the International Search and Rescue Advisory Group, as a flexible and helpful reference tool for disaster preparedness and response efforts
>
> 1. Stresses the need to improve efficiency and effectiveness in the provision of international urban search and rescue assistance, with the aim of contributing towards saving more human lives;

2. Encourages efforts aiming at the strengthening of the International Search and Rescue Advisory Group and its regional groups, particularly through the participation in its activities of representatives from a large number of countries;
3. Urges all States, consistent with their applicable measures relating to public safety and national security, to simplify for reduce, as appropriate, the customs and administrative procedures related to the entry, transit, stay and exit of international urban search and rescue teams and their equipment and materials, taking into account the Guidelines of the International Search and Rescue Advisory Group, particularly concerning visas for the rescuers and the quarantining of their animals, utilization of air space and the import of search and rescue and technical communications equipment, necessary drugs and other relevant materials;
4. Also urges all States to undertake measures to ensure the safety and security of international urban search and rescue teams operating in their territory;
5. Further urges all States that have the capacity to provide international urban search and rescue assistance to take the necessary measures to ensure that international urban search and rescue teams under their responsibility are deployed and operate in accordance with internationally developed standards as specified in the Guidelines of the International Search and Rescue Advisory Group, particularly concerning timely deployment, self-sufficiency, training, operating procedures and equipment, and cultural awareness;
6. Reaffirms the leadership role of the United Nations Emergency Relief Coordinator in supporting the authorities of the affected State, upon their request, in coordinating multilateral assistance in the aftermath of disasters;
7. Encourages the strengthening of cooperation among States at the regional and subregional levels in the field of disaster preparedness and response with particular respect to capacity-building at all levels;
8. Also encourages Member States, with the facilitation of the Office for the Coordination of Humanitarian Affairs and in cooperation with the International Search and Rescue Advisory Group, to continue efforts to improve efficiency and effectiveness in the provision of international urban search and rescue assistance, including the further development of common standards;
9. Requests the Secretary-General to submit to the General Assembly at its fifty-ninth session, a comprehensive, updated report with recommendations on progress in the improvement of efficiency and effectiveness in the provision of international urban search and rescue assistance, taking into account the extent of utilization of the Guidelines of the International Search and Rescue Advisory Group." (UN 2002)

Die von INSARAG angestrebte UN-Konvention kam zwar nicht zu Stande, jedoch eine UN-Resolution, die das INSARAG-System legalisiert und institutionalisiert sowie alle Mitgliedsstaaten der UN auffordert, diese Entwicklung weiter voran zu treiben. 14 Jahre nach dem katastrophalen Erdbeben in Armenien und 12 Jahre nach der „Beuggener Deklaration" war INSARAG entstanden und per UN-Resolution anerkannt, geschätzt und zur kontinuierlichen Weiterentwicklung aufgefordert.

Bedenkt man die Tatsache, dass eine von drei Staaten ausgehende Initiative sich weltweit verbreitet hat und nicht nur die potenziell Hilfe leistenden, sondern auch die Hilfe ersuchenden Staaten umfasst, erscheint die Notwendigkeit einer „Konsolidierungsphase" mehr als logisch. Ganz besonders, wenn man den Zeitraum von der Entstehung einer Idee und Entwicklung bis hin zur Erprobung im Einsatz im Rahmen einer Krise oder Katastrophe bedenkt. In dieser Konsolidierungsphase wurde die Sach- und Facharbeit kontinuierlich fortgeführt.

Das Fortschreiben der INSARAG Guidelines als *living document,* welches regelmäßig anhand der Erfahrungen letzter Krisen und Katastrophen aktualisiert wird, das Einrichten von Arbeitsgruppen zu verschiedenen Einzelthemen (Ausbildung, medizinische Komponente, Rettungshunde), das Entwicklen und Etablieren eines Ausbildungssystems sind nur einige Beispiele für die fortgesetzte erfolgreiche internationale Arbeit.

Neben dieser Fortschreibung der INSARAG-Arbeit wurden neue Meilensteine gesetzt, von denen hier nur einige stellvertretend genannt werden:

a. Training

Optimale Hilfe im Fall von Krisen und Katastrophen kann nur bei perfektem Zusammenspiel von betroffenem Staat und der internationalen Gemeinschaft geleistet werden. So entwickelte INSARAG das „INSARAG Awareness Training" für Führungskräfte potenziell Hilfe anfordernder Staaten. Unterrichtet wird, wie internationale Hilfe im Rahmen des UN-Systems angefordert wird, und welche Elemente zur Vorbereitung dieser Hilfe regional als Voraussetzung vorhanden sein müssen.

Abbildung 3: Teilnehmer und Dozenten des INSARAG Awareness Training 2006 in Tunis (Foto: Cap. R. Dhafr, ONPC, INSARAG-Antenne, Tunesien)

b. INSARAG-Klassifikation

In den vergangenen Jahren hat INSARAG ein Klassifizierungssystem entwickelt, um die Leistungsfähigkeit von USAR Teams vergleichen zu können. Dies geschieht im Rahmen einer Feldübung, wobei die Prüfer jeweils aus einem weltweiten Team zusammen gestellt werden.

Die SEEBA, die „Schnell-Einsatz-Einheit Bergung Ausland" des THW, wurde 2007 erfolgreich als „Heavy Team" klassifiziert, wobei die Durchführung dieser Übung wieder eine Gemeinschaftsaktion der DACH-AG war.

c. INSARAG-Antenne Tunis

Die bessere Vernetzung mit den afrikanischen und arabischen Staaten war mehrmals Schwerpunkt deutscher Vorsitze der Regionalgruppe Afrika/Europa. Zu diesem Zweck wurde 2004 als Mittler die „Antenne Tunis" gegründet.

Die Liste der Meilensteine ließe sich noch weiter fortsetzen. Doch zeigen auch schon diese drei Beispiele, dass das problemlose Miteinander ziviler und militärischer Akteure in den Bereichen Wissenstransfer, Ausbildung und Qualitätssicherung und dem Betreiben gemeinsamer Einrichtungen möglich ist.

Verschiedene Akteure haben bereits Versuche unternommen, die Möglichkeiten und Grenzen zivil-militärischer Zusammenarbeit – auf der Grundlage der humanitären Prinzipien – in Form von Richtlinien zu beschreiben. Die wichtigsten sind die vom „Office for the Coordination of Humanitarian Affairs" (OCHA) der United Nations (UN) veröffentlichten „Oslo Guidelines", die die zivil-militärische Zusammenarbeit in Naturkatastrophen und politischen Konflikten beschreibt. Die Oslo Guidelines unterstreichen, dass militärische Aktivitäten grundsätzlich nicht mit UN-Aktivitäten in der humanitären Hilfe vermischt werden sollen. Darüber hinaus soll sich das Militär – falls es im Bereich der humanitären Hilfe eingesetzt wird – so schnell wie möglich wieder aus diesem Bereich zurückziehen. Das Problem der Oslo Guidelines ist die mangelnde Umsetzung:

Da die Richtlinien nicht bindend sind und sich die Streitkräfte in der Regel auf ihren politischen Auftrag berufen, ist ihre Wirkung begrenzt. Ihre strikte Einhaltung in der täglichen Zusammenarbeit ist jedoch ein weiterer Grund für die Erfolgsgeschichte der INSARAG.

6 INSARAG – Ausblick

INSARAG hat in den fast 20 Jahren seiner Existenz viel erreicht: INSARAG hat dazu beigetragen, dass es heute kaum ein Gebiet der humanitären Hilfe gibt, das ohne Bereiche internationale Koordinierung, Ausbildung, Standards und Entwicklung humanitärer Tools so weit entwickelt ist wie die Erdbebenhilfe gibt.

INSARAG wurde zur weltweiten Bewegung, allein in der heutigen Regionalgruppe Afrika/Europa/Mittlerer Osten arbeiten Einrichtungen und Organisationen aus mehr als 55 Staaten der Region regelmäßig mit.

Auch die DACH-Arbeit wird kontinuierlich fortgesetzt; sie ist weiterhin ein *think tank* der INSARAG und somit ein gutes Beispiel für internationale zivil-militärische Zusammenarbeit.

Die künftige Entwicklung von INSARAG auf weltweiter Ebene wird ganz wesentlich davon bestimmt werden, in wie weit die Mitgliedsstaaten die führende Rolle von UN-OCHA in der humanitären Hilfe weiter stärken werden, und inwieweit es INSARAG gelingt, Schwellenländer und potenziell Hilfe anfordernde Staaten zu kontinuierlicher Mitarbeit und Umsetzung der INSARAG Guidelines in den eigenen Ländern zu gewinnen.

7 Zusammenfassung

Für eine erfolgreiche zivil-militärische Zusammenarbeit lassen sich aufgrund der Erfahrungen der DACH-AG folgende Empfehlungen ableiten:

1. Kompromisslose Ausrichtung an gemeinsamen, bedürfnisorientierten Zielen im Sinne der humanitären Soforthilfe;
2. Anlehnung an international anerkannten Standards (z. B. Oslo Guidelines);

3. personelle Kontinuität bei den Entscheidungsträgern der Hauptakteure über Jahre hinweg;
4. erst praktische Ergebnisse in der Zusammenarbeit erzielen, später institutionalisieren.

Indem wir diese Empfehlungen auch in unserer zukünftigen Arbeit berücksichtigen, indem wir sie ausbauen, optimieren und mit Leben erfüllen, stärken wir den humanitären Gedanken, der die Menschen miteinander verbindet. Gleichzeitig stabilisieren wir das Fundament der internationalen Gemeinschaft und sichern so ihre Zukunft.

Literatur

Bundesgesetzblatt (1990) „Gesetz zur Regelung der Rechtsverhältnisse der Helfer der Bundesanstalt Technisches Hilfswerk (THW-Helferrechtsgesetz – THW-HelfRG)", BGBL. I 1990/3, Z 5702 A, Bonn.
DACH-AG (1990) „Beuggener Resolution vom 29. Mai 1990", Beuggen, Mai 1990.
Technisches Hilfswerk – THW/Bundeswehr (2008) „Kooperationsprotokoll zwischen dem Bundesministerium des Innern, vertreten durch die Bundesanstalt Technisches Hilfswerk, und dem Bundesministerium der Verteidigung über die Zusammenarbeit bei Hilfeleistungen im In- und Ausland", vom Präsidenten des THW und der Generalinspekteur der Bundeswehr am 08.12.2008 unterzeichnet, Berlin.
United Nations – UN (2002) „Strengthening of the coordination of humanitarian and disaster relief assistance of the United Nations, including special economic assistance: strengthening of the coordination of emergency humanitarian assistance of the United Nations", Resolution A/57/L.60, 10.12.2002.

Das internationale Engagement

Das internationale Engagement in Österreich

Johann Pucher

1 Internationale Entwicklung

1.1 Die strategische Lage aus österreichischer Sicht

Trotz der vielerorts geäußerten Einschätzung, dass in Europa kein Staat seine Sicherheitslage isoliert betrachten könne und von irgendwelchen Veränderungen der Sicherheitslage nicht betroffen werde, haben sich bis heute recht spezifische, nationale Sichtweisen auf die europäische Sicherheitslage erhalten. Historische oder gar postkoloniale Verbundenheiten, Positionen aus der Zeit des Kalten Krieges, geografische Rahmenbedingungen, nationale Besonderheiten und anderweitige Bündnisverpflichtungen prägen bis heute die Sicherheitspolitik der europäischen Staaten und lassen sie die „gesamteuropäische Lage" aus einem jeweils sehr subjektiven Licht sehen.

Österreich, als weiterhin neutraler Staat, einst direkt an der Konfrontationsgrenze zwischen NATO und Warschauer Pakt gelegen, mit starken historischen Verbindungen nach Südosteuropa, hat auch hier seine eigene Sicht der Dinge. Dass sich die sicherheitspolitische Lage Österreichs nach dem Ende des Kalten Krieges zum Positiven geändert hat, ist unbestreitbar: Die Ausdehnung der euro-atlantischen Stabilitätszone durch die EU- und NATO-Erweiterungen und die fortschreitende Stabilisierung des Westbalkans haben Österreich von den Entwicklungen der letzten 20 Jahre sicherlich stärker profitieren lassen als viele andere Staaten. Da die Wahrnehmung der Sicherheitslage in Österreich sich primär noch auf den ost- und südosteuropäischen Raum richtet, ist die Perzeption des gegenwärtigen Umfeldes in Österreich auch gelassener, positiver, aber dadurch auch passiver als etwa in den Mittelmeer-Anrainerstaaten oder in den früheren Staaten des Warschauer Pakts, die der EU und NATO beigetreten sind.

Nach einer euphorischen Aufbruchsphase nach dem Ende des Ost-West-Konflikts muss Europa realistisch zur Kenntnis nehmen, dass Demokratie, offene Gesellschaften, Menschenrechte im Sinne der Europäischen Menschenrechtskonvention oder der Schlussakte von Helsinki und freie Marktwirtschaft keine Selbstläufer sind. Konfliktpotenziale ergeben sich nicht nur aus Schwierigkeiten in Transformationsprozessen und nationalen, lokal begrenzten Selbstbestimmungsprozessen, sondern auch aus konkurrierenden Ordnungs- und Herrschaftsansprüchen.

Außerhalb und innerhalb Europas werden vermehrt alternative politische, wirtschaftliche und soziale Gesellschaftsmodelle zu Demokratie und Marktwirtschaft propagiert und implementiert. Daraus ergeben sich ideologisch aufgeladene Konflikte um die Gestaltung politischer und sozialer Ordnungen wie um die territoriale Reichweite der jeweiligen Interessensphären.

Besonders in Russland ist dieser Wandel zu bemerken. Die Abkehr Russlands von dem in den 1990er Jahren eingeschlagenen Transformationsprozess stellt die EU im Osten vor eine neue Situation, wobei sich die Mitgliedsstaaten uneins sind, wie mit dieser umzugehen ist. In den nächsten Jahren wird es sich entscheiden, ob es der EU gelingen wird, konstruktive Beziehungen zu Russland zu entwickeln, und ob es Russland gelingt, kooperative Beziehungen zu seinen Nachbarn zu unterhalten. Dies wird auch darüber entscheiden, ob sich die Ostgrenze der EU im nächsten Jahrzehnt als Konfrontationslinie oder als Anfang der Brücke Europas nach Asien darstellen wird.

Was die Kräfteverhältnisse angeht, so haben sowohl die Russische Föderation als auch die westlichen europäischen Staaten in den letzten Jahrzehnten einen enormen Abbau der konventionellen Streitkräfte, vor allem der operativen Großverbände vorangetrieben. Auch überaltern viele Waffenplattformen (vor allem Artillerie, Kampfpanzer, Fliegerabwehrgerät) sowohl in den russischen als auch in den westlichen Streitkräften. Seitens der Russischen Föderation scheint man aber mehr Wert auf den Erhalt einer Aufwuchs- und Mobilisierungsfähigkeit zu legen.

Die Sezessionskriege im ehemaligen Jugoslawien haben im ausgehenden 20. Jahrhundert alleine schon aufgrund der räumlichen Nähe das sicherheitspolitische Engagement Österreichs gebündelt. Seither konnten die Konflikte im Kosovo und in Bosnien und Herzegowina stabilisiert werden, jedoch ist der Weg zu einer endgültigen Beilegung der Konflikte noch weit. In Bosnien und Herzegowina ist der Zentralstaat nach wie vor sehr schwach. Sollte die EU-Beitrittsperspektive durch EU-interne Entwicklungen in weitere und nicht mehr greifbare Ferne rücken, ist auch die bis jetzt positive Entwicklung des Staates in Gefahr. Denn der Konsens zum gemeinsamen Staatswesen kann im Grunde alleine auf dem Interessenausgleich zwischen den Entitäten und der Integrationsperspektive in euro-atlantische Sicherheitsstrukturen beruhen.

Im Kosovo stellt sich die Lage ebenfalls schwierig dar. Der immer wieder in den Mittelpunkt gerückte formelle Status des Kosovo ist dabei das geringere Problem. Die Integration der serbischen Minderheit in die politischen Geschäfte, der Schutz ihrer Rechte, der freie Zugang zu und der Schutz von serbischen Kulturgütern im Kosovo sind neben der Arbeitslosigkeit und dem Aufbau staatlicher Strukturen die großen praktischen Herausforderungen, die hinter der Statusfrage verschanzt werden. Auch hier wäre ein dynamisiertes Engagement der Europäischen Union stärker gefordert.

Von entscheidender Bedeutung für die europäische Sicherheitslage ist auch die Entwicklung in der Türkei. Dieses Land ist nicht nur als Energiekorridor und als Brücke in den Nahen Osten von besonderer Bedeutung, es besitzt nicht nur erheblichen Einfluss am Balkan und am Kaukasus, sondern es ist auch die bedeutendste Militärmacht an der Südostflanke der EU. Im Zeichen des EU-Integrationsprozesses hat die Türkei einen bemerkenswerten Wandel eingeleitet. Dennoch kann ihr Reformprozess noch keineswegs als abgeschlossen betrachtet werden. Zu den äußerst positiven Entwicklungen gehören die Verbesserungen der Beziehungen zu fast allen Nachbarstaaten, allen voran Armenien und eine sich anbahnende Entschärfung des Kurdenkonfliktes.

Durch die Bindung der Vereinigten Staaten im Mittleren Osten und in Afghanistan, die strukturellen und finanziellen Schwierigkeiten der US-Wirtschaft, den hohen Verschuldungsgrad der amerikanischen Gesellschaft wie des amerikanischen Staates und die Notwendigkeit der Einsparungen auch im Verteidigungsbereich ist zu erwarten, dass Europa die Sicherheitsaufgaben an der eigenen Peripherie in Zukunft öfter selbst wahrnehmen wird müssen. Dies wird auch zu einer Neudiskussion um Beistand und Umfeldstabilisation in der EU führen.

Der Umgang mit dem ehemals sowjetischen „Zwischeneuropa" und das Verhältnis zur Türkei werden Europa und vor allem die EU in der nahen und mittleren Zukunft fordern. Auf diesen Regionen wird auch der Schwerpunkt des österreichischen Engagements in der europäischen Außenpolitik – und somit in weiterer Folge auch der ESVP – liegen. Daneben bleiben noch unerledigte Hausaufgaben am Balkan und ein solidarisches Engagement in den anderen durch die EU-Außenpolitik abgedeckten Regionen: Zentralasien, Naher und Mittlerer Osten, Nordafrika und Subsahara-Afrika. Direkte Sicherheitsrisiken werden mit diesen Aufgaben und Regionen in Österreich aber nicht assoziiert.

Wie in vielen anderen europäischen Ländern setzt sich auch in Österreich verstärkt die Auffassung durch, dass Anstrengungen zur langfristigen Stabilisierung durch umfassende pro-aktive Sicherheitsbemühungen erforderlich sind. Dabei werden insbesondere einem vorbeugenden Wirksamwerden in Krisenzonen mehr Stabilisierungs- und Problemlösungspotenzial zugeschrieben als rein reaktiven Abwehrmaßnahmen.

Die Erfahrungen am Balkan wie auch im Irak und in Afghanistan haben gezeigt, dass militärische Stabilisierungsmaßnahmen allein keine Lösung bringen und langfristig nur eine Unterstützung und Absicherung eines politisch erreichten und über lokale Verwaltungsstrukturen implementierten Ordnungszustandes leisten können. Auch ökonomisches, soziales oder anderes zivilgesellschaftliches Engagement läuft ohne eine an den Wurzeln der Gesellschaft akzeptierte politische Ordnung ins Leere. Eine solche zu implementieren und alle relevanten gesellschaftlichen Gruppen in diese zu integrieren ist daher die zentrale Herausforderung jedes internationalen sicherheitspolitischen Engagements.

1.2 Neue Risiken

Das Ende des Ost-West-Konflikts hat neue Chancen und neue Gestaltungsspielräume für eine aktive Außen- und Sicherheitspolitik eröffnet und die konventionelle militärische Bedrohung auf ein Restrisiko an der europäischen Peripherie reduziert. In den letzten Jahrzehnten haben aber auch neue Herausforderungen für die europäische und österreichische Sicherheit an Bedeutung gewonnen. Hier sind vor allem gescheiterte Staaten, Organisierte Kriminalität, Bevölkerungswachstum ohne Zukunftsperspektive, irreguläre Migration, Terrorismus, Verbreitung von Massenvernichtungswaffen und Trägersystemen, Informationskriegsführung sowie Natur- und andere Zivilisationsrisiken zu nennen. In großer Dimension können dieser Phänomene nicht mehr von der Sicherheitsexekutive alleine eingedämmt werden.

1.2.1 Schwache, zerfallende Staaten und unsichere Regime

In den letzten 20 Jahren hat das Phänomen schwacher und zerfallender Saaten immer mehr Eingang in die politische Diskussion gefunden. Dies liegt in erster Linie daran, dass viele Regierungen der Welt von 1989 entweder nicht von ihren Bevölkerungen akzeptiert wurden oder so schwach waren, dass sie ohne Fremdstütze ihren Staatsaufgaben nicht nachkommen konnten. Mit dem Ende der Paktkonfrontation verloren sie eine durch „West" oder „Ost" erbrachte Unterstützung, die nicht selten die exzessive Repression der Bevölkerung einschloss. Das begünstigte Regimekonflikte oder ethnokulturell motivierte Zerfallskonflikte.

Neben die schwachen Staaten traten Staaten mit unsicheren Regimen. Hier sind die Staaten und die Staatsmacht an sich verfügbar und zu einem gewissen Grad auch leistungsfähig, jedoch ergeben sich schwer kalkulierbare Risiken aus nicht abgeschlossenen politischen und sozialen Transformationsprozessen. Gesellschafts- und Herrschaftssystem erleben tief greifende Veränderungen, neue politische Eliten drängen an die Macht. Zur Festigung der jeweiligen innenpolitischen Macht versuchen die Mächtigen, die Gesellschaft durch Aufgreifen äußerer Feindbilder hinter sich zu versammeln – mancherorts mit einer Eskalationsdynamik, die auch zu militärischen Auseinandersetzungen führen kann.

Während der Transformationsprozess in Ost-Mitteleuropa durch EU- und NATO-Integration friedlich und erfolgreich verlaufen ist, bestehen in Osteuropa, dem Kaukasus und in der Levante, dem Mittleren Osten und Nordafrika noch erhebliche Konflikt- und Risikopotenziale. Autoritäre oder transformierende Regime geraten unter Modernisierungsdruck, soziale und ethnokulturelle Spannungen bekommen Entfaltungsraum. Solche Entwicklungen stehen auch hinter dem oben angesprochenen militärischen Restrisiko an der europäischen Peripherie.

1.2.2 Transnationale Organisierte Kriminalität

Die Aktivitäten der Organisierten Kriminalität überspannen staatliche Grenzen. Es kann nicht ausgeschlossen werden, dass eine polizeiliche Bearbeitung dieses internationalen Phänomens insbesondere dort nicht ausreichen wird, wo die Grenzen zu terroristischen Aktivitäten aufgeweicht werden. Auch im Ausland eingesetzte Truppen sind in ihrer Missionserfüllung mit den Problemen der kriminellen Ordnungsunterwanderung betroffen. Innerhalb des EU-Raumes wäre aber ein Hochspielen der Organisierten Kriminalität zu einer das Gewaltmonopol infrage stellenden Problemlage augenblicklich als Übertreibung anzusehen.

1.2.3 Bevölkerungswachstum und irreguläre Migration

Ein Großteil der Weltbevölkerung lebt in sogenannten Schwellenländern. Dort wächst die Bevölkerung meist wesentlich schneller als die Wirtschaft. Bis zum Jahr 2030 wird ein Anstieg der Weltbevölkerung von derzeit ca. 6,1 Mrd. auf rund 8,4 Mrd. Menschen prognostiziert. Der Zuwachs wird zu 95 % in ökonomisch benachteiligten Regionen entstehen. Verbunden mit einer Verknappung von Ressourcen, mit Misswirtschaft und überregional wirkenden Umweltschäden wird dies dort zu einer drastischen Verschlechterung der Lebensgrundlagen führen. Dies fördert die Erosion staatlicher Ordnung sowie regionale Konflikte.

Zuwanderungsbewegungen aus den Randgebieten Europas, aber auch aus weiter entfernten Regionen beeinträchtigen mittel- und längerfristig die kulturelle und wirtschaftliche Stabilität Europas. Dies inkludiert auch die Mobilität von politischen oder religiösen Extremisten. Dieses Thema als Sicherheitsrisiko anzusprechen kann aber direkt in die stark emotionalisierte Integrationsdebatte führen. Tatsache ist jedenfalls, dass das österreichische Bundesheer seit zwei Jahrzehnten an der Ostgrenze Österreichs zur Verhinderung illegaler Grenzübertritte im Assistenzeinsatz wirkt.

1.2.4 Bedrohung durch terroristische Organisationen

Radikalismus, Extremismus und Terrorismus zielen darauf ab, politische, wirtschaftliche, religiöse und soziale Systeme zu beeinflussen, zu destabilisieren oder zu zerstören. Die Strategie des Terrorismus bemüht sich um größtmögliche Öffentlichkeitswirksamkeit. Es geht dem Terrorismus nicht um eine physische Schwächung des Gegners, sondern um eine Veränderung der Einstellung der politischen Eliten und/oder der Bevölkerung. Durch gewaltsame Kommunikation politischer Interessen sollen die Anliegen nicht zentral an der Macht beteiligter Gruppen im politischen Prozess berücksichtigt werden. Für die Zukunft kann auch der Einsatz von radioaktivem Material, biologischen oder chemischen Kampfstoffen zu terroristischen Zwecken nicht ausgeschlossen werden.

1.2.5 Massenvernichtungswaffen und Proliferation

Massenvernichtungswaffen und die entsprechenden Trägermittel in den Händen schwer kalkulierbarer oder instabiler Regime sind eine erhebliche Bedrohung der europäischen Sicherheit. Durch die Proliferation von relevantem Material und Know-how steigt die Gefahr, dass auch Terrororganisationen Massenvernichtungswaffen besitzen und einsetzen. In einer solchen Situation versagt das System der nuklearen und konventionellen Abschreckung wegen eines fehlenden Ansatzes für eine Gegenmaßnahme. Terrororganisationen können allfällige Schutzmaßnahmen wie Raketenabwehrsysteme entlang asymmetrischer Strategien leicht unterlaufen. Neben den fünf Vetomächten des UN-Sicherheitsrates besitzen heute Indien, Israel, Saudi-Arabien, Pakistan, Nordkorea und der Iran Raketen mit einer Reichweite über 1000 km, wobei nur Indien, Israel und der Iran den Bau mehrstufiger Raketen beherrschen.

1.2.6 Cyberwar und Cyberterrorismus

Die zunehmende Abhängigkeit der Gesellschaft von ihren Informations- und Kommunikationssystemen einerseits sowie die Verwundbarkeit dieser Systeme andererseits schafft Angriffspunkte, die gezielt genutzt werden können, um eine Informationsgesellschaft oder Teile davon zu schwächen oder zu zerstören. Ein massiver Angriff auf das Informations- und Kommunikationssystem eines Staates oder einer Gesellschaft hat unter Umständen ähnliche Wirkungen wie ein massiver Angriff auf seine industrielle Basis.

1.2.7 Natur- und Zivilisationsrisiken

Naturkatastrophen, technische oder ökologische Desaster sowie globale Gesundheitsrisiken und Seuchen haben neben ihren primären zerstörerischen Auswirkungen auch eine politische Bedeutung, da sie in Extremfällen zur politischen und wirtschaftlichen Destabilisierung einer gesamten Region führen und in der Folge Konflikte und Massenabwanderungen auslösen können. Nach allen Beobachtungen der letzten Jahre steigt die Wahrscheinlichkeit, dass Plötzlichkeit und Heftigkeit von Naturereignissen zunehmen werden.

1.3 Chancen und Möglichkeiten der österreichischen Verteidigungspolitik

Auf gesamtstaatlicher Ebene müssen die vielfältigen und interdependenten Herausforderungen der Sicherheit zu einem noch engeren Zusammenwirken aller relevanten österreichischen Akteure durch ressortübergreifende Maßnahmen führen, zu denen auch die Errichtung eines Sicherheitsclusters zum Zweck verbesserter gemeinsamer Ausbildung sowie Forschung und Entwicklung gehört.

Das Österreichische Bundesheer stellt aufgrund seiner Leistungsfähigkeit ein wesentliches Instrument zur Umsetzung der Umfassenden Sicherheitsvorsorge im Inland dar.

Zu den gesamtstaatlichen Aufgaben gehören auch österreichische Beiträge zu Abrüstung und Rüstungskontrolle, die vor allem personelle und materielle Beiträge durch das Bundesministerium für Landesverteidigung und Sport benötigen.

Aus der Schilderung der aktuellen Bedrohungen ist unschwer zu erkennen, dass Friedenseinsätze im Ausland grundsätzlich zugleich Friedenseinsätze für Österreich sind. Sie verhindern oder vermindern zumindest negative Auswirkungen auf das Inland. Diese Erkenntnis ist auch ausschlaggebend dafür, dass sich Österreich bisher stets überdurchschnittlich an Friedensmissionen im internationalen Rahmen (von UN, EU oder NATO-PfP) beteiligte. In zunehmendem Maße spielt dabei die räumliche Distanz keine wesentliche Rolle mehr. Sicherheitspolitische Prävention – und dazu gehört auch wegen der vielfältigen wechselseitigen Abhängigkeit die Umsetzung des Konzepts Sicherheit und Entwicklung – hat dort stattzufinden, wo sie notwendig ist, z. B. auch in Afrika. Das österreichische Bundesheer ist bestrebt, seine Fähigkeiten insbesondere in den Bereichen Sicherheitssektorreform (SSR), Entwaffnung/Demobilisierung (DDR) und ziviler Unterstützung in Postkonfliktsituationen einzubringen.

Kein Staat mit vergleichbaren Ressourcen ist in der Lage, diese Aufgaben allein zu bewältigen. Auch im internationalen Rahmen wird es erforderlich sein, verstärkt Kooperationspartner zu suchen, mit denen bereits im Vorfeld zur Optimierung der eingesetzten Ressourcen eng und womöglich auch arbeitsteilig durch Pooling und Sharing zusammengearbeitet wird.

1.4 Europäische Integrationsdynamik und Europäisierung der österreichischen Sicherheits- und Verteidigungspolitik

Seit dem Beitritt Österreichs zur Europäischen Union verwirklicht Österreich seine Sicherheits- und Verteidigungspolitik überwiegend im Rahmen der EU. Angesichts der veränderten Sicherheitslandschaft, der EU-Mitgliedschaft und der Herausbildung der ESVP war es nicht notwendig, eine überzeugende Alternative zu einer Positionierung des gesamten österreichischen Sicherheitsmanagements im europäischen Kontext zu verfolgen. Dem tragen auch die Empfehlungen der Bundesheerreformkommission Rechnung, die im Bericht der Bundesheerreformkommission vom Juni 2004 (BMLV 2004) veröffentlicht wurden.

Aus diesem Grund stellt die Dynamik der europäischen Integration für die österreichische Sicherheitspolitik einen besonders wichtigen Faktor dar.
Als Eckpunkte sind zwei extreme Szenarien vorstellbar:

- Die Integration büßt an Attraktivität ein, nationalstaatliche Interessen und Protektionismus gewinnen Oberhand, die zentrifugalen Kräfte gewinnen Momentum, es kommt zu einer Erosion der Prinzipien und zentralen Strukturen der EU. In diesem Falle der Desintegration könnte es auch zur Renationalisierung jener Bereiche kommen, die bisher schon integriert waren. Auch im Rahmen der intergouvernementalen Europäischen Sicherheits- und Verteidigungspolitik könnte es zu inneren Differenzierungen durch einen Kern von Staaten kommen, die die militärische Zusammenarbeit bis hin zu vollständig integrierten Strukturen weiterentwickeln wollen. Damit stünde Österreich vor

einem weiteren Paradigmenwechsel allenfalls unter Aufgabe der Neutralität bzw. vor der Rückkehr zum alten Konzept der eigenstaatlichen Landesverteidigung.
- Die Integration entwickelt sich weiter und vertieft sich. In diesem Fall werden die im Vertrag von Lissabon bereits vorgesehenen Formen verstärkter Zusammenarbeit bis hin zu „Europäischen Streitkräften" als Fernziel zur Regel werden. Nationale Strukturen würden weitgehend in europäischen aufgehen, was eine völlige Änderung bisheriger Traditionen und Entwicklungen bedeuten würde. Die Diskussion darüber ist in den Mitgliedstaaten der EU noch gar nicht eröffnet. Lediglich auf der Ebene des Europäischen Parlaments werden Vorstellungen wie SAFE (Synchronized Armed Forces Europe) diskutiert.

Realistischerweise ist in der überschaubaren Zukunft aber eher mit einer pragmatischen Weiterentwicklung innerhalb bestehender Strukturen zu rechnen. Bereits jetzt ist die ESVP einer jener Politikbereiche der EU, der eine sehr hohe Zustimmung durch die Bürger erhält. Pragmatische Weiterentwicklung wird voraussichtlich heißen: verstärkte Zusammenarbeit im Rüstungsbereich mit Ansätzen für einen gemeinsamen Rüstungsmarkt bei Beibehaltung der nationalen Strukturen der Streitkräfte. Synchronisierung durch Angleichung von Ausbildung, Standards etc. stehen dem nicht entgegen, sondern befördern letztlich auch die Effizienz der Streitkräfte der Mitgliedstaaten. Vertiefte Kooperation ermöglicht neue Handlungsoptionen, die insbesondere kleinen Staaten sonst verschlossen blieben.

Besonderes Gewicht legt das Bundesministerium für Landesverteidigung und Sport auf den zivil-militärischen Kapazitätsaufbau bzw. deren Entwicklung sowie auf die Europäisierung im Bereich Ausbildung. Dabei geht es in erster Linie darum, bereits Bestehendes (vor allem existierende Kurse/Lehrgänge) transparent zu machen und Defizite (vor allem im Bereich der strategischen Ausbildung) gemeinsam zu beheben. Als Beispiel dient der große Themenbereich „Security Sector Reform". In Österreich sind für die Teilbereiche von SSR verschiedene Ministerien zuständig, die allesamt in ihrem Bereich (zumeist in hauseigenen Ausbildungseinrichtungen) Ausbildung anbieten. Hierzu gehören u. a. der Polizeisektor, der Justizsektor und der Verteidigungssektor. Für einen SSR-Experten auf strategischer Ebene wird jedoch eine Person benötigt, die über alle Sektoren zumindest Bescheid weiß. Und hier greift die Ausbildung in Österreich ein: Im Österreichischen Studienzentrum für Frieden und Konfliktlösung wird eine strategische Ausbildung für SSR angeboten, die grundsätzlich die nationalen Fähigkeiten ausbauen, aber ebenso das Ausbildungsdefizit auf europäischer Ebene beheben helfen soll. Deshalb wird dieser österreichische Kurs über das Europäische Sicherheits- und Verteidigungskolleg angeboten, um einerseits die SSR-Ausbildung zu europäisieren sowie zu standardisieren und um andererseits die zivil-militärischen Fähigkeiten harmonisiert weiter zu entwickeln.

Das Europäische Sicherheits- und Verteidigungskolleg spielt für Österreich im Bereich der Ausbildung eine wesentliche Rolle. Durch das Kolleg ist es möglich, eine gewisse Arbeitsteilung zwischen den europäischen Ausbildungseinrichtungen zu ermöglichen, dadurch Synergien zu schaffen und zur Etablierung einer gemeinsamen europäischen Sicherheitskultur beizutragen, die schlussendlich einen wichtigen Baustein für die europäische Integrationsdynamik darstellt.

2 Neutralität und internationales Engagement

Im Bereich der äußeren Sicherheit ist der politische Spielraum in Österreich „vor allem durch das tief im Bewusstsein der Bevölkerung verankerte Prinzip der Sicherheitsvorsorge durch Neutralitätspolitik als Friedenspolitik" (Entacher 2008: 30) abgesteckt.

Die „Neutralität, wie sie von der Schweiz gehandhabt wird", hat als Grundlage der Wiederbewaffnung Österreichs und als Hindernis für einen neuerlichen Anschluss an Deutschland den Staatsvertrag von 1955 ermöglicht (Stourzh 1998). Vor allem negativ definierend verbietet sie die Teilnahme an Kriegen, die permanente Stationierung fremder Truppen auf österreichischem Territorium und den Beitritt zu Militärbündnissen. Seither wurde die politische Interpretation der Neutralität in Österreich weiterentwickelt: Seit den 1970er Jahren verbindet man mit der dauernden Neutralität auch aktive Friedenspolitik und neutrale Mittlerschaft in Konflikten. Im Gefolge der kriegerischen Auseinandersetzungen am Balkan novellierte man nach dem EU-Beitritt die verfassungsrechtlichen Grundlagen so, dass Österreich an EU-Krisenmanagementoperationen auf der Basis eines UN-Mandats vollumfänglich teilnehmen kann.

Dass das internationale Engagement und die Neutralität Österreichs von Beginn an der Politik und dem Volksbewusstsein als vereinbar galten, zeigt sich unter anderem darin, dass Österreich nur wenige Wochen nach dem Beschluss des Verfassungsgesetzes über die Neutralität den United Nations (UN) beigetreten ist und in der Folge an ihren Friedensmissionen teilgenommen hat.

Seit dem Beitritt zur Europäischen Union am 1. Januar 1995 hat sich der Status Österreichs in Europa grundlegend geändert. In der Folge arbeitet Österreich intensiv an der Weiterentwicklung der GASP und der ESVP mit. Im Jahr 1998 wurde daher im Kontext des Amsterdamer Vertrages die Möglichkeit der vollumfänglichen österreichischen Mitwirkung an Einsätzen im Rahmen der Petersberg-Aufgaben geschaffen. Verfassungsrechtlich hat man diesem Umstand durch die Einfügung einer entsprechenden Ergänzung im Bundesverfassungsgesetz (BvG: Art. 23, 24) Rechnung getragen.

Es gibt keine nennenswerten politischen Bemühungen, die österreichische Neutralität in Frage zu stellen. Auffassungsunterschiede in der Lehre und in der politischen Realität bestehen jedoch darüber, welche Auswirkungen dies auf die konkrete Gestaltung der österreichischen Sicherheits- und Verteidigungspolitik hat.

3 Österreichs Engagement in internationalen Sicherheitsinstitutionen

3.1 Österreichs Engagement im Rahmen der United Nations

Seit 1960 hat sich das österreichische Bundesheer im Rahmen der UN an über 40 Missionen beteiligt. Dabei hat Österreich mit bewaffneten Kontingenten, mit Militärbeobachtern und Experten, aber auch mit humanitären Kontingenten mitgewirkt. Derzeit ist das österreichische Bundesheer an sechs UNO-geführten Missionen beteiligt.

Die UNO-Mandatierung war und bleibt Grundbaustein des internationalen Friedensengagements Österreichs, als Pfeiler der völkerrechtlichen Legitimierung. Die UN erscheinen aus der Perspektive eines neutralen Staates als der geeignetste Rahmen globaler Friedenssicherung. Dazu kommt, dass risikoreiche Operationen besonders an internationale Legitimität und eine breite politische und öffentliche Unterstützung gebunden sind. Deswegen wird Österreich die Bemühungen unterstützen, die aufwachsenden militärischen Kapazitäten der EU auch in den Dienst der UNO im Rahmen der beiderseitigen strategischen Partnerschaft zu stellen.

Wien hat als UNO-Sitz ohnehin ein besonderes Naheverhältnis zur Organisation der UNO und zahlreiche Möglichkeiten, deren Arbeit zu unterstützen. Man denke etwa an die Arbeitsfelder Rüstungskontrolle und Verifikation: Österreich hat im Rahmen seiner Außenpolitik Bemühungen zur Abrüstung und Rüstungskontrolle stets aktiv unterstützt. An allen einschlägigen Verträgen ist Österreich Unterzeichnerstaat, und im Bereich Antipersonenminen und Streumunition hatte Österreich sogar eine Vorreiterrolle inne. Im Augenblick begrüßt und unterstützt Österreich nachhaltig den jüngsten Vorschlag der USA, die UN wieder verstärkt zum Rahmen der Bemühungen im Bereich der nuklearen Abrüstung und Nonproliferation zu machen. Österreich verfolgt mit großer Befriedigung das geänderte, offene Herangehen der neuen US Administration an das Wirken und die Rolle der UNO.

Österreich verfolgt derzeit als nichtständiges Mitglied des UNO-Sicherheitsrates vor allem Ziele im Bereich „Protection of civilians, children in armed conflicts und Rule of Law" unter spezieller Berücksichtigung von Gender-Anliegen. Das sichert uns eine Vorreiterrolle bei der Berücksichtigung dieser Aufgaben durch den Sicherheitsrat bei der Mandatserstellung für UN-Missionen und eine vertiefte Mitwirkung bei der Weiterentwicklung von neuen Leitlinien für Peacekeeping-Operationen durch die aktive Mitarbeit im Special Committee for Peacekeeping Operations und in der Arbeitsgruppe für Peacekeeping-Operationen. Österreich kann aufgrund seiner langjährigen Erfahrung im Peacekeeping-Bereich wertvolle Beiträge für die Entwicklung dieser neuen Leitlinien einbringen.

Österreich hat von Anfang an die Grundintentionen der Friedenspolitik der UNO mitgetragen. Das betrifft insbesondere die gebotene politische Unparteilichkeit in Konfliktsituationen. Neben neutraler Mittlerschaft werden zunehmend aber auch Solidarität, Schutz und Hilfe zu Leitmotiven des internationalen Engagements Österreichs.

Um die Sicherung von Schutz und Hilfe bei Katastrophen aller Art ist Österreich besonders bemüht. Neben der bilateralen Hilfe ist besonders jene im Rahmen der UN (UN-Office for the Coordination of Humanitarian Affairs – UN-OCHA) von Bedeutung. Hilfe ist dann besonders effizient, wenn sie erfolgreich koordiniert ist. Deswegen versucht Österreich, die UNO als Koordinierungsinstrument verstärkt auszubauen und zu unterstützen. Den Zusammenhang zwischen dem Klimawandel und dem Ausmaß von Naturkatastrophen stellen mittlerweile zahlreiche Studien her. Umso wichtiger ist es, im Rahmen der UNO einen wirksamen und vor allem raschen Reaktionsmechanismus zu entwickeln. Das Österreichische Bundesheer bemüht sich seit langem um den Aufbau von Fähigkeiten, mit denen es rasch, wirksam und koordiniert Hilfe leisten kann.

3.2 Österreichs Engagement im Rahmen der Europäischen Union

Seit dem Beitritt zur Europäischen Union am 1. Januar 1995 beteiligt sich Österreich an der Weiterentwicklung der GASP und der ESVP.

Der Vertiefungsprozess in der Union wird, sofern man eine optimistische Vision nach dem Inkrafttreten des Lissabon Vertrags hat, auch in den Bereichen GASP und nun der GSVP weitergehen. Dieser Prozess wird nicht primär von äußeren Bedrohungsfaktoren getrieben sein, er ist vielmehr die logische Folge eines fortschreitenden Verdichtungsprozesses innerhalb der europäischen Staaten.

Dabei stehen Rationalisierung, gemeinsame Entwicklung, Beschaffung und zunehmend auch Logistik, Abbau von Duplizitäten und somit primär ökonomische Aspekte im

Vordergrund. Es ist davon auszugehen, dass diese Rationalisierungsprozesse im Kontext der andauernden Finanzkrise schneller als erwartet ablaufen werden. Pooling, Sharing und Aufbau gemenisamer Strukturen werden den Normalfall darstellen, nationale Alleingänge werden in den Hintergrund rücken.

Die Aufstellung bzw. Bereitstellung europäischer Krisenreaktionskräfte hat schon bisher zu einer stärkeren Kooperation und Harmonisierung der europäischen Streitkräfte beigetragen. In Fortsetzung dieser Entwicklung wird sich die europäische Streitkräfteintegration erweisen als ein Mix aus

- Ausbau einer Kultur der Gemeinsamkeit und Kooperation,
- gemeinsamer Entwicklung/Beschaffung von militärischem Gerät,
- Zusammenlegung von existierendem militärischen Material,
- Zusammenlegung von Streitkräfteelementen,
- Rollen- und Aufgabenspezialisierung,
- Rollen- und Aufgabenteilung sowie
- „integrativem Bündeln" von Einheiten und Material.

Österreich unterstützt auch die Schaffung von unionseuropäischen Planungs- und Führungskapazitäten mit dem Ziel, eine rasche und eigenständige Handlungsfähigkeit der EU im Krisenfall zu sichern. Dem Zusammenspiel aller internationalen Organisationen im Sinn des comprehensive approach, damit vor allem in den für Österreich besonders relevanten Räumen wird dem Zusammenspiel von UNO, EU und NATO größeres Gewicht zugemessen werden müssen.

Als Kleinstaat haben wir auch großes Interesse an der Stärkung der Europäischen Verteidigungsagentur, die den Mitgliedsstaaten der Union als Mediator und Plattform für die Koordination der Entwicklung von Fähigkeiten zur Verfügung steht. Durch den effizienteren Einsatz ihrer Mittel für Rüstungsplanung, Beschaffung und Forschung können vor allem die kleineren Mitgliedsstaaten der EU ihre Beiträge zum unionseuropäischen Friedensmanagement verbessern.

Österreich will sich nicht nur weiterhin an den unionseuropäischen Krisenmanagementoperationen beteiligen, es möchte auch mit entsprechenden Kapazitäten am Prozess der europäischen militärischen Integration mitwirken. Österreich hat Beiträge zum „Headline Goal 2010"[1] der EU in der Stärke eines Brigadeäquivalents eingemeldet, wobei anlassbezogen vorbereitete Elemente eingesetzt werden können. In der Weiterentwicklung des Headline-Goal-Prozesses legt Österreich besonderes Augenmerk auf verbesserte Synergien zwischen zivilen und militärischen Kapazitätenentwicklungsprozessen und auf die verbindliche Übernahme der erweiterten Krisenmanagementaufgaben des Vertrags von Lissabon in verbindliche Planungsdokumente.

Auch zu den rasch verfügbaren Krisenreaktionskräften der EU werden wir einen substanziellen Beitrag leisten. Die „Battle-Groups" sind die bisher konkreteste Ausformung multilateraler militärischer Kooperation auf EU-Ebene. Wir hoffen darauf, dass die österreichische Politik und Öffentlichkeit den Transformationsschub, der von ihnen auf das österreichische Bundesheer zukünftig ausgehen kann, höher bewertet als die negativen Konnotationen des Begriffs „Battle-Group".

---

[1] Verfügbar unter: http://www.consilium.europa.eu/uedocs/cmsUpload/2010%20Headline%20Goal. pdf, (Zugriff: 21.12.1020).

2011 wird sich Österreich an einer „Battle Group" zusammen mit Deutschland, Finnland, Litauen unter der Führung der Niederlande beteiligen. Der Abstimmungsprozess mit den Partnern ist weitgehend abgeschlossen. 2012 wird sich Österreich an einer „Battle Group" zusammen mit der Tschechischen Republik, Kroatien, Mazedonien unter der Führung Deutschlands beteiligen. Die Teilnahme Irlands ist zum Zeitpunkt der Abfassung dieses Beitrages noch offen.

Österreich wird auch im Bereich der Instrumente für das zivile Krisenmanagement der EU gefordert sein, die unter Berücksichtigung der EU-Planungsziele ausgebaut werden. Hier plant Österreich insbesondere Experten und Berater für den Bereich der Sicherheitssektorreform und für Programme zur Entwaffnung, Demobilisierung und Reintegration von Kombattanten bereitzustellen. Damit wollen wir einen wichtigen Beitrag zur nachhaltigen Stabilisierung von Konfliktregionen leisten.

Österreich verfügt aufgrund der Erfahrungen auf dem Balkan über eine besondere Expertise im Bereich der Reform des Sicherheitssektors. Auch in so sensiblen Bereichen wie der parlamentarischen Überwachung der Geheimdienste suchen Länder des Westbalkan immer wieder die Kooperation mit Österreich, um Modelle und Strukturen zu studieren. Die einschlägige Zusammenarbeit mit anerkannten Internationalen Organisationen wie dem in Genf beheimateten Centre for the Democratic Control of Armed Forces (DCAF) hat sich besonders bewährt und sollte auch in anderen Regionen beibehalten werden. Besonderes Anliegen Österreichs ist auch ein interregionaler Lessons-Learned-Prozess – etwa zur Nutzung von Erfahrungen am Balkan beim Konfliktmanagement in Afrika.

3.3 Österreichs Engagement im Rahmen der NATO/PfP

Am 10. Februar 1995 unterzeichnete Österreich das Rahmendokument für die Partnerschaft für den Frieden. Im Vorlauf dazu gab es in Österreich keine nennenswerte politische Kontroverse. Die österreichische Teilnahme an der PfP trägt zu einer Verbesserung der Möglichkeit zur gemeinsamen Durchführung friedenserhaltender und humanitärer Einsätze sowie Such- und Rettungsdienste mit anderen Staaten auf Ersuchen der OSZE und der UN bei. Die Beteiligung an der PfP erlaubt es Österreich auch, dem Prinzip der Selbstdifferenzierung folgend am Transformationsprozess der NATO mitzuwirken und von diesem vor allem bei der Steigerung der Interoperabilität zu profitieren.

Die Weiterentwicklung der PfP ist in engem Zusammenhang mit der Partnerbeteiligung an NATO-geführten Operationen zu sehen. Österreich beteiligte sich seit 12.Januar 1996 an der Peace Implementation Force (IFOR) sowie an den Nachfolgemissionen Peace Stabilization Force (SFOR) und EUFOR Althea unter Anwendung der Berlin-Plus-Vereinbarung. Die Teilnahme an NATO/PfP-Operationen sowie der Transformationsprozess begründet auch die Entsendung von Offizieren in die Strukturen der strategischen NATO-Kommanden Allied Command Transformation (ACT) und Allied Command Operations (ACO).

Auch wenn NATO und EU ihrem Wesen nach unterschiedliche Organisationen sind, die NATO eine zwischenstaatlich organisierte klassische Allianz mit primär militärischen Aufgabenstellungen und die EU dagegen eine umfassende Union der Staaten und Bürger ist (Varwick 2006), hat Österreich großes Interesse an einem konstruktiven Miteinander von ESVP und NATO bei internationalen Operationen. Dabei folgt Österreichs Politik dem Motto „so viel EU wie möglich und so viel NATO/PfP wie notwendig".

3.4 Österreichs Engagement in der OSZE

Österreich hat auch ein besonderes Naheverhältnis zur 1994 als regionale Abmachung im Sinne von Kapitel VIII der UN-Charta gegründeten Organisation für Sicherheit und Zusammenarbeit in Europa. Das hat nicht nur mit dem Sitz der OSZE in Wien zu tun, sondern auch mit dem ihrer Arbeit zugrunde gelegten umfassendem kooperativem Sicherheitsbegriff und mit den Arbeitsschwerpunkten Frühwarnung, Konfliktverhütung, Krisenbewältigung und Normalisierung der Lage nach Konflikten.

3.5 Österreichs Position im Zusammenwirken der Organisationen und Institutionen

Österreich ist bestrebt, sich auch in Zukunft ausgewogen an Missionen der UNO, der EU und der NATO/PfP zu beteiligen. Die Gewichtung dieser Engagements wird pragmatisch unter Berücksichtigung nationaler Interessen, zur Verfügung stehender Mittel und politischer Schwerpunktsetzungen erfolgen. Wir haben Interesse an einem konstruktiven Zusammenwirken der Sicherheitsinstitutionen. Deswegen ist es Österreich – wie oben betont – ein besonderes Anliegen, dass die aufwachsenden militärischen Kapazitäten der EU auch in den Dienst der UNO gestellt werden, und ESVP und NATO konstruktiv zusammenwirken.

4   Regionen

In Verfolgung der politischen Schwerpunktsetzung unterliegt das Netz der Verteidigungsattaches dem Erfordernis ständiger Anpassung. So muss die Vertretung in manchen Ländern aufgegeben oder in ihrer Form verändert werden (man denke an Roving Attaches), wogegen anderswo – z. B. im Nahen Osten oder am Kaukasus – neue Büros zu errichten sind.

Neben dem längerfristig angelegten Attachenetz und seinen eigenen sehr spezifischen Aufgaben – und mehr oder weniger unabhängig davon – sind auch die Einsätze von Truppen im Ausland eine „Präsenz" Österreichs, und zwar eine sehr wesentliche und von der Anlage her kurzfristigere. Derzeit befinden sich rund 1200 österreichische Soldaten in unterschiedlichen Regionen und Missionen im Auslandseinsatz.

4.1 Bleibender Schwerpunkt Westbalkan – Kosovo, Bosnien und Herzegowina, ORF

Seit dem Beginn des Zerfalls von Jugoslawien bildet der Westbalkan den Schwerpunkt der österreichischen Außen- und Sicherheitspolitik. Gründe hierfür waren und sind die räumliche Nähe, die historischen Gemeinsamkeiten, die vielfältigen persönlichen Beziehungen und nicht zuletzt die Tatsache, dass die Instabilität in der Region zu massiven Flüchtlingsströmen vor allem nach Österreich führte.

Die Entwicklung auf dem Westbalkan – 17 Jahre nach dem Beginn der gewaltsamen Auseinandersetzungen – erfordert heute nach wie vor internationale Präsenz, deren Qualität sich aber zunehmend wandelt. Stand am Anfang noch die Verhinderung des Wiederaufflammens der Gewalt im Vordergrund, so geht es bereits seit Jahren vorrangig um den politischen und wirtschaftlichen Aufbau der auf dem Boden des ehemaligen Jugoslawien entstandenen Staaten. Immerhin ist Österreich in einer Reihe von Staaten der Region der größte Direktinvestor. Vor allem der Aufbau staatlicher Strukturen und die Reform des Sicherheitssektors wurden von Österreich stets massiv unterstützt. Heute stehen Ausbildungs- und Trainingsaufgaben im Mittelpunkt des Engagements des Bundesministeriums für Landesverteidigung und Sport und des Österreichischen Bundesheeres.

Da aber nach wie vor auch militärische Präsenz zur Verhinderung von Gewalttätigkeiten erforderlich ist, wird Österreich an den Missionen EUFOR ALTHEA und KFOR solange teilnehmen, wie dies politisch notwendig sein wird. Das beinhaltet auch die Bereitstellung relevanter Reservekräfte für den Fall der Verschlechterung der Sicherheitslage (Operational Reserve Force – ORF), die Übernahme von mehr Verantwortung auch in personeller Hinsicht durch insbesondere die Übernahme der Kdt Funktion durch GenMjr Bayr als Force Commander EUFOR/ALTHEA seit jüngst.

Österreich setzt sich besonders für die Heranführung aller Staaten des Westbalkan an die Europäische Union ein. Das heißt einerseits Unterstützung der Staaten bei ihren Bemühungen, die Beitrittskriterien zu erreichen, und andererseits Unterstützung des Erweiterungsprozesses der EU am den Westbalkan gegen die allgemein erkennbare Erweiterungsmüdigkeit.

4.2 Naher Osten, Kaukasus, Schwarzmeerregion

Selbstverständlich wird sich Österreich auch im Nahen Osten weiterhin engagieren. Seit 1974 ist Österreich mit einem größeren Truppenkontingent im Rahmen der UNO in diesem Raum präsent, und es besteht derzeit keine Absicht, hier Änderungen vorzunehmen.

Die Anwesenheit der UN ist dort weiterhin notwendig und nützlich. Eine nachhaltige Lösung des Nahostkonflikts wird aber verstärkte Bemühungen aller beteiligten Staaten und möglichst vieler internationaler Organisationen erfordern, wobei den UN eine Schlüsselrolle zukommen sollte.

Die Ereignisse in Georgien im Sommer 2008 haben die Kaukasusregion in die Aufmerksamkeit der Weltöffentlichkeit gerückt. Die EU grenzt mit Rumänien und Bulgarien an das Schwarze Meer. Räumliche Nähe sowie historische und wirtschaftliche Beziehungen lassen die Region auch näher an Österreich rücken.

Aus diesem Grund hat der Bundesminister für europäische und internationale Angelegenheiten die Schwarzmeerregion als Region des besonderen Interesses für Österreich bezeichnet. Im Rahmen der Europäischen Nachbarschaftspolitik will Österreich verstärkt zur Stabilisierung des Schwarzmeerraums beitragen. In Wien wird derzeit an einer ressortübergreifenden Regionalstrategie gearbeitet.

4.3 Neuer Fokus Afrika

Vor allem seit der Beteiligung Österreichs an der Mission EUFOR Tschad/RCA (gefolgt durch das Engagement bei MINURCAT) steigt Afrika am sicherheitspolitischen Horizont. Österreich hat sein sicherheitspolitisches Engagement in Afrika südlich der Sahara in den letzten Jahren intensiviert.

Ein Blick auf die Großregion südlich der Sahara zeigt, wie eng Sicherheit und Entwicklung miteinander verbunden sind. Wo Krieg herrscht, gibt es keine Entwicklung, und wo keine Entwicklung stattfindet, wird es aufgrund der daraus folgenden Verteilungskämpfe um knappe Ressourcen keinen Frieden geben.

In Afrika kumuliert eine Reihe von „negativen Trendentwicklungen", etwa hohes Bevölkerungswachstum (großer Überhang an extrem junger Bevölkerung), Folgen der Klimaerwärmung (Dürren, Desertifikation, Wassermangel etc.) oder negative Wirtschaftsdynamik. Die Folgen dieser Kumulation mit stark destabilisierender Wirkung für die EU sind vor allem Migration (ca. 25 000 bis 35 000 Menschen jährlich kommen allein aus Westafrika illegal in die EU) und Organisierte Kriminalität, etwa Piraterie oder Drogenschmuggel.

Auch die zunehmende Erosion staatlicher Gewalt in vielen Staaten südlich der Sahara stellt für die EU ein erhebliches sicherheitspolitisches Problem dar. Räume mit schwachem oder nicht mehr vorhandenem Gewaltmonopol werden zunehmend von transnationalen terroristischen Gruppierungen als Rückzugsräume genutzt, um von dort weltweite Aktionen vorzubereiten und durchzuführen.

Vier von fünf in der Europäischen Sicherheitsstrategie (ESS) identifizierten Herausforderungen sind in Afrika südlich der Sahara manifest: regionale bewaffnete Konflikte, Staatsversagen, Organisierte Kriminalität und Terrorismus (Europäische Union 2003).

Auch wenn Afrika mit einem Anteil von etwa 3,9 % am EU-weiten außergemeinschaftlichen Handel für die EU ökonomisch eher von untergeordneter Bedeutung ist, sollte nicht übersehen werden, dass nach Abklingen der Wirtschaftskrise höhere Handelswachstumsraten erwartbar sind und die vorhandenen Rohstoffe den Kontinent zunehmend in den internationalen Focus rücken. Man übersieht leicht, dass über ein Drittel der österreichischen Erdölimporte aus Afrika kommt.

Zahlreiche Argumente sprechen für ein verstärktes österreichisches Engagement in Afrika. Neben der humanitären Verpflichtung, der Unterstützung der African Union (AU) und der Regional Economic Councils geht es um die solidarische Unterstützung der Bemühungen der EU zur Krisenprävention, zur wirtschaftlichen Entwicklung und zur Bekämpfung von Migration und Organisierter Kriminalität. Aus diesem Grund hat das Bundesministerium für Landesverteidigung und Sport eine eigene, jedoch ressortübergreifend abgestimmte Afrika-Policy entwickelt, die den Prinzipien „Hilfe zur Selbsthilfe" und „Afrikanische Lösungen für afrikanische Probleme" gerecht wird.

5   Fazit

Das Ende des Ost-West-Konflikts hat neue Chancen und neue Gestaltungsspielräume für eine aktive Außen- und Sicherheitspolitik eröffnet und die konventionelle militärische Bedrohung auf ein Restrisiko an der europäischen Peripherie reduziert. In den letzten Jahrzehnten haben aber auch neue Herausforderungen für die europäische und österreichische Sicherheit an Bedeutung gewonnen.

Seit dem Beitritt Österreichs zur Europäischen Union verwirklicht Österreich seine Sicherheits- und Verteidigungspolitik überwiegend im Rahmen der EU. Die veränderte Sicherheitslandschaft, die EU-Mitgliedschaft Österreich und die Herausbildung der ESVP bedingten eine Positionierung des gesamten österreichischen Sicherheitsmanagements im europäischen Kontext. Die österreichische Neutralität gilt als vereinbar mit der Mitgliedschaft in der Union.

Auf nationaler Ebene müssen die vielfältigen und interdependenten Herausforderungen der Sicherheit zu einem noch engeren Zusammenwirken aller relevanten österreichischen Akteure durch ressortübergreifende Maßnahmen führen.

Österreich wird sich auch in Zukunft ausgewogen an Missionen der UNO, der EU und der NATO/PfP beteiligen. Die Gewichtung dieser Engagements wird pragmatisch unter

Berücksichtigung nationaler Interessen, zur Verfügung stehender Mittel und politischer Schwerpunktsetzungen erfolgen. In der regionalen Agenda werden der Balkan, Afrika, der Nahe Osten, der Kaukasus und die Schwarzmeerregion priorisiert.

Literatur

Bundesministerium für Landesverteidigung – BMLV (2004) „Bericht der Bundesheerreformkommission", Wien: Heeresdruckerei, http://www.bmlv.gv.at/facts/management_2010/pdf/endbericht.pdf (Zugriff: 03.09.2009).

Entacher, E. (2008) „Die Transformation der österreichischen Streitkräfte im multinationalen Umfeld von EU und NATO", *Europäische Sicherheit*, 57 (8), 27–30.

Europäische Union (2003) „Ein sicheres Europa in einer besseren Welt: Europäische Sicherheitsstrategie", Brüssel.

Stourzh, G. (1998) *Um Einheit und Freiheit: Staatsvertrag, Neutralität und das Ende der Ost-West-Besetzung Österreichs 1945–1955*, Wien et al.: Böhlau.

Varwick, J. (2006) „European Union and NATO: Partnership, Competition or Rivalry?", *Kieler Analysen zur Sicherheitspolitik*, 18/2006.

Das internationale Engagement: Atlantische Sicherheitspolitik als Koalitionsmanagement

Hans-Ulrich Seidt

1 Einleitung

Gegenwärtig sind sicherheitspolitische Trendprognosen riskant. Welche Auswirkungen hat die aktuelle Wirtschafts- und Finanzkrise auf die ökonomische und militärische Leistungsfähigkeit wesentlicher Akteure? Wie lange können die kräftezehrenden Interventionen im Mittleren Osten und in Afghanistan von den USA und anderen Truppenstellern noch durchgehalten werden? Seriöse Prognosen können sich nur auf Strukturen und Prozesse, nicht aber auf Ereignisse beziehen. Auch müssen sie sich vor Spekulationen hüten. Dies gilt nicht zuletzt nach der weltweiten Finanz- und Wirtschaftskrise, die 2008 zuerst die amerikanischen und dann die internationalen Märkte nachhaltig erschütterte. Ihre Folgen werden sich im Kontext einer bereits seit längerer Zeit zu beobachtenden Erosion wirtschaftlicher Leistungskraft der westlichen Führungsmacht zeigen: Der Verzicht Washingtons auf Raketenabwehrstellungen in Ostmitteleuropa war im September 2009 nicht nur für die Stationierungsländer ein erster, deutlicher Hinweis auf mögliche weitere Überraschungen.

2 Bündnis oder Hegemonie?

Um aktuelle Trends und Perspektiven genauer zu erfassen, erscheint es ratsam, den eigenen Erfahrungshorizont zu erweitern und Ereignisse in Erinnerung zu rufen, die in den vergangenen Jahren erhebliche Veränderungen bündnispolitischen Zusammenwirkens erkennbar werden ließen. Dabei kann die Frage offen bleiben, ob der 11. September 2001 das auslösende Schlüsselereignis oder lediglich ein beschleunigendes Element langfristig wirksamer Prozesse war.

Zunächst bleibt festzuhalten, dass 2001 erstmals seit Gründung der NATO der Bündnisfall gemäß Artikel 5 des Nordatlantikvertrages eintrat. Er war nicht die Folge des seit 1949 maßgeblichen Szenarios, das vom sowjetischen Angriff auf einen europäischen Bündnispartner ausging, sondern unmittelbare Konsequenz terroristischer Großangriffe gegen strategische Infrastruktureinrichtungen der USA.

In dieser Situation ließ Washington keinen Zweifel daran, dass die sofort erklärte Unterstützung der europäischen Bündnispartner allenfalls symbolische Bedeutung besaß. Zur entscheidenden Sitzung des NATO-Rats reiste lediglich der stellvertretende Verteidigungsminister der USA, Paul Wolfowitz, an. Danach wurde nicht in Bündnisgremien oder integrierten Stäben über strategische und operative Fragen diskutiert und entschieden. Als United States Central Command (CENTCOM) im Herbst 2001 die zunächst so erfolgreich verlaufenden Operationen gegen Taliban und al-Qaida führte, fristeten eilig nach Florida entsandte Vertreter der Bündnispartner als Beobachter ein Schattendasein am Rande.

Jenseits des Nominalwerts offizieller Bündniserklärungen werfen solche Einzelbeobachtungen ebenso wie der Gesamtverlauf der von unterschiedlichen Koalitionen im Irak und in Afghanistan geführten Operationen in der europäischen Öffentlichkeit zunehmend kritische Fragen auf. Der völkerrechtlich formal gleichberechtigten Stellung der Koalitionspartner wird mit Blick auf die Einsatzwirklichkeit entgegengehalten, seit 2001 sei an die Stelle gemeinsamer sicherheitspolitischer Meinungsbildung und Entscheidungsfindung die Hegemonie der USA getreten.

Allerdings erscheint es keineswegs ausgeschlossen, dass die USA angesichts offenkundiger militärischer Überdehnung und wirtschaftlicher Krisenerscheinungen ihren unilateralen Führungsanspruch künftig wieder durch den Rückgriff auf überkommene Bündnismodelle ersetzen oder ergänzen werden. Jedenfalls weisen verschiedene Anzeichen, etwa die ökonomische Dynamik des ostasiatischen Raums und der politisch-militärische Wiederaufstieg Chinas, darauf hin, dass die von den USA nach dem Zerfall der Sowjetunion erreichte, weltgeschichtlich einmalige Position ohne umsichtige Anpassung an eine deutlich veränderte Lage nur schwer zu behaupten sein wird.

3 Historische Erfahrungshorizonte

Die historische Betrachtung bündnispolitischer Strukturveränderungen kann dazu beitragen, aktuelle Problemstellungen schärfer zu erfassen und genauer zu bewerten. Seit dem späten 18. und frühen 19. Jahrhundert gehört das Bemühen, auf zeitgeschichtlich fundierter Grundlage Einsichten in Motive und Verfahren bündnispolitischer Entscheidungsfindung zu gewinnen, zum festen Bestand praxisbezogener Theorie. Die Namen Scharnhorst und Clausewitz markieren dabei zumindest in Deutschland Ausgangs- und Höhepunkt einer Ideenbewegung, die militärische Gewalt nicht unreflektiert als Zufall und Selbstzweck sieht, sondern sie als Ergebnis politischer Prozesse und Entscheidungen sorgfältig betrachtet.

Seit der Auseinandersetzung mit dem revolutionären und napoleonischen Frankreich waren im Ringen großer Mächte Koalitionskriege der Regelfall. Duellkriege wie der deutsch-französische Krieg von 1870/71 oder der russisch-japanische Krieg von 1904/05 bildeten die Ausnahme. In den großen weltgeschichtlichen Auseinandersetzungen des 20. Jahrhunderts standen sich jeweils Mächtegruppierungen gegenüber: die Entente gegen die Mittelmächte, die Achse gegen die Alliierten, die Atlantische Allianz gegen den Warschauer Pakt.

Auch die USA bemühten sich nach 1945 stets, ihre Kriege als Koalitionskriege darzustellen. Das galt für den als UN-Operation geführten Korea-Krieg ebenso wie für den Vietnam-Krieg auf der Grundlage des SEATO-Vertrages (Southeast Asia Treaty Organisation). Die Befreiung Kuwaits wurde 1991 als „Golfkriegskoalition" unter symbolischer Beteiligung arabischer Kontingente und unter nominellem Oberbefehl eines saudischen Prinzen geführt. Für die Irak-Operation des Jahres 2003, die mit der Besetzung des geopolitisch und energiewirtschaftlich zentralen Zweistromlandes endete, wurde von Washington eine „coalition of the willing" gebildet, die zumindest die eigene Öffentlichkeit über die Tatsache hinweg führen sollte, dass die USA in diesem Fall ohne ein Mandat der UN und außerhalb der NATO handelten.

Freund und Feind betrachten Motive und Praxis der Koalitionsbildung stets genau. Dabei fällt auf, dass die preußisch-deutsche Kriegstheorie eine ausgeprägte Skepsis gegenüber Koalitionen an den Tag legte. Nicht zuletzt die unentschlossen geführte „Campagne in

Frankreich", die Goethe als Zeitzeuge anschaulich beschrieb, veranlassten Scharnhorst und Clausewitz zur Folgerung, in Koalitionen erweise sich das jeweilige Eigeninteresse der Partner regelmäßig als das bestimmende Element.

Koalitionsbruch, Koalitionswechsel und Separatvereinbarungen mit dem Gegner gehören seit der Französischen Revolution und den Napoleonischen Kriegen zum Erfahrungsschatz und zum Rüstzeug eines sicherheitspolitischen Denkens, das als Alternative zur mühseligen Koalitionsabstimmung die hegemoniale Führung einer geistig und materiell überlegenen Macht fordert und praktiziert. Weder die mit Preußen 1870/71 durch Schutz- und Trutzbündnisse verbundenen süddeutschen Klein- und Mittelstaaten noch Österreich-Ungarn und das Osmanische Reich oder gar Italien und die anderen Satelliten des 2. Weltkriegs wurden von Berlin jemals als gleichwertige Verbündete und Koalitionspartner behandelt.

Washington agiert auf der Grundlage ähnlicher Erfahrungen und Gedanken. Die Gründerväter der USA beobachteten Ende des 18. Jahrhunderts die wechselnden Bündniskonstellationen europäischer Mächte ebenso kritisch wie die preußischen Reformer. Aus sicherer Distanz analysierten sie kühl die Schwächen und Risiken der europäischen Koalitionskriegsführung und warnten ihre Mitbürger und künftige Generationen eindringlich vor der Verstrickung in Allianzen, die nicht den Interessen der USA dienten. Ebenso wie die Preußen seit den Befreiungskriegen verbanden die politisch-militärischen Führungsschichten der USA seit ihrem erfolgreichen Unabhängigkeitskrieg Machtanspruch mit Sendungsbewusstsein. Wenn zur Durchsetzung politischer Ziele militärische Mittel eingesetzt wurden, dann erfolgte dies zur Wahrnehmung eigener Interessen und zur Verwirklichung amerikanischer Leitbilder. Zwar konnten zur Erreichung eines angestrebten Ziels Koalitionen mit anderen Staaten und Mächten gebildet werden. Aber niemals durften Verbündete den USA das Gesetz des Handelns vorschreiben. Seit Washington und Jefferson gilt die Maxime: „Beware of entangling alliances!"

4 Was hält Bündnisse zusammen?

Wenn in Koalitionen primär Eigeninteressen unterschiedlicher Intensität verdeckt oder offen weiter verfolgt werden, dann bleibt gleichwohl die Frage, welche Faktoren geeignet sind, Bündnisse über einen längeren Zeitraum zusammenzuhalten. Diese Frage stellt sich vor allem nach dem Verschwinden des gemeinsamen Feindes.

Immerhin kann die Überlegung, ob nicht der Bündniszweck gänzlich entfallen ist, im Hinblick auf die NATO mit dem pragmatischen Hinweis auf die Multifunktionalität dieses Bündnisses verneint werden. Es bezweckte eben nicht nur die Abschreckung und Abwehr eines gemeinsamen Gegners, sondern diente aus der Sicht wichtiger Partner auch dazu, politisch-militärische „special relationships" dauerhaft zu erhalten und anderen Verbündeten durch Einbindung einen größeren Handlungsspielraum zu verwehren. Diese Begründung des fortdauernden Koalitionszwecks offenbart entsprechend der realistischen Bewertung von Bündnissen ganz nüchterne, interessengeleitete und daher nachvollziehbare Motive.

Gelegentlich wurde versucht, an die Stelle politischer Zweckkoalitionen wertegetragene Allianzen treten zu lassen. Den ersten, vom romantischen Zeitgeist getragenen Anlauf unternahmen 1815 die Monarchen Russlands, Preußens und Österreichs. Nach der Niederlage Napoleons sollten nicht mehr einzelstaatliche Machtinteressen die Grundlage ihres

Bündnisses bilden, sondern eine von höheren Werten bestimmte Ordnung, eine „Heilige Allianz".

Nicht romantischer Überschwang, sondern demokratisch-liberale Impulse veranlassten während des Kalten Krieges dazu, auch die NATO als Atlantische Allianz geradezu in den Rang einer sakrosankten Wertegemeinschaft zu erheben, obwohl zumindest zeitweise angesichts der Mitgliedschaft von Diktaturen an der Südost- und Südwestflanke des Bündnisses diese Selbsteinschätzung nur bedingt zutraf. Da aber gleichzeitig der Warschauer Pakt zu einer sozialistischen Wertegemeinschaft stilisiert und in propagandistischer Darstellung als militärischer Ausdruck internationaler proletarischer Solidarität überhöht wurde, erscheint die öffentliche Selbsteinschätzung der NATO im Rückblick verständlich, wirksam und erfolgreich.

Die retrospektive Betrachtung der beiden ideologisch rivalisierenden Allianzen, die Frage nach den Gründen des Zusammenhalts der NATO und des Zerfalls des Warschauer Pakts erfasst auch die Motive jener Personengruppen, die über Jahrzehnte hinweg die Strukturen und Entscheidungen ihres jeweiligen Bündnisses stützten und gestalteten. Der kritische Vergleich legt die Folgerung nahe, dass sich die privilegierten Kader und Funktionäre der kommunistischen Parteiapparate des Warschauer Pakts am Ende als weniger belastbar erwiesen als die politischen Führungskreise und gesellschaftlichen Unterstützergruppen der Atlantischen Allianz.

Die ökonomisch leistungs- und politisch artikulationsfähigen oberen Mittelschichten der atlantischen Anrainerstaaten sahen während des Kalten Krieges nicht nur ihre immateriellen Werte, sondern vor allem auch ihre vitalen, materiellen Eigeninteressen durch das gemeinsame Bündnis geschützt. Sie bewiesen daher in kritischen Lagen, etwa während der Nachrüstungsdebatte Anfang der 80er Jahre des vergangenen Jahrhunderts, ein bemerkenswertes, flexibles Stehvermögen. Gleichzeitig erkannten ihre östlichen Gegenspieler zunehmend, dass ein Festhalten an der rigiden marxistisch-leninistischen Ideologie und der starren, von Moskau dominierten Bündnisstruktur eigenen Individual- und Gruppeninteressen widersprach. So schwächte sich der Zusammenhalt der kommunistischen Eliten. Ihre Netzwerke und die ihrer nützlichen Helfer lösten sich auf, bis am Ende jeder seine eigenen Wege ging.

5 Zukunftsperspektiven

Richtet sich abschließend die Aufmerksamkeit des Betrachters von der Vergangenheit auf die Zukunft, dann lassen sich auf historisch erweiterter Erfahrungsgrundlage zumindest für Europas Sicherheitspolitik im atlantischen Raum einige vorsichtige Trendprognosen wagen.

Das im November 2010 verabschiedete „Neue Strategische Konzept" der NATO, das von Experten unter Leitung der früheren US-Außenministerin Albright konzeptionell vorbereitet worden war, hat mit abgewogenen Formulierungen bündnisinterne Differenzen geglättet. Die im Vorfeld des Irak-Krieges und während der Diskussion um eine gemeinsame Strategie im Schwarzmeerraum deutlich gewordenen Bewertungs- und Interessenunterschiede wurden im Verlauf der Kommuniquédebatte relativiert. So gibt die erneute Koalitionsvereinbarung eine in mittelfristiger Perspektive tragfähige Antwort auf die Frage nach dem Bündniszweck. Sie überbrückt den Gegensatz zwischen dem vorrangigen Interesse Washingtons, die NATO als Arsenal amerikanischer Weltpolitik zu nutzen, und dem Anliegen europäischer Partner, jenseits des Atlantiks über eine militärische Rückversicherung zu verfügen, mit auslegungsfähigen Formelkompromissen.

Doch werden ungeachtet des Bekenntnisses zu gemeinsamen Werten die Eigeninteressen der Partner die Zukunft des Bündnisses bestimmen. In den zwei Jahrzehnten seit dem Ende des Kalten Krieges hat sich die NATO dem Modell einer Koalition angenähert, in der militärpolitische Entscheidungen in den Mitgliedstaaten je nach aktueller innenpolitischer Interessenlage ad hoc getroffen werden. Die rasch gestiegene Zahl der Bündnispartner wird ihren Teil dazu beitragen, den Zusammenhalt der Gesamtkoalition zu schwächen und Koalitionen in der Koalition zu fördern. In einer solchen Lage wird sich der pragmatische Trend amerikanischer Politik, „coalitions of the willing" den Vorzug vor langfristigen „entangling alliances" zu geben, noch stärker durchsetzen.

Diese Entwicklung wird sich vor dem Hintergrund der fortdauernden globalen Finanz- und Wirtschaftskrise abspielen. Bereits heute sind in nahezu allen Mitgliedstaaten der Atlantischen Allianz spürbare, teilweise einschneidende Budgeteinsparungen unabweisbar. Die Verteidigungshaushalte sind davon besonders betroffen. Nicht zuletzt die USA, Ausgangs- und Schwerpunktland der Krise, werden angesichts fortdauernder Interventionen im Mittleren Osten und in Afghanistan sowie eines wachsenden Haushalts- und Außenhandelsbilanzdefizits in ihrem militärischen Handlungsspielraum zunehmend beschränkt. Parallel zur wirtschaftlichen und politisch-militärischen Doppelkrise amerikanischer Politik, die den internen Meinungsbildungs- und Entscheidungsprozess in Washington bereits heute erkennbar erschwert, setzt Peking im ostasiatischen Wachstumsraum seinen erfolgreichen Modernisierungskurs fort, um China im 21. Jahrhundert wieder zum „Reich der Mitte" werden zu lassen.

6 Europäische Interessen

Welche Faktoren werden also künftig die NATO als Zweckbündnis der nordamerikanischen und europäischen Atlantikanrainer zusammenhalten? Viel spricht dafür, dass es weiterhin die handfesten, vitalen Eigeninteressen der wichtigsten Bündnispartner sein werden. Denn in der globalen Konstellation des 21. Jahrhunderts gibt es weder für die Europäer noch für die USA eine realistische Alternative zu den existierenden Strukturen und Prozessen atlantischer Kooperation. Eine G 2 Partnerschaft der USA und Chinas erscheint gegenwärtig ebenso unwahrscheinlich wie geopolitische Schreckszenarien, die eine stärkere Hinwendung einzelner wichtiger EU-Mitgliedstaaten zur Shanghai Cooperation Organization (SCO) an die Wand malen.

Schließlich gehört zu den ernüchternden Erfahrungen der vergangenen 15 Jahre, dass es Europa nicht gelungen ist, in der Sicherheitspolitik zu einem wirklich handlungs- und durchsetzungsfähigen Akteur zu werden. Trotz gelungener Einzelaktionen wie im Kongo 2003 konnte die Europäische Union weder auf dem Balkan, noch im Nahen und Mittleren Osten oder in Afghanistan eigenständige und überzeugende Beiträge zum Krisen- und Konfliktmanagement leisten. Kläglich verliefen Versuche, die EU-Administration in Mostar oder den Polizeiaufbau in Afghanistan durch gemeinsame Polizeikontingente zu unterstützen. Frankreich hat aus dieser fortdauernden machtpolitischen Schwäche der EU die Konsequenzen gezogen und ist 2009 in die militärischen Allianzstrukturen zurückgekehrt.

Vor diesem Hintergrund und angesichts absehbarer ökonomisch und demografisch induzierter Machtverschiebungen wird es für die Europäer darauf ankommen, in einem stabilen Bündnisrahmen ihre eigenen Interessen zu wahren. Deren harter Kern lässt sich etwa für die Bundesrepublik wie folgt definieren: Deutschland verdankt seine volkswirtschaftliche Leistungs- und außenpolitische Handlungsfähigkeit in erster Linie seiner weltweiten

Exportstärke im Automobil- und Maschinenbau und in der chemisch-pharmazeutischen Industrie. Trotz rasch zunehmender Bedeutung anderer Absatzgebiete bleiben die USA, das Vereinigte Königreich und Westeuropa die wichtigsten Märkte. Die vitale Bedeutung dieser ökonomischen Interessenvernetzung über den Atlantik hinweg wird auf absehbare Zeit die Grundlage jeder rational gesteuerten Bündnispolitik bilden müssen.

Diese Schlussfolgerung darf nicht als schlichter Ökonomismus missverstanden werden, der je nach Standort den Vorrang wirtschaftlicher Interessen gegenüber staatlichem Handeln fordert oder beklagt. In der Sicherheits- und Bündnispolitik geht es nicht um branchen- oder unternehmensspezifische Wirtschaftsinteressen, sondern um politische Entscheidungen. Im 21. Jahrhundert werden wirtschaftliches Leistungs- und wissenschaftliches Innovationsvermögen als zentrale Machtfaktoren die politische Stellung eines Staates in der Welt bestimmen. Ökonomische Wettbewerbsfähigkeit und wissenschaftliche Erkenntniskraft bleiben unverzichtbare machtpolitische Voraussetzungen für Wohlstand und Stabilität demokratischer Gesellschaften.

Verstanden als schützende und gestaltende Daseinsvorsorge muss Sicherheitspolitik bei der Formulierung bündnispolitischer Ziele und der Gestaltung koalitionsinterner Abstimmungsprozesse künftig unternehmerische Marktzugangschancen ebenso im Auge behalten wie die wissenschaftliche Kooperationsfähigkeit in strategischen Hochtechnologiebereichen, die nur unter vertrauenswürdigen Partnern möglich ist. Angesichts solcher Einsichten wird europäische Sicherheitspolitik auch in Zukunft in erster Linie interessengeleitetes Koalitionsmanagement im atlantischen Bereich bleiben.

Vorbereitet auf welche Zukunft? Stand und Probleme langfristiger Planung

Stand und Probleme langfristiger Planung in Österreich

Gustav Gustenau

1 Ausgangslage

Die Beschäftigung mit Aspekten langfristiger Planung der Sicherheits- und Verteidigungspolitik erfordert u. a. die Fähigkeit zur distanzierten Betrachtung, das Absehen von Details, dafür aber eine kleine Brennweite des Okulars. Dies ermöglicht und erfordert auch ein Hereinholen von vergangenen Entwicklungen, die den Handlungshorizont, sofern er auch hinausgeschoben sein mag, zumindest aus einer hinreichend gefestigten Position aus betrachten lassen: Wir wissen wo und auf welchem Fundament wir stehen und sollten wissen mit welchem Interesse wir in welche Richtung blicken. Der Prozess der Reflexion über die jüngste Vergangenheit ist daher unabdingbar, sollten ernsthafte Überlegungen über die möglichen Entwicklungspfade der österreichischen Sicherheits- und Verteidigungspolitik in die Zukunft angestellt werden. Ein letzter Blick auf die Zeitenwende 1989/90 macht klar, dass sich auch für Österreich alles geändert hat. Die geostrategischen Entwicklungen brauchen an dieser Stelle nicht mehr erörtert werden; die Frage, wie Österreich darauf reagierte und warum über lange Zeit keine ernsthaften sicherheitspolitischen Konsequenzen gezogen wurden, bedarf einer kurzen Darstellung.

Die erste Hälfte der 90er Jahre war geprägt von den Herausforderungen, die der Zerfall des Sowjetimperiums und Jugoslawiens mit sich brachte. Gerade die Unabhängigkeitskriege im ehemaligen Jugoslawien stellten noch eine unmittelbare – wenn auch überschaubare – militärische Bedrohung für Österreich dar, womit auch eine ausreichende Legitimitätsgrundlage für das Bundesheer gegeben war. Die Intervention der Staatengemeinschaft auf dem Westbalkan, wie auch der Beitrittsprozess Österreichs zur EU Mitte der 90er Jahre läuteten eine erste Trendwende ein: Von einer sog. „Bedrohungsreaktionspolitik", die sich letztlich auf das österreichische Staatsgebiet beschränkte, sollte die Konzeption auf eine proaktive, das Umfeld stabilisierende Sicherheitspolitik umgestaltet werden (Sandrisser 1998). Dies erfordertet zweierlei: Erstens die politische Bereitschaft und die militärische Fähigkeit zur Mitwirkung an neuen Arten von Friedensoperationen, zum damaligen Zeitpunkt v. a. auf dem Westbalkan und zweitens die weitgehende Integration in Bündnisstrukturen. Aus der Passivität der Neutralität sollte eine Gestaltungsrolle gefunden werden, was in den 90er Jahren vor allem über eine NATO-Mitgliedschaft erreicht hätte werden können.

Retrospektiv kann konstatiert werden, dass die großen Chancen Österreichs in den 90er Jahren, eine sicherheitspolitische Gestaltungsrolle zu übernehmen, gescheitert sind: Das Nichtzustandekommen des NATO-Beitrittes 1997 nahm Österreich jede Chance eine relevante Rolle bei der Integration der ostmitteleuropäischen Nachbarstaaten in westliche Bündnisstrukturen zu übernehmen, womit nicht zuletzt den mitteleuropäischen Ambitionen der Außenpolitik der Boden entzogen wurde (Schneider 1999). Auch die letzten großen Beschaffungsprogramme für das österreichische Bundesheer (ÖBH), also der Ankauf von Leopard Kampfpanzern und Jaguar Jagdpanzern Ende der 90er Jahre, lassen die Vermutung aufkommen, dass die in den USA längst eingeläutete „Revolution in Military Affairs", in

Österreich – wie meistens wenn Revolutionen angesagt werden – entweder gar nicht oder verspätet und dann mit drastisch verringerter Wirkung angekommen ist (Pleiner 2005). Immerhin, der Streitkräfteumfang wurde über mehrere Heeresreorganisationen hinweg – von knapp 300.000 auf 50.000 Mann Mobilmachungsstärke – drastisch reduziert.

Eine ganz wesentliche Entwicklung der 90er Jahre war, dass Sicherheitspolitik nahezu zur Gänze von den Bereichen Außen- und Verteidigungspolitik dominiert war. Die innere Dimension der Sicherheitspolitik kam so gut wie nicht vor, und die in den 70er und 80er Jahren mit viel Aufwand betriebene und von allgemeiner politischer Zustimmung getragene „Umfassende Landesverteidigung", bestehend aus den Bereichen geistiger, ziviler, wirtschaftlicher und militärischer Landesverteidigung, wurde sanft zu Grabe getragen (Bayer 1976). Damit wurde der umfassende sicherheitspolitische Handlungsrahmen aufgegeben, die sicherheitspolitische Interaktion verschiedenster staatlicher Behörden, Ministerien, etc. weitgehend beendet und das Thema Sicherheitspolitik auf die zunehmend isoliert agierenden Ministerien vor allem in den Bereichen Außen-, Innen- und Verteidigungspolitik aufgesplittet. Ressortübergreifende Konzepte gab es mit Ausnahme der beiden konservativ geführten Ministerien für Außenpolitik und Verteidigung, vor allem hinsichtlich der NATO-Beitrittsabsicht, kaum mehr.

Die Jahrtausendwende brachte nicht zuletzt aufgrund eines Regierungswechsels verschiedene Änderungen. Die NATO-Option wurde fallen gelassen, da eine zweidrittel Mehrheit, die für eine Verfassungsänderung zur Abschaffung des Neutralitätsgesetztes erforderlich gewesen wäre, in der ÖVP/FPÖ Regierung nicht gegeben war. Dafür kam in der EU mit der gerade erst erfundenen ESVP ein Ersatzhandlungsfeld (Gustenau 2001: 57–59). Dies war aus damaliger Sicht, tatsächlich eine Ersatzhandlung. Kaum ein Politiker der damaligen Bundesregierung, aber vor allem auch Experten glaubten nicht, abseits aller Propaganda, ernsthaft an einen funktionalen Erfolg der ESVP und somit war implizit die NATO-Option nach wie vor die, wenn auch nicht offen geäußerte, Präferenz. Die auf die ESVP bezogene Fähigkeitenentwicklung wurde durchaus als Vehikel zur Vorbereitung eines NATO-Beitrittes gesehen. Die etwa in der Sicherheits- und Verteidigungsdoktrin (SVD) enthaltenen Bestimmungen wie die Beibehaltung der NATO-Beitrittsoption oder die "Fähigkeit zur Teilnahme an einer gemeinsamen Verteidigung" waren auch der Grund, warum die Doktrin bei der Abstimmung über die Entschließung im Parlament nur mit Stimmenmehrheit der Regierungsparteien angenommen wurde (BKA 2002: 10–12).

Jedoch wurde mit der SVD aus 2001 konzeptionell ein Neuanfang geschaffen. Die Doktrin selbst bot eine zeitgemäße Beurteilung der Lage und machte in Richtung Administration klare Vorgaben zur Umsetzung der „Umfassenden Sicherheitsvorsorge" (USV) über ein System von Gesamt- und Teilstrategien, indem wesentliche Elemente einer Vernetzen Sicherheitspolitik angesprochen sind. In einem ersten Schritt konnte immerhin erreicht werden, dass noch 2001 ein Nationaler Sicherheitsrat eingerichtet wurde, und bis 2005 die Gesamtstrategie „Umfassende Sicherheitsvorsorge" sowie zehn Teilstrategien verfasst wurden.[1] Aus den Konzepten bzw. Teilstrategien heraus ist es zudem gelungen, einen Prozess zur Etablierung gesamtstaatlicher, sicherheitspolitischer Ansätze zu initiieren, in dessen Rahmen verschiedene Aspekte bearbeitet wurden. Besonders erwähnenswert ist seit 2005 das gesamtstaatliche sicherheitspolitische Lagebild samt angeschlossener Handlungsempfehlungen für die Bundesregierung, oder das Österreichische Programm zum Schutz kritischer Infrastrukturen, welches 2008 durch den Ministerrat beschlossen wurde (vgl. BKA/BMI 2008).

---

[1] Diese liegen als nicht veröffentlichtes Planungsdokument beim BKA und den befassten Ministerien auf.

Die Streitkräfte betreffend ergab sich mittlerweile eine besondere Herausforderung, da der allgemein akkordierte politische Zweck des ÖBH und damit einhergehend seine Struktur und Ausstattung in den letzten Jahren einem immer dramatischeren Erosionsprozess ausgesetzt waren. Entscheidend war dabei eine zunehmende, ja fast überwiegende Ausrichtung der Streitkräfteplanung an auslandsorientierten Aufgaben, was im Bericht der Bundesheerreformkommission im Jahr 2005[2] sowie dem daran anknüpfenden Dokument „Teilstrategie Verteidigungspolitik" seine Festlegung fand: Die Heeresorganisation zielte auf die Bereitstellung eines Brigadeäquivalentes für Einsätze im gesamten Petersbergspektrum ab. Mit Ende 2009 war klar, dass die Reformziele aufgrund vor allem budgetärer Restriktionen aber auch aufgrund der erodierenden politischen Bereitschaft, Soldaten des ÖBH tatsächlich im gesamten Petersbergspektrum einzusetzen, also auch zur „separation of parties by force", in dieser Form nicht gehalten werden konnten.[3] Eine Neuorientierung wurde also erforderlich – nur woran?

Der Bedarf an langfristigen Planungen ist für die Streitkräfte generell und für das ÖBH speziell von besonderer Bedeutung. Als Nicht-NATO-Mitglied und in keine kollektiven Verteidigungsplanungen eingebunden, auch frei von multilateralen Strukturen wie in der nordischen Kooperation, stehen die österreichischen Streitkräfte bislang vor weitgehend autonomen Planungsaufgaben. Dies erfordert angesichts des Wegfalles von Verteidigungsaufgaben im herkömmlichen Sinn eine Neupositionierung, wofür ein gesamtstaatlicher Konsens auf vielen Ebenen erforderlich ist. So kann etwa eine vermehrte Übernahme von Aufgaben im Bereich der inneren Sicherheit, was die Verfassung grundsätzlich zulässt, nur in Abstimmung mit dem Innenministerium erfolgen, und die Festlegung von Einsatzräumen und Aufgabenstellungen bei Auslandseinsätzen kann wiederum nur in enger Abstimmung mit der Außen-, Entwicklung- oder Außenwirtschaftspolitik erfolgen. Nur was tun, wenn weder von der einen noch von der anderen Seite ein besonderer und vor allem begründbarer Bedarf an Leistungen des ÖBH eingefordert wird? Das ÖBH ist daher auf absehbare Zeit mehr als alle anderen Instrumente staatlicher Sicherheit von ressortübergreifenden Festlegungen über seine spezifischen Aufgabenstellungen abhängig.

Da diese Prozesse in Österreich a priori nicht vorhanden waren, musste gerade das Bundesministerium für Landesverteidigung und Sport (BMLVS) über das Nationaler Sicherheitsrat (NSR) Sekretariat die Einführung gesamtstaatlicher sicherheitspolitischer Planungsprozesse maßgeblich initiieren und an ihrer Implementierung mitwirken. Dies traf zumeist nicht auf die Gegenliebe der anderen Ressorts, die in ihrer Wahrnehmung diese Probleme so nicht zu haben vermeinten und eine unzulässige Einmischung in ihre Kompetenzen befürchteten. Abgesehen davon erschwerte auch die sicherheitspolitische Tradition, also die Neutralität, was im populären Sinne das Heraushalten aus Konflikten, um damit auch nicht Ziel von Angriffen zu werden, bedeutete, wie auch das reale Bedrohungsbewusstsein, welches von periodischen regionalen Hochwässern oder Lawinenkatastrophen geprägt ist, eine ernstzunehmende Auseinandersetzung mit Phänomenen wie „Catastrophic Terrorism", Pandemien, „Complex Emergencies" oder Großschadensereignissen überhaupt, die für Staat, Gesellschaft und Wirtschaft eine vitale Bedrohung darstellen.

---

[2] Nicht veröffentlichtes Planungsdokument im BMLV.
[3] Siehe dazu mediale Debatte: vgl. Seidl (2009), Fritzl (2009), Die Presse (2009).

2 Der konzeptionelle Kontext langfristiger Planung

Die konzeptionellen Grundlagen gesamtstaatlicher sicherheitspolitischer Planungen orientieren sich zum einen an den allgemeinen Grundlagen der „Vernetzten Sicherheit", „Comprehensive Approach", „Whole of System Approach", „Whole of Government Approach", „Effect based Approach to Operations" (vgl. Borchert 2004: 56; Barnet in diesem Band) wie an den aus der Streitkräftetransformation stammenden Grundprinzipien, wie vernetzte Einsatzführung, gemeinsames rollenspezifisches Einsatzlagebild, Konzeptentwicklung und Experiment, Modellbildung und Simulation, etc. In der aktuell in Überarbeitung befindlichen Gesamtstrategie Umfassende Sicherheitsvorsorge (USV) sollen diese Funktionalitäten eingearbeitet werden und auch die konkreten Prozesse und Verfahren einer gesamtstaatlichen sicherheitspolitischen Planung (GSP) für die USV wie auch für den Anlassfall angesprochen werden.

Abbildung 1 zeigt schematisch den von Heiko Borchert gemeinsam mit der Direktion für Sicherheitspolitik entwickelten Zusammenhang strategischer und anlassbezogener Elemente eines GSP für Österreich.

Abbildung 1: Gesamtstaatlicher Planungsprozess für umfassende Sicherheitsvorsorge I (GP-USV) (Quelle: Direktion für Sicherheitspolitik 2009)

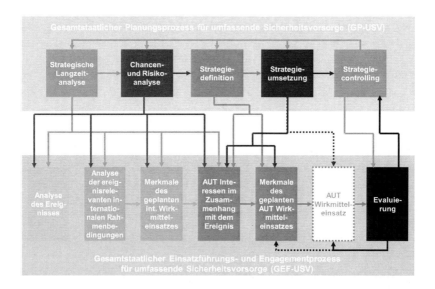

Der gesamtstaatliche Planungsprozess für die umfassende Sicherheitsvorsorge wie auch der im Anlassfall zu erfolgende gesamtstaatliche Einsatzführungsprozess könnten schematisch aus folgenden Teilaspekten bestehen:

Abbildung 2: Gesamtstaatlicher Planungsprozess für umfassende Sicherheitsvorsorge II (GP-USV) (Quelle: Direktion für Sicherheitspolitik 2009)

Wesentliche politische Grundlagen hiefür finden sich in den im aktuellen Regierungsprogramm enthaltenen Bestimmungen wie

> „(…) das Ziel koordinierter oder gemeinsamer österreichischer Einsätze von zivilen und militärischen Instrumenten im In- und Ausland (…) [durch mehrere] (…) ressortübergreifende Maßnahmen (…)". Dazu zählen vor allem die „(…) koordinierte Umsetzung und Weiterentwicklung des Konzeptes der Umfassenden Sicherheitsvorsorge, (…) die Weiterentwicklung des sicherheitspolitischen Lagebildes (…), die Erstellung und Umsetzung eines gesamtstaatlichen Auslandseinsatzkonzeptes (…) [und] die Optimierung des gesamtstaatlichen Ressourcenmanagements (…)", etc. (Österreichische Bundesregierung 2008: 134–135).

Damit ist eine nahezu idealtypische politische Auftragslage gegeben, inklusive einer klaren Zuordnung der Prozesssteuerung zum Sekretariat des Nationalen Sicherheitsrates, welches im Bundeskanzleramt domiziliert ist und dem jeweils eine Verbindungsperson aus den sog. Sicherheitsressorts (Außen, Innen, Verteidigung und Justiz) zugeordnet ist. Das Gesetz zur Einrichtung des Nationalen Sicherheitsrates vom 16.11.2001 sieht denn auch die ständige Evaluierung der sicherheitspolitischen Lage und die Berichterstattung durch das Sekretariat des NSR vor (BGBl 2001: § 5). De facto besitzt das NSR-Sekretariat allerdings bis heute keine unmittelbare Mitwirkungsmöglichkeit im anlassbezogenen nationalen Krisenmanagement, welches nach einer Änderung des Bundesministeriengesetzes im Jahr 2000 aus dem Bundeskanzleramt (BKA) an das Innenministerium abgegeben wurde. Zudem zeigen die Ministerien nur bedingt Neigung sich an Konzepte oder Prozessvorstellungen, die im NSR Sekretariat erarbeitet wurden, zu halten. Bislang ist daher insgesamt von einem mehr oder weniger freiwilligen und eher schleppenden Selbstkoordinierungsprozess zu sprechen, solange kein eindeutiger politischer Wille und die Durchsetzungsfähigkeit gegeben sind, diese Prozesse zu implementieren. Ein Staatssekretär im BKA mit entsprechenden Kompetenzen wäre hier sicherlich ein zweckdienlicher Ansatz.

Die zentralen gesamtstaatlichen sicherheitspolitischen Aktivitäten sind daher bis dato im wesentlichen konzeptioneller Natur, vom Lagebild einmal abgesehen, und wurden in einer Reihe von Studien und Workshops mit dem Hague Centre for Strategic Studies (HCSS) in Den Haag entwickelt. Im Zentrum steht das Modell einer kapazitätsorientierten Planung, die in Zeiten großer Unsicherheit in Bezug auf sicherheitspolitische Entwicklungen, nicht zuletzt aufgrund eines äußerst komplexen und kaum prognostizierbaren Gefährdungsbildes, möglichst zukunftsrobuste Instrumente und Verfahren entwickeln sollte.

Die Idee ist evident: Es soll ausgehend von gesamtstaatlichen Sicherheitsanalysen ein Risikobild für Österreich erstellt werden, welches dann auf politischer Ebene hinsichtlich Relevanz, Priorität und Bewältigungsstrategien zu bearbeiten ist. Daran anknüpfend werden Fähigkeitsanalyse und Planung zur Bereitstellung entsprechender Kapazitäten in den jeweiligen Einsatzorganisationen bei gleichzeitiger Entwicklung höchstmöglicher Interoperabilität erstellt. Damit soll ein möglichst flexibles, wirkungsorientiertes und kosteneffizientes Verfahren zur Bewältigung kurz-, mittel- und langfristiger Herausforderungen geschaffen werden.

Abbildung 3: Kapazitätenorientierte Planung: Innere und äußere Sicherheit (Quelle: HCSS/Büro für Sicherheitspolitik 2008)

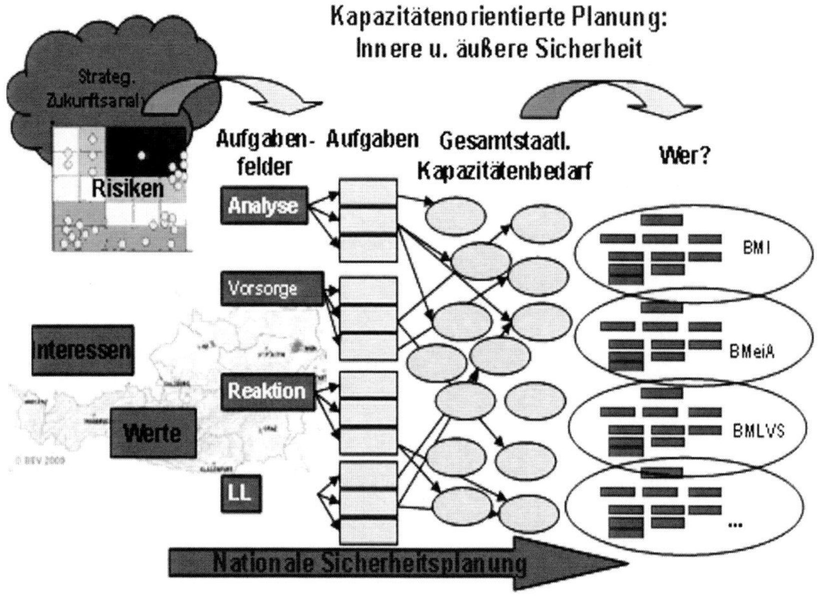

3 Projekte und Perspektiven

Ausgehend von einem Forschungsprojekt zum Thema „ÖBH 2025" (Frank 2007), welches federführend von der Landesverteidigungsakademie in den Jahren 2008 und 2009 durchgeführt wurde, sowie der Einrichtung eines Projektbeauftragten zum Thema Trendentwicklung 2025 im Jahr 2009, direkt unter der Verantwortung des Chefs des Generalstabes, wurde spät aber doch auch in Österreich die Herausforderung der strategischen Zukunftsanalyse angenommen. Das methodische Grundproblem der in den Streitkräften durchgeführten Analysen manifestierte sich zumindest in zwei Bereichen. Zum ersten ist es im Unterschied zu ähnlich gelagerten Übungen etwa in den USA, im Vereinigten Königreich Großbritannien und Nordirland, Frankreich oder Deutschland, für österreichische Verhältnisse nicht möglich von globalen Trends und globalen Szenarien direkt auf die Österreichische Interessenlage sowie dran anknüpfend auf alternative Modelle, etwa der Streitkräfteplanung, zu schließen. Das ohnedies sehr eingeschränkte österreichische Handlungsspektrum ist größtenteils in den Handlungsrahmen der EU eingebettet, woraus sich bestenfalls eine „indirekte" sicherheitspolitische Interessenlage für Österreich ableiten lässt: Welche Rolle soll und kann Österreich in der EU überhaupt spielen? Welcher allgemein politische Mehrwert kann durch sicherheitspolitisches Engagement erreicht werden? Diese Fragen wurden bis zuletzt ebenso wenig beantwortet wie die Frage im zweiten Problembereich: Was ist die konkrete sicherheits- und verteidigungspolitische Ambition Österreichs, sowohl die Auslandseinsätze wie auch den Schutz der Heimat betreffend? Diese zentralen Fragen können angesichts bis dato nicht vorhandener Prozesse im Bereich der gesamtstaatlichen Analysen, Risikobeurteilungen, strategischer Entscheidungs- und Planungsmechanismen, etc. auch nicht beantwortet werden.

Langfristige Planung erfordert an mehreren Stellen klare politische Entscheidungen:

- Im Zuge der gesamtstaatlichen Analysen etwa jene Bereiche, Themen, Regionen etc., die vertieft zu betrachten sind.
- Von herausragender Bedeutung ist die Prioritätensetzung im Rahmen des nationalen Riskassessments. Damit wird festgelegt, welches Risiko politisch akzeptiert wird bzw. was andererseits in Kauf genommen wird, und womit der Sicherheitsapparat letztlich umzugehen hat.
- Die Festlegung von Kompetenzen und Zuordnung von Ressourcen für den Sicherheitsapparat zur Ausrichtung der Einsatzorganisationen auf die zur Bewältigung vorgesehenen Aufgaben.

Ohne diese Verfahren bleiben Planungen in den Einsatzorganisationen, vor allem in den Streitkräften, oftmals realitätsfremd bzw. auf einem fiktiven politischen Konsens, den es, wenn es zur Nagelprobe kommt, etwa bei der Zuordnung von Ressourcen, dann gar nicht gibt. Darüber hinaus werden wichtige Akteure, etwa private Infrastrukturbetreiber, in relevante Prozesse nicht eingebunden, weil es keine politische oder rechtliche Veranlassung gibt. Das Vorhandensein obiger Verfahren insbesondere die Einbindung in einen politisch relevanten Entscheidungsprozess kann daher derzeit als zentrales Benchmarking dafür gesehen werden, ob ein Staat seine Funktion als sicherheitspolitischer Akteur überhaupt wahrnimmt oder ob er Getriebener der täglichen Anlassfälle und der auf Selbsterhaltung getrimmten Strukturen der Bürokratie ist. Die Frage an dieser Stelle, ob die Politik nicht agiert, weil sie aus den freilich nicht vorhandenen Prozessen, keine Beurteilungsgrundlagen bekommt, oder ob sie die Prozesse nicht fordert und fördert, um nicht entscheiden zu müssen, ist nicht unerheblich, darf aber an dieser Stelle offen gehalten werden.

Die Politik belässt es daher lieber im unverbindlichen Allgemeinen. Die Angaben zum Risikobild in Österreich, wie im Beitrag von Johann Frank in diesem Band ausgeführt, sind daher eher allgemeiner Natur und haben keinerlei spezifische Ausprägung weder phänomenologisch noch über die Zeitachse noch was die Eintrittswahrscheinlichkeit betrifft. Auch über Gleichzeitigkeitsereignisse und Folgenabschätzung bei Großschadensereignissen gibt es bislang keine relevanten Untersuchungen.

Eine auf politischer Ebene weitgehend unterbewertete Erkenntnis ist das Faktum, dass gesamtstaatliche Analysen, bestehend aus strategischer Zukunftsanalyse, „Horizon Scanning", nationaler Risikobeurteilung, etc. eine Fähigkeit sui generis darstellen, die in Österreich nicht so ohne weiteres vorhanden ist. Die über das Sekretariat des NSR koordinierten Prozesse zum gesamtstaatlichen Lagebild stellen bislang nicht viel mehr dar, als die Kompilation verfügbarer Analysen aus dem Bundesministerium für europäische und internationale Angelegenheiten (BMeiA), BMI und BMLVS, die auf eine Prognostik von 18 Monaten abzielen. Die Fähigkeit zur prozessualen und analytischen Steuerung im Wesentlichen im Wege eines kontinuierlich arbeitenden kompetenten Organisationselementes fehlt. In Umsetzung der genannten Punkte des aktuellen Regierungsprogramms aus 2008 wäre theoretisch die Einrichtung einer derartigen Stabstelle im Rahmen des BKA denkbar, denn es zeigt sich, dass ohne eine professionelle kontinuierliche Handhabung dieser Prozesse, kaum politisch verwertbare Erkenntnisse gewonnen werden können.

Die derzeitigen Aktivitäten beschränken sich daher vorerst auf verschiedene Projekte im Rahmen des nationalen Sicherheitsforschungsprogramms KIRAS[4], und hier insbesondere das Projekt STRATFÜSYS (Strategisches Führungssystem für die öffentlich-private Sicherheitszusammenarbeit). Im Rahmen des Projektes selbst soll ein umfassendes Führungssystem zur Unterstützung der öffentlich-privaten Sicherheitszusammenarbeit erarbeitet werden, welches derzeit noch nicht vorhanden ist. Das Forschungsprojekt STRATFÜSYS schließt diese Lücke durch die Erarbeitung einer Konzeptionsstudie. In enger inhaltlicher Abstimmung mit den KIRAS-Projekten für ein Gemeinsames Öffentlich-Privates Lagebild (GÖPL) (BMVIT/FFG 2009) soll STRATFÜSYS einen integrierten Ansatz für den Aufbau eines Prozesses der strategischen Zukunftsanalyse, der Etablierung notwendiger Fähigkeiten im Bereich Modellbildung und Simulation sowie der Errichtung einer kollaborativen Wissensmanagementumgebung erarbeiten. Dieses Führungssystem sollte demnach aus vier Komponenten bestehen:

- einem Gemeinsamen Öffentlich-Privaten Lagebild, um das Lagebewusstsein und das Lageverständnis in Staat und Wirtschaft zu fördern;
- einem Prozess der strategischen Zukunftsanalyse, um die Konzepte und das Handeln in der Gegenwart zukunftsrobust zu gestalten;
- der Fähigkeit zur Modellbildung und Simulation, um systematisch in Alternativen zu Denken und diese objektiv bewerten zu können sowie
- einem kollaborativen Wissensmanagementumfeld zum Austausch von Daten, Informationen und Wissen zwischen den beteiligten Akteuren.

Während der erste Baustein bereits im Rahmen anderer KIRAS-Projekte behandelt wird, sind die drei verbleibenden Bausteine Gegenstand des beantragten Forschungsprojekts STRATFÜSYS. Das Projekt soll die Anforderungen an ein strategisches Führungssystem zur Unterstützung der öffentlich-privaten Sicherheitszusammenarbeit präzisieren und definieren und das Fundament für die umsetzungsorientierte Weiterentwicklung der konzeptionellen Vorstellungen legen. Dabei soll mit der strategischen Zukunftsanalyse ein neuer gesamtstaatlicher Führungsprozess entstehen, der die gegenwartsbezogene Arbeit der Ministerien durch systematisch erarbeitete Informationen über künftig mögliche Entwicklungen und ihre Konsequenzen ergänzt und dabei auch den Akteuren aus der Wirtschaft offen steht; weiter soll die aufzubauende Expertise im Bereich Modellbildung und Simulation mittelfristig zum Aufbau einer eigenständigen öffentlich-privaten Einrichtung (Arbeitstitel: Austria Lab) führen, die analytisches Werkzeug zum Umgang mit Komplexität entwickelt und deren Anwendung in den Dienst von Bedarfsträgern aus dem öffentlichen und privaten Umfeld stellt; die kollaborative Wissensmanagementumgebung ist als daten-, informations- und wissensbasiertes „Rückgrat" aller anderen Bausteine des strategischen Führungssystems für die öffentlich-private Sicherheitszusammenarbeit zu verstehen. Gerade weil Vernetzte Sicherheit neue Anforderungen an die wissensbasierten Führungsgrundlagen staatlicher und privatwirtschaftlicher Akteure stellt, ist Wissensmanagement für STRATFÜSYS unerlässlich.[5]

---

[4] Für weitere Informationen zum KIRAS siehe die Internetseite der FFG – Österreichische Forschungsförderungsgemeinschaft mbH und des Bundesministeriums für Verkehr, Innovation und Technologie – BMVIT: http://www.kiras.at/.
[5] Die Zielsetzung des Projektes wurde im Wesentlichen aus dem Projektantrag, der beim Autor aufliegt, entnommen.

Im Projekt, das im Oktober 2009 begonnen wurde, firmiert die Österreichische Industriellenvereinigung als Konsortialführer und es konnten mit dem Institut für Höhere Studien, dem BKA, dem BMI und dem BMLVS, der TU Wien, der Bank Austria und der Firma THALES wichtige Konsortialpartner gewonnen werden. Es zeigt damit aber auch, dass mittlerweile ebenfalls andere als Staatsakteure, also Banken, Interessenvertretungen, etc, nachhaltiges Interesse an strategischer Langfristplanung haben und so möglicherweise eine Avantgardefunktion übernehmen und es dem Staat immer schwieriger machen, sich dem zu entziehen.

Mit STRATFÜSYS als Kern und einer Reihe komplementär aufgesetzter Projekte zum Lagebild, zur Risikoanalyse (derzeit in Vorbereitung), oder zum Schutz kritischer Infrastrukturen, wären somit substanzielle Voraussetzung für einen zeitgemäßen Planungsprozess gegeben. Nur: mit Forschungsprojekten allein wird der Staat noch nicht sicherer. Die Nagelprobe wird aus heutiger Sicht sein, ob die Bundesregierung im Umfeld des Jahres 2010 die Kraft hat, auch die unabdingbar erforderlichen Minimalstrukturen zu schaffen. Hier ist die Entwicklung aus der Sicht Ende 2009 völlig offen.

Literatur

Bayer, R. (1976) „Umfassende Landesverteidigung 1976 – Von der Verfassungsverankerung zum Landesverteidigungsplan", *Österreichische Militärische Zeitschrift*, 4/1976, 316–324.

Borchert, H. (2004) „Vernetzte Sicherheitspolitik und die Transformation des Sicherheitssektors: Weshalb neue Sicherheitsrisiken ein verändertes Sicherheitsmanagement erfordern", in: H. Borchert (Hg.) *Vernetzte Sicherheit: Leitidee der Sicherheitspolitik im 21. Jahrhundert*, Hamburg et al.: E.S. Mittler & Sohn GmbH, 53–79.

Bundesgesetzblatt für die Republik Österreich – BGBL (2001) „Bundesgesetz zur Einrichtung eines Nationalen Sicherheitsrates und Änderung des Wehrgesetzes 1990, BGBl I 2001/122, Wien.

Bundeskanzleramt – BKA(2002) „Österreichische Sicherheits- und Verteidigungsdoktrin", Wien: Bundespressedienst.

Bundeskanzleramt – BKA/Bundesministerium für Inneres – BMI (2008) „Österreichisches Programm zum Schutz kritischer Infrastrukturen, Masterplan APCIP", 4817 Neues Material, http://www.kiras.at/fileadmin/dateien/allgemein/ MRV%20APCIP%2048_17%202.4.2008%20FINAL.pdf (Zugriff: 12.10.2009).

Bundesministerium für Verkehr, Innovation und Technologie – BMVIT/Österreichische Forschungsförderungsgesellschaft mbH – FFG (2009) „KIRAS – Sicherheitsforschung: GÖPL Gemeinsames öffentliches-privates Lagebild", http://www.kiras.at/aktuelles/gefoerderte-projekte/goepl/ (Zugriff: 12.10.2009).

Die Presse (2009) „Alarm im Bundesheer: Offiziere sehen Hilfe bei Katastrophen gefährdet", 12. April, http://diepresse.com/home/politik/innenpolitik/469551/ index.do?from=simarchiv (Zugriff: 09.10.2009).

Direktion für Sicherheitspolitik (2009) „Interner Entwurf: Gesamtstaatlicher Planungsprozess für umfassende Sicherheitsvorsorge (GP-USV)".

Frank, J. (2007) „Für Österreich relevante Einsatzräume", in: Landesverteidigungsakademie Wien (Hg.) *Aspekte zur Vision BH 2025*, Wien: Landesverteidigungsakademie, 443–467.

Fritzl, M. (2009) „Bundesheer: Eklat bei Reformkommission", *Die Presse*, 01. Oktober, http://diepresse.com/home/politik/innenpolitik/512050/index.do?from=suche.intern. portal (Zugriff : 09.10.2009).

Gustenau, G.E. (2001) „Sicherheits- und Verteidigungspolitik: Wende oder Marksteine zur Wende?", in: Freiheitliche Akademie (Hg.) *Zukunft sichern! Freiheit schaffen!*, Wien: Freiheitliche Akademie, 57–68.

Hague Centre for Strategic Studies – HCSS/Büro für Sicherheitspolitik (2008) „Interner Entwurf: Kapazitätenorientierte Planung – Innere u. äußere Sicherheit".

Österreichische Bundesregierung (2008) „Regierungsprogramm für die XXIV. Gesetzgebungsperiode", Wien.

Pleiner, H. (2005) „Die Entwicklung der militärstrategischen Konzeptionen des österreichischen Bundesheeres von 1955 bis 2005", *Österreichische Militärische Zeitschrift*, 3/2005, 323–338.

Sandrisser, W. (1998) „Zum sicherheitspolitischen Lagebild Österreichs: Von einem Bedrohungs-Reaktionskonzept zu wirklicher Sicherheitspolitik", in: E. Reiter (Hg.) *Schriftenreihe: Forschungen zur Sicherheitspolitik*, Wien: Büro für Sicherheitspolitik, 615–646.

Schneider, H. (1999) „Der sicherheitspolitische ‚Optionenbericht' der österreichischen Bundesregierung: Ein Dokument, das es nicht gibt – und ein Lehrstück politischen Scheiterns", in: E. Reiter (Hg.) *Jahrbuch für internationale Sicherheitspolitik 1999*, Hamburg et al.: Mittler E.S. und Sohn GmbH, 419–496.

Seidl, C. (2009) „Heeresreform: Geld fehlt, doch Pröll kürzt Budget", *Der Standard*, 09. Oktober, http://derstandard.at/1234507524672 (Zugriff: 09.10.2009).

Gesellschaftliche Akzeptanz oder Einsatzorientierung? Überlegungen zur Zukunftsfähigkeit der Streitkräftetransformation in der Schweiz

Heiko Borchert/René Eggenberger

1 Einleitung

Dass zwischen streitkräfteplanerischen Ambitionen und dem tatsächlich Realisierbaren Differenzen liegen können, liegt eigentlich in der Natur der Sache: Streitkräfteplanung stützt sich in der Regel auf zukunftsorientierte Annahmen wie Trends, Szenarien und – soweit verlässlich – auch auf Prognosen. Die Umsetzung erfolgt im Lichte der tatsächlichen, einsatzorientierten Fähigkeitsbetrachtung, der Doktrinableitung, der vorhandenen Kapazitäten und Strukturen, der personellen und materiellen Ausstattung sowie der ausbildungsorientierten Maßnahmen. Einzige verlässliche Rahmenbedingungen sind politische Vorgaben in Form einer sicherheitspolitischen Strategie, die den Streitkräften zugedachten, stufengerecht formulierten Aufgaben und die daraus abgeleiteten Leistungs- und Fähigkeitsprofile sowie die bereitgestellten finanziellen Ressourcen. Für den militärischen Planer ergeben sich allerdings beinahe unüberwindbare Schwierigkeiten, wenn bezüglich der sicherheitspolitischen Vorgaben ein zu großer Interpretationsspielraum besteht und durch politische Entscheidfindungsprozesse nicht stufengerecht in die operationelle Umsetzung eingegriffen wird.

Am Beispiel der in der Schweiz in den letzten zehn Jahren geführten sicherheitspolitischen Debatten und der konzeptionellen Bemühungen zur Weiterentwicklung der Schweizer Armee lässt sich zeigen, dass die Streitkräfteplanung in einer plebiszitären Demokratie in einem grundlegenden Spannungsfeld steht. Dieses wird durch die Pole Einsatzorientierung auf der einen und gesellschaftliche Akzeptanz auf der anderen Seite beschrieben. In der Schweiz, so unsere Arbeitshypothese, dominiert die gesellschaftliche Akzeptanz. Da der gesellschaftliche und politische Konsens hinsichtlich der akzeptierten Armeeaufgaben brüchig ist, gibt es kaum eine belastbare Grundlage, auf die sich die einsatzorientierte Streitkräfteplanung abstützten könnte. Damit wird die Differenz zwischen dem politisch Machbaren und dem konzeptionell Sinnvollen immer größer. Dadurch laufen die Streitkräfteentwicklung in der Schweiz und im benachbarten Ausland – trotz gleicher Terminologie – auseinander; mit weitreichenden Konsequenzen für den politischen Nutzen der militärischen Fähigkeiten der Schweizer Armee.

Im Folgenden gehen wir zuerst auf die Schweizer Streitkräfteentwicklung seit 1999 ein. Dabei legen wir die Grundlagen und Vorgaben dieser Entwicklung dar, vergleichen die sicherheitspolitischen und streitkräfteplanerischen Zielvorstellungen mit dem tatsächlich Umgesetzten und zeigen den aktuellen Stand um die Diskussion des neuen Sicherheitspolitischen Berichts auf.

In einem zweiten Schritt vergleichen wir den Transformationsansatz ausländischer Streitkräfte mit demjenigen des Planungsstabs der Schweizer Armee. Wir verdeutlichen, worin die Unterschiede zwischen der auf Einsatzorientierung oder gesellschaftliche Akzeptanz ausgerichteten Streitkräfteplanung bestehen. Die Diskussion wird zeigen, dass die Schwierigkeiten der Schweiz bei der Umsetzung der Transformation ausländischen Zuschnitts in der mangelnden Notwendigkeit und dem fehlenden politischen wie militärischen Willen zur konsequenten Einsatzorientierung liegen.

Abschließend stellen wir dar, welche Optionen der langfristigen Streitkräfteentwicklung vor diesem Hintergrund in der Schweiz möglich sind. Hierbei identifizieren wir jene Faktoren, die der Schweizer Armee trotz oder gerade wegen der bestehenden Schweizer Eigenheiten im 21. Jahrhundert zum Erfolg verhelfen könnten.

2 Bestandesaufnahme 1999–2010: Grundlagen und Vorgaben der Entwicklung

2.1 Sicherheitspolitischer Rahmen und Schwerpunkte der Reform Armee XXI

Wie der Beitrag Haltiners im vorliegenden Sammelband aufzeigt, legte der Sicherheitspolitische Bericht 2000 (Bundesrat 1999) die strategischen Grundgedanken der Schweizer Sicherheitspolitik zur Jahrtausendwende fest: Im Bewusstsein um grenzübergreifende Bedrohungen und Gefahren sowie der Interdependenz sicherheitsrelevanter Ereignisse wurde die bis anhin gültige sicherheitspolitische Strategie der „Gesamtverteidigung" durch den neuen Grundsatz der „Sicherheit durch Kooperation" ersetzt. Die im Bericht vorgenommene strikte Trennung in die Teilstrategien „Umfassende flexible Sicherheitskooperation Inland" und „Internationale Sicherheitskooperation multinational und bilateral" zeigt sehr anschaulich, dass die absehbare Verschränkung von äußerer und innerer Sicherheit gedanklich noch nicht vorweggenommen, mindestens jedoch nicht willentlich dargestellt wurde. Mit dieser Unterscheidung wurde vielmehr ein Bruch des Aufgabenkontinuums in Kauf genommen, der sich in der weiteren Folge als problematisch erwies. Erfahrungswerte des Kalten Krieges prägten nach wie vor die Sicherheitsüberlegungen, die „Rückfallpositionen für niemals völlig auszuschließende Verschärfungen der Gefahrenlage" als wesentlich erachteten. Daher wurden der Armee und dem Zivilschutz traditionell wichtige Kernfunktionen zugewiesen und die Notwendigkeit der Aufwuchsfähigkeit betont. Die innere Sicherheit – exklusive Staatsschutz – sowie der Bevölkerungsschutz blieben weiterhin in der Zuständigkeit der Kantone und ihrer operativen Mittel der Kantons- und Gemeindepolizeien.[1]

In diesem Kontext wurden der Schweizer Armee drei Aufgaben zugewiesen (Bundesrat 2001): Beiträge zur internationalen Friedensunterstützung und Krisenbewältigung, die Raumsicherung[2] und Verteidigung – letztere „aus eigener Kraft oder im Rahmen einer von den Bundesbehörden bewilligten Koalition" (Bundesrat 1999: 59) – sowie subsidiäre Einsätze zur Prävention und Bewältigung existenzieller Gefahren. Die Militärdienstpflicht und die Schutzdienstpflicht blieben bestehen, und das Milizsystem wurde aus staats- und gesellschaftspolitischen Gründen sowie wegen seiner Zweckmäßigkeit beibehalten. Folgende Merkmale werden explizit als Reformelemente der Armee XXI genannt:

---

[1] Der Bund verfügt über kein Polizeikorps. Bei Großereignissen unterstützen sich die Kantone nach dem Prinzip der Subsidiarität im Rahmen von Polizeikonkordaten gegenseitig. Siehe auch den Beitrag von Stefan Leuenberger im vorliegenden Sammelband.
[2] Raumsicherung umfasst Operationen zur Wahrung der Lufthoheit, zur Sicherung größerer Grenzabschnitte, dem Schutz von Schlüsselräumen, dem Offenhalten von Transversalen (z. B. Straßen, Schiene) sowie den Schutz wichtiger Infrastruktureinrichtungen (Bundesrat 2001).

- Ausbau der Berufskomponente,
- Ergänzung des bestehenden Dienstleistungssystems aus Grundausbildung und Wiederholungskursen mit der Möglichkeit der „Dienstleistung am Stück" (als sogenannte „Durchdiener") und Zeitsoldaten,
- Modularer Aufbau zur Erhöhung der Flexibilität.

Bei näherer Betrachtung können diese Elemente als wesentliche Voraussetzung zur Umsetzung des Gedankens der Transformation verstanden werden: Die neuen Formen der Dienstleistung erlauben es, die Wirksamkeit und Effizienz der Armeeeinsätze dank längeren Rotationszeiten auf das gewünschte Niveau zu heben. Zudem lassen sich durch den modularen Aufbau maßgeschneiderte, aufgabenorientierte Einsatzverbände zusammenstellen, die wegen der Komplexität und dynamischen Entwicklung der Aufgaben sehr stark von den ausbildungsorientierten Grundstrukturen der Verbände abweichen können.

Neben den spezifischen Aussagen zur Rolle der Armee und anderen sicherheitspolitischen Instrumenten legte der Sicherheitspolitische Bericht 2000 (Bundesrat 1999) auch den Grundstein für eine stärkere ressortübergreifende Koordination der Sicherheitspolitik. Es wurde eine Lenkungsgruppe Sicherheit geschaffen, der Vertreter der klassischen Sicherheitsressorts Eidg. Departement für auswärtige Angelegenheiten (EDA), Eidg. Department für Justiz und Polizei (EJPD) sowie Eidg. Departement für Verteidigung, Bevölkerungsschutz und Sport (VBS) angehören. Die Aufgaben des neuen Gremiums umfassen die Lageverfolgung, die Früherkennung von Chancen, die Frühwarnung vor neuen Bedrohungsformen, Risiken und Gefahren sowie die Erarbeitung von Szenarien, Strategien und Optionen. In der Praxis wurde das neue Gremium vor allem für die ressortübergreifende Abstimmung bei Krisen genutzt. Eine vorausschauende und vernetzte sicherheitspolitische Planung wurde kaum verfolgt, so dass Impulse für eine einsatzorientierte Streitkräfteentwicklung aus gesamtstaatlicher Sicht ausblieben.

Im Rückblick gilt, dass mit dem Übergang zur Armee XXI (Box 1) eine für Schweizer Verhältnisse grundlegende Umgestaltung des Wehrwesens in Angriff genommen wurde. Die Armee XXI baut zwar nach wie vor auf der Armee 95 auf; allerdings wurden Doktrin, Organisation und Prozesse grundlegend umgestaltet. Sie lassen sich nicht mehr im Sinne einer evolutionären Weiterentwicklung aus der Vorgängerarmee ableiten. Trotzdem wurde in eidgenössischer Tradition Bewährtes wie Wehrpflicht und Milizsystem übernommen und den Anforderungen der „Sicherheit durch Kooperation" in Gegenwart und naher Zukunft angepasst. Nach intensiver und kontrovers geführter öffentlicher Diskussion sagten die Stimmbürgerinnen und Stimmbürger sowie die Kantone am 18. Mai 2003 mit deutlicher Mehrheit ja zum Reformvorhaben.

Box 1: Wesentliche Neuerungen der Armee XXI (Blattmann 2009)

- **Modularität**: Die Strukturen der Schweizer Armee werden auf eine hohe Flexibilität ausgerichtet, indem auf die Führungsstufen und Verbände Regiment, Division und Korps verzichtet wird. Bataillone und Abteilungen bilden die Bausteine der Brigaden.

- **Abgestufte Bereitschaft**: Berufs- und Zeitmilitär sowie Durchdiener sind permanent einsetzbar, Verbände im Wiederholungskurs können bei Bedarf rasch eingesetzt werden. In der nächsten Eskalationsstufe können weitere zum Wiederholungskurs vorgesehene Verbände aufgeboten und nötigenfalls die Reserve aktiviert werden. Als „Ultima Ratio" bleibt der Aufwuchs.

- **Bestandesreduktion**: Der Armeebestand wird von 360'000 der Armee 95 auf 140'000 Armeeangehörige mit einer Reserve von höchstens 80'000 Armeeangehörigen gesenkt.

- **Dienstpflicht**: Die Altersgrenze zur Leistung der Dienstpflicht für Mannschaften und Unteroffiziere wird vom 42. auf das 30. Altersjahr gesenkt. Die Entlassung der höheren Unteroffiziersgrade und der Subalternoffiziere erfolgt mit 36 Jahren, Hauptleute werden mit 42 Jahren, Stabsoffiziere und höhere Stabsoffiziere mit 50 Jahren aus der Dienstpflicht entlassen. Damit belasten die Wehrpflichtigen die Wirtschaft weniger stark als dies vor der Reform der Fall war; die Opportunitätskosten werden auf diese Weise gesenkt.

- **Dienstleistungen**: Die Rekrutenschulen werden von 15 auf 21 Wochen ausgedehnt und der Rhythmus für die Wiederholungskurse auf einen pro Jahr festgelegt. Zudem wird den Milizsoldaten die Möglichkeit eröffnet, ihre gesamte Ausbildungsdienstpflicht als sogenannte Durchdiener ohne Unterbrechung zu leisten. Gleichzeitig wurde die zeitliche Beanspruchung der Angehörigen der Armee durch eine entsprechende Konzeption der Ausbildung – mit Blick auf die konkurrierenden Bedürfnisse der Wirtschaft – gesenkt. Insbesondere wurde die Ausbildungsdauer für Kader massiv verkürzt.

- **Strukturen und Organisation**: Parallel zum Projekt A XXI wurden auch die Strukturen auf Armeestufe und Militärverwaltung überprüft und angepasst: Dem neu geschaffenen Funktionsträger „Chef der Armee" ist ein persönlicher Stab für die direkte Unterstützung, ein Führungsstab für die Sicherstellung der Truppeneinsätze sowie ein Planungsstab für die teilstreitkräfteübergreifende Weiterentwicklung der Armee beigestellt. Als Operative Einheiten sind dem Chef der Armee das Heer, die Luftwaffe, die Führungsunterstützungs- und die Logistikbasis der Armee sowie das Kommando Ausbildung unterstellt.

2.2 Der Entwicklungsschritt 2008/2011: Rollenspezialisierung und Reduktion der Verteidigungskapazitäten

Im Zuge der Umsetzung der Armee XXI kam es aufgrund veränderter sicherheitspolitischer Rahmenbedingungen zu einer Akzentverschiebung. Die Terroranschläge in New York (2001), Madrid (2004) und London (2005) haben mit aller Deutlichkeit die Verletzlichkeit des öffentlichen Raums vor Augen geführt. In der Schweiz reagierten die Verantwortlichen darauf mit einem starken Ausbau der Schutzvorkehrungen. Da für diese Aufgaben die knapp bemessenen Bestände der kantonal organisierten Polizeikorps sehr rasch ausgeschöpft wären, bestand keine Alternative zum subsidiären Einsatz der Armee im Rahmen der inneren Sicherheit.[3] Parallel dazu wurden die finanziellen Mittel der Schweizer Armee für Betrieb, Unterhalt und Investitionen laufend beschnitten. Dadurch gerieten die der Armee zugewiesenen Aufgaben und die bereitgestellten Mittel aus der Balance.

---

[3] Im Rahmen der Diskussionen um die „Überprüfung des Systems der inneren Sicherheit der Schweiz" (USIS) ist es aufgrund des Widerstandes der Kantone nicht gelungen, eine Bundessicherheitspolizei zu schaffen. Für die Aufstockung der kantonalen Polizeikorps wollten weder Bund noch Kantone die notwendigen Gelder bewilligen. Alle Teilberichte sind online verfügbar: <http://www.fedpol.admin.ch/fedpol/de/home/themen/sicherheit/ueberpruefung_innere.html> (Zugriff: 29. Oktober 2009).

In der Folge wurde der sogenannte „Entwicklungsschritt 2008/2011" (im Folgenden: ES 08/11; Schweizer Armee 2006) ausgelöst. Damit bezweckte der Schweizer Bundesrat die bedrohungsgerechte und auf die wahrscheinlichsten Einsätze ausgerichtete Schwergewichtsverlagerung bei den Leistungen der Armee, die gleichzeitig finanzielle Einsparungen erlaubte. Die Struktur bestimmende Umsetzung erfolgte in einer bestandesneutralen Rollenspezialisierung der Armee, indem man „Verteidigungskräfte" und „Sicherungskräfte" ausschied. Letztere sollten es durch angemessen ausgebildete und ausgerüstete „leichte Infanteriebataillone" ermöglichen, die Raumsicherung zu übernehmen und die Unterstützung der zivilen Behörden im Rahmen der Assistenzeinsätze[4] sicher zu stellen. Die Verteidigungskräfte sollten verringert werden.

Im Vordergrund stand der Abbau von (im Unterhalt und Betrieb teuren) mechanisierten Formationen wie Panzer-, Panzergrenadier-, Panzersappeurbataillone und Artillerieabteilungen. Die fliegenden Verbände der Luftwaffe blieben mit dem Hinweis auf deren Verwendung im gesamten Einsatzspektrum der Armee unangetastet, bei den Fliegerabwehrverbänden sollte eine Veränderung des Verhältnisses zwischen Kanonenflugabwehr, Lenkwaffenflugabwehr, allwettertauglichen und nicht allwettertauglichen Systemen geprüft werden. Bei der Führungsunterstützung strebte man eine Zusammenführung der bestehenden Einheiten zu einer Führungsunterstützungsbrigade an.

Gleichzeitig wurde ein Ausbau der Kapazitäten für die militärische Friedensförderung ins Auge gefasst. Vorgesehen war die Größenordnung von 500 Armeeangehörigen, die es ermöglichte, ein ad hoc-Bataillon geschlossen in einem Krisengebiet oder zwei Kontingente in Kompaniestärke gleichzeitig an zwei geografisch verschiedenen Orten zum Einsatz zu bringen. Da für die Miliz das Prinzip der Freiwilligkeit gilt und nur Berufspersonal zum Einsatz verpflichtet werden kann, sollte mittels Erhöhung der Attraktivität die angestrebte personelle Durchhaltefähigkeit bis zum Jahr 2008 aufgebaut werden.

Die mit außerordentlicher Heftigkeit geführte Diskussion um den im Frühjahr 2005 präsentierten ES 08/11 zeigte mit aller Deutlichkeit, wie heterogen die Vorstellungen über die inhaltliche Ausrichtung der Armee und deren sicherheitspolitische Rolle waren.

2.3 Finanzielle Aspekte und Optimierungsmaßnahmen

Die Armee XXI wurde auf der Grundlage von CHF 4,3 Mrd. geplant; sie verfügte aber bereits im Rahmen der Umsetzung lediglich über CHF 3,7 Mrd., da das Verteidigungsbudget durch zwischenzeitlich beschlossene Entlastungsprogramme (EP 03 und EP 04; Bundesrat 2003, 2004b) zur Senkung der Bundesausgaben weiter beschnitten wurde. Das Leistungsprofil hat sich allerdings kaum verändert, die Erwartungshaltung an die Armee ist unverändert hoch, und die Instandhaltung der modernen Systeme ist kostenintensiv geblieben.

Kosteneinsparungen durch die Umsetzung des ES 08/11 wurden vor allem im Bereich der Ausbildung und Ausrüstung (hier u. a. auch auf die Reduktion der materiellen Ausstattung der Reserveverbände), insbesondere bei der Instandhaltung großer Systeme ermittelt. Das Sparpotenzial in diesen Bereichen wurde auf jährlich rund CHF 40 Mio. geschätzt. Durch den Verzicht auf die Verteidigungsbevorratung, die Konzentration der Logistikinfrastruktur und den damit verbundenen Personalabbau sollten jährlich weitere CHF 130 Mio.

---

[4] Beispielsweise die Unterstützung des Grenzwachtkorps, der Schutz internationaler Konferenzen (z. B. G-8-Gipfel, World Economic Forum, Davos), oder die Bewachung diplomatischer Vertretungen.

eingespart werden. Mehraufwendungen von rund CHF 35–40 Mio. für den geplanten Ausbau der militärischen Friedensförderung sollten im Rahmen des VBS-Gesamtbudgets aufgefangen werden (Bundesrat 2004a).

Allerdings konnten mit den im ES 08/11 dargestellten Maßnahmen die Vorgaben des EP 04 nicht erreicht werden. Deshalb war klar absehbar, dass alle weiteren Kostensteigerungen in Betrieb und Unterhalt zulasten der Investitionen (Rüstungsbeschaffungen) gehen würden. Mit diesem Bezug wurde denn auch bereits im Jahr 2005 darauf hingewiesen, dass einige der Grundparameter der Schweizer Armee – d. h. Armeeaufgaben, Wehrpflichtmodell, Armeebestand und Technologieniveau – angepasst werden müssten, sollten Betrieb und Unterhalt für längere Zeit zulasten der Investitionen finanziert werden (Bundesrat 2004a).

Die angesprochene Kostenverlagerung zulasten der Investitionen führte dazu, dass der Aufbau neuer und der Erhalt bestehender Fähigkeiten priorisiert und auf der Zeitachse deutlich gestreckt werden mussten. Um die damit verbundenen Konsequenzen abzufedern, verabschiedete die VBS-Führung im Oktober 2007 sogenannte Optimierungsmaßnahmen (VBS 2007). Deren Ziel war es, den Betriebsaufwand so weit als möglich zu reduzieren: Die Leistungserbringung der Logistikbasis der Armee wurde fortan durch den Einsatz der Truppe unterstützt. Zur Schließung noch verbleibender Leistungslücken sollen gezielt und unter Berücksichtigung der Langfristigkeit und Effizienz externe Anbieter einbezogen werden (Outsourcing). So werden seit Sommer 2008 beispielsweise die Instandhaltungsarbeiten für die handelsüblichen Radfahrzeuge der Armee für rund CHF 24 Mio. eingekauft (Schweizer Eidgenossenschaft 2008). Die frei gewordenen Kapazitäten werden zu Gunsten der Instandhaltung der gepanzerten Fahrzeuge eingesetzt. Für die Folgejahre sind die finanziellen Mittel allerdings neu zu allozieren und die Investitionsbudgets entsprechend zu reduzieren. Längerfristig, d. h. im Rahmen der Legislaturplanung 2011–2014, wird es darum gehen, das Gleichgewicht zwischen Zielen, Leistungen und Mitteln der Armee wieder herzustellen.[5]

2.4 Neuer Sicherheitspolitischer Bericht

Während der letzten eineinhalb Jahre wurde der neue Sicherheitspolitische Bericht (Bundesrat 2010a, Wenger/Möckli 2009) erarbeitet und im Sommer 2010 nach breiter und kontrovers geführter öffentlicher Diskussion dem Parlament zur Kenntnisnahme vorgelegt.

Im Frühjahr 2009 wurden Hearings mit rund 45 Vertretern der politischen Parteien, der Kantone, der Polizei und des Bevölkerungsschutzes, Interessengruppen, wissenschaftlichen Instituten sowie internationalen Experten durchgeführt.[6] Die inhaltliche Auswertung der Hearingbeiträge verdeutlicht, dass die beteiligten Interessenvertreter die Definition der zukünftigen Sicherheitsstrategie für die Schweiz vor allem aus ihrer eigenen Warte und mit Blick auf die individuell bevorzugten Resultate vornahmen. Dadurch wurde die Diskussion von strukturellen und organisatorischen Überlegungen dominiert. Eine über das gesamte

---

[5] Im Moment werden unter dem Anspruch, kurzfristig sparen zu müssen, zahlreiche Maßnahmen um-gesetzt, die vom planerisch-methodischen „Strecken der bzw. Strecken auf der Zeitachse" über die Einschränkung des Munitionsverbrauchs für Ausbildungszwecke bis zur Reduktion der Treibstoffzuteilung reichen. Eine konzeptionelle Gesamtschau wird dabei nicht vorgenommen – mit dem Risiko, dass die Sparmaßnahmen von heute künftig möglicherweise Probleme bereiten.

[6] Zur Dokumentation siehe: <http://www.sipol09.ethz.ch/> (Zugriff: 27. Oktober 2009).

Bedrohungsspektrum und das Instrumentarium der sicherheitspolitischen Mittel vernetzte Gesamtschau kommt daher nicht zustande.[7]

In dieser Ausgangslage war es für die verantwortlichen Stellen sehr schwierig, einen konsensfähigen Ansatz zur sicherheitspolitischen Strategie der Schweiz zu erarbeiten. Das zeigte sich dann auch an den politischen Reaktionen auf den ersten Entwurf des neuen Sicherheitspolitischen Berichts, der im Oktober 2009 im Bundesrat diskutiert wurde. Dabei wurde offensichtlich, dass der sicherheitspolitische Kurs von Verteidigungsminister Ulrich Maurer, der 2008 seinen Vorgänger Samuel Schmid abgelöst hatte, von den anderen Mitgliedern der Landesregierung nicht getragen wurde. Verteidigungsminister Maurer konzentrierte sich im ersten Entwurf des neuen Sicherheitspolitischen Berichts sehr stark auf die inlandsbezogenen Sicherheitsaufgaben. Mit der skizzierten Abkehr vom Grundsatz der „Sicherheit durch Kooperation" setzte er bewusst einen politischen Kontrapunkt, dem die anderen Bundesräte jedoch die Zustimmung verweigerten. Als Konsequenz aus den offenbar grundlegenden Meinungsverschiedenheiten wurde der neue Sicherheitspolitische Bericht nicht länger vom VBS alleine, sondern in einer Arbeitsgruppe mit Vertretern aller Ministerien und weiteren staatlichen Anspruchsgruppen erstellt (NZZ 2009).

Der seit Juni 2010 vorliegende neue Sicherheitspolitische Bericht (Bundesrat 2010a) weist gegenüber dem Entwurf vom Oktober 2009 nur geringfügige Änderungen auf. Er kommt zum Schluss, dass zwar markante sicherheitspolitische Akzentverschiebungen im internationalen Umfeld erfolgt oder im Gang sind, dass aber die sicherheitspolitische Situation in der Schweiz nicht grundlegend anders ist als vor zehn Jahren. In der Folge knüpft der Bericht in den wesentlichen Punkten an die bisherige Strategie an. Zu den wichtigen Neuerungen des Berichtes gehört die umfassende Betrachtungsweise der Sicherheit im Inland: Unter der Bezeichnung „Sicherheitsverbund Schweiz" soll die sicherheitspolitische Kooperation zwischen Bund, Kantonen und Gemeinden verbessert, intensiviert und institutionalisiert werden.[8] Den zweiten Schwerpunkt bilden die Aussagen zur Schweizer Armee. Die mit dem ES 08/11 eingeschlagene Stoßrichtung und Schwergewichtsverlagerung auf subsidiäre Einsätze zur Unterstützung der zivilen Behörden wird bekräftigt. Gleichzeitig erfolgt aber auch der Hinweis darauf, dass solche Einsätze wenn immer möglich vermieden, mindestens jedoch in ihrer Dauer begrenzt sein sollen. Dabei verzichtet der neue Bericht auf den Begriff der Raumsicherung, der im Konflikt mit den Zuständigkeitsregelungen zwischen Bund und Kantonen bei Armee-Einsätzen im Inland für Diskussionen gesorgt hat. Die zur Abwehr eines – derzeit als unwahrscheinlich, auf lange Sicht aber nicht auszuschließenden – Angriffs auf die Schweiz benötigten Fähigkeiten sollen mit einer minimalen

---

[7] In der Vergangenheit gab es solche Versuche, die jedoch kaum politisch realisiert wurden. Im Dokument „Risikoprofil Schweiz: Umfassende Risikoanalyse Schweiz – Entwurf" (VBS 1999), erfolgte eine systematische Aufnahme der potenziellen Bedrohungen und Gefahren mit den dazu gehörenden Risikobeurteilungen (Betrachtung der Eintretenswahrscheinlichkeit und des möglichen Schadens, der bei Eintreffen des Ereignisses entstehen könnte). Die Aussagen der Analyse waren zum Zeitpunkt der Veröffentlichung politisch nicht opportun; der Bericht wurde ad acta gelegt und die Aufgabe mit der Begründung der Akademisierung der Thematik an die ETH Zürich übertragen. Ab 2004 verlangten die Weisungen über den Ausschuss Wissenschaft und Technologie (2003) die Ausarbeitung von Situations-, Trend- und Risikoanalysen. Die im Rahmen des Planungsstabs der Armee aufgebaute Abteilung Prospektivplanung wurde mit der Aufgabe betraut. Auch die von ihr erarbeiteten Erkenntnisse erzielten im System jedoch kaum die gewünschte Wirkung. Die Organisation wurde im Jahre 2004 redimensioniert, teilweise neu ausgerichtet und schließlich Ende 2005 aufgelöst bzw. in die neue Organisation „Strategieplanung V" überführt.
[8] Zeichen dieser Neuausrichtung und Schwerpunktsetzung ist die kürzlich erfolgte Besetzung von zwei Schlüsselpositionen im Sicherheitsverbund Schweiz: Verteidigungsminister Ulrich Maurer hat den Urner Regierungsrat Josef Dittli zum Leiter des Projekts „Strategie Bevölkerungs- und Zivilschutz 2015+" und Martin Vögeli, Chef des Schaffhauser Amtes für Zivilschutz, zum Projektleiter der Sicherheitsverbundübung 2014 ernannt.

Anzahl an Verbänden auf einem qualitativ hohen Niveau bewahrt werden. Für die militärische Friedensförderung soll sich die Schweiz künftig auf wenige Bereiche, in denen sie über hochwertige Fähigkeiten verfügt und internationale Nachfrage besteht, konzentrieren und dafür vermehrt qualitativ hochwertige Beiträge leisten. Ausdrücklich erwähnt werden dabei Lufttransportkapazitäten, terrestrische Logistik- und Transportleistungen oder Sanitätsdienste.

Während der Arbeiten am Sicherheitspolitischen Bericht wurde in der öffentlichen und parlamentarischen Diskussion immer deutlicher, dass zusätzlich ein Bericht zu Sachstand und Perspektiven der Armee erforderlich war. Auf der Grundlage der fortschreitenden Arbeiten am Sicherheitspolitischen Bericht wurde der Armeebericht 2010 (Bundesrat 2010b) erarbeitet und anfangs Oktober 2010 vom Bundesrat zuhanden des Parlamentes verabschiedet. Mit diesem Beschluss wurde die politische Debatte über die Ausgestaltung der Schweizer Armee nach 2015 eröffnet (Box 2).

Box 2: Wesentliche Eckwerte des Grundmodells für eine Schweizer Armee nach 2015

- **Rahmenbedingungen**: An der „Milizarmee" und der „Allgemeinen Wehrpflicht" wird als Vorgabe aus dem Sicherheitspolitischen Bericht festgehalten. Die Konsolidierung der Armee XXI und die Umsetzung des ES 08/11 werden weitergeführt. Es gilt ein Ausgabenplafond von CHF 4.4 Mrd. (plus allfälliger Teuerungsausgleich); gleichzeitig wird bei Investitionen und Betriebsausgaben ein Verhältnis von 40:60 angestrebt.
- **Dienstleistungen**: Mit der Armee XXI wurden Maßnahmen eingeleitet, um den Wettbewerb um knappe Kaderpersonen zwischen Armee und Wirtschaft zu entschärfen. Der Armeebericht 2010 unterstreicht die Bedeutung dieser Maßnahmen. Am System der kurzen Grundausbildung mit periodischen Wiederholungskursen wird festgehalten, jedoch soll die Milizfreundlichkeit mit der Prüfung neuer, funktionsbezogener und maßgeschneiderter Dienstleistungen (Form, Lehrmethoden und Dauer) weiter verbessert werden.
- **Bestandesreduktion**: Die künftige Schweizer Armee sieht einen Sollbestand von 80'000 Armeeangehörigen vor.
- **Strukturelemente und Organisation**: Die einzelnen Aufträge sollen mit folgenden Beständen erfüllt werden: 22'000 sind Operative Reserve zum Erhalt und Weiterentwicklung der Verteidigungskompetenz, einschließlich der Wirkung in der Luft; 35'000 dienen der Unterstützung der zivilen Behörden bei außerordentlichen Ereignissen (davon 150 für Katastrophenhilfe aus dem Stand, 800 für die rasche Unterstützung der zivilen Behörden, 8'000 für den Konferenzschutz und den Schutz kritischer Infrastruktur); 22'000 erbringen Basisleistungen (Nachrichtenbeschaffung für die zivilen Behörden, Führungsunterstützung für andere Ministerien und Ämter, Betrieb von Führungsinfrastruktur für den Bundesrat, ABC-Abwehr und Armeesanität) sowie Ausbildung und Support; 1'000 sind vorgesehen für den Assistenzdienst im Ausland sowie für Beiträge in friedensfördernden Operationen in Form bewaffneter Kontingente, unbewaffneter Einzelpersonen oder Kleingruppen.

Über weite Strecken bleibt der vorliegende Armeebericht – wie gefordert – ein Sachstandsbericht, der in einer Rückschau die erbrachten Leistungen der Armee nochmals beleuchtet, die offensichtlich gewordenen Mängel auflistet und die bereits in Umsetzung begriffenen Maßnahmen zu deren Behebung aufzeigt. Grundsatzthemen wie Dienstleistungsmodell, Durchdienerbestände, Ausrüstungsstandard und Technologieniveau beleuchtet der Bericht sehr zurückhaltend. Der Armeebericht 2010 trägt zwar zur öffentlichen und parlamentarischen Diskussion über die Schweizer Streitkräfte bei. Doch es ist bezeichnend, dass die angesprochenen Grundsatzthemen im Armeeberichts unter der Überschrift „Möglichkeiten für finanzielle Einsparungen" (Bundesrat 2010b: 69–76) in zum Teil recht unverbindlicher Art diskutiert bzw. Alternativen zum bestehenden Wehrmodell wegen befürchteter gesellschaftlicher Akzeptanzproblemen von vorneherein ausgeschlossen werden.

3 Schweizer Streitkräftetransformation im Vergleich

3.1 Das Modell der Streitkräftetransformation Ausland

Transformation beschreibt eine Denkhaltung, einen Prozess und eine Methode zur Gestaltung von Veränderung. Prägend für die Denkhaltung sind vier grundsätzliche Überlegungen. Erstens verändert sich der Charakter der sicherheitspolitischen Herausforderungen, weil immer weniger zwischen den traditionellen Konzepten der inneren und der äußeren Sicherheit sowie der darauf basierenden Differenzierung zwischen militärischen und nichtmilitärischen Instrumenten der Sicherheitspolitik unterschieden werden kann. Als logische Folge können, zweitens, die heutigen Herausforderungen nicht länger nur mit einem sicherheitspolitischen Instrument beantwortet werden. Vielmehr bedarf es der konsequenten Vernetzung unterschiedlicher Instrumente, Fähigkeiten und Akteure (Borchert 2004). Drittens sind die sicherheitspolitischen Herausforderungen akut, d. h. es geht nicht länger um das Vorhalten geeigneter sicherheitspolitischer Fähigkeiten, sondern um deren wirklichen Einsatz – notabene in Einsatzregionen fernab der Heimat. Die Steigerung der Leistungsfähigkeit im Einsatz steht damit im Zentrum der Transformation (Bundesministerium der Verteidigung 2004). Daraus resultiert schließlich, viertens, ein im Vergleich zur Vergangenheit deutlich weniger deterministischer Ansatz der Konzeptentwicklung. Wenn die Risiken diffus sind und die Antworten darauf nicht klar benannt werden können, dann ist es auch schwierig, abschließende Konzepte und Maßnahmenpläne mit konkreten Zeitachsen für die Umsetzung zu definieren.

In prozessualer und methodischer Sicht erfordert Transformation demzufolge mehr Ergebnisoffenheit und mehr Flexibilität, um die vorhandenen außen- und sicherheitspolitischen Strukturen, Instrumente und Fähigkeiten an die sich dynamisch verändernden Umfeldbedingungen anzupassen. Konkret bedeutet dies, dass Erfahrungen aus den Einsätzen (Lessons Learned und Lessons Identified) ebenso konsequenter in die Weiterentwicklungsarbeit einbezogen werden müssen wie Gedanken zu den künftigen Herausforderungen, die z. B. über die systematisch angelegte Zukunftsanalyse entwickelt werden. Dabei spielen die Konzeptentwicklung und deren experimentelle Überprüfung eine besondere Rolle (Thiele 2004). Einsatzbezogen erfolgt die Realisierung von Transformation über die Vernetzte Operationsführung, also die ebenen- und teilstreitkraftübergreifende Vernetzung aller relevanten Personen, Sensoren und Effektoren in einem gemeinsamen Informations- und Kommunikationsverbund (Bundesministerium der Verteidigung 2004).

Ausgehend von den USA haben diese generellen Überlegungen seit Mitte 1990 weitgehend Eingang gefunden in die konzeptionellen Ansätze zur Weiterentwicklung der Streitkräfte im NATO-/EU-Raum. Dies hat dazu geführt, dass

- Streitkräfte in einer „System of Systems"-Betrachtung weiterentwickelt werden, d. h. der Beitrag jedes einzelnen Bausteins – sei es eine Truppeneinheit, eine Plattform oder ein Sensor – bestimmt sich durch den Grad seiner Integrationsfähigkeit in den gesamten Verbund von Aufklärung, Führung und Wirkung;
- der wirkungsorientierte Ansatz die nahtlose Abstimmung zwischen militärischen und nicht-militärischen Fähigkeiten ins Zentrum der Betrachtung rückt;
- Streitkräfte neben ihren nationalen Aufgaben immer stärker internationale Aufgaben in einem sehr anspruchsvollen Umfeld übernehmen;
- die Herstellung eines gemeinsamen Lagebewusstseins und Lageverständnisses als Basis der Zusammenarbeit zwischen einer Vielzahl unterschiedlicher Akteursgruppen verstanden wird;
- institutionelles Lernen und strukturelle Flexibilität durch die Anwendung geeigneter Methoden bewusst teilstreitkraft-, ressort- und politikfeldübergreifend gefördert werden sollen.

Trotz der weiten Verbreitung dieses allgemeinen Gedankenguts gibt es auch im NATO-/EU-Kontext nach wie vor ein unterschiedliches Verständnis des Begriffs Transformation. Terriff/Osinga (2010) kommen in ihrer Auswertung unterschiedlicher nationaler Transformationsansätze sogar zum Schluss, Transformation sei eine nur unzureichend definierte Norm. Unterschiedliche Einsatzerfahrungen könnten bestehende Begriffsverständnisse zusätzlich verstärken, weil z. B. die Briten aus ihrem Einsatz in Afghanistan ganz andere Notwendigkeiten ableiten dürften als deutsche, französische oder spanische Truppen, die dort ebenfalls tätig sind. Damit verbunden ist nach ihrer Einschätzung das Risiko, dass

> „European militaries thus may employ a common language of 'transformation', (…) but the actual content, or meaning, of these concepts and how they are applied may be different. Individual militaries may be using the language of transformation more to impart legitimacy to themselves (…) European militaries therefore may use the same terms and language but they may not be talking about the same thing other allied militaries are, or even NATO is, when using the language of transformation" (Terriff/Osinga 2010: 191).

Die Varianz der nationalen Transformationsansätze, die im Alltag zu beobachten ist, resultiert nach unserer Auffassung aus der unterschiedlichen Betonung verschiedener Aspekte, die wir modellhaft in Abbildung 1 darstellen.

Im Zentrum der Bemühungen steht für beinahe alle ausländischen Streitkräfte die Steigerung und Aufrechterhaltung der Leistungsfähigkeit im Einsatz. Dieser Fokus ergibt sich, wie dargelegt, aus den sicherheitspolitischen Herausforderungen, aber auch aus der Verantwortung, die die meisten Staaten im Rahmen ihrer internationalen Bündnisverpflichtungen für sich selbst und für ihre alliierten Partner eingehen. Wie sich die Einsatzorientierung konkret im Aufgabenspektrum und im Fähigkeitsprofil niederschlägt, wird wiederum bestimmt durch verschiedene Randbedingungen, die sich gegenseitig beeinflussen.

Die gesellschaftliche Akzeptanz der Streitkräfte als legitimes Mittel der Politik definiert ganz weitgehend das politische Ambitionsniveau, das sich in der Bereitschaft ausdrückt, Risiken notfalls auch unter Einsatz des Lebens der eigenen Bürger zu bekämpfen. Dabei spielen die (sicherheits-)politische Kultur eines Landes und seine Tradition eine maßgebliche Rolle (Katzenstein 1996). Diese beiden Stellgrößen bestimmen die Mittelausstattung der Streitkräfte, in Abbildung 1 mit den Stichworten Finanzen und Personal idealtypisch beschrieben. Das Technologieniveau der Streitkräfte ist schließlich einerseits Voraussetzung, andererseits Folge der Antworten auf die drei übrigen Randbedingungen. Ganz entscheidend ist in dieser Hinsicht die militärische Kultur (Adamsky 2010; Farrell 2005; Terriff 2006), die sich in der Bereitschaft zur Aufnahme oder Ablehnung technischer Veränderungen und der damit verbundenen doktrinalen und organisatorischen Konsequenzen niederschlägt. Diese Bereitschaft wird wiederum stark geprägt von der Einsatzerfahrung, die Chancen und Gefahren der Wechselwirkungen zwischen technischer Innovation und Leistung im Einsatz verdeutlicht, und der doktrinalen Prägung der Soldaten und Offiziere.

Abbildung 1: Bestimmungsfaktoren der Streitkräftetransformation im Ausland (Quelle: Eigene Darstellung)

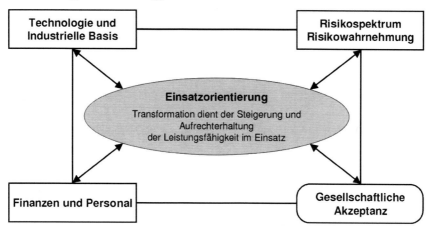

Lesehinweis: Fokus und Randbedingungen sind miteinander gekoppelt (Doppelpfeile) und beeinflussen sich gegenseitig. In gleichem Masse existieren Abhängigkeiten unter den Randbedingungen (ausgezogene Linien). Im Zentrum steht die Einsatzfähigkeit der Streitkräfte.

Wie die nationale Ausprägung dieser unterschiedlichen Faktoren die Einsatzorientierung und Einsatzfähigkeit der Bundeswehr und des Österreichischen Bundesheeres beeinflussen, verdeutlichen die übrigen Beiträge des vorliegenden Sammelbands. Darüber hinaus lassen sich auch bei anderen Nationen signifikante Unterschiede erkennen. So ist die grundlegende Ausrichtung der britischen Streitkräfte stark durch den Wunsch der politischen Partnerschaft mit den USA geprägt. Diese Ausrichtung hat wiederum unmittelbare Konsequenzen für die Streitkräfteentwicklung in anderen europäischen Ländern wie z. B. den Niederlanden, Norwegen oder Dänemark, die Großbritannien als strategischen Partner sehen, mit dem sie ihre Zusammenarbeitsfähigkeit sicherstellen wollen. In bestimmten Fällen wird dabei die länderübergreifende Interoperabilität zwischen den jeweiligen Teilstreitkräften (Combinedness) sogar stärker gewichtet als die Fähigkeit zur Zusammenarbeit der nationalen Teilstreitkräfte (Jointness). Schweden ist im Unterschied dazu ein interessantes Fallbeispiel für eine Nation, die den politischen Willen hat, ihr Ambitionsniveau zu steigern und die Streitkräfte dabei gezielt als Instrument nutzt, um die rüstungsindustrielle Technologiebasis auf Fähigkeiten auszurichten, die auch für andere Nationen und Unternehmen von Relevanz sind.

3.2 Das Modell der Streitkräftetransformation Schweiz

Um die Eigenheiten und Unterschiede des Transformationsansatzes der Schweizer Streitkräfte zu verstehen, ist zuerst ein Blick auf den mit der Armee XXI eingeführten und inzwischen etablierten Planungsprozess erforderlich, denn dieser ist der Motor der angestrebten Veränderung.

Mit dem Projekt Armee XXI wurden gleichzeitig die Armeeführung und die Verwaltungsstrukturen angepasst. Für unsere Betrachtungen ist die Aufstellung des Planungsstabs der Armee bedeutsam: Mit der Reform der damaligen Untergruppe Planung wurde auch ein systematischer Planungsprozess entworfen und implementiert (Box 3). Auf der Grundlage der sicherheitspolitischen Vorgaben sollte eine prospektive Sicht der zukünftigen Armee mit einem Zeithorizont von rund 20 Jahren erarbeitet und mit Doktrinbetrachtungen, die den gleichen Zeithorizont abdeckten, entwickelt werden. Aus dieser gemeinsamen Sicht werden die Soll-Fähigkeiten definiert, die für künftige Streitkräfte abgeleitet werden. Ein Vergleich mit dem Ist-Zustand ergibt die vorhandenen Fähigkeitslücken, die in einer Masterplanung[9] aufgenommen werden. Diese bildet die Grundlage für die Umsetzungsplanung wie z. B. Beschaffungen und stellt sicher, dass die Domänen Doktrin, Organisation, Ausbildung, Material und Personal kohärent aufeinander abgestimmt sind.

Box 3: Ursprüngliche Hauptprozesse des Planungsstabs der Armee (Planungsstab der Armee 2005)

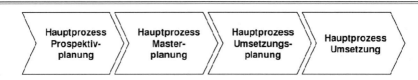

- **Hauptprozess Prospektivplanung:** Entwicklung prospektiver Visionen auf der normativen Ebene für die kontinuierliche Weiterentwicklung der Armee, Erarbeitung alternativer Joint Visions und Ableitung der SOLL-Fähigkeiten für Streitkräfte und Unternehmen.
- **Hauptprozess Masterplanung:** Erarbeitung des Masterplans als Steuerungselement für die Streitkräfte- und Unternehmensentwicklung und Beauftragung der Umsetzungsplanung mit dem Zweck der Abstimmung von Leistung und Ressourcen, der Sicherstellung von Kohärenz von Doktrin, Unternehmensentwicklung, Organisationsentwicklung, Ausbildung, Material und Personal. Schaffen günstiger Voraussetzungen zur integralen und optimierten Schließung erkannter Fähigkeitslücken.
- **Hauptprozess Umsetzungsplanung:** Vorbereitung der Umsetzung und Erteilung konkreter Vorgaben und Aufträge an die Umsetzung. Planung und Steuerung der Umsetzung.
- **Hauptprozess Umsetzung:** Grundbereitschaft erstellen und Voraussetzungen für den optimalen Betrieb und die Planung der Einsatzbereitschaft der Armee schaffen.

In diesem Kontext wurde Transformation ursprünglich als „Umwandlung" (Bundesrat 2001) von der Armee 95 zur Armee XXI verstanden. Der Veränderungsprozess behielt den Charakter klassischer Reformen. Das Armeeleitbild XXI hielt fest, die Transformation „umfasst drei Phasen (Vorbereitung 2000–2003, Überführung 2004, Konsolidierung ab 2005) und verläuft in mehreren Schritten" (Bundesrat 2001: 1045). Erst im Rahmen der Doktrinentwicklung wird Transformation im Sinne des oben beschriebenen internationalen Begriffsverständnisses definiert und um die Elemente der kontinuierlichen Weiterentwick-

---

[9] Das im Jahresrhythmus überarbeitete Grundlagendokument ist der MASTERPLAN. Er ist die ver-bindliche Grundlage für Planung, konzeptionelle Studienarbeiten, die Rüstungsprogramme und deren Implementierung.

lung, der prospektiven Betrachtung und der Fähigkeitsoptimierung erweitert.[10] Mit der Feststellung, dass die Konzeptentwicklung und deren experimentelle Überprüfung den Transformationsprozess unterstützen, wird gleichzeitig darauf verwiesen, dass die Streitkräfteplanung vom „traditionellen, überwiegend materialgetriebenen Systemnachfolgedenken" (Planungsstab der Armee 2007: 5) Abschied nehmen müsse und ein Kulturwandel unerlässlich sei. Als Zielsetzung der Transformation wird die Befähigung zur Vernetzten Operationsführung definiert, in der Schweiz als Network-Enabled Operations bezeichnet (Planungsstab der Armee o. J.). Auf der konzeptionellen Ebene sind damit Begriffsverständnis, Ziel und Methode der Schweizer Streitkräftetransformation weitgehend deckungsgleich mit ausländischen Ansätzen.

4   Fazit: Gleiche Terminologie – andere Inhalte

Die Schweizer Streitkräftetransformation bewegt sich in einem mit dem Ausland vergleichbaren konzeptionellen Rahmen, basiert aber auf anderen Voraussetzungen und setzt andere inhaltliche Schwerpunkte. Bei den Voraussetzungen können drei Aspekte besonders hervorgehoben werden:

- Erstens ist eine von Konsens getragene sicherheitspolitische Konzeption zu erarbeiten. Diese sollte aus den eigenen Interessen und Werten der Schweiz ableiten, welche Kernaufgaben von den sicherheitspolitischen Instrumenten individuell und gemeinsam erbracht werden sollen. Darauf abgestimmt erfolgt die Zuteilung der erforderlichen Ressourcen, insbesondere Finanzen, Personal und Wissen. Konsens besteht in der Schweiz gegenwärtig aber nur insoweit, als die Existenz der Armee politisch und gesellschaftlich unbestritten ist (Svircsev Tresch/Wenger 2009: 135–137). Kontrovers diskutiert wird dagegen, welche Aufgaben die Armee mit welchen Fähigkeiten und Mitteln in welchen Strukturen und mit wem erbringen soll.
- Zweitens braucht es ein klares politisches Bekenntnis zu einer zukunftsorientierten Konzeption der Sicherheitspolitik. Gestützt darauf können ressortübergreifende und ressortspezifische Zuständigkeiten und Verantwortlichkeiten zugewiesen werden. Hierfür bedarf es entsprechender Prozesse und Strukturen sowie methodischer Ansätze (z. B. Zukunftsanalyse, Szenariotechnik, Modellbildung und Simulation). Dieses Bekenntnis ist angesichts des brüchigen Konsenses über die Grundfragen der Schweizer Sicherheitspolitik nur sehr schwach ausgeprägt. Regelmäßig sind die Lageanalysen, die auch den Sicherheitspolitischen Berichten vorangestellt werden, inhaltlich weitgehend deckungsgleich mit ausländischen Erkenntnissen. Die Konsequenzen, die daraus jedoch in der Schweiz gezogen sind, weichen deutlich von ausländischen Entwicklungen ab.
- Drittens geht das Konzept der Transformation von einer einsatzorientierten Ableitung des Fähigkeitsbedarfs aus. Da die aktuell wahrscheinlichen subsidiären Einsätze und die generelle Schwerpunktverteilung zwischen den drei Grundaufgaben der Armee in den Interessenverbänden wie Offiziersgesellschaften, Milizorganisationen und Parteien höchst umstritten sind, gibt es kaum eine gesicherte Basis für die Definition einsatzorientierter Fähigkeiten. Angesichts der Meinungsverschiedenheiten über die Einsatzorien-

---

[10] In der Schweiz wird demnach folgende Definition verwendet: „Transformation ist ein Prozess der fortlaufenden Veränderung von Streitkräften entlang der Entwicklungslinien Doktrin, Armee-Organisation, Ausbildung, Material und Personal. Der Transformationsprozess bedingt eine ständige Fähigkeitsoptimierung mit dem Ziel, komplexen, neuartigen Bedrohungen effektiv entgegentreten zu können." (Planungsstab der Armee 2008: 210).

tierung stehen Diskussionen zur Ausbildung, zur Durchführung größerer Truppenübungen sowie zur Optimierung vorhandener Strukturen und Prozesse im Vordergrund.

Vor diesem Hintergrund wurde die Transformation der Schweizer Armee quasi als „Parallelprozess" zum eigentlichen Reformprozess realisiert. Einzelne Konzeptideen fanden Eingang in Grundlagendokumente, doch weder das Grundkonzept der Armee XXI noch des Entwicklungsschritts 08/11 sind transformatorisch im Sinne der oben erwähnten Ausführungen. Der Grund dafür liegt in der Tatsache, dass das Modell der Schweizer Streitkräftetransformation in zwei wichtigen Punkten von ausländischen Ansätzen abweicht: Wichtigster Treiber ist nicht die Einsatzorientierung, sondern die gesellschaftliche Akzeptanz der Armee. Weil der Fokus der Betrachtung auf dem Inland liegt, ergeben sich für Risikospektrum, Ressourcenausstattung und Technologieniveau der Schweizer Armee ganz andere Konsequenzen als für ausländische Streitkräfte.

Abbildung 2: Bestimmungsfaktoren der Streitkräftetransformation in der Schweiz
(Quelle: Eigene Darstellung)

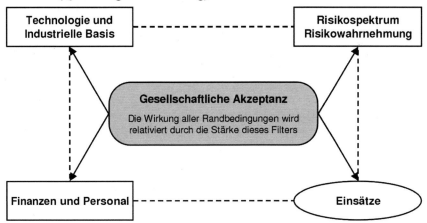

Im Zentrum der plebiszitären Demokratie der Schweiz steht der politische Konsens. Daraus leitet sich die gesellschaftliche Akzeptanz als übergeordnetes Erfolgskriterium ab (Abb. 2). Die gesellschaftliche Akzeptanz beeinflusst alle anderen Elemente des Modells, so dass im Unterschied zu Abbildung 1 die Rückkoppelungen geringer ausgeprägt sind.[11] Ein Erklärungsgrund dafür liegt in der von Karl Haltiner im vorliegenden Band diagnostizierten „Drittelsgenossenschaft", also dem Umstand, dass die wichtigsten politischen Kräfte in der Schweiz in etwa gleich stark sind und sich keine dieser Kräfte gegen die anderen durchzusetzen vermag. Das Ergebnis ist eine Pattsituation, die nur sehr langsam Veränderung zulässt. Das erklärt auch, weshalb das dargestellte Modell in der Schweiz anderen Wirkungsmechanismen unterworfen ist.

Die Risikowahrnehmung ist aktuell ausgeprägt binnenzentriert, weshalb der Fokus vor allem auf den Einsätzen im Inland liegt. Im herrschenden Umfeld handelt es sich ausnahmslos um subsidiäre Einsätze, die die Armee zugunsten der Polizei und des Grenz-

---

[11] Das wird grafisch durch die nur in eine Richtung weisenden Pfeile und die gestrichelten Linien zum Ausdruck gebracht.

wachtkorps leistet. Diese Leistungen wurden während Jahren vom Berufspersonal der Militärischen Sicherheit und von Milizverbänden im Rahmen der ordentlichen Wiederholungskurse erbracht. Die Einsätze gingen aber zulasten der Ausbildung in den Kernaufgaben und gerieten daher seitens der Interessenorganisationen der Miliz und der Politik zunehmend in die Kritik. In der Folge wurden und werden die permanenten Überwachungs- und Bewachungsaufgaben kurz- und mittelfristig schrittweise in die Verantwortung der Militärischen Sicherheit überführt oder mit Durchdienern geleistet. Langfristig sollen zwar subsidiäre Einsätze zur Unterstützung der Polizei und der Grenzüberwachung sowie im Rahmen der humanitären Hilfe die Schwerpunkte bilden, doch im Moment ist die Achse „Gesellschaftliche Akzeptanz – Einsätze" die Achillesferse der Streitkräfteentwicklung, wie wir im letzten Abschnitt darstellen werden.

Die demografische Entwicklung, der zunehmende Gebrauch der Wahlfreiheit zwischen Zivildienst und Wehrdienst zuungunsten der Armee und der nach wie vor vorhandene finanzielle Druck werden in absehbarer Zeit dazu führen, dass die Schweizer Armee noch einmal substanziell verkleinert werden muss. Diese Entwicklung wird zur Diskussion um das Wehrmodell – Wehrpflicht, freiwillige Miliz oder Berufsarmee – führen. Das bis anhin starke politische Engagement für die Beibehaltung von Wehrpflicht und Miliz hat dazu geführt, dass diese Diskussion erst auf Expertenebene ernsthaft geführt wird und noch keinen Eingang in eine umfassende öffentliche Debatte gefunden hat. Selbst die während Jahren erfolgte schleichende Erosion der finanziellen Ausstattung der Armee bei gleichzeitiger Aufrechterhaltung des politischen Anspruchs an einen hohen Leistungsstandard der Armee hat keine Grundsatzdiskussion ausgelöst. Erst im Rahmen der aktuellen Teilersatzbeschaffung zur Ablösung der alternden Tiger-Kampfflugzeugflotte gibt es Anzeichen einer Diskussion über die Mittelausstattung.

Technologische Fragestellungen – obwohl thematisiert und vertieft bearbeitet – waren bislang ebenfalls kaum Treiber der Streitkräfteentwicklung. Insgesamt ist es schwierig, für die Schweizer Armee ein den ausländischen Streitkräften vergleichbares Technologieniveau zu beanspruchen, wenn der Fokus der Einsatzorientierung weitgehend im Inland liegt. Zudem dominiert in Technologiefragen die „Miliztauglichkeit", d. h. die Frage, inwieweit modernes Gerät von Milizsoldaten bedient werden kann. Wenig überraschend für eine Streitkraft, die Technologie nicht unter hohen und schnell wechselnden Einsatzrhythmen einführen muss. Hinzu kommt, dass von der rüstungstechnologischen Industriebasis in der Schweiz ebenfalls kaum nennenswerte Impulse ausgehen. Der Schweizer Rüstungsmarkt ist insgesamt zu klein, und wegen der restriktiven Kriegsmaterialexportgesetzgebung können lukrative Auslandsmärkte nur mit hohem Aufwand oder überhaupt nicht erschlossen werden.

5 Vorbereitet auf welche Zukunft?

Wegen der ausgesprochenen Risikoaversion hält die Schweiz gegenwärtig am Status Quo fest. Die Konsensorientierung und die Kompromissbereitschaft dominieren die Diskussion, so dass die „freie Fläche", auf der sich Gestaltungswille entfalten könnte, minimal ist. Das strategische Potenzial der Schweizer Streitkräfte im Sinne des politischen Nutzens, der aus ihrem Einsatz resultiert, ist beschränkt. Damit stellt sich die Frage nach tragfähigen Ideen für die künftige Entwicklung der Schweizer Armee. Wir sehen drei grundsätzliche Optionen, wobei zwei davon in die konzeptionelle Selbstblockade führen. Als Mittelweg zeichnet sich daher ein duales Wehrsystem ab, in dem die Berufskomponente gestärkt und konsequent auf die internationalen Aufgaben ausgerichtet werden könnte.

Option 1: Landesverteidigung und subsidiäre Einsätze im Innern

Die kompetente Ausführung von Polizeiaufgaben verlangt einen hohen Spezialisierungsgrad, eine umfassende Ausbildung der Akteure, die notwendigen Fähigkeiten und rechtlichen Kompetenzen, um die Handlungsfähigkeit sicher zu stellen. Die Wirksamkeit und die Zweckmäßigkeit des Einsatzes von Milizsoldaten sind jedoch umstritten. Ihre Polizeiausbildung ist rudimentär und daher sind auch die Einsatzregeln (Rules of Engagement) sehr restriktiv ausgelegt. Für den direkten Kontakt mit der Zivilbevölkerung und die Ausübung der Kernaufgaben der inneren Sicherheit sind parallel zu den Armeekräften auch die normalen Polizeikräfte erforderlich. Weil die Effizienz von Milizformationen für solche Aufgaben beschränkt ist, müssen entsprechend große Bestände vorgehalten werden. Nicht zuletzt wegen solcher Überlegungen haben andere Staaten das Modell der Gendarmerie oder Carabinieri gewählt oder die Lücken in ihren Polizeikorps mit den entsprechenden Folgekosten aufgefüllt. Bei weiterer Übernahme von Polizeiaufgaben läuft die Schweizer Armee im Inland Gefahr, in die erste konzeptionelle Falle zu laufen: Was aus Kostengründen als Beitrag zur inneren Sicherheit politisch willkommen ist und mit Ressourcen alimentiert werden kann, entzieht der Armee auf Zeit die Legitimation, weil insbesondere die Motivation der Truppe abnimmt.

Die territoriale Landesverteidigung verlangt eine ganz andere Ausgestaltung der Armee bezüglich Konzeption, Struktur, Ausrüstung, Ausbildung, Finanzen und Bereitschaft. Soll die Verteidigung, wie von gewissen Kreisen befürwortet, autonom gewährleistet werden, übersteigt dies die Möglichkeiten eines Kleinstaates aus geografischen, finanziellen und personellen Gründen. Hier zeichnet sich die zweite konzeptionelle Falle im Inland ab: Der Beitrag, aus dem die Armee ihre eigentliche Grundlegitimation ableitet, kann nicht mehr im Alleingang gewährleistet werden.

Option 2: Auslandseinsätze

Die von der Schweiz bislang durchgeführten friedensunterstützenden Operationen weisen für das „Gesamtsystem Armee" nur einen beschränkten Lerneffekt auf, weil sie quantitativ und qualitativ seit Jahren weitgehend auf dem gleichen Niveau verharren. Hinzu kommt, dass die militärische Präsenz in einer für die Schweiz wichtigen Region wie dem Balkan mittelfristig abgebaut werden dürfte, weil Sicherheit auf andere Weise gewährleistet werden kann. Parallel dazu gilt, dass friedensunterstützende Operationen der UNO nicht nur inhaltlich anspruchsvoller geworden sind, sondern zunehmend in Regionen stattfinden, für die ein Schweizer Interesse nur dann argumentativ hergeleitet werden kann, wenn eine strategische Sichtweise zugrunde gelegt wird, für die es innenpolitisch bislang aber keine Basis gibt. In Summe führt die bloße Fortschreibung des bisherigen internationalen Engagements in die erste Sackgasse, denn das, was möglich ist, ist nicht länger sinnvoll.

Damit fällt der Blick automatisch auf die Krisenmanagementoperationen der EU- und NATO-Staaten, mit denen die Schweiz Ziele, Werte und Interessen weitgehend teilt. Die Schweiz ist mit den EU- und NATO-Staaten gesellschaftlich, wirtschaftlich und auch politisch eng verflochten, so dass die Teilnahme an EU- oder NATO-geführten Operationen sinnvoll sein kann. Beiträge in diesem Kontext erfordern aber in der Regel ein deutlich robusteres Fähigkeitsprofil sowie die Übernahme von riskanteren Aufgaben. Für diese Aufgaben – das könnte eine Lehre aus dem Nein des Schweizer Parlaments zur Beteiligung an der EU-geführten NAVFOR vor Somalia im September 2009 sein – besteht aber gegenwärtig nicht der politische Wille. Daraus entsteht die zweite Sackgasse, denn das, was sinnvoll wäre, ist politisch nicht möglich.

Option 3: Ein duales Wehrsystem als Lösungsansatz

Sicherheit und Sicherheitspolitik sind auf den Menschen und die Gesellschaft bezogen. Inhalte werden durch Erfahrungen, Geschichte und Geografie geprägt sowie letztlich durch Sprache definiert und durch Argumente vermittelt. Hier liegt ein möglicher Ansatzpunkt, denn die gesellschaftliche Akzeptanz der sicherheitspolitischen und streitkräftebezogenen Transformation lässt sich aktiv gestalten. Aufbauend auf den bisherigen durch Kultur und Geschichte erarbeiteten Erfolgsformeln könnten sich durchaus Lösungen anbieten, um die beschriebenen Blockaden zu überwinden. Ein duales Wehrsystem mit einer deutlich ausgebauten Berufskomponente als Instrument einer Interessenpolitik, die den Ambitionen der wirtschaftlich sehr hoch entwickelten Schweiz entspricht, sowie eine Milizkomponente, die subsidiäre Einsätze unterstützt, den Gedanken der Wehrpflicht sinnvoll weiterentwickelt und jene Form des sozialen Austauschs ermöglicht, von dem die Schweiz in der Vergangenheit profitiert hat.[12]

Die Berufsformationen könnten die Themen internationale zivil-militärische Zusammenarbeit, Krisenprävention und Krisenmanagement in ausgewählten, für die internationalen Partner besonders relevanten Nischen abdecken. Dabei dürften kapitalintensive anstelle personalintensiver Lösungsansätze gesellschaftlich, politisch und wirtschaftlich besonders attraktiv sein. Wesentlich ist, dass es der Schweiz gelingt, in Bereichen der sozialmilitärischen Fähigkeiten und auf dem Sektor der technologischen Innovation, wo die Schweiz militärisch wettbewerbsfähig ist, aktiv Beiträge einzubringen. Solche Beiträge, die international nachgefragt sind, können die „Sichtbarkeit" des Schweizer Engagements verbessern und die internationale Position der Schweiz stärken. Im Gegenzug legen sie die Grundlage für den Zugang zu High Value Assets (z. B. satellitengestützter weltweiter Aufklärungs-, Informations- und Kommunikationsverbund, strategische Transportfähigkeiten), die sich die Schweiz allein nicht leisten kann. Solche Beiträge sehen wir in folgenden Feldern:

- Kurzfristig könnten Bereiche ausgebaut werden, die schon heute konsensfähig sind. Dazu zählen beispielsweise militärdiplomatische Dienstleistungen, Verbindungsoffiziere (vor allen in Gebieten, die z. B. multikulturelle Erfahrungen erfordern), Spezia-

---

[12] Die Eidgenossenschaft ist als Wehrgemeinschaft entstanden und basierte auf einer zu mobili-sierenden kantonalen Miliz, die die territoriale Verteidigung oder militärische Unterstützung verbündeter Kantone sicher zu stellen hatte. Die im 17. Jahrhundert entstandene Landesdefensions-Organisation beruhte auf einer Mobilmachungsstreitkraft und aus stehenden Regimentern, die in fremdem Dienst standen. Letztere waren jeweils auf dem neuesten Stand der Ausrüstung, ausgebildet und im Einsatz erprobt. Sie konnten für die Landesverteidigung zurückgerufen werden; einige davon mit dem Versprechen zusätzlicher Verstärkung durch ihren Dienstherrn. Dieses duale System brachte in gewisser Hinsicht die Vorteile einer Miliz mit derjenigen einer Berufstruppe in Verbindung. Der Übergang zu einer Milizarmee, also eine zu mobilisierende Miliz zum Zweck der Landesverteidigung, stand immer im Spannungsfeld von Weiterentwicklung und bereitgestellten Ressourcen sowie der Bereitschaft, die notwendige Zeit für die Ausbildungsdienste aufzubringen. Vgl. dazu auch Jaun (2008).

listen in den Bereichen Recht, Finanzen, forensische Medizin und Physik genauso wie Fähigkeiten des taktischen Lufttransports.
- Mittelfristige Optionen sehen wir bei unbemannten Fähigkeiten für den Aufklärungsverbund, technischen Beiträgen für die Früherkennung von CBRNE-Risiken[13] oder Gebirgsspezialisten.
- Prospektiv denkbar sind Nischenfähigkeiten wie Elektronische Aufklärung, Elektronischer Schutz und Kryptografie, der Einsatz von Gebirgsjägern und die Bereitstellung von Fähigkeitspaketen zur Zielidentifizierung im Einsatzraum bestehend aus Spezialkräften, unbemannten Plattformen und den entsprechenden Informations- und Kommunikationskapazitäten. Zu den prospektiven Feldern zählen darüber hinaus auch Beiträge im Bereich der Luftmacht (Air Power).

Diese Überlegungen bedeuten, dass die Schweiz das Verhältnis der Gesellschaft zur Armee neu diskutieren müsste: Herausragende Fähigkeiten lassen sich nur anbieten, wenn man die besten Leute dafür gewinnen kann und die Armee als Institution an der Spitze des Fortschritts wahrgenommen wird. Die Konzentration auf kapitalintensive Fähigkeiten eröffnet zusätzlich neue wirtschaftliche Möglichkeiten im High Tech-Bereich mit hoher wirtschaftlicher Wertschöpfung. Lag in der Vergangenheit das Schwergewicht industriepolitisch gesprochen in der Maschinenindustrie und in der Bauwirtschaft, könnten sich durch die beschriebenen Optionen heute neue Chancen in zukunftsorientierten Bereichen wie Chemie, Diagnostik, Pharma, Weltraum, Mikroelektronik, Antriebstechnik sowie Betrieb und Unterhalt von Teilkomponenten global wirkender Systeme (z. B. Satelliten) eröffnen.

6 Ausblick

Der im September 2009 veröffentlichte Außenpolitische Bericht 2009 skizziert Perspektiven der künftigen Schweizer Sicherheitspolitik und damit auch der Streitkräfteentwicklung. Darin bringt das Eidg. Departement für auswärtige Angelegenheiten eine Aufgabe klar auf den Punkt:

> „Die internationale Politik (...) ist auch gefordert, mit Zwangs- und Ordnungsmaßnahmen militärischer und polizeilicher Art für Frieden und internationale Sicherheit zu sorgen. Die Herausforderungen in diesem Bereich sind heute hoch, zumal in vielen Konfliktgebieten keine minimal funktionierende staatliche Ordnung mehr existiert." (Bundesrat 2009: 3)

Ob und in welcher Form diese Feststellung für die Weiterentwicklung der Schweizer Armee relevant ist, wird sich zeigen. Der Handlungsspielraum scheint beschränkt: Vorerst wird es darum gehen, dass die mit der Reform A XXI, dem ES 08/11 und den Optimierungsmaßnahmen eingeleiteten, sich inhaltlich und zeitlich überlappenden Veränderungen konsolidiert werden (Abb. 3). Ziel wird es sein, die sich in immer rascherer Folge aufdrängenden Anpassungen der Armee ab 2011 in einen kontinuierlichen, den Gedanken der Transformation aufnehmenden Prozess zu überführen. Der Erfolg dieser Konsolidierung hängt in hohem Maße vom angeordneten Um- und Abbau der Führungsstufe Armee ab. Gelingt es nicht, das explizite und implizite Wissen dieser Organisation zu erhalten, wird

---

[13] CBRNE: Chemical, biological, radiological, nuclear, and explosives. Eine wesentliche Herausforderung besteht hier nicht nur in der Sensorik zur Gefahrenerkennung, sondern auch in der Integration der Sensoren in den Aufklärungs-, Führungs- und Wirkungsverbund, um zeitnah Abwehr- und Gegenmaßnahmen auslösen zu können.

die Kontinuität der Leistungsfähigkeit dieser Organisation in Frage gestellt – mit der Folge zusätzlicher Verzögerungen im Prozess der Weiterentwicklung der Armee.

Abbildung 3: Sequenz der Transformationsschritte (in Anlehnung an Blattmann 2009)

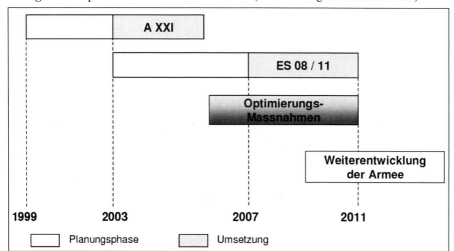

Vor 2015 können aufgrund der bereits eingeleiteten Konsolidierungsanstrengungen und der Planungsarbeiten an der künftigen Armee grundlegende Veränderungen ausgeschlossen werden. Für den Fall, dass bis dahin die momentan ins Stocken geratene Beschaffung eines neuen Kampfflugzeugs realisiert wird, ist damit zu rechnen, dass auch die Luftwaffe mit der Einführung des neuen Systems weitgehend absorbiert sein wird. Weitere Optimierungsmaßnahmen wie der mehrfach in die Diskussion eingebrachte Vorschlag der Zusammenlegung der Führungsunterstützungsbasis und der Logistikbasis zu einer neuen Organisationseinheit dürften ebenfalls politische Aufmerksamkeit und Managementkapazitäten binden. Die im Armeebericht 2010 beschriebene drastische Bestandsreduktion auf 80'000 Angehörige macht deutlich, dass sich die demografische Entwicklung spätestens ab 2015 signifikant auf die Schweizer Armee auswirken wird. Darüber hinaus ist anzunehmen, dass die Streitkräfteentwicklung in den europäischen Nachbarstaaten, je nach dem, wie stark die aktuelle Wirtschafts- und Finanzkrise die öffentlichen Haushalte belastet, mit mehr oder weniger großen Abstrichen fortgeführt wird.

Aus diesen Entwicklungen resultiert für die Schweiz das Risiko, dass die schon heute stark ausgeprägte Binnenorientierung weiter zunimmt und die Unterschiede in der Konzeption der Sicherheitspolitik und der Streitkräfteentwicklung mit den Nachbarländern größer werden. In der Folge wird es für die Schweiz schwieriger werden, solidarische Beiträge gegenüber einer immer heterogener werdenden Europäischen Union zu erbringen und in diesem Kreis ihre berechtigten Interessen erfolgreich zu vertreten.

Damit stellt sich die Frage, wie die Zeit bis 2015 politisch genutzt wird. Es geht um nichts weniger als eine strategisch bedeutende Weichenstellung. Dass der Schweizer Bundesrat das Heft bei der Erarbeitung des neuen Sicherheitspolitischen Berichts in die Hand genommen hat, war richtig. Nun kommt es darauf an, einen wirklich gesamtstaatlichen Ansatz zu realisieren. Klarer als in der Vergangenheit müsste der Bundesrat deutlich machen, wie Außen-, Innen-, Entwicklungs-, Wirtschafts-, Industrie- und Forschungspolitik einander gegenseitig unterstützen müssen, um die Sicherheitsinteressen der Schweiz zu wahren. Für die Streitkräfteentwicklung liegt die Herausforderung darin, aus dem laufenden Konsolidierungsprozess heraus verstärkt substanzielle internationale Beiträge zu generieren und über längere Zeit zu erhalten, um den Anschluss nicht zu verlieren.

Literatur

Adamsky, D. (2010) *The Culture of Military Innovation: The Impact of Cultural Factors on the Revolution in Military Affairs in Russia, the US, and Israel*, Standfort: Standfort University Press.

Ausschuss Wissenschaft und Technologie (2003) „Weisungen zum W+T-Ausschuss im Eidg. Departement für Verteidigung, Bevölkerungsschutz und Sport (VBS)", vom 4. November 2003.

Blattmann, A. (2009) „Die Schweizer Armee – Streitkraft im Umbruch", in: Deutsche Gesellschaft für Wehrtechnik e.V. (Hg.) *DWT-Info 2009: Wehrtechnik im Wandel*, 47–51.

Borchert, H. (2004) „Vernetzte Sicherheitspolitik und die Transformation des Sicherheitssektors: Weshalb neue Sicherheitsrisiken ein verändertes Sicherheitsmanagement erfordern", in: H. Borchert (Hg.) *Vernetzte Sicherheit: Leitidee der Sicherheit im 21. Jahrhundert*, Hamburg: E.S. Mittler & Sohn, 53–79.

Bundesministerium der Verteidigung (2004) „Konzeption der Bundeswehr", Berlin: Bundesministerium der Verteidigung.

Bundesrat (1999) „Sicherheit durch Kooperation, Bericht des Bundesrates an die Bundesversammlung über die Sicherheitspolitik der Schweiz (SIPOL B 2000)", vom 7. Juni 1999.

Bundesrat (2001) „Bericht des Bundesrates an die Bundesversammlung über die Konzeption der Armee XXI (Armeeleitbild XXI)", vom 24. Oktober 2001, Bundesblatt 2001, S. 967–1051.

Bundesrat (2003) „Botschaft zum Entlastungsprogramm 2003 für den Bundeshaushalt (EP 03)", vom 2. Juli 2003, Bundesblatt 2003, S. 5656–5664.

Bundesrat (2004a) „Umsetzung der Beschlüsse des Bundesrates vom 8. September 2004: Entwicklungsschritt der Armee 2008/2011", vom 4. Mai 2005.

Bundesrat (2004b) „Botschaft zum Entlastungsprogramm 2004 für den Bundeshaushalt (EP 04)", vom 22. Dezember 2004, Bundesblatt 2004, S. 788–795.

Bundesrat (2009) „Aussenpolitischer Bericht 2009", vom 2. September 2009, http://www.eda.admin.ch/etc/medialib/downloads/edazen/doc/publi/aussen.Par.0001.File.tmp/AB09_de.pdf (Zugriff: 29.10.2010).

Bundesrat (2010a) „Bericht des Bundesrates an die Bundesversammlung über die Sicherheitspolitik der Schweiz", vom 23. Juni 2010.

Bundesrat (2010b) „Armeebericht 2010", vom 1. Oktober 2010.

Farrell, T. (2005) *The Norms of War: Cultural Beliefs and Modern Conflict*, Boulder: Lynne Rienner.

Jaun, R. (2008) „Die Transformation der Streitkräfte am Übergang zum 21. Jahrhundert: Allgemeine Trends und die Lösungsansätze der Schweiz", in: Militärakademie an der ETH Zürich (Hg.) *Strategische Wende – Technologische Wende: Die Transformation der Streitkräfte am Übergang zum 21. Jahrhundert*, Zürich: Militärakademie an der ETH, 9–18.

Katzenstein, P.J. (Hg.) (1996) *The Culture of National Security: Norms and Identity in World Politics*, New York: Columbia University Press.

Neue Züricher Zeitung – NZZ (2009) „Bundesrat pfeift Maurer zurück", 23. Oktober: 11.

Planungsstab der Armee (2005) *Planungshandbuch: Übergangsversion für die Gruppe Verteidigung*, Bern: Planungsstab der Armee.

Planungsstab der Armee (2007) „Vorschlag für die Einführung des Konzepts CD&E", Bern: Planungsstab der Armee.

Planungsstab der Armee (2008) „Mittelfristige Doktringrundlagen", Bern: Planungsstab der Armee.

Planungsstab der Armee (o.J.) „Network Enabled Operations, C4ISTAR, JOINT FIS", Bern: Planungsstab der Armee.

Schweizer Armee (2006) „Der Entwicklungsschritt 2008/2011, Die Armee leistet ihren Beitrag an die Sicherheit der Schweiz, heute und morgen", Bern: Schweizer Armee.

Schweizer Eidgenossenschaft (2008) „Optimierungsmassnahmen in der Schweizer Armee", Bern, http://www.news.admin.ch/message/index.html?lang=de&msg-id=19798&print_style, (Zugriff: 31.10.2009).

Szvircsev Tresch, T./Wenger, A./Würmli, S./Pletscher, M./Wenger, U. (2009) *Sicherheit 2009: Aussen-, Sicherheits- und Verteidigungspolitische Meinungsbildung im Trend,* Zürich: Forschungsstelle für Sicherheitspolitik, Militärakademie an der ETH Zürich.

Terriff, T. (2006) „Warriors and Innovators: Military Change and Organizational Culture in the US Marine Corps", *Defence Studies*, 6(2), 215–247.

Terriff, T./Osinga, F. (2010) „The Diffusion of Military Transformation to European Militaries", in: T. Terriff/F. Osinga/T. Farrell (Hg.) *A Transformation Gap? American Innovations and European Military Change,* Stanford: Stanford University Press, 187–210.

Thiele, R. (2004) „Transformation und die Notwendigkeit der systemischen Gesamtbetrachtung", in: H. Borchert (Hg.) *Potentiale statt Arsenale: Sicherheitspolitische Vernetzung und die Rolle von Wirtschaft, Wissenschaft und Technologie,* Hamburg: E.S. Mittler & Sohn, 34–54.

VBS (2007) „Medieninformation", vom 22. November 2007, http://www.vtg.admin.ch/internet/vtg/de/home/dokumentation/news/newsdetail.15846.html (Zugriff: 30.10.2009).

Wenger, A. und D. Möckli (2009), „Zur Erarbeitung des neuen Sicherheitspolitischen Berichts", in: *Bulletin 2009 zur Schweizerischen Sicherheitspolitik,* Zürich: Forschungsstelle für Sicherheitspolitik, 9–34.

Vorbereitet auf welche Zukunft? Stand und Probleme langfristiger Planung in Deutschland

Gerd Föhrenbach

1 Einleitung

Seit dem Ende des Ost-West-Konflikts und der Wiedervereinigung hat sich in der Politikwissenschaft eine kontroverse Debatte über das Selbstverständnis der deutschen Außen- und Sicherheitspolitik entwickelt. Begriffe wie „Zivilmacht" (Maull 1992), „Zentralmacht" (Schwarz 1994), „Handelsstaat" (Staack 2000), „Mittelmacht" (Baring 2003) und „Weltmacht" (Hacke 1993) geben Hinweise auf die Bandbreite der Sichtweisen beim Versuch, nach dem epochalen Umbruch eine außen- und sicherheitspolitische Verortung Deutschlands vorzunehmen und daraus zugleich langfristige Handlungsmöglichkeiten und -grenzen abzuleiten.

Das Aufschlussreiche an der Debatte ist, dass sie im Wesentlichen auf den akademischen Bereich beschränkt bleibt. Die verantwortlichen Bundesminister und die Bundeskanzlerin haben sich kaum daran beteiligt. Sicherlich, es gibt zahlreiche Verlautbarungen wie Regierungserklärungen, Reden und Presseveröffentlichungen der politisch Handelnden. Aber diese sind zumeist eher an aktuellen Ereignissen orientiert und geben wenig Auskunft über langfristige Absichten und Ziele.

Dass Deutschland seine Langfrist-Ziele nicht veröffentlicht, dafür mag es Gründe geben, könnte man sagen. Aber interessant ist es allemal, der Frage nachzugehen, wer sich in der deutschen Politik, insbesondere auf dem Gebiet der Sicherheitspolitik, Gedanken über die Zukunft macht. Wer denkt darüber nach, wo Deutschland etwa im Jahr 2025 stehen könnte? Welche langfristigen politischen Ziele verfolgt die Bundesregierung? Wie sehen die entsprechenden Strategien aus, und welche Mittel stehen dafür zur Verfügung?

Diesen Fragen will der vorliegende Beitrag nachgehen. Dazu wird zunächst untersucht, wo und wie innerhalb der Bundesregierung (2) und der Bundeswehr (3) langfristige sicherheitspolitische Planung betrieben wird, welche personellen und sonstigen Ressourcen zur Verfügung stehen sowie welche Methoden angewendet werden. Es folgen eine Bewertung der gewonnenen Erkenntnisse (4) und eine kurze Analyse von zentralen sicherheitspolitischen Entwicklungstrends (5), welche die Notwendigkeit langfristiger Planung unterstreichen. In den Schlussfolgerungen (6) werden einige Handlungsempfehlungen unterbreitet.

Zwei Vorbemerkungen: Zum einen sind, wenn im vorliegenden Beitrag von *Planung* gesprochen wird, damit stets entsprechende Aktivitäten auf dem Gebiet der Sicherheitspolitik gemeint. Andere Planungsfelder der Bundesregierung, z. B. im Bereich des Haushaltes, werden nicht thematisiert.[1] Im Mittelpunkt der Ausführungen stehen neben dem Bundeskanzleramt das Auswärtige Amt sowie die Bundesministerien der Verteidigung und des

---

[1] Damit soll nicht die Bedeutung haushalterischen Planens gerade auch für sicherheitspolitische Fragen verneint werden.

Innern. Zum anderen ist *langfristige* sicherheitspolitische Planung der Gegenstand der Betrachtung, womit ein Zeithorizont jenseits von zehn bis 15 Jahren verstanden wird. Als *kurzfristig* gilt aktuelles Handeln und Planen mit einer Zeitperspektive von bis zu einem Jahr, und dementsprechend deckt der Begriff *mittelfristig* den dazwischen liegenden Zeitraum ab.

2 Planungen der Bundesregierung

Langfristige sicherheitspolitische Planung findet innerhalb der Ministerien der Bundesregierung und den jeweiligen nachgeordneten Bereichen nur in eng begrenztem Umfang statt.[2] Es gibt – mit Ausnahme des Dezernats Zukunftsanalyse im Zentrum für Transformation der Bundeswehr (siehe unten) – praktisch keine organisatorische Einheit, die sich ausschließlich oder auch nur vorwiegend mit sicherheitspolitischen Zukunftsfragen langfristiger Art befasst.

In der Grundsatzabteilung des Bundesministeriums des Innern (BMI) sind „Leitlinien zur Sicherheit in Deutschland" erarbeitet worden, deren zeitliche Perspektive etwa bis ins Jahr 2020 reicht. Bislang wird das Dokument, das eine Spiegelung des Weißbuches (BMVg 2006) nach innen vornehmen soll, unter Verschluss gehalten. Einige Überlegungen der Leitlinien sind etwa in Reden der politischen Leitung des BMI eingeflossen, aber das Dokument als Ganzes scheint nur wenigen Mitarbeitern im BMI und dessen nachgeordneten Bereich zugänglich zu sein. Eine formelle Mitwirkung anderer Ressorts bei der Erarbeitung hat nicht stattgefunden. Seit den personellen Veränderungen in der Leitung des BMI nach den Bundestagswahlen 2009 sind die Arbeiten an dem Dokument nicht weitergeführt worden.

Die Planungsstäbe im Bundesministerium der Verteidigung (BMVg) oder im Auswärtigen Amt (AA) kommen nur eingeschränkt zu langfristigem Planen, denn sie sind hauptsächlich mit Tagesarbeit ausgelastet. Das „operative Geschäft" lässt in den Planungsstäben umfassende Arbeiten an Themen mit einer zeitlichen Perspektive jenseits von zehn bis 15 Jahren zugunsten der Erstellung von Redeentwürfen, Leitungsvorlagen, Sprechzetteln, Informationsmappen, Pressebeiträgen u. dgl. mehr in den Hintergrund treten. Ähnliches gilt für andere, mit übergreifenden Fragen befasste Abteilungen der genannten Ministerien wie etwa den Führungsstab der Streitkräfte im BMVg.

Gleichwohl werden sektoral weiterreichende Überlegungen angestellt. In BMVg und AA finden alljährlich (getrennte) Konzeptrunden statt, bei denen der Wissensbedarf in den jeweiligen Häusern identifiziert wird. Neben kurz- und mittelfristigen Themen wie etwa „Russland im Jahr 2015" gehören dazu auch langfristige Herausforderungen, z. B. in den Bereichen Klima und Energie. Fragestellungen, für deren Bearbeitung nicht ausreichend Personal vorhanden ist oder die erforderliche Expertise fehlt, können nach entsprechenden Ausschreibungen an externe Studieneinrichtungen vergeben werden.[3]

Hinzu kommt die laufende Zusammenarbeit mit einer Reihe von Forschungseinrichtungen. Die Ministerien unterhalten teilweise recht enge Beziehungen zu „think tanks" wie der Stiftung Wissenschaft und Politik, die im Wesentlichen aus Bundesmitteln finanziert

---

[2] Der Autor dankt den Fachleuten aus dem Auswärtigen Amt, dem Bundesministerium des Innern und dem Bundesministerium der Verteidigung sowie deren Geschäftsbereichen, mit denen er in den Jahren 2008 bis 2011 Hintergrundgespräche führte.
[3] Im Jahr 2010 standen im BMVg und dessen Geschäftsbereich ca. 11 Mio. Euro für so genannte nicht-technische Studien zur Verfügung, wobei für sicherheitspolitische Themen nur ein recht kleiner Anteil aufgewendet wurde.

wird, oder der Deutschen Gesellschaft für Auswärtige Politik und dem Potsdam-Institut für Klimafolgenforschung. Diese Einrichtungen bilden ein „Beratungsnetzwerk", auf das die Mitarbeiter in den Ressorts immer wieder zurückgreifen. Zu berücksichtigen ist dabei allerdings, dass auch diese Forschungseinrichtungen in der Regel an gegenwartsbezogenen Themen oder solchen mit allenfalls kurz- oder mittelfristiger Zukunftsperspektive arbeiten. (Das Potsdam-Institut für Klimafolgenforschung stellt sicherlich eine Ausnahme dar, befasst sich aber nur am Rande mit sicherheitspolitischen Fragen.)

Im Bundeskanzleramt nimmt langfristige sicherheitspolitische Planung nur eine nachrangige Rolle ein. Das Bundeskanzleramt hat einen ausgeprägt operativen Schwerpunkt, der wenig Raum für die Erarbeitung langfristiger Konzepte lässt. Die in der Öffentlichkeit vorherrschende Wahrnehmung, wonach die Ressorts die politischen Vorstellungen und Planungen der Bundeskanzlerin und des Bundeskanzleramts umsetzen, trifft zumindest mit Blick auf langfristige sicherheitspolitische Konzepte für den genannten Zeithorizont jenseits von zehn bis 15 Jahren kaum zu. Die zeitliche Perspektive von Planungen im Bundeskanzleramt reicht selten über ein Jahr hinaus. Einen gewissen Sonderfall stellt unter Umständen der Beginn von Legislaturperioden dar, wenn Koalitionsverträge beschlossen werden, aber auch diese weisen nicht nennenswert über die jeweilige Legislaturperiode hinaus.

3 Planungen in der Bundeswehr

Über die Zukunft nachgedacht wird im BMVg und in der Bundeswehr vor allem in Zusammenhang mit der Streitkräfteplanung. Der etablierte Prozess der Streitkräfteplanung hat eine zeitliche Reichweite von etwa fünf bis zehn Jahren und basiert auf einer schrittweisen Planung der als notwendig erkannten Veränderungen. Konkret bedeutet dies, dass die Teilstreitkräfte Heer, Luftwaffe und Marine eine Fähigkeitslücke feststellen und dann einen Vorschlag zu deren Deckung unterbreiten (*bottom up*-Ansatz). So entwickelt und verändert sich die Bundeswehr im Wesentlichen auf der Grundlage einzelner Teil-(streitkraft-) perspektiven. Eine gesamtheitliche Betrachtung und Bewertung findet nur in geringem Umfang statt. Daran hat sich auch mit dem Berliner Erlass aus dem Jahr 2005, der unter anderem dem Generalinspekteur die Planungsverantwortung übertrug, und dem Weißbuch 2006 wenig geändert. Es bleibt abzuwarten, inwieweit sich die Neugestaltung der Bundeswehr und des BMVg, für die 2010 einige Empfehlungen ausgesprochen wurden, hier auswirkt (Strukturkommission der Bundeswehr 2010; BMVg 2010).

Zu Zeiten des Ost-West-Konflikts reichte der *bottom up*-Ansatz aus, um Streitkräfte auf einen Gegner, der hinlänglich bekannt war, vorzubereiten. Heutzutage machen die neuen Herausforderungen – vielfältige Gegner und Gewaltformen sowie eine globale Dimension – eine veränderte Herangehensweise erforderlich. Das bisherige *bottom up*-Verfahren wird durch einen *top down*-Ansatz ergänzt, der gewissermaßen einen Blick über den Horizont erlaubt.

Das bereits erwähnte Dezernat Zukunftsanalyse im Zentrum für Transformation der Bundeswehr wurde im Jahr 2006 eingerichtet. Grundlage war die Entscheidung des BMVg, den Prozess der Zukunftsanalyse wegen der Relevanz der Erkenntnisse für die zukünftige Ausrichtung der Bundeswehr zu institutionalisieren. Bereits seit den 1990er Jahre setzt sich die Bundeswehr mit langfristigen Planungsfragen auseinander. Zu Beginn lag der Fokus auf der technischen Entwicklung. Die erste größere, 1996 abgeschlossene Studie zum Thema Streitkräfteeinsatz 2020 war vornehmlich technologieorientiert und untersuchte entsprechende militärisch relevante Entwicklungen. Bei Folgestudien wurde der Ansatz breiter gewählt, um sicherheitspolitisch bedeutsame Entwicklungen auf anderen Feldern zu berücksichtigen.

Mittlerweile ist der Ausgangspunkt des *top down*-Ansatzes eine umfassende Analyse der sicherheits- und streitkräfterelevanten Trends in den sieben Themenbereichen Demografie, Kultur und Gesellschaft, Wirtschaft, Umwelt und Ressourcen, Politik, Militärwesen und Krieg sowie weiterhin Technologie. Diese Trends geben eine erste Auskunft darüber, wie sich die Welt in der Zukunft verändert. Aus der Trendanalyse können dann über die Bildung sicherheitspolitischer Szenarios künftige Herausforderungen und so genannte *Kriegsbilder* der Zukunft abgeleitet werden, welche Hinweise auf künftig erforderliche und gegebenenfalls nicht mehr benötigte Fähigkeiten für Streitkräfte liefern. Die gewonnenen Erkenntnisse münden in Handlungsempfehlungen. Die Nutzung von Software-Unterstützung und Szenariotechnik sind zwei hervorstechende Merkmale der Bundeswehr-Zukunftsanalyse. Um die großen Datenmengen, die bei der Recherche in den genannten Themenbereichen anfallen, auszuwerten und in ihren Wechselwirkungen zu untersuchen, hat man von einer vorwiegend manuellen, d.h. Papier-basierten Arbeitsweise auf eine Unterstützung durch Software umgestellt. Das Verfahren befindet sich in der Erprobung und soll unter anderem dazu beitragen, aus einer Vielzahl von Einzelnachrichten Trends herauszufiltern. Die Software-unterstützte Zukunftsanalyse wird als Projekt im Rahmen von Konzeptentwicklung und experimentelle Überprüfung („Concept Development & Experimentation", CD&E) durchgeführt, einer Methode, um innovative Ideen für die Verbesserung bestehender oder den Erwerb neuer Fähigkeiten rasch und effektiv zu entwickeln.

Bei der Szenariotechnik geht es darum, mit einem strukturierten Verfahren denkbare alternative Zukunftsräume zu entwickeln. Eine lineare Fortschreibung von bereits bekannten Trends reicht nicht aus. Komplexe Systeme verfügen vor allem bei langen Zeiträumen über eine hohe Dynamik und wechselseitige Rückwirkungen. Daher sind Szenarien notwendig, die auch aus gegenwärtiger Perspektive Unwahrscheinliches oder Unerwünschtes berücksichtigen. Mit dieser Methode gelingt es, das sicherheitspolitische und streitkräfterelevante Veränderungspotential in einer großen Bandbreite zu beschreiben. Dies erlaubt wiederum die Entwicklung alternativer Handlungsoptionen für grundlegende Planungsdokumente der Streitkräfte wie etwa die Konzeption der Bundeswehr (BMVg 2004).

Mit seiner Studientätigkeit hat das Dezernat Zukunftsanalyse im Zentrum für Transformation in den vergangenen Jahren die Grundlage einer systematischen, kontinuierlichen Zukunftsanalyse mit einem Planungshorizont jenseits dem der Konzeption der Bundeswehr geschaffen. Ein Beispiel hierfür ist die Studie „Ausblick auf 2035" (Zentrum für Transformation der Bundeswehr 2007).

Daneben erstellt das Dezernat Zukunftsanalyse, das über insgesamt zehn Stabsoffiziere und (zivile) wissenschaftliche Mitarbeiter verfügt, auch Studien, die die Lücke zwischen dem Zeithorizont der auf etwa 30 Jahre angelegten sicherheitspolitischen Zukunftsanalyse und der Konzeption der Bundeswehr schließen. Für die so genannte „MidTerm Study 2025" wurde im November 2009 ein Abschlussbericht vorgelegt (Zentrum für Transformation der Bundeswehr 2009).

4 Bewertung

Insgesamt ist ein recht ernüchterndes Ergebnis festzustellen: Bis auf den Bereich der Bundeswehr findet auf dem Gebiet der Sicherheitspolitik in Deutschland kaum umfassende, kontinuierliche Planung mit einer zeitlichen Perspektive von mehr als zehn oder 15 Jahren statt. (Inwieweit die Zukunftsstudien des Zentrums für Transformation tatsächlich Einfluss auf die Planung im BMVg nehmen, ist eine interessante Frage, der an anderer Stelle nachgegangen werden sollte.) Dafür gibt es mehrere Gründe:

- *Methodik*
  Die Methodiken der Zukunftsforschung sind sicherlich noch nicht vollständig ausgereift und müssen stetig fortentwickelt werden. Da aber im ministeriellen Bereich nicht zuletzt aufgrund von Einsparungen in den vergangenen Jahren Personalknappheit herrscht, stehen für Aufgaben, die bisweilen als „Wolkenschieberei" belächelt werden, nicht die erforderlichen Mitarbeiter zur Verfügung. Einer solchen Argumentation ist freilich entgegenzuhalten, dass auch Großunternehmen der Privatwirtschaft den Wert der Zukunftsforschung erkannt und darauf mit der Einrichtung entsprechender Arbeitsbereiche reagiert haben. Selbst wenn Entwicklungen anders verlaufen, als es Arbeiten der Zukunftsforscher erwarten ließen, liefert die Auseinandersetzung mit Zukunftsfragen offensichtlich immer noch einen lohnenswerten Erkenntnisgewinn, der den personellen und finanziellen Aufwand rechtfertigt. Die Szenariotechnik beispielsweise ist besonders geeignet, eine „Weiter wie bisher"-Haltung zu hinterfragen und unterschiedliche strategische Handlungsoptionen aufzuzeigen (Blanke/Volta 2009: 87).

- *Historische Gründe*
  In Deutschland wird der Zentralismus abgelehnt, dagegen stehen Föderalismus und Subsidiarität hoch im Kurs. Auf das Thema Zukunftsstrategien bezogen bedeutet dies, dass ein zentrales Planungsinstrument, z. B. im Bundeskanzleramt angesiedelt, dem Generalverdacht ausgesetzt wäre, Vorgaben zu machen, denen die Ressorts und auch die Bundesländer Folge zu leisten hätten. Aufgrund negativer geschichtlicher Erfahrungen mit der Zentralisierung von Macht scheinen viele der am heutigen Politikprozess in Deutschland beteiligten Akteure den Status quo nicht verändern zu wollen. Ob allerdings schon ein paar wenige mit Zukunftsplanung befasste Mitarbeiter diesen Zustand wesentlich beeinflussen würden (siehe die entsprechende Empfehlung unter 6), darf man bezweifeln.

- *Strukturelle Gründe*
  In engem Zusammenhang mit historischen Erfahrungen sind strukturelle Aspekte zu sehen. Das Grundgesetz (GG) legt ein Nebeneinander von Kanzlerprinzip, Ressortprinzip und Kabinettsprinzip fest. Gemäß Artikel 65 GG bestimmt der Bundeskanzler bzw. die Bundeskanzlerin zwar die Richtlinien der Politik. Die so genannte Richtlinienkompetenz wird aber zum einen durch die Fachkompetenz der Ministerinnen und Minister beschränkt, die innerhalb der Richtlinien ihre Geschäftsbereiche selbständig leiten, und zum anderen durch das Kabinettsprinzip, nach dem bei wichtigen Entscheidungen das ganze Bundeskabinett als Kollegium entscheidet (Sturm/Pehle 2007: 57). Dieses System der Machtverteilung und -verschränkung räumt den Ressortministern stärkere Stellungen ein, als gemeinhin in der Öffentlichkeit wahrgenommen wird. Hinzu kommt, dass es seit Gründung der Bundesrepublik mit Ausnahme von 1957 bis

1961 immer Koalitionsregierungen gegeben hat. Der Bundeskanzler und die Bundesminister des Auswärtigen, des Innern und der Verteidigung gehören zumeist unterschiedlichen Parteien an. Dies erschwert den Aufbau neuer Kompetenzen wie der strategischen Planung erheblich, da der Kompetenzzugewinn des einen Ressorts (oder des Kanzleramtes) als Machtverlust des bzw. der anderen Ressorts empfunden wird. Das Denken in Ressortzuständigkeiten, so die Erkenntnis einer Studie über die Institutionalisierung strategischer Regierungsführung, erweist sich „als eines der Haupthemmnisse erfolgreicher Reformgestaltung" (Bertelsmann Stiftung 2007: 5).

- *Distanz zwischen Politik, Wissenschaft und Wirtschaft*
  Ein weiterer Grund, weshalb im Regierungsbereich wenig langfristige Planung stattfindet, ist in einer gewissen Wissenschafts- bzw. Wirtschaftsferne der Politik zu sehen. Zwar gibt es die bereits geschilderten Kontakte der Ministerien zu Forschungseinrichtungen, und selbstverständlich bestehen vielfältige Verbindungen zur Wirtschaft. Aber insgesamt verfügen insbesondere wissenschaftliche Institutionen nur über sehr begrenzte Einwirkungsmöglichkeiten auf den Politikbetrieb. Aus Sicht vieler Vertreter der Ministerialverwaltung gehören die Einrichtungen des Politik beratenden Bereichs zum „Elfenbeinturm", dem der Anschluss an und das Wissen über das „operative Geschäft" fehlt.
  Zu einer solchen Haltung trägt bei, dass der personelle Austausch zwischen *think tanks*, Wirtschaft und der Berliner Politik recht gering ist. Anders als beispielsweise in den Vereinigten Staaten von Amerika, wo mit dem Wechsel etwa von einer republikanisch zu einer demokratisch geführten Präsidialadministration viele Fachleute aus den diversen Forschungseinrichtungen und der Wirtschaft mit neuen Ideen in den Regierungsapparat einziehen, findet in Deutschland ein solcher Erfahrungs- und Wissenstransfer kaum statt. Und wer sich an einer deutschen Universität z. B. um einen Lehrstuhl für Politikwissenschaft bewirbt, sollte möglicherweise vorhandene Expertise aus dem Ministerialbereich oder der praktischen Politik keinesfalls in den Vordergrund stellen, da diese Praxisverbundenheit aus Wissenschaftsperspektive in der Regel nicht erwünscht und daher tendenziell karriereschädlich ist.

Es ist offensichtlich, dass die genannten Punkte keine stichhaltigen Argumente gegen eine Befassung mit langfristigen Zukunftsfragen liefern. Das Grundproblem in Deutschland liegt möglicherweise im mangelnden Willen zur Strategieorientierung. Der Wille zu strategischem Denken und Handeln setzt langfristige sicherheitspolitische Planung voraus – fehlt das eine, so ist auch das andere schwach ausgeprägt. Allerdings zeigt schon eine kursorische Betrachtung sicherheitspolitischer Entwicklungstrends die Dringlichkeit langfristigen Planens und Handelns.

5 Warum Deutschlands Sicherheitspolitik langfristige Planung benötigt

Deutschlands Sicherheitslage hat sich in den letzten Jahren geändert, aber in weiten Kreisen der Bevölkerung wird dies nicht zur Kenntnis genommen. Es herrscht weiterhin ein illusionäres Sicherheitsgefühl und der Glaube vor, dass ein friedliebendes Deutschland keine wirklichen Gegner, geschweige denn: Feinde, hat. Die Balkankriege, die Anschläge des 11. September 2001 und einige gescheiterte Anschlagsversuche terroristischer Gruppen haben daran nichts Grundlegendes geändert. Die politischen Führungseliten haben den tief sitzenden Friedenswunsch der Wähler genau registriert – mit der Folge, dass sich die sicherheitspolitische Debatte hierzulande kaum an Bedrohungen orientiert und deutsche Soldaten im Auslandseinsatz als Wiederaufbauhelfer oder „Polizisten der ‚Weltinnenpolitik'" (Rühle 2008) dargestellt werden.

Tatsächlich sind aber mehrere Entwicklungstrends festzustellen, die in erheblicher Weise negative Auswirkungen auf Deutschland haben können:

- *Wachsende Interdependenzen*
  Entwicklungen in weit entfernten Regionen können sich heute unmittelbar auf Deutschland auswirken. Deutschland ist mit der Weltwirtschaft intensiv verflochten und profitiert als „Export-Vizeweltmeister" enorm von der Globalisierung. Daraus ergeben sich aber auch vielfältige Abhängigkeiten, z. B. vom Offenhalten der internationalen Seewege oder von Rohstofflieferungen. Die Zunahme der Interdependenzen betrifft nahezu jeden Bereich des öffentlichen und privaten Lebens in Deutschland und anderen hoch entwickelten Gesellschaften. Die aktuelle Finanz- und Eurokrise zeigt, wie eine Entwicklung, die in einem untergeordneten Segment des amerikanischen Immobilienmarktes ihren Ausgang nahm, praktisch jeden Winkel des Globus in Mitleidenschaft zieht. Auch das Internet hat die Bedeutung der geografischen Distanz dramatisch verringert. Wer Deutschland Schaden zufügen will, muss dafür nicht mehr vor Ort in Deutschland sein.

- *Staatsversagen*
  Es gibt immer mehr scheiternde oder gescheiterte Staaten auf dem Globus. Konnte man in der Vergangenheit der Auffassung sein, das herrschaftsfreie Räumen in fernen Ländern kein unmittelbares Sicherheitsrisiko darstellen, so hat sich dies spätestens nach dem 11. September 2001 als Trugschluss erwiesen, als die Verbindungen zwischen den das staatliche Vakuum in Afghanistan füllenden Taliban und al-Qaida offenkundig wurden. Derzeit prominentestes Beispiel eines gescheiterten Staates ist Somalia, aber auch dessen Nachbar Jemen auf der anderen Seite des Golf von Aden gilt als gefährdet. Zukünftig ist insbesondere unter Berücksichtigung demografischer Entwicklungen mit einer fortschreitenden Schwächung staatlicher Funktionen in vielen Staaten auf dem afrikanischen Kontinent zu rechnen. Auch Europa verfügt z. B. mit der Republik Moldau über gefährdete Regionen.

- *„Demokratisierung" von Massenvernichtungswaffen*
  Die Bedrohungen, die von Massenvernichtungswaffen ausgehen, werden in den kommenden Jahrzehnten deutlich zunehmen. Der Atomwaffensperrvertrag befindet sich in einer Krise, und die Zahl erklärter und unerklärter Nuklearstaaten wächst gerade in Spannungsgebieten seit einigen Jahren stetig an. Auch biologische, chemische und radiologische Stoffe sowie die Technologien zu ihrer Verbringung – einstmals streng bewacht und nur wenigen zugänglich – finden immer weitere Verbreitung. Heute ist es vielfältigen Akteuren (von Staaten bis hin zu Einzelpersonen) möglich, Zugang zu entsprechendem Wissen zu erlangen, sodass von einer „Demokratisierung" von Massenvernichtungswaffen gesprochen werden kann (Will 2008: 50).

- *Verwischen von Grenzen*
  In mehrfacher Hinsicht verschwinden bekannte Grenzen. Mit der Globalisierung nimmt die Bedeutung territorialer Grenzen ab. In vielen bewaffneten Konflikten finden

die durch das Völkerrecht kodifizierten (Verhaltens-) Grenzen keine Beachtung mehr. Die Missionen etwa auf dem Balkan und in Afghanistan zeigen, wie weit sich die Einsatzwirklichkeit von tradierten Konfliktaustragungsmustern entfernt hat. Auch die Unterscheidung zwischen innerer und äußerer Sicherheit und die sich daraus ergebende Trennung von Zuständigkeiten, z. B. zwischen Polizei und Bundeswehr, sind mit Blick auf die Abwehr bestimmter Gefahren nicht mehr zeitgemäß. Ebenso wenig werden zukünftige Herausforderungen auf Ressortgrenzen Rücksicht nehmen.

- *Demografie*
  Die Bevölkerung Europas wird bis zum Jahr 2050 um etwa 100 Millionen Menschen schrumpfen. Gleichzeitig wird sich die Zahl der Afrikaner bis dahin voraussichtlich mehr als verdoppeln auf 1,9 Mrd. Menschen. Betroffen von diesem dramatischen Zuwachs sind insbesondere die in der Mitte und im Norden des afrikanischen Kontinents gelegenen Staaten. Ein weiteres Beispiel: Die Bevölkerung des oben erwähnten Jemen wird bis zur Mitte des Jahrhunderts von etwa 20 Mio. Menschen heute auf rund 80 Mio. anwachsen (Adam 2006b: 26–28). Immer weniger und immer älter werdende Europäer werden sich im Süden und Südosten des Kontinents rasant wachsenden Gesellschaften gegenüber sehen, die schon heute durch große soziale Spannungen geprägt sind. Unkontrollierte Wanderungsbewegungen scheinen unvermeidbar.

- *Schwindender Einfluss Europas*
  Noch vor wenigen Jahren wurde „Multipolarität" als Gegengewicht zur amerikanischen „Hegemonie" von einigen führenden europäischen Politikern wie dem damaligen französischen Staatspräsidenten Jacques Chirac befürwortet, der sich davon mehr Weltgeltung Europas (und Frankreichs) versprach. Durch die globale Finanzkrise ist mittlerweile offenkundig geworden, dass die Bedeutung Europas und europäisch-westlich dominierter Foren wie der G7/G8 (Gruppe der sieben führenden Industrieländer und Russland) deutlich zugunsten von Gremien, in denen auch Entwicklungs- und Schwellenländer vertreten sind, abgenommen hat. Dies zeigt, dass das Zeitalter, in dem Europa großen, wenn nicht überproportionalen Einfluss auf die Weltpolitik ausübte, vermutlich zu Ende geht. Vor dem Hintergrund der demografischen Entwicklung verliert Europa in den Augen der Anderen an Relevanz. Die Europäer sollten deshalb das verbleibende „window of opportunity" nutzen, um durch vorbildliches Verhalten Standards zu setzen, die die Politik der aufstrebenden Akteure beeinflussen könnte. Es ist alles andere als sicher, dass Werte wie Menschenrechte, Demokratie und Rechtsstaatlichkeit, die den Europäern wichtig sind, von den großen Mächten des Jahres 2050 geteilt werden.

Es liegt auf der Hand, dass sich aus diesen Trends und insbesondere aus den potenziellen Wechselwirkungen gewaltige Herausforderungen für Deutschland und Europa ergeben. Bloßes Reagieren auf Ereignisse und Krisen wird nicht mehr ausreichen. Prävention ist daher der Schlüssel für eine erfolgreiche Sicherheitspolitik der Zukunft. Nur wenn es gelingt, Gefahren, Bedrohungen und krisenhafte Entwicklungen weltweit rechtzeitig zu erkennen, eine Bewertung mit Blick auf deutsche Interessen durchzuführen und dann geeignete, zielführende Strategien und Maßnahmen zu ergreifen, wird Politik dem selbst gesetzten Anspruch aktiver Gestaltung gerecht werden. Ein solch umfassendes Verständnis von Prävention setzt jedoch das Vorhandensein entsprechender Analysekapazitäten voraus.

6 Schlussfolgerungen und Empfehlungen

Nicht alle der eingangs formulierten Fragestellungen können beantwortet werden. Die Frage nach Planungen und Strategien für Deutschlands sicherheitspolitischer Ziele jenseits eines Horizonts von zehn bis 15 Jahren bleibt weitgehend offen, genauso wie die nach den bereitgestellten Ressourcen.

Es gibt eine Reihe von Vorschlägen, wie die langfristige Planung der deutschen Außen- und Sicherheitspolitik ausgebaut werden könnte. Die nachfolgend skizzierten Überlegungen sind im Wesentlichen nicht wirklich neu, denn insgesamt besteht auch auf diesem Reformfeld deutscher Politik kein Erkenntnismangel, sondern vielmehr ein Umsetzungsproblem.

Zum einen sollte ein Bereich Strategische Planung eingerichtet werden. Die Bundesregierung benötigt ein solches „Gravitationszentrum für die strategische Willensbildung" (Adam 2006a: 41) auf kontinuierlicher Grundlage. Langfristige Analyse, Koordination und Strategieentwicklung sollten im Mittelpunkt stehen. Denkbar wäre die Erarbeitung einer nationalen Sicherheitsstrategie oder auch eines Dachdokuments, das den Rahmen für Einzelkonzepte der Ressorts vorgibt (Lahl/Sommer 2009: 602). In jedem Fall würde allein der Weg zu einem solchen Dokument, der Erarbeitungs*prozess*, dazu beitragen, das Verständnis für die Sichtweisen der anderen Mitwirkenden zu verbessern. Sinnvoll, aber vermutlich erst über einen längeren Zeitraum realisierbar wäre das operative Steuern von Krisenvorsorge, -management und -nachsorge. Der Bereich sollte im Bundeskanzleramt angesiedelt, aber mit Vertretern aus den Ressorts besetzt sein. Um den Informationsfluss in die bzw. aus den Ministerien konstant zu halten, erscheint ein Verbleib der Mitarbeiter in den Häusern angebracht. Nur einen Teil ihrer wöchentlichen Arbeitszeit würden die Mitarbeiter im Kanzleramt Dienst tun. Wichtig ist, Personal verschiedener Fachrichtungen zu rekrutieren (das kaum gelockerte Juristenmonopol in der öffentlichen Verwaltung ist nicht mehr zeitgemäß) und auf dessen Fähigkeit zu interdisziplinärer Zusammenarbeit zu achten. Zusätzlich müsste wissenschaftlich Hochqualifizierten die Möglichkeit gegeben werden, in dem Bereich gemeinsam mit den Fachbeamten zu arbeiten (Kaiser 2007: 47). Für den Anfang erscheint es ausreichend, eine Anzahl von rund zehn Mitarbeitern anzustreben. Dies entspricht etwa dem Umfang eines ministeriellen Referates und müsste, ein entsprechendes Interesse im Kanzleramt vorausgesetzt, umsetzbar sein.

Sollte dieser Ansatz zu ambitioniert sein, könnte man sich eine „Strategiekonferenz der Planungsverantwortlichen" vorstellen. Ein solches Gravitationszentrum mit „leichtem institutionellem Gewicht" würde die Planungsverantwortlichen aus den Ressorts des Bundessicherheitsrates regelmäßig zusammenführen. Bereits heute finden auf informeller Basis Treffen zwischen einigen dieser Personen statt. Für die Strategiekonferenz wären kaum Änderungen an Abläufen und Verfahren innerhalb der Bundesregierung notwendig. Die Konferenz könnte einen Beitrag zu einer verbesserten ressortübergreifenden Abstimmung von Zielsetzungen und Maßnahmen sowie deren Umsetzung und Evaluierung liefern.

Weitergehende Überlegungen sehen eine Aufwertung des Bundessicherheitsrates und eine Verfassungsänderung bzw. Neuinterpretation des Grundgesetzes vor (Adam 2006a: 44–46; Bischof 2006: 78–80). Ob diese Varianten realistisch sind, solange keine unvorsehbaren Entwicklungen und Ereignisse, wie etwa ein Terroranschlag, zu nachhaltigen Bewusstseinsänderungen führen, bleibt jedoch zu bezweifeln. Die Oberflächlichkeit, mit der im Jahr 2008 die öffentliche Diskussion über den Entwurf einer „Sicherheitsstrategie für Deutschland" (CDU/CSU-Bundestagsfraktion 2008) geführt und auf die Frage nach der Einrichtung eines „Nationalen Sicherheitsrates" verkürzt wurde, sowie die Schnelligkeit, mit der Bundeskanzlerin Angela Merkel die Diskussion für beendet erklärte (was sie dann auch war), lassen umfangreichere Änderungen des Status quo gegenwärtig unwahrscheinlich werden (zu früheren Versuchen einer strategischen Ausrichtung des Kanzleramtes vgl. Sturm/Pehle 2007: 70–72). Selbst der 2010 beschlossenen Aussetzung der Wehrpflicht ging keine breitere öffentliche Diskussion sicherheitspolitischer Erfordernisse und Rahmenbedingungen voraus.

Zum anderen sollte die Zusammenarbeit zwischen Exekutive und Legislative, zwischen Bundestag und Bundesministerien sowie zwischen Bund und Ländern deutlich verbessert und um eine langfristige Planungs- und Strategiedimension erweitert werden. Viele der 22 ständigen Bundestagsausschüsse sind mit sicherheitspolitisch relevanten Themen befasst, aber bisher hat es noch nicht einmal eine gemeinsame Sitzung von Auswärtigem und Verteidigungsausschuss gegeben. Die Vernetzung, die allenthalben als Voraussetzung für Erfolge bei Auslandseinsätzen gesehen wird, findet daheim erst in Ansätzen statt. Allerdings ist auch hier nicht mit schnellen Neuerungen zu rechnen. Schon 2005 hatte der damalige Bundespräsident die Einrichtung eines ressortübergreifenden Bundestagsausschusses für Sicherheitspolitik angeregt. Diesem Vorschlag widerfuhr, was Horst Köhler bereits als Haltung der Bevölkerung gegenüber der Bundeswehr konstatiert hatte: „freundliche[s] Desinteresse" (Köhler 2005: 6). Auch der Aufruf der beiden SPD-Bundestagsabgeordneten Markus Meckel und Andreas Weigel aus demselben Jahr zur Bildung einer Enquete-Kommission zur Reform der Sicherheitspolitik vermochte anscheinend nichts zu bewegen (Meckel/Weigel 2005), ebenso wenig die Überlegungen einer fraktionsübergreifenden Gruppe von Bundestagsabgeordneten, die zur Erarbeitung des Grünbuches Öffentliche Sicherheit (Reichenbach et al. 2008) führten.

Dass Veränderungen erforderlich sind, um angesichts der sicherheitspolitischen Herausforderungen zu einem wirklich ressortübergreifenden, langfristig ausgerichteten Politikansatz zu gelangen, ist offensichtlich. Nur wenn Deutschland seine Kräfte bündelt und sinnvoll abgestimmt einsetzt, besteht die Chance – in Zusammenarbeit mit Partnerstaaten –, präventiv zu wirken und sicherheitspolitische Entwicklungen nachhaltig zu beeinflussen.

Literatur

Adam, R. (2006a) „Fortentwicklung der deutschen Sicherheitsarchitektur: Ein nationaler Sicherheitsrat als strukturelle Lösung?", *Sicherheit und Stabilität*, 4 (1), 38–50.

Adam, R. (2006b) „Demographie und Sicherheit", *Internationale Politik*, 61 (12), 24–32.

Baring, A. (2003) „Einsame Mittelmacht: Ohne die USA gibt es keine Zukunft für Deutschland", *Internationale Politik*, 58 (12), 51–56.

Bertelsmann Stiftung (2007) *„Jenseits des Ressortdenkens": Reformüberlegungen zur Institutionalisierung strategischer Regierungsführung in Deutschland*, Gütersloh: Bertelsmann (Zukunft Regieren: Beiträge für eine gestaltungsfähige Politik, 1/2007).

Bischof, G. (2006) „Transformation in der Sicherheitspolitik und gesamtstaatliche Führung in Deutschland", in: H. Borchert (Hg.) *Zu neuen Ufern: Politische Führungskunst in einer vernetzten Welt*, Baden-Baden: Nomos, 76–83.

Blanke, U./Volta, M.A. (2009) „Zukünfte denken, Zukunft gestalten", *Europäische Sicherheit*, 59 (2), 85–87.

Borchert, H. (2006) „Zu neuen Ufern: Einleitung", in: H. Borchert (Hg.) *Zu neuen Ufern: Politische Führungskunst in einer vernetzten Welt*, Baden-Baden: Nomos, 14–24.

Bundesakademie für Sicherheitspolitik (Hg.) (2009) *Sicherheitspolitik in neuen Dimensionen: Ergänzungsband 2*, Hamburg et al.: E.S. Mittler & Sohn.

Bundesministerium der Verteidigung – BMVg (2004) „Grundzüge der Konzeption der Bundeswehr", Berlin.
Bundesministerium der Verteidigung – BMVg (2006) „Weißbuch 2006 zur Sicherheitspolitik und zur Zukunft der Bundeswehr", Berlin.
Bundesministerium der Verteidigung – BMVg (2010) „Bericht des Generalinspekteurs zum Prüfauftrag aus der Kabinettsklausur vom 7. Juni 2010", Berlin.
CDU/CSU-Bundestagsfraktion (2008) „Eine Sicherheitsstrategie für Deutschland", Berlin, 06.05.2008.
Hacke, C. (1993) *Weltmacht wider Willen: Die Außenpolitik der Bundesrepublik Deutschland*, Frankfurt/Main et al.: Ullstein.
Kaiser, A. (2007) „Ressortübergreifende Steuerung politischer Reformprogramme: Was kann die Bundesrepublik Deutschland von anderer parlamentarischen Demokratien lernen?", in: Bertelsmann Stiftung (Hg.) *„Jenseits des Ressortdenkens": Reformüberlegungen zur Institutionalisierung strategischer Regierungsführung in Deutschland*, Gütersloh: Bertelsmann, 12–54 (Zukunft Regieren: Beiträge für eine gestaltungsfähige Politik, 1/2007).
Köhler, H. „Einsatz für Freiheit und Sicherheit", Rede bei der Kommandeurtagung der Bundeswehr, Bonn, 10. Oktober 2005.
Klaeden, E. von (2006) „Sicherheitspolitische Herausforderungen, Vernetzung und Transformation: Eine politische Betrachtung", in: H. Borchert (Hg.) *Zu neuen Ufern: Politische Führungskunst in einer vernetzten Welt*, Baden-Baden: Nomos, 84–96.
Konrad-Adenauer-Stiftung (2009) *Impulse 2020: Akzente zukünftiger deutscher Außenpolitik*, Berlin (Arbeitskreis Junge Außenpolitiker 99/2009).
Lahl, K./Sommer, P.-M. (2009) „Schlusswort und Ausblick: Auf dem Weg zu einer erweiterten deutschen Sicherheitspolitik", in: Bundesakademie für Sicherheitspolitik (Hg.) *Sicherheitspolitik in neuen Dimensionen: Ergänzungsband 2*, Hamburg et al.: E.S. Mittler & Sohn, 587–604.
Maull, H.W. (1992) „Zivilmacht: Die Konzeption und ihre sicherheitspolitische Relevanz", in: W. Heydrich/J. Krause/U. Nerlich/J. Nötzold/R. Rummel (Hg.) *Sicherheitspolitik Deutschlands: Neue Konstellationen, Risiken, Instrumente*, Baden-Baden: Nomos, 771–786.
Meckel, M./Weigel, A. (2005) „Aufruf zur Bildung einer Enquete-Kommission zur Reform der Sicherheitspolitik", Berlin, 22. November.
Reichenbach, G./Göbel, R./Wolff, H./Stokar von Neuforn, S. (2008) *Risiken und Herausforderungen für die öffentliche Sicherheit in Deutschland: Grünbuch des Zukunftsforums Öffentliche Sicherheit*, Berlin et al.: ProPress, http://www.zukunftsforum-oeffentliche-sicherheit.de/gb-downloads/ (Zugriff: 29.05.2009).
Rühle, M. (2008) „Am Rubikon der Kampfeinsätze", *Frankfurter Allgemeine Zeitung*, 04. Februar: 8.
Schwarz, H.-P. (1994) *Zentralmacht Europas: Deutschlands Rückkehr auf die Weltbühne*, Berlin: Siedler.
Seidt, H.-U (2003) „Zukunftsfähig? – Berlins Sicherheitspolitik zwischen Innovationsdynamik und Stagnation", *Europäische Sicherheit*, 52(2), 18–21.
Sommer, P.-M. (2009), „Vernetzte Sicherheit – Anspruch und Grenzen", unveröffentl. Manuskript, Berlin
Staack, M. (2000) *Handelsstaat Deutschland: Deutsche Außenpolitik in einem neuen internationalen System*, Paderborn: Schöningh.
Strukturkommission der Bundeswehr (2010) „Vom Einsatz her denken: Konzentration, Flexibilität, Effizienz", Berlin: Bundesministerium der Verteidigung.
Sturm, R./Pehle, H. (2007) „Das Bundeskanzleramt als strategische Machtzentrale", in: Bertelsmann Stiftung (Hg.) *„Jenseits des Ressortdenkens": Reformüberlegungen zur Institutionalisierung strategischer Regierungsführung in Deutschland*, Gütersloh: Bertelsmann, 56–106 (Zukunft Regieren: Beiträge für eine gestaltungsfähige Politik 1/2007).
The Economist (2009) „Dragon Nightmares", 18. April: 33.
Will, T. (2008) „Rahmenbedingungen künftiger Sicherheitspolitik", *Europäische Sicherheit*, 10/2008, 48–52.

Zentrum für Transformation der Bundeswehr (2007) „Ausblick auf 2035: Trends und Entwicklungen", Strausberg.
Zentrum für Transformation der Bundeswehr (2008) „Einführung in die software-gestützte Zukunftsanalyse: Ein CD&E-Projekt im Rahmen der Transformation der Bundeswehr", Strausberg.
Zentrum für Transformation der Bundeswehr (2009) „Abschlussbericht zur MidTerm Study 2025: Rahmenbedingungen zukünftiger streitkräftegemeinsamer Operationen", Strausberg.

Herausforderungen und Aufgaben

Konzeptionelle Anforderungen an NetOpFü

Thomas Trelle

1 Systemforderungen

NetOpFü ist der erste Schritt zu einer neuen Form gesamtstaatlichen Handels. Alle Entscheidungsträger sind über das Netzwerk miteinander verbunden und können jederzeit und an jedem Ort auf die Information zugreifen, die für die Bearbeitung ihrer Aufgabe erforderlich ist. Wenn NetOpFü bei der Bundeswehr erfolgreich praktiziert wird, dann werden nach und nach weitere Stellen auf Staats- und Landesebene in den Verbund aufgenommen. Vernetzte Sicherheit und Effects Based Aproach to Operation werden dann auf Basis der kommunikativen und informativen Vernetzung Praxis des Handelns sein.

Vernetztes Handeln zielt auf Veränderung und Veränderung bedeutet eine gegebene Situation im Verbund mit Anderen in eine gewünschte Zielsituation zu überführen. Die gewünschte Veränderung ist umso erfolgreicher, je genauer die aktuelle Situation bekannt ist, je präziser die Handlungsoptionen verstanden werden und umso koordinierter die Handlungen umgesetzt werden. Netzwerkbasiertem Handeln liegt somit ein Prozess zugrunde, der des Erkennen und Verstehen, das Entwickeln des Ziels und das koordinierte Handeln umfasst.

Erkennen der Lage bedeutet das Erfassen aller relevanten Daten und Informationen zur präzisen Beschreibung des Ist-Zustandes sowie die Verdichtung des Vordergrund- und Hintergrundwissens zum aufgabenbezogenen Lagebild.

Verstehen der Lage bedeutet die Erarbeitung eines Situationsbewusstseins durch Analyse und Vertiefung dieses Bewusstseins durch die Diskussion mit anderen Handlungsträgern zum gemeinsamen Situations- bzw. Lagebewusstseins.

Entwicklung des Ziels bedeutet das Erfassen der Handlungsoptionen durch Analyse der eigenen Möglichkeiten, aber auch Beschränkungen; Abwägen der Möglichkeiten des Gegners und Definition des Zieles (d. h. des gewünschten und erreichbaren Soll-Zustandes).

Koordiniertes Handeln bedeutet die konsistente Umsetzung der gewählten Handlungsoptionen in koordinierten Aktionen; Nutzung des Informations- und Kommunikationsverbundes zur realzeitlichen Einbindung und Führung aller Handlungsträger auf Basis eines gemeinsamen, auf die jeweilige Aufgabe optimierten Lagebildes.

Dieser Kreisprozess ist nicht streng sequenziell, alle Schritte sind bei der Durchführung einer Operation in wechselnder Intensität aktiv. Die Erstellung des Lagebildes ist ein fortlaufender Prozess, Bewusstseinsbildung und Entscheidungsfindung sind an die sich verändernde Situation gebunden. Die Koordination ist geprägt durch die dynamische Anpassung des Auftrages und der Auftragserfüllung an die sich ändernden Rahmenbedingungen.

Abbildung 1: Führungsprozess NetOpFü (Quelle: Eigene Darstellung)

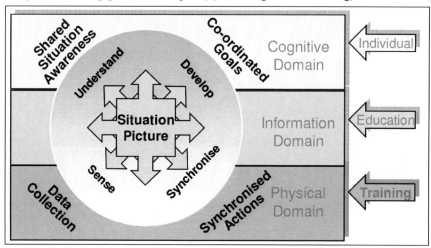

Netzwerkbasiertes Handeln zielt auf die Verbesserung des Handlungserfolges bei gleichzeitiger Reduzierung des Aufwandes. Dies ist zunächst nichts Neues. Der Erfolg des Menschen beruht nicht zuletzt auf seiner Fähigkeit zur Zusammenarbeit mit Anderen, d. h. auf seiner Fähigkeit mit und an seinen Netzwerken zu handeln. Neu sind die technischen Möglichkeiten, insbesondere die Fähigkeit, einen (nahezu) realzeitlichen Kommunikations- und Informationsverbund zu schaffen, der das gemeinsame Entscheiden und Handeln unterstützt.

Im Zentrum netzwerkbasierten Handelns steht weiterhin der Mensch und dessen Bereitschaft zur Kooperation im Sinne der Optimierung des Handlungserfolges. NetOpFü steht und fällt mit dieser Bereitschaft, mit dem Teamgeist und der Kameradschaft, was auch bedeutet, sich selbst und den eigenen Erfolg im Sinne des gesamtstaatlichen Erfolges zurück zu stellen. Die technischen Möglichkeiten von NetOpFü erfordern eine Weiterentwicklung des Miteinanders und somit auch der Organisation und der Prozesse. Aber zunächst muss der Mensch selbst in die neuen Möglichkeiten netzwerkbasierten Handelns hineinwachsen und entsprechend Organisation und Abläufe neu gestalten.

Neben den menschlichen und organisatorischen Faktoren, die wesentlich den Erfolg von NetOpFü bestimmen werden, spielt die technische Lösung nur die Rolle des Dienstleisters. Diese Lösung muss dem Menschen und seiner Kreativität dienen, muss sich verändernten Bedürfnissen und Fähigkeiten anpassen und das Miteinander fördern. Gleichzeitig muss die technische Lösung den kommunikativen und informativen Verbund unter hohen Sicherheitserwartungen garantieren. NetOpFü basiert somit auf vier Säulen, dessen Dach durch das gemeinsame Miteinander, das wer mit wem und wie, gebildet wird:

- Gesamtkonzept
- Kommunikationskonzept
- Informationskonzept
- Sicherheitskonzept

Abbildung 2: Die Säulen von NetOpFü (Quelle: Eigene Darstellung)

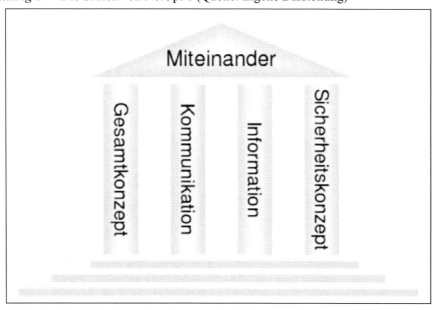

Im Nachfolgenden werden einige Aspekte dieser Konzeptionen andiskutiert. Die Frage nach dem Miteinander, nach der täglichen Einbindung von NetOpFü in die Handlungsabläufe, muss sich zum einen durch die Praxis ergeben, zum anderen durch gezieltes Ausloten des erweiterten Fähigkeitsspektrums und dessen Implikation auf das Wie und Wer mit Wem.

2 Gesamtkonzept

Ein Gesamtkonzept NetOpFü hat sich mit den grundsätzlichen Eigenschaften des Systems und nicht mit seiner Ausprägung (z. B. SW Strukturen) auseinander zu setzen. Es geht zunächst um die Prinzipien. Hierzu ist es hilfreich, sich auf das zentrale Ziel zu konzentrieren. NetOpFü zielt auf die Schaffung eines gemeinsamen Verbundes zur Kommunikation und Informationsversorgung. Dieser Verbund soll die Bearbeitung von Aufgaben erleichtern, die Effizienz steigern und das Ergebnis verbessern. Jeder Teilnehmer muss somit entsprechend seinen aktuellen Möglichkeiten Zugang zu diesem Verbund haben (Kommunikationskonzept) und der Verbund muss die Informationen bereitstellen, die der Teilnehmer für seine Aufgabe benötigt (Informationskonzept). Kommunikation und Information müssen dabei sicher und vertrauenswürdig sein (Sicherheitskonzept).

Das wesentliche Merkmal des Kommunikationsverbundes ist die dynamische Adaption an die jeweiligen Verhältnisse, d.h. die Anpassung an die aktuellen Möglichkeiten der Teilhabe des Nutzers am Verbund bei gleichzeitiger Gewährleistung der Authentizität der Kommunikation.

Das wesentliche Merkmal des Informationsverbundes ist die Erfüllung des Informationsbedarfs des Nutzers bei gleichzeitiger Gewährleistung der Authentizität der Informationen.

Die Teilhabe an NetOpFü unterliegt der Beschränkung der verfügbaren Mittel des Teilnehmers zum jeweiligen Zeitpunkt. Diese Mittel sind zum einen gegeben durch das aktuelle Endgerät, zum anderen durch den Verbindungsaufbau. Dies bedeutet, dass das System NetOpFü den Teilnehmer, sein aktuelles Endgerät und die aktuelle Verbindung eindeutig identifizieren muss und die Teilnahme entsprechend den aktuellen Mitteln ausrichtet.

Die aktuell verfügbaren Mittel sind bestimmt durch das Umfeld des Teilnehmers. Dieses Umfeld bestimmt das Endgerät, den Verbindungsaufbau und die Nutzung. Das Endgerät definiert die lokale Verarbeitungskapazität und Darstellungsmöglichkeit. Der Verbindungsaufbau die Erreichbarkeit, übertragbare Datenmenge und Wiederholungsraten. Die Nutzung wird bestimmt durch Aufgabe und Situation, d. h. der Möglichkeit am Informations- und Kommunikationsverbund aktiv oder passiv teilzuhaben.

Die den Teilnehmern zugängliche bzw. übermittelte Information ist nicht notwendigerweise gleich, denn der Informationsbedarf ist aufgabenbezogen. Hieraus ergibt sich eine zentrale Forderung an das System: die an unterschiedliche Teilnehmer übermittelten Informationen zu demselben Sachverhalt müssen in sich konsistent sein, auch wenn die Information unterschiedlich ist.

Konsistenz der Information lässt sich auf verschiedenen Wegen erreichen: durch ein zentrales System, durch das alle Informationen laufen; durch eine Konföderation der Teilnehmer, die Informationen bearbeiten; oder durch ein netzwerkbasiertes System verteilter Informationen und definierter Verantwortlichkeiten.

Abbildung 3: Zentral, dezentral oder netzwerkbasiert (Quelle: Eigene Darstellung)

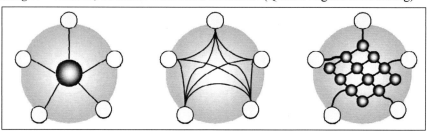

Zentrale Systeme zeichnen sich durch ein hohes Maß an Kontrollmöglichkeiten aus. Daten werden zentral evaluiert, gehalten und verteilt. Lagebilder stehen in der Regel als Ausschnitt aus einem zentralen Lagebild zur Verfügung, die zwingend erforderliche Konsistenz zwischen den Lagebildern ist damit gewährleistet. Zentrale Systeme sind unflexibel und können sich aufgrund ihrer Komplexität nur langsam an veränderte Rahmenbedingungen anpassen. Ferner sind diese störanfällig, da ein Ausfall eines Teils zum Ausfall des Ganzen führen kann, und der Kommunikationsaufwand steigt mit jeder Informationsquelle und Senke. Das zentrale System ist das klassische plattformzentrierte System.

Dezentrale Systeme zeichnen sich durch eine hohe Störresistenz aus. Ausfälle von Teilen führen nicht zwangsläufig zu einem Ausfall des Ganzen. Dezentrale Systeme werden in Form von Föderationen selbstständiger Systeme realisiert. Jeder Nutzer ist auch Anbieter von Information. Lagebilder werden dezentral erstellt, Informationen ausgetauscht. Die Flexibilität und Störsicherheit des Systems ist jedoch der Konsistenz der Informationen und Lagebilder wenig dienlich. Dezentrale Systeme folgen dem WIKI-Prinzip, erst nach einer gewissen Einschwingphase sind die Informationen vertrauenswürdig. Zudem kann selbst bei Erreichen von Konsistenz zwischen den Informationen/Lagebildern über die Qualität zu einem bestimmten Zeitpunkt nur schwer eine Aussage getroffen werden, da die Oszillation der Vertrauenswürdigkeit um das Niveau des Endzustandes verläuft und dieser muss nicht zwangsläufig hoch sein.

Die Vorteile der zentralen und dezentralen Systeme zu vereinen, ohne die Nachteile zu übernehmen, ist Ziel der netzwerkbasierten Lösung. Das Netzwerk ist sowohl zentral, da das Netzwerk selbst das zentrale Element bildet und zum anderen dezentral, da das Netzwerk aus vielen gleichartigen Netzwerkknoten besteht. Gleichartig bedeutet hier, dass alle Knoten über eine gleiche Schnittmenge an Netzwerkfunktionen sowie NetOpFü Applikationen verfügen. Konsistenz wird durch die Kommunikation zwischen den Funktionen sowie den Applikationen an den einzelnen Netzwerkknoten erreicht. Das Netzwerk selbst wird damit zum zentralen Element, aber der Ausfall einzelner Konten oder Kommunikationsverbindungen führt nicht zwangsläufig zum Ausfall des gesamten Systems. Die Abstimmung zwischen Funktionen und Applikationen über das Netzwerk erhöht zwar den Kommunikationsaufwand ist aber Garant für die Konsistenz der dezentral erstellten Lagebilder (GREL/CROP).

Der netzwerkbasierte Ansatz ist NetOpFü-tauglich. Er vereint die Möglichkeiten der Konsistenz und Steuerung des zentralen Systems mit der Flexibilität und Ausfallsicherheit des dezentralen. Nationale und internationale, mobile und stationäre Knoten können nach Bedarf in das Netzwerk integriert werden. Die Nutzer sind über die Knoten in den Informations- und Kommunikationsverbund integriert.

Das Netzwerk besteht aus Netzwerkressourcen und Knoten. Die Netzwerkressourcen umfassen sowohl die HW Ausstattung (z. B. Rechner, Kommunikationsverbindungen, Sensoren und Daten Basen), als auch die notwendige SW Grundausstattung, die für einen reibungslosen Ablauf der Prozesse sorgt. In dieser Umgebung laufen die NetOpFü-spezifischen Applikationen an den Knoten ab. Damit diese Applikationen optimierte Arbeitsbedingungen vorfinden, werden zusätzlich Managementfunktionen benötigt, die mit den Netzwerkressourcen zusammenarbeiten. Diese Managementfunktionen spezifizieren dynamisch den Bedarf der NetOpFü-Applikationen, handeln mit den Netzwerkressourcen das Realisierbare aus und überwachen die Einhaltung der Vorgaben und Prozesse.

Abbildung 4: Funktionale Netzwerkstruktur (Quelle: Eigene Darstellung)

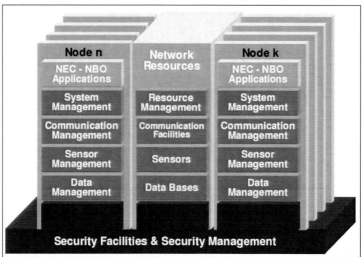

Das System NetOpFü verfügt über Daten- und Informationsquellen. Diese lassen sich nach Vordergrund- und Hintergrundwissen strukturieren. Vordergrundwissen ist aktuelle Information, z. B. Sensordaten, Meldungen und TDL (Tactical Data Link) Daten. Hintergrundwissen ist Kenntnis und Erfahrung. Aufgabe des Sensor Managements ist es Vordergrundwissen in Koordination mit anderen Knoten zu verwalten. Die Verwaltung des Hintergrundwissens über die Knoten hinweg obliegt dem Datenmanagement.

Der Austausch von Daten und Information erfolgt über die Netzwerkressource Kommunikation, diese ist für die NEC–NBO Applikation essenziell, sowohl was die Verfügbarkeit und Quantität anbelangt, als auch die Qualität. Zeitverzögerungen in der Übertragung realzeitlicher Sensordaten, Meldungen und Befehle können sich negativ auf die Qualität des Lagebildes und den Ablauf einer Operation auswirken. Daher ist es notwendig, dass der Knoten die notwendigen und hinreichenden Eigenschaften der Kommunikation mit der Netzwerkressource aushandelt und die Qualität überwacht. Dies ist Aufgabe des Kommunikationsmanagements.

Der Knoten selbst und die Applikationen müssen verwaltet werden. Zwischen den Ansprüchen und dem Bedarf der Applikationen müssen situationsbezogene Optimierungen durchgeführt werden. Die Applikationen selbst müssen überwacht und eine Abstimmung zwischen den Knoten durchgeführt werden. Auch dieses erfordert eine Verwaltung nach Regeln und Vorgaben, das Systemmanagement.

Funktional folgt das netzwerkbasierte System NetOpFü dem vorgestellten Kreisprozess Erkennen – Verstehen – Entwickeln – Handeln. Am Anfang steht das Erkennen der Situation durch möglichst umfassende Beschreibung, d. h. Beschaffung von Vordergrundwissen aus Sensordaten, Meldungen und Berichten. Diese Daten müssen evaluiert und bewertet werden bevor Daten fusioniert und Informationen aus dem Vordergrund und Hintergrundwissen an Daten und Gebiete korreliert werden. Die Fusion und Korrelation führt zum Lagebild, das die Grundlage für das Verstehen bildet.

Durch die Auswertung, die mentale Auseinandersetzung mit dem Lagebild, entwickelt sich das Situationsbewusstsein. Durch den Austausch mit Anderen, durch die gemeinsame Einschätzung und Bewertung, entsteht ein gemeinsames Bewusstsein der Situation. Mit diesem gemeinsamen Bewusstsein können die eigenen Handlungsoptionen erkannt und analysiert werden und unter Berücksichtigung der Rahmenbedingungen und der sich hieraus ergebenden Beschränkungen in Handlungsziele umgesetzt werden. Aus den Handlungszielen ergeben sich die erforderlichen Aktionen und deren koordinierte Ausführung.

Abbildung 5: Funktionale Struktur NetOpFü (Quelle: Eigene Darstellung)

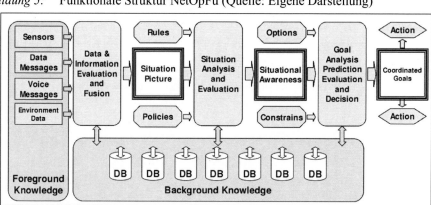

2.1 Kommunikationskonzept

Jeder Teilnehmer an NetOpFü muss mit seinem aktuellen Endgerät und den verfügbaren Übertragungswegen identifiziert werden, damit Qualität und Quantität den Medien angepasst werden können. Das Übertragungsmedium definiert die Quantität der übertragbaren Daten, das Endgerät die Qualität. Sicherheitsbeschränkungen können gegebenenfalls den Inhalt bestimmen.

An das Übertragungsmedium werden viele Anforderungen gestellt, die nicht gleichzeitig zu erfüllen sind. So sind Forderungen nach hoher Datenrate, Mobilität, Reichweite, Störfestigkeit usw. in Netzwerken nicht gleichzeitig realisierbar. Bei der Auslegung eines Netzwerkes müssen die einzelnen Forderungen priorisiert werden. Liegt die Priorität auf einer hohen Datenrate bei gleichzeitiger ad hoc Fähigkeit, müssen Abstriche bei der Reichweite und Störfestigkeit in Kauf genommen werden (siehe nachfolgende Abbildung).

Abbildung 6: Kommunikations-Trade Off (Quelle: Leschhorn 2006)

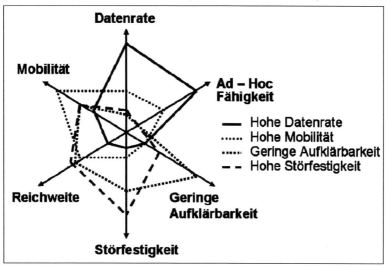

Die Forderungen an die Kommunikation werden durch den Einsatz definiert. Die Einsätze sind vielfältig, von Bürokommunikation bis Kommunikation zwischen hochmobilen Plattformen. Entsprechend ist das Kommunikationssystem Net-OpFü sehr heterogen, das vielfältige Übertragungsmedien nutzt, die den Forderungen des Einsatzes folgen. NetOpFü ist ein gemeinsamer Informations- und Kommunikationsverbund, folglich müssen in der heterogenen, einsatzbezogenen Kommunikationslandschaft Übergänge von einem Kommunikationsnetzwerk ins andere stattfinden.

Hierzu eignen sich skalierbare Kommunikationsserver, die die Verbindungen zum einen zwischen den einzelnen Netzen und zum anderen zwischen den Teilnehmern gewährleisten. Der reine physikalische Verbindungsaufbau ist hierbei nicht ausreichend, es muss auch ein Übergang zwischen Syntax, Semantik und Format stattfinden. Zentrale Steuerfunktion hat hierbei der Kommunikationsmanager, der nach definierten Regeln und Verfahren den Verbindungsaufbau zwischen den Netzen und den Teilnehmern steuert. Die inhaltliche Transformation der Daten erfolgt über Datenaustauschmodelle bzw. in der Zukunft einmal über eine geeignete Ontologie. Rechtliche und Sicherheitsaspekte werden über geeignete Regeln und Verfahren gewährleistet.

Abbildung 7: NetOpFü Kommunikations-Server (Quelle: Eigene Darstellung)

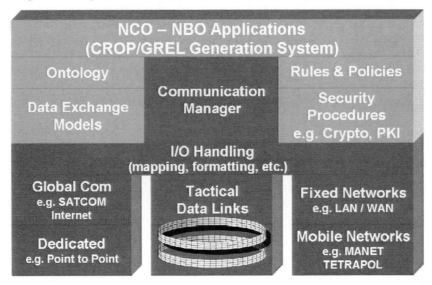

2.2 Informationskonzept

Der Informations- und Kommunikationsverbund NetOpFü muss jedem Teilnehmer die für die Erledigung seiner Aufgabe notwendigen Informationen zur Verfügung stellen. Jeder Teilnehmer hat somit einen Informationsbedarf, der über das System zu decken ist. Dieser Informationsbedarf wird in der Informationslogistik wie folgt definiert:

Informationsbedarf ist sowohl Art, Inhalt und Menge als auch Qualität der für die Lösung einer Aufgabe notwendigen Information, wobei zu unterscheiden ist zwischen: dem objektiven Informationsbedarf, der durch die Aufgabe bestimmt ist, und dem subjektiven Informationsbedarf, der durch das Informationsbedürfnis gegeben ist.

Dass diese Größen nicht deckungsgleich sind und in aller Regel auch nicht durch das Informationsangebot befriedigt werden kann zeigt Abbildung 8.

Die Schnittmenge zwischen Informationsangebot und objektivem Informationsbedarf ist der Informationsstand. Die Nachfrage zur Deckung des subjektiven Informationsbedarfs läuft schnell ins Leere, wenn der Informationsstand unterschritten wird und führt zum subjektiven Unterangebot, umgekehrt zum subjektiven Überangebot. Lässt man diese Darstellung eine Weile auf sich wirken, wird augenfällig warum Aufgaben nicht optimal abgearbeitet werden können: es fehlt an objektiv relevanter Information bei gleichzeitigem Überangebot irrelevanter Information. Auch wenn der objektive Informationsbedarf nicht immer zu gewährleisten ist, sollten zumindest der Informationsstand und die objektive Informationsunterversorgung abschätzbar sein. Die Bestimmung des Informationsbedarfs entsprechend dem Auftrag, d. h. entsprechend der Rolle in der Erfüllung einer Aufgabe, eröffnet zum einen die Möglichkeit der automatischen Informationsversorgung und zum anderen der Abschätzung des Informationsstandes sowie der objektiven Unterversorgung.

Der Informationsbedarf definiert das Was für wen und wie, d. h. er definiert die Informationsinhalte und die Adressaten. Für die automatische Verteilung sind zusätzliche Kenntnisse erforderlich, die Wichtigkeit der Information und der rechtlich–sicherheitstechnische Rahmen, sowie Zeitpunkt und Häufigkeit der Informationsübermittlung. Für die Übertragung wichtig ist die Kenntnis, mit welchem Übertragungsmedium der Adressat aktuell erreichbar ist, und das aktuelle Endgerät bestimmt die Darstellungsform.

Abbildung 8: Informationsbedarf und Angebot (Quelle: Strauch 2002)

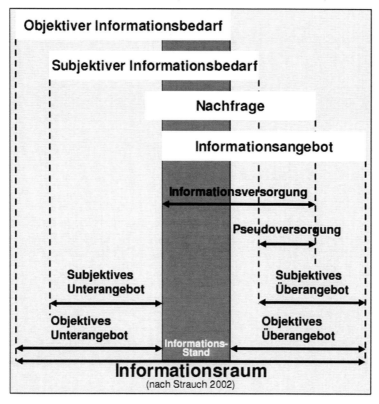

Von Vornherein den Informationsbedarf zu bestimmen bedeutet, dass die Aufgaben in abstrakter Form bekannt sind. Hierzu ist es notwendig, die Aufgabe der Handelnden durch Rollen in einem Prozess zu beschreiben. Die Rolle wird hierbei beschrieben durch ihren Charakter, ihren Status sowie ihrer Eigenschaft und Bedeutung. Der Charakter einer Rolle definiert die Zuordnung zu einem Aufgabenbereich, z. B. Nachrichtengewinnung und Aufklärung. Der Status einer Rolle bezeichnet die Funktion im Aufgabenbereich, z. B. Bildauswertung im Aufgabenbereich NG&A. Die Eigenschaft der Rolle spezifiziert die Aufgabe, aber auch die Rechte, z. B. SAR Bildauswertung mit Beurteilung in der Bildauswertung im Aufgabenbereich NG&A. Die Bedeutung der Rolle positioniert diese in der Aufgabe und im Aufgabenbereich, z. B. Freigabebefugnis der ausgewerteten Ergebnisse.

Die Rolle ist die Abstraktion des Handelnden. Der Prozess ist die Abstraktion der Aufgabenabwicklung. Die Aufgabenabwicklung lässt sich aus verschiedenen Sichten beschreiben, nach Funktion, Zuordnung zur Organisation, nach Daten, Leistung und nach zeitlichem Ablauf (Steuersicht).

Die Funktionssicht beschreibt den Prozess nach Ziel und Umfeld. In welches Umfeld ist der Prozess einzuordnen, welche Vorgänger und Nachfolger hat der Prozess, wird der Prozess von anderen Prozessen begleitet. Welches Ziel (Ziele) hat der Prozess und welche Abbruchkriterien? Wie wird das Ziel erreicht, d. h. welche Tätigkeiten (Funktionen) gehören zu dem Prozess? Welche Rollen gehören zu den Funktionen des Prozesses bzw. auf welche Rolle sind die Funktionen des Prozesses abzubilden?

Die zweite Sicht auf den Prozess ist die Organisationssicht. Diese bettet den Prozess in die Organisationsstruktur ein. Welche Organisationseinheiten nehmen an dem Prozess teil? Welche Rollen werden von der Organisationseinheit wahrgenommen? Welche Personen (Ressourcen) aus den Organisationseinheiten nehmen welche Rolle wahr? Durch die Organisationssicht werden Verantwortlichkeiten auf Rollen abgebildet und Rollen auf Personen, d. h. dem individuellen NetOpFü Nutzer werden Verantwortung und Rolle zugewiesen.

Die Datensicht beschreibt die Datenlage, d. h. Inputdaten, im Prozess erzeugte Daten und Outputdaten des Prozesses. Die Datensicht verknüpft die Funktionen des Prozesses mit Daten (In/Out). Die Funktionen sind an Rollen geknüpft (Funktionssicht) und die Rollen sind über die Organisationssicht mit Organisationsbereichen und Personen verknüpft. Somit liefert die Datensicht auch die Zuordnung der Daten an Rollen und Personen. Außerdem übernimmt der Organisationsbereich (und dadurch Personen) in der Datensicht automatisch die Verantwortung für die Daten durch die Zuordnung Funktion – Rolle – Organisationsbereich – Person.

Die Leistungssicht weist den Funktionen des Prozesses alle erforderlichen Dienst-, Sach- und Finanzleistungen zu. Durch die Zuordnung der Funktionen zu Rollen, der Rollen zu Organisationsbereichen und Personen sind die erforderlichen und zu erbringenden Leistungen strukturiert.

Die Steuerungssicht bringt den zeitlichen Aspekt in die Prozessbeschreibung indem die Funktionen des Prozesses in einen zeitlichen und logischen Ablaufplan gebracht werden. Da Organisationsbereiche, Personen, Daten und Leistungen den Funktionen zugeordnet sind, sind auch diese über die Steuerungssicht zeitlich geordnet.

Der objektive Informationsbedarf wird, wie oben beschrieben, über die Abbildung der realen Personen und Aufgaben in Rollen und Prozesse ermittelt. Dieser Informationsbedarf ist aufgabenbezogen, muss also dem Nutzer zugestellt werden. Neben diesem Bedarf besteht noch ein zusätzliches Informationsbedürfnis. Im Nachfolgenden wird skizziert, wie ein Informationsportfolio erstellt wird, um Bedarf und Bedürfnis zu decken. Informationsportfolio bedeutet die Ermittlung, welche Informationen stehen wo zur Verfügung, wie können diese Informationen zugänglich gemacht werden und für wen sind sie nützlich. Das Erstellen des Informationsportfolios gleicht der Erstellung einer Landkarte, einer Informationslandkarte.

Der erste Schritt in der Erstellung der Informationslandkarte ist die Ermittlung des Informationsangebotes, d. h. welche Informationen/Daten sind wo verfügbar. Für das Informationsportfolio werden an dieser Stelle alle internen und externen Informationsangebote erfasst. Insbesondere für die internen Daten und Informationen bedeutet dies die Erfassung aller Datenbestände und aller Datenquellen.

Der zweite Schritt der Erstellung der Informationslandkarte befasst sich mit der Informationsbereitstellung. Wie kann die Verfügbarkeit der Information des Informationsportfolios gewährleistet werden, d. h. technische Verfügbarkeit, rechtliche Verfügbarkeit und sicherheitstechnische Verfügbarkeit. Die technische Verfügbarkeit definiert die physikalische Zugänglichkeit, Format, Syntax und Semantik der Daten und Informationen. Die rechtliche Verfügbarkeit klärt, wem diese Informationen entsprechend den gültigen gesetzlichen Grundlagen, aber auch entsprechend Rahmenvereinbarungen und Statuten zugänglich gemacht werden darf. Die sicherheitstechnische Verfügbarkeit definiert den Sicherheitsstatus und damit zum einen den erlaubten Personenkreis, zum anderen Rahmenbedingungen für das Übertragungsmedium und die Endgeräte.

Nachdem Informationsangebot und Bereitstellung die Landschaften und Orte der Informationslandkarte definiert haben, geht es im dritten Schritt der Informationsversorgung um die Wege und die Pflege. Immer dort, wo Daten und Informationen nicht eindeutig Organisationsbereichen zugeordnet sind, muss die Verantwortung für die Erstellung von Daten und deren Pflege geregelt werden. Ferner müssen die Regeln und die Mechanismen für die Verteilung von Informationen und Daten zwischen Systemen und von Systemen an Nutzer definiert werden. Insbesondere muss das Informationsportfolio mit dem objektiven und subjektiven Informationsbedarf der Nutzer in ihren jeweiligen Rollen in Übereinstimmung gebracht werden. Der objektive Informationsbedarf wird gedeckt, indem die Daten und Informationen automatisch zugestellt werden, der subjektive Informationsbedarf, indem nutzerspezifische Informationslandkarten zur Abholung von Daten und Informationen bereitgestellt werden.

Die einzelnen Schritte zur Ermittlung der Informationslandkarte werden im Nachfolgenden am Beispiel Lagebild (CROP/GREL) kurz skizziert. Es wird in diesem Beispiel davon ausgegangen, dass alle wesentlichen Informationen für ein Lagebild durch die Common und Spezific C2 Services bereitgestellt werden können. Diese Services umfassen einige hundert Informationselemente, von denen z. B. das realzeitliche Luftlagebild nur ein Element ist.

Für das zu skizzierende Verfahren bedeutet dies: es wird von definierten Informationselementen ausgegangen und nicht im System nach potentiellen Kandidaten gefahndet, was gewiss eine Einschränkung des Verfahrens bedeutet, aber an dieser Stelle angebracht ist.

Ermittlung des Informationsangebotes

a. Schritt
Ermittlung aller internen und externen Daten und Informationsquellen. In diesem Beispiel Definition der notwendigen Informationselemente zur Lagebilderstellung, also der Common and Specific C2 Services.

b. Schritt
Ermittlung der Organisationsbereiche, die für diese Daten verantwortlich sind, d. h. Ursprung und Verantwortlichkeit.

c. Schritt
Identifikation der Systeme in denen die Daten verfügbar sind, d. h. Bestimmung der primären (Quell) und sekundären Systeme bzw. Datenbanken in denen die Informationen erzeugt bzw. abgelegt werden (es bietet sich an, sowohl primäre als auch sekundäre Quellen zu erfassen, um die Ausfallsicherheit im Betrieb zu erhöhen und die Möglichkeiten des dynamischen Routing zu verbessern).

d. Schritt
Identifikation der Dateneigenschaften wie realzeitlich/nicht realzeitlich, update Rate, Syntax und Semantik, Format, Meta Daten (z. B. Historie der Daten) usw.

Abbildung 9: Definition des Informationsangebotes (Quelle: Eigene Darstellung)

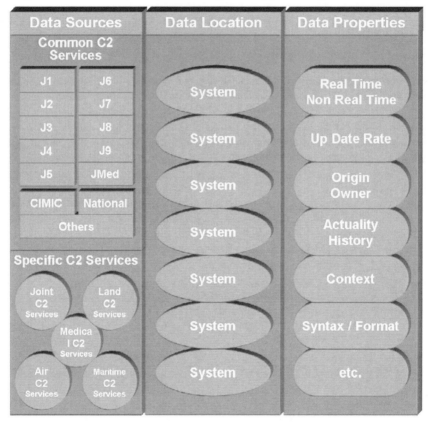

Nach der Erfassung der Datenbestände führt der nächste Schritt, die Informationsbereitstellung, zur Informationslandkarte, indem Datenaustauschmodelle, Regeln und Verfahren für die Bereitstellung definiert werden.

e. Schritt
Homogenisierung der Daten, d. h. Vereinheitlichung der Begriffswelt und Herstellung der kontextuellen Interoperabilität z. B. mittels Datenaustauschmodellen und Ontologien.

f. Schritt
Gewährleistung der Sicherheits- und rechtlichen Aspekte, durch Anwendung von Regeln und Anweisungen die entsprechende Einträge des Metadatenbestandes auswerten, um Verfahren (z. B. Verschlüsselung) zu initialisieren und Berechtigungen zu definieren

g. Schritt
Erstellung einer Informationslandkarte (Informationsportfolio), d. h. Definition: welche Daten sind verfügbar, welche Organisationseinheit ist für die Daten verantwortlich, aus welchen Systemen können die Daten bezogen werden (inklusiv Priorisierung der Quellen), semantische und syntaktische Eigenschaften, sicherheitstechnische und rechtliche Bereitstellungsaspekte.

Abbildung 10: Informationsbereitstellung (Quelle: Eigene Darstellung)

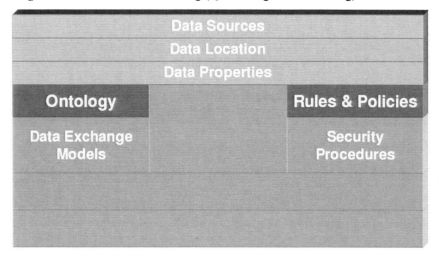

Der letzte Schritt, die Informationsversorgung hat zum Ziel, den Informationsbedarf eines jeden Teilnehmers am Informations- und Kommunikationsverbund auf zwei Arten zu decken:

- objektiver Informationsbedarf nach dem Push Prinzip,
- subjektiver Informationsbedarf nach dem Pull Prinzip.

h. Schritt
Bevor die Freigabe der Daten zur automatischen Übermittlung oder zur individuellen Abholung (was auch ein Abonnement einschließt) erfolgen kann, ist zunächst eine Beurteilung der Daten/Informationen nach Glaubwürdigkeit und Bedeutung erforderlich, d. h. die Authentizität und Konsistenz der Daten muss sichergestellt bzw. beurteilt werden und die Daten müssen nach ihrer Bedeutung (operative Bedeutung, Zeitkritikalität, Wichtigkeit, usw.) priorisiert werden.

i. Schritt (Data Pull)
Freigabe der Daten zur Abholung entsprechend profilspezifischen Informationslandkarten, d. h. die erstellte Landkarte wird entsprechend dem Profil des Nutzers gefiltert. Das Profil eines Nutzers ergibt sich aus seinen Nutzereigenschaften, -rechten und den Rollen, die der Nutzer hat.

j. Schritt (Data Push)
Automatische Datenübermittlung entsprechend rollenspezifischen Regelungen, das bedeutet, entsprechend dem Informationsbedarf des Nutzers in der spezifischen Rolle in dem jeweiligen Prozess zur Erfüllung der Aufgabe.

Abbildung 11: Informationsversorgung (Quelle: Eigene Darstellung)

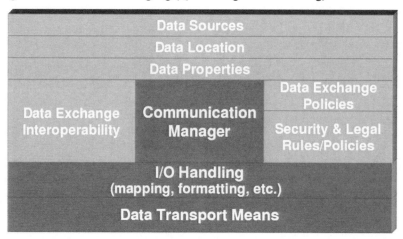

Durch die Erstellung einer Informationslandkarte für NetOpFü und Definition des objektiven Informationsbedarfs für den Nutzer sind die grundlegenden Eigenschaften des Informationskonzeptes skizziert. Der objektive Informationsbedarf wird dem Nutzer automatisch zugestellt, weitere Informationen werden über eine nutzerspezifische Informationslandkarte zur Abholung bereit gestellt.

Es bleibt noch die Frage nach dem Nutzer. Der Nutzer ist im System über sein Profil abgebildet. Dieses Profil wird beschrieben durch die Nutzer-Eigenschaften, den Berechtigungen sowie durch die Summe aller Rollen, die ein Nutzer aktuell inne hat.

3 Sicherheitskonzept

NetOpFü Sicherheit bedeutet vor allem Vertrauenswürdigkeit, Vertrauenswürdigkeit der Kommunikation und der Information. Das Sicherheitskonzept für NetOpFü hat zu gewährleisten, dass keine nicht autorisierten Personen, Geräte, Kommunikationsverbindungen und Informationen am Kommunikationsverbund und Informationsverbund teilhaben. Ferner muss das Sicherheitskonzept gewährleisten, dass permanente und temporäre, stationäre und mobile Nutzer mit ihren jeweiligen spezifischen Endgeräten und Kommunikationsanbindungen am Verbund teilhaben können. Diese Nutzer müssen schnell integriert und desintegriert werden können. Dies bedeutet, dass das Sicherheitskonzept für NetOpFü der hohen Dynamik des Systems Rechnung tragen und flexibel auf die Anforderungen antworten muss.

Die Teilnehmer am Kommunikations- und Informationsverbund NetOpFü sind gekennzeichnet durch ihre jeweiligen Profile. Das Profil des Nutzers ergibt sich aus den Rechten und Pflichten sowie den permanenten und temporären Rollen die dem Nutzer zugeordnet sind. Aus dem Profil ergibt sich die Zugangstiefe zum System, d. h. die Rechte zur Teilhabe am Verbund und zur Einflussnahme auf das System. Das Profil definiert den Zugang zu Daten und Informationen sowie die Möglichkeit, Daten und Informationen einzustellen oder zu verändern. Über das Profil entscheidet das System, welche Daten automatisch mit welcher Wiederholrate übermittelt werden müssen und welche Daten zur Abholung bereit stehen. (Was nicht ausschließt, dass der Nutzer Daten zur Abholung abonniert, d. h. der automatischen Übermittlung beifügt.)

Das jeweilige Profil des Nutzers ist mit den aktuellen physikalischen Möglichkeiten der Teilnahme am Kommunikations- und Informationsverbund zu kombinieren. Das jeweilige Endgerät und die Kommunikationsanbindung definieren über das Profil hinaus die aktuelle Sicherheitseinstufung des Nutzers. Dies erfordert, dass dem System die verfügbaren Endgeräte und das aktuelle Umfeld ihres Einsatzes bekannt sind. Dies bedeutet eine dynamische Zuordnung des Wer mit Was, Wo und Wozu.

Die Sicherheit des Systems NetOpFü beginnt an seinem Rand und zieht sich geradewegs in seinen Kern, dem Netzwerk zusammen. Die jeweiligen Nutzer, Endgeräte und Kommunikationskanäle sind zu autorisieren. Es reicht nicht aus, nur den nicht autorisierten Zugang von Nutzern zu verhindern, sondern auch die nicht autorisierte Nutzung von Endgeräten und Kommunikationskanälen. Hierzu müssen insbesondere mobile Geräte die in einem unsicheren Umfeld betrieben werden durch zusätzliche HW Maßnahmen und SW Routinen abgesichert werden.

NetOpFü ist ein Informations- und Kommunikationsverbund, somit ist neben der physikalischen Sicherheit (Nutzer, Geräte, Kommunikationskanäle) die Sicherheit der Information ein zentrales Element. Informationssicherheit bedeutet Vertrauenswürdigkeit. Der Nutzer muss sich an jedem Ort und zu jeder Zeit auf die gegebene Information verlassen können. Dies impliziert zunächst, dass Daten und Informationen nicht frei durch das Netz vagabundieren, sondern durch einen Prozess bearbeitet und freigegebenen werden. Dieser Prozess schließt die Evaluierung der Daten ein, wodurch dem Nutzer unter Anderem auch die Vertrauenswürdigkeit von Daten und Informationen angezeigt werden kann. Die Sicherheit der Daten und Informationen geht in der netzwerkbasierten Operationsführung aber weit über diese Vertrauenswürdigkeit hinaus, denn ein Ziel von NetOpFü ist die Schaffung des gemeinsamen Lagebewusstseins auf Grundlage rollenspezifischer Lagebilder. Vertrauenswürdigkeit in NetOpFü bedeutet daher vor allem auch das Vertrauen, dass andere Nutzer nicht über Informationen verfügen, die im Wiederspruch zur eigenen Informationslage stehen. Sicherheit in NetOpFü ist daher vor allem auch die Konsistenz der Lagen.

Die Evaluierung von Daten und Informationen erhält somit einen hohen Stellenwert im Sicherheitskonzept. Eingehende Daten (inklusive Informationen) müssen zunächst mit einer Historie versehen werden, d. h. einem Metadatensatz der die Geschichte der Daten festhält, z. B. Ursprung, weitere Verwendungen und Beurteilungen. Die Beurteilung der Daten bezieht sich zum einen auf die Glaubwürdigkeit, zum anderen auf die Bedeutung. Diese Beurteilung kann sich über die Zeit verändern. Eine anfänglich wenig glaubwürdige Information mit hoher Bedeutung kann über die Zeit zu einer Information hoher Glaubwürdigkeit aber geringer Bedeutung werden. (z. B. ein zunächst nur zeitweise detektiertes Flugzeug wird nach Identifikation als Sportflugzeug glaubwürdiger aber gleichzeitig unbedeutender.) Die Historie der Beurteilung und der Entscheidungsfindung für die Beurteilung einer Information sind zwingend notwendig, um im hochdynamischen System Beurteilungen revidieren zu können.

Die Beurteilung (Glaubwürdigkeit und Bedeutung) von Daten hängt vom Ursprung der Daten und der Bestätigung der Daten durch weitere Quellen ab. Daten und Informationen müssen im Sinne eines Sicherheitskonzeptes NetOpFü sowohl nach der Glaubwürdigkeit einzelner Quellen, als auch nach der verknüpften Glaubwürdigkeit mehrerer Quellen eingestuft werden. Hierbei sind die Mechanismen des Informationsaustausches zwischen einzelnen Quellen zu berücksichtigen. Wenn viele Quellen das Gleiche sagen, ist es noch lange nicht richtig, denn alles Gesagte könnte letztendlich aus derselben Quelle stammen.

Konsistenz der Informationslage im Netzwerk NetOpFü ist ein zentrales Element des Sicherheitskonzeptes und eng verknüpft mit dem Datenaustauschmodell zwischen verschiedenen Institutionen und der Informationsversorgung des Nutzers. Insbesondere wenn NetOpFü als neuer Ansatz gesamtstaatlichen Handelns verstanden wird, entstehen sowohl rechtliche als auch sicherheitstechnische Probleme. Wem darf welche Information zugänglich gemacht werden?

Ein erster Ansatz zur Lösung dieser Herausforderung besteht darin, einem System auf höchster staatlicher Ebene alle Daten und Informationen zugänglich zu machen. Daten und Informationen sind mit Vermerken zur Freigabe nach Institutionen und Einrichtungen versehen, d. h. tragen rechtliche und sicherheitstechnische Fähnchen. Das System verarbeitet alle Daten, an allen Knoten und erstellt die rollenspezifischen Lagebilder. Daten und Informationen die einer spezifischen Institution nicht zugänglich sind, werden explizit nicht aufgeführt, aber im Gesamtkontext berücksichtigt.

Der Sicherheitsaspekt von NetOpFü ist hier bewusst aus einem anderen Blickwinkel betrachtet worden, denn die Entwicklung von Prozeduren, Verfahren und HW schreitet allein durch den kommerziellen Markt getrieben voran. Wesentlich für NetOpFü sind die physikalische Sicherheit (Nutzer, Geräte, Verbindungen) und die Informationssicherheit. Informationssicherheit für NetOpFü bedeutet Kenntnis der Vertrauenswürdigkeit der Daten und Informationen und Konsistenz der Lagebilder. Denn NetOpFü selbst basiert auf Vertrauen und Konsistenz, Vertrauen der Menschen zueinander und konsistente Umsetzung der Handlungen zum gemeinsamen Erfolg.

Literatur

Leschhorn, R. „SDR: Hochmobile Kommunikationsinfrastruktur für das deutsche Heer", Vortrag auf der Tagung ‚Das Heer in der Transformation, Konzeption und Sachstand der Realisierung' der Studiengesellschaft der DWT Bonn, Bad Godesberg, 28./29. Juni 2006.

Strauch, B. (2002) *Entwicklung einer Methode für die Informationsbedarfsanalyse im Data Warehousing*, Dissertation, Universität St. Gallen.*Data Warehousing*, Dissertation, Universität St. Gallen.

Die Transformation der Gesellschaft und des Militärs

Thomas Jäger/Mischa Hansel

1   Einleitung

Immer wieder werden Beobachter damit konfrontiert, dass Berichte über die enormen technologischen Innovationen im militärischen Bereich (Singer 2009) kontrastreich denjenigen gegenüber stehen, die die Einsatzrealität beschreiben (Wright 2009: 79, 119). Während auf der einen Seite darüber nachgedacht wird, welche Folgen die Einsetzung technologischer Intelligenz für die Kriegsführung hat, wird auf der anderen Seite beschrieben, wie Geräte ausfallen, der Strom unterbrochen wird, Codewörter nicht zeitnah weitergegeben werden und der Krieg ohne die Technologie geführt werden muss, auf die die Erlangung von Informationsüberlegenheit und Führungssteuerung abgestellt wurden. Unklar ist auch, welche Folgen dies für den Umgang der Gesellschaften miteinander hat, für die Neigung zur Gewalttätigkeit, für die Entscheidungen zum Krieg und für die Formen der Beendigung gewaltsamer Auseinandersetzungen. Singer selbst ist – unter Hinweis auf Einsteins Diktum, dass das einzig unermessliche die menschliche Dummheit sei – da eher negativ gestimmt (Singer 2009: 433–435). Die Frage aber muss diskutiert werden, ob wir am Beginn einer neuen Zeit stehen, einer technologischen Umwälzung, die auf Jahrzehnte hinaus das Schicksal der Menschheit bestimmen wird. Was auf dem Gebiet der künstlichen Intelligenz geschieht, stößt atemberaubende Entwicklungen an, die vor allem eines sind: unsicher. Niemand kann die Folgen dessen absehen, was gerade geplant, konzipiert und erforscht wird. Das ist nun keine einmalige Situation, sondern war historisch schon mehrfach so gegeben. Die Gesellschaften mussten sich an veränderte Umstände anpassen, die technologischen Entwicklungen in ihren politischen, sozialen und wirtschaftlichen Systemen verarbeiten und in ihre Kultur einpflegen. Die Veränderungen waren häufig grundlegender Natur.

Warum dies nun umso drastischer sein soll liegt insbesondere an zwei Entwicklungen: Zum einen besteht zwischen den Gesellschaften und Staaten ein Maß an Interdependenz, das in dieser Weise so noch nie gegeben war. Die Kosten, die für alle Gesellschaften, wenn auch möglicherweise sehr asymmetrisch, aus den technologischen Revolutionen erwachsen können, sind immens und niemand kann sich von vornherein davon ausnehmen. Zweitens aber findet sich ein Maß an möglicher Beherrschung der Lage, an möglicher Gewalt, an möglicher Mikrosteuerung der Verhältnisse in den technologischen Entwicklungen, das bei den einen die Befürchtungen einer „Brave New World" auslösen, bei anderen die sicherheitsorientierte Beherrschung der Lage erhoffen lassen.

Die Grundfrage, der wir hier nachgehen wollen, indem wir auf ursprüngliche Konzepte der Revolution in Military Affairs zurückgreifen, lautet, ob die gedachten, nicht mehr linearen, sondern vernetzten multiplen Reorganisationen von Fähigkeiten und Akteurskonstellationen ausreichend weit auf die Konzeption einer zukünftigen sicherheitspolitischen Lage zugreifen.

Transformation lässt sich verstehen als einen gesamtstrategisch, multinational und ressortübergreifend angelegten sowie vorausschauend ausgerichteten Prozess zur laufenden Anpassung der außen-, sicherheits- und verteidigungspolitischen Instrumente, Planungs- und Entscheidungsabläufe an eine sich dynamisch verändernde Umwelt (Thiele 2004: 97). Die Gestaltung dieses Prozesses stellt erhebliche Anforderungen an die Akteure auf allen Ebenen, denn der gesamtstrategisch angelegte Prozess muss auf operativer und taktischer Ebene abgebildet werden und gleichzeitig politisch gesteuert werden. Dies erfordert individualpsychisch ein verändertes Denken der beteiligten Akteure, kollektivpsychisch ein verändertes gesellschaftliches Selbstverständnis einschließlich der Neudefinition von Auto- und Heterostereotypen, eine gewandelte soziale Identität, organisatorisch das Ausbilden „flexibler Routinen" und entsprechender Handlungsprogramme, bürokratisch eine neue Kultur der zivil-militärischen Zusammenarbeit und international die Ausbildung von Arbeitsteilung.[1]

Deutlich wird, dass die ursprünglich für den Bereich des Militärs durchdachte Transformation nunmehr nicht nur zivile Akteure im Sicherheitsbereich einschließt, sondern zunehmend alle Bereiche des gesellschaftlichen Lebens. Wenn die militärische Transformation gelingen soll, muss sie als gesamtgesellschaftlicher Prozess umgesetzt werden, Wirkungen auf alle gesellschaftlichen Teilsysteme entfalten und von dort aus neue Impulse gewinnen. Dass der Krieg nicht ohne seine Einbettung in die gesellschaftlichen Verhältnisse zu verstehen sei, war eine der Grunderkenntnisse von Carl von Clausewitz. Dieser Gedanke – von den Beinen auf den Kopf gestellt – bedeutet aber eben auch, dass nur dann die Transformation im Sicherheitsbereich wird gelingen können, wenn die entsprechende Gesellschaft sich entwickelt, die diese Transformation trägt.

Im Zuge der Transformation auf der Basis neuer Informations- und Kommunikationstechnologien und ihrer organisatorischen Nutzung für Aufklärung, Führung und Einsatz wird die Sicherheitsgewährleistung und als deren Ultima Ratio die Kriegsführung eine neue Form annehmen. Der dichte Informationsaustausch zwischen immer leistungsfähigeren Sensoren und immer präziseren Waffensystemen könnte den Nebel des Krieges (Clausewitz 1980 [1832]: 289) weitgehend verdrängen. Den Akteuren, die ein solches Netzwerk aufbauen und erhalten können, fällt der Blick auf ein transparentes Schlachtfeld zu, in dem jeder Widerstand zwecklos ist, weil er am Ende gebrochen wird. Die eigentliche Kriegsentscheidung findet daher nicht allein im physischen Kampf, sondern bereits im Kampf um Informationsdominanz statt. Wer darüber verfügt, für den verliert der Krieg zwar nicht seine Gewaltsamkeit und Unvorhersehbarkeit, aber die eigenen Verluste lassen sich drastisch senken und neue Formen der Gewalt (beispielsweise im Cyberwar) werden in die Auseinandersetzungen eingeführt.

Konzeptionelle Vorläufer und ermöglichende Technologien der Transformation, beispielsweise die Entwicklung von Präzisionslenkwaffen, entstanden bereits im Rahmen des Ost-West-Konfliktes, sie konnten unter dessen Voraussetzungen aber nie erprobt werden (Freedman 1998: 19–28). Der vermeintliche Triumph westlicher Technologie im Golfkrieg 1991 entzündete dann eine bis heute anhaltende intensive Debatte über einen revolutionären Umbruch konventioneller Kriegsführung. Den vielfältigen Ausdifferenzierungen dieser Debatte kann dieser kurze Überblick nicht gerecht werden (siehe dazu Møller 2002; Biddle 1998; Freedman 1998). Ziel ist es hingegen, einige Kerngedanken der Theoretiker und ihrer

---

[1] Aus Sicht der Theorie internationaler Beziehungen hat insbesondere der letzte Punkte enorme Kon-sequenzen: er würde eine wichtige Bedingung neorealistischer Theoriebildung in Frage stellen und zu einer Neudefinition von Interdependenzverhältnissen führen. Das verfolgen wir hier aber nicht weiter.

Kritiker darzulegen, die sich mit der Transformation befasst haben. Dies geschieht anhand der Leitfragen, inwiefern eine lückenlose Informationsausstattung im Kriegsgeschehen erreichbar ist, und, sollte dies möglich sein, inwiefern sie den Kampf tatsächlich in einen einseitig beherrschbaren, gewissermaßen administrativen Akt transformieren könnte.

2 Eine Revolutionierung des Krieges im Informationszeitalters

Nicht wenige Autoren betrachten die Transformation als Teil eines tiefgreifenden zivilisatorischen Umbruches, der im Gefolge des anbrechenden Informationszeitalters eintritt, und alle Gesellschaftsbereiche erfasst. Erforderlich sei daher nicht weniger als eine neue gesamtgesellschaftliche „Grand Strategy", die die militärischen, politischen, wirtschaftlichen und kulturellen Mittel der Informationsgesellschaft vereint (vgl. beispielsweise Nye/Owens 1996; Arquilla/Ronfeldt 1999). Der Idee eines sich wellenartig verbreitenden neuen Zivilisationstypus, zu dem sich die militärische Transformation gewissermaßen wie ein Epiphänomen verhält, haben insbesondere die Zukunftsforscher Heidi und Alvin Toffler zu Einfluss verholfen (Toffler 1990; Toffler/Toffler 1995). Wirtschaftliche Produktions- und militärische Destruktionsmittel stehen dabei – wie bei den bisherigen Zivilisationensepochen auch – in einem spiegelbildlichen Verhältnis zueinander: „The way we make war reflects the way we make wealth" (Toffler/Toffler 1995: 2). Noch in der Agrargesellschaft konnten die Erzeugung wirtschaftlicher Güter und die Kriegsführung nicht über die Grenze der zur Verfügung stehenden menschlichen und tierischen Muskelkraft hinausreichen (Toffler/Toffler 1995: 35–40). Auf der zweiten, industriellen Zivilisationsstufe, spiegelten sich die mechanisierte, energiereiche, auf Massenausstoß angelegte Produktionsweise und die gewaltige Destruktivkraft der auf den Schlachtfeldern zum Einsatz gebrachten Waffensysteme. Mit der Verwandlung der ganzen Gesellschaft in eine einzige Kriegsmaschinerie zu Anfang des 20. Jahrhunderts erreichte die Kriegsführung der Industriegesellschaft sodann ihren Höhepunkt (Toffler/Toffler 1995: 45). In der zweiten Hälfte des 20. Jahrhunderts beginnt sich schließlich eine Gesellschaftsform auszubilden, deren Ökonomie zusehends auf der Generierung, Verarbeitung und der Verwendung von Wissen beruhe (vgl. auch Bell 1973 und Drucker 1989). Wissen reduziert die Menge des benötigten Kapitals sowie der benötigten Arbeit und Energie – in der Wirtschaft wie in der Kriegführung (Toffler/Toffler 1995: 79–80).

Die Parallelsetzung von Krieg und Ökonomie durchzieht die gesamte Transformationsliteratur. Nicht in den Militärstrategen der Vergangenheit, sondern in modernen Managementlehren, insbesondere im Change Management, findet sie ihre Referenzpunkte (vgl. Hazlett 1996; Cebrowski/Garstka 1998). Dies drückt sich nicht zuletzt in der zentralen theoretischen und konzeptionellen Stellung der Vernetzung aus. Denn hierarchisch organisierte Institutionen stehen dem effizienten Informationsfluss und damit der Effektivität des Handelns entgegen und drohen im Wettstreit um Wissen bedeutungslos zu werden. Netzwerke dagegen werden als die dominante Organisationsform des Informationszeitalters angesehen (vgl. Arquilla/Ronfeldt 1993: 143–144). Dieser Lehre darf sich die Militärplanung nicht entziehen, wenn die Streitkräfte als Organisation effektiv und damit erfolgreich handeln sollen. Nicht straff geführten Massenheeren und großen mechanischen Plattformen, sondern kleinen, hochmobilen und spezialisierten Einheiten gehört in dieser Konzeption die Zukunft. Diese kleinen dezentralen Einheiten werden mittels global verfügbarer Informations- und Kommunikationssysteme befähigt, räumlich getrennt und doch synergetisch vorgehen zu können. Präzise und selektiv einwirkende Abstandswaffen könnten jederzeit von ihnen herbeigerufen werden und eine wirksame Bearbeitung des Schlachtfeldes aus sicherer Entfernung zulassen. So entsteht ein Wirkverbund aus Aufklärungsmitteln, Kommunikations- und Führungssystemen sowie Präzisionswaffen, der hoffen lässt, den Nebel des Krieges aufzulösen und der die Bedeutung von Raum und Zeit auf ein Minimum reduziert. William A. Owens hat für dieses Konglomerat den Begriff des „Systems der Systeme" geprägt (Owens 2001: 98–102). Es ist dazu gedacht, den Krieg, gemeinhin verstanden als einen erweiterten Zweikampf (Clausewitz 1980 [1832]: 191), in eine Art Jagd zu transformieren, in der jene Kriegspartei, die ein dichteres und robusteres elektronisches Netz ihr Eigen nennt, allen physischen Widerstand unterbinden und jedes physische Objekt vernichten kann (Libicki 1994). Kurz: Auf dem Schlachtfeld gesehen zu werden, bedeutet geschlagen zu werden (Libicki 1996: 263).

Für viele Theoretiker besteht das Ziel allerdings gar nicht mehr in der Vernichtung der gegnerischen militärischen Kräfte, sondern in deren Paralyse:

> „In the new epoch, decisive duels for the control of information flows will take the place of drawn-out battles of attrition or annihilation; the requirement to destroy will recede as the ability to disrupt is enhanced." (Arquilla/Ronfeldt 1997: 2)

Im Rahmen der „Informationskriegführung" richten sich die militärischen Aktionen nicht mehr gegen die physischen Kampfmittel des Gegners, sondern auf die Überlastung, Manipulation oder Zerstörung seiner Sensoren, Kommunikations- und Führungssysteme. Einige Beobachter prognostizieren in diesem Zusammenhang die Möglichkeit eines ganz allein in den elektronischen Datennetzen stattfindenden Kampfes (Schwartau 1994; Molander et al. 1996). Andere gehen davon aus, dass im Zeichen der Informationsrevolution jedweder Zusammenstoß militärischer Kräfte, und sei es auch bloß im Cyberspace, mit den Mitteln einer überlegenen psychologischen Kriegführung umgangen werden könne (Szafranski 1997). Wiederum andere Autoren weisen weder der Robustheit und Integrität elektronischer Systeme, noch der Raffinesse psychologischer Kriegführung, sondern den Grenzen des menschlichen Erfassungs- und Orientierungsvermögens den größten Einfluss auf den Ausgang des Krieges zu. Kriegshandlungen – seien es nun physische oder nicht-physische – seien so zu beschleunigen, dass sie die kognitiven Fähigkeiten des Gegners übersteigen. Bereits die überfallartige Kriegführung der Mongolen hätte diesen Kriterien genügt (Arquilla/Ronfeldt 1993: 148–150). Maßgebend für diesen Diskussionsstrang war das von John R. Boyd entwickelte Schema eines Entscheidungszyklus – „Observe, Orient, Decide, Act" (abgedruckt in Fadok 1997: 366) – der im Folgenden als OODA-Schlaufe bezeichnet wird. Diese gelte es weit schneller abzuschließen als es der Gegner vermag. Deshalb empfehlen einige Autoren die gänzliche Auflösung linearer Befehlsführung zugunsten einer weitgehenden Automatisierung und/oder Dezentralisierung der Entscheidungsfindung. Auf diesem Wege soll die eigene OODA-Schlaufe auf ein Minimum komprimiert und dem Gegner jede Reaktionsmöglichkeit genommen werden (siehe zu diesen Ideen von Boemcken 2008).

Bei allen skizzierten Unterschieden verbindet diese Theoretiker die Idee einer auf „Informationsdominanz" gestützten überlegenen Kriegführung. Die Kritik an dieser These ist eng auf dieses Konzept bezogen und versucht nachzuweisen, dass der Krieg seine Unbeherrschbarkeit trotz oder gerade wegen der Bemühungen um Informationsdominanz behalten werde. Die Auseinandersetzung mit diesen kritischen Positionen ist gerade für die Transformationstheorie eine wichtige Diskussion, weil damit ihre Grundlagen befragt werden und die kritische Beschäftigung mit diesen Argumenten dazu beitragen kann, den Prozess der Transformation selbst besser zu verstehen.

3 Neuer Nebel im Krieg

Der Schwerpunkt der nachfolgenden Abschnitte liegt auf der Darstellung theoretisch angeleiteter Kritik an der Transformation. Auf detaillierte empirische Überprüfungen dieser Thesen kann an dieser Stelle nicht eingegangen werden (siehe dazu vor allem Biddle 1998, 2003, 2007). Außer Acht gelassen wird auch die Frage, ob der Begriff der Revolution in Hinblick auf die Transformation kriegerischer Mittel angemessen ist, oder es sich vielmehr um einen evolutionären Prozess handelt (siehe dazu Helmig 2008; Shapiro 1999; Biddle 1998). Im Folgenden wollen wir einige der besonders wichtigen Argumente zusammentragen und diskutieren. Dabei konzentrieren wir uns auf diese Hinweise.

- Erstens wird behauptet, dass der Anspruch einer lückenlosen Informationsausstattung bereits an der Selektivität technischer Mittel der Informationsbeschaffung und an den begrenzten kognitiven Fähigkeiten des Menschen scheitert.
- Zweitens wird zugestanden, dass extreme Informationsasymmetrien zwar herstellbar seien, sie den Krieg aber nicht in einen einseitigen Akt transformieren könnten solange sich der Gegner anderer Asymmetrien zu seinem Vorteil bedienen kann, um seine Nachteile wettzumachen.
- Drittens schließlich könnten Kriegsparteien, denen die völlige Paralyse ihrer Führungs- und Kommunikationsfähigkeiten droht, und denen das Ausnutzen anders gelagerter Asymmetrien verwehrt ist, organisatorische Anpassungen vornehmen, die den Krieg nicht etwa beherrschbarer machen, sondern ihn schließlich jeder politischen Einwirkung zu entziehen drohen.

Damit werden die Grundlagen der Transformationstheorie sowohl mit Blick auf das eigene Handeln als auch auf das Gegenhandeln hinterfragt. Auf diese Weise können auch die unterschiedlichen gesellschaftlichen Entwicklungsstufen zwischen den möglichen Kriegsparteien reflektiert werden (Jäger 2010). In die Transformationstheorie ist die Auseinandersetzung mit diesen grundlegenden Argumenten geradezu eingelesen, stellen sie doch die Substanz für ein neues zivilisatorisches Zeitalter dar: Information und Kommunikation sind in einem unumkehrbaren Prozess kollektiv beherrschbar und stellen die Grundlage der gesellschaftlichen Entwicklung dar, der sich, so die Transformationsthese, niemand entziehen kann, weder durch die Wahl eines anderen Bereiches der Auseinandersetzung noch durch Dissoziation aus dieser prägenden Entwicklung. Diese grundlegenden Prozesse sind dann für sicherheitspolitische und militärische Aufgaben zu berücksichtigen, die Globalisierung wird zum bestimmenden Prozess (Barnett 2005).

3.1 Die eigenen Grenzen der Erfassung und Verarbeitung von Informationen

Das Konzept der Informationsdominanz wird nach Ansicht verschiedener Autoren sowohl durch die Selektivität technischen Informationserfassung als auch die beschränkten kognitiven Fähigkeiten des Menschen herausgefordert. Technische Sensoren mögen bestens geeignet sein, physische Objekte zu verfolgen; menschliche Intentionen und Motivationen aber entziehen sich einer solchen Beobachtung (Betz 2006: 522; Gentry 2002: 91). Das sei eine entscheidende Hürde für die Herstellung von Informationsüberlegenheit.

Wenn es gilt, mechanische Plattformen mit hoher Geschwindigkeit und in einer vergleichsweise transparenten Umwelt auszuschalten – im Krieg zur See, in der Luft oder gar im Weltraum – kann das System der Systeme überaus erfolgreich sein. Aber im Rahmen komplexer Militäroperationen zu Lande, zumal in unübersichtlichen, städtischen, gebirgigen oder bewaldeten Terrain, wird sein Nutzen bezweifelt (Betz 2006: 512–513; siehe auch Van Creveld (1998): 254). Dies gilt insbesondere dann, wenn es nicht bloß einen Gegner zu schlagen, sondern die Loyalität der Bevölkerung zu gewinnen gilt, etwa im Rahmen von Friedenserhaltungs- und Stabilisierungseinsätzen und besonders bei der Aufstandsbekämpfung: „War on the ground is fought by, on behalf of, and among people" (Betz 2006: 506). Unter diesen Umständen aber ist die direkte Interaktion mit der Bevölkerung unverzichtbar, damit Gefährdungen zeitnah erkannt und Vertrauen geschaffen werden kann. Ein aus der Ferne wirksames Konglomerat aus Sensoren und Waffensystemen kann diesbezüglich kein Ersatz für in der Fläche präsente Bodentruppen sein. So schlussfolgert David Kilcullen:

> „in irregular conflicts (i.e., conflicts in which at least one warring party is a nonstate armed actor), the local armed actor that a given population perceives as most able to establish a normative system for resilient, full-spectrum control over violence, economic activity, and human security is most likely to prevail within that population's residential area." (Kilcullen: 2010: 152)

Da die meisten gewaltsamen Konflikte derzeit eine asymmetrische Formation aufweisen und gleichzeitig gewaltmarktliche Elemente enthalten, kommt Kilcullens Argument eine große Bedeutung zu.

Neben dem Blick auf das Anforderungsprofil gegenwärtig vorherrschender militärischer Missionen führt die Berücksichtigung kognitiver Rahmenbedingungen zu Zweifeln an den Realisierungschancen einer informationszentrierten Kriegsführung. Das zentrale Argument lautet: Dem Vorhaben eines radikal komprimierten Entscheidungszyklus stehen die begrenzten menschlichen Fähigkeiten zur Informationsverarbeitung entgegen (vgl. Watts 1996: 79–89). Denn je mehr Informationen verfügbar gemacht werden, desto schwerer fällt die Selektion von Wichtigem und Unwichtigem, von Verlässlichem und Unverlässlichem (Van Creveld 1985: 267). Hierfür werden in der Literatur zahlreiche Beispiele angeführt; die vollständige Sichtung des von Drohnen der US Air Force 2009 in Afghanistan aufgenommenen Videomaterials etwa würde 24 Jahre in Anspruch nehmen (Drew 2010). Die transformationstheoretische Herausforderung besteht dann darin, technische Möglichkeiten zu schaffen, diese Hürden zu überwinden, beispielsweise durch noch intensiver computergestützte Auswertungsverfahren. Doch wird eingewandt, dass der Blick auf das transparente Schlachtfeld auf diese Weise droht, die eigene, nicht die gegnerische OODA-Schlaufe zu paralysieren: „In effect, while one layer of the fog may disappear another may descend" (Betz 2006: 520; ähnlich Cohen 1994: 113). Bereits im Vietnamkrieg trug nicht Datenmangel, sondern der Überfluss an Daten zur Pathologie der Führungs- und Kommunikationssysteme der US-Streitkräfte bei (Van Creveld 1985: 232–260). In diesem Zusammenhang fällt das den Krieg kennzeichnende Klima der außergewöhnlichen Gefahr und des extremen psychischen Stresses besonders ins Gewicht. Doch selbst politische Krisenentscheidungen, die außerhalb des Klimas des Krieges getroffen werden, unterliegen nicht selten kognitiv oder sozialpsychisch begründeten Defekten der Nichtberücksichtigung und verzerrten Interpretation relevanter Informationen (vgl. Wohlstetter 1962; Janis 1982).

Verschärfend kommt hinzu, dass sich im Zuge der neuen Informations- und Kommunikationstechnologien nicht nur die Kriegführung selber, sondern auch deren mediale Begleitung beschleunigt und verdichtet. Dadurch erhöht sich die Notwendigkeit zur Informationsselektion weiter. Denn taktische und operative Fehlleistungen werden in kurzer Zeit dokumentiert und über das globale Mediensystem verbreitet. Dabei entfalten sie nicht selten eine strategische Wirkung (Betz 2006: 523–526; Kilcullen 2006: 117–118). Denn Bilder vermeintlich rücksichtsloser oder gar beabsichtigter Gewaltakte, insbesondere gegen Nichtkombattanten, drohen die Feindschaft der Bevölkerung im Einsatzgebiet oder den Widerstand vormals neutraler Staaten zu provozieren. Zu denken wäre in diesem Zusammenhang an die Zerstörung der chinesischen Botschaft in Belgrad 1999 oder an die irrtümlichen Bombardierungen einer afghanischen Hochzeitsgesellschaft im Sommer 2008. Ebenso ist ein Umschlag der öffentlichen Meinung in den Truppen entsendenden Staaten möglich, insbesondere dann, wenn die eigenen Soldaten zum Opfer demonstrativer Gewaltexzesse werden. Hierbei wird auf die Bilder der Schändung gefallener US-amerikanischer Soldaten in Mogadishu 1993 und die darauf folgende sicherheitspolitische Abstinenz der USA auf dem afrikanischen Kontinent verwiesen (Thornton 2007: 133–135). Inzwischen liegt die mediale Durchdringung des Kriegsgeschehens längst nicht mehr nur in den Händen der großen Fernsehanstalten: Aufständische Gruppen präsentieren selbst gedrehte Videos ihrer Anschläge im Internet, Augenzeugen dokumentieren den Schaden fehlgegangener Militärschläge mit den Kameras ihres Mobiltelefons und Soldaten halten ihr eigenes Handeln im Kriegsgeschehen auf Bildern fest, mit dem Risiko, dass diese auf Umwegen an die Öffentlichkeit dringen. Diese Entwicklung wird als ein weiterer Grund angesehen, weshalb die Informationsrevolution den Nebel des Krieges nicht nur bestehen lässt, sondern seine Bedeutung noch steigert, indem sie den Wirkungsradius militärischen Fehlverhaltens drastisch erhöht. Die Transformationstheorie muss die Frage beantworten, ob unter diesen Bedingungen hierarchische Strukturen soweit abgebaut werden können, dass sich politisch-strategische Gesichtspunkte möglicherweise nicht mehr gegenüber taktischen durchsetzen können. Gerade die Bedeutung der Auftragstaktik wird in dezentralen Systemen gestärkt, erfordert allerdings, dass der politische Zweck sicherheitspolitischen Handelns stets berücksichtigt wird. Wie dies in dezentralen Strukturen gewährleistet werden kann, ist eine Frage, mit der sich die Transformationstheorie auseinandersetzen muss, weil stets neue Möglichkeiten der Durchbrechung von etablierten und geschützten Informations- und Kommunikationswegen aus der technologischen Entwicklung und ihrer sozio-ökonomischen Verwertung erwachsen.

3.2 Asymmetrien der Informationen und Asymmetrien der Gewaltbereitschaft

In dem militärtheoretischen Denken nach Clausewitz wurde der Krieg in seiner Grundform als Zweikampf verstanden (Clausewitz 1980 [1832]: 191). Die Transformation des Kriegsgeschehens wird nun von einigen Autoren so interpretiert, als würde damit die Grundform des Zweikampfs überwunden und der Krieg in einen einseitigen, gewissermaßen administrativen Akt überführt (siehe etwa die Kritik bei Lonsdale 2004: 82–86; Ferris 2005: 261–262). Dieser wahrgenommenen Erwartung halten sie das dialektische Grundmuster strategischer Interaktion – wie es bei Clausewitz angelegt ist – vor Augen: Auf jedes Handeln folgt stets ein „Gegenhandeln" (Vollrath 1993: 64–66; vgl. auch Herberg-Rothe 2001: 160–174 und Beckmann 2009: 10–12, 45–50), das die anfangs erreichten Erfolge zu modifizieren oder gar in ihr Gegenteil zu verkehren sucht. Jede einmal erfolgreiche Handlung droht daher bei ihrer Wiederholung zu scheitern, und dies nicht, *obwohl* sie einmal gelang, sondern *gerade weil* ihr Erfolg beschieden war (Van Creveld 1998: 181). In dieser paradoxen Logik der Strategie (vgl. Luttwak 2001) liegen einige Grenzen jeder geistigen Vorwegplanung des Krieges.

Viele militärische Innovationen provozierten Gegenhandeln, das den Erfolg unterminierte. Die überlegen napoleonischen Massenheere leisteten der Entwicklung der Guerilla durch die Spanier Vorschub. Die ‚Blitzkriegführung' des Zweiten Weltkrieges provozierte eine Gegenstrategie der ‚verbrannten Erde'. Geschickte Propaganda und die Verlegung wichtiger Kriegsgüter sorgten dafür, dass es sogenannten ‚strategischen' Bombardements versagt blieb, den politischen Willen des Gegners oder seine materielle Basis zu zerstören. Für die Transformationstheorie stellt sich daher die Frage, wie sie mit der paradoxen Logik umgeht und welche Lösung sie für dieses Paradoxon hat. Denn anderenfalls würde die informations- und kommunikationstechnologische Entwicklung erwarten lassen, dass gegenhandelnde Akteure andere Möglichkeiten ausfindig machen und implementieren, die Überlegenheit des technisierten Gegners auszugleichen oder zu überwinden.

Die schlichteste Form des Gegenhandelns bestünde in einem Prozess der Nachahmung. Dafür scheint zunächst der zivilwirtschaftliche Ursprung der Informations- und Kommunikationstechnik zu sprechen. Eine militärische Revolution, die aus den Forschritten ziviler Elektronik resultiert, scheint kaum monopolisierbar zu sein (Benbow 2004: 89–90). Andere Autoren hingegen bezweifeln das Szenario einer erfolgreichen Gegenrüstung: Nicht nur die Initiierung, auch die Übernahme technischer Innovationen setze – neben der erforderlichen Finanzkraft – ein hohes wissenschaftlich-technisches Entwicklungsniveau voraus. Diesbezüglich genössen die Vorreiter der Transformation einen nahezu uneinholbaren Vorsprung, insbesondere die USA (Paarlberg 2004).

Ist die Option einer Resymmetrisierung durch Gegenrüsten aber verschlossen, dann stehen möglicherweise asymmetrische Optionen zur Verfügung. Beispielsweise könnten elektronische oder physische Angriffe auf die mutmaßlich fragile Infrastruktur informationszentrierter Streitkräfte deren Vorstoß verlangsamen oder gar zum Stillstand bringen (Thornton 2007: 53–70). Dies ist freilich umso aussichtsloser, je dichter sich das Netz der Sensoren und Informationskanäle über das Schlachtfeld legt. Unter den Bedingungen des Informationsüberflusses verspricht nicht mehr die Zerstörung von Informationen, Informations- und Kommunikationssystemen, sondern das Hinzufügen fehlerhafter oder nutzloser Informationen Erfolg (Libicki 2007: 116–124), zumal dann, wenn sich der Gegner der radikalen Beschleunigung seiner OODA-Schlaufe verschrieben hat und darum kaum mehr Zeit für die Verifikation von Informationen aufbringen kann (Thornton 2007: 68–69). Solche Taktiken mögen auf dem Wege der computergestützten Datenmanipulation geschehen, oder aber auf ganz herkömmlichen Techniken beruhen. So gelang es serbischen Truppen während des Kosovokrieges die US-amerikanischen Luftangriffe mit Hilfe von Attrappen auf wertlose Ziele zu lenken (Thomas 2000; Thornton 2007: 90–91).

Dabei geht es diesen Fällen darum, den Kampf um Informationsdominanz anzunehmen statt ihn zu verweigern. Was aber, wenn sich das Gegenhandeln gar nicht auf die Verringerung oder Umkehr der Informationsasymmetrie richtet, sondern sie zu kontern versucht, indem es sich ganz anders gelagerter Asymmetrien bedient? So nehmen zahlreiche Autoren an, dass es gerade den Vorreitern der Transformation nicht möglich ist, ein gewisses Gewaltniveau im Zuge militärischer Einsätze zu überschreiten, weil ihr Handeln besonderen politischen Restriktionen unterliegt. Viele Autoren machen dafür ganz im Sinne klassischer liberaler Theorien die demokratischen Verfasstheit der Staaten an der Spitze des militärischen Transformationsprozesses verantwortlich (Müller/Schörnig 2002; Eissing

2006). Andere verweisen auf die post-heroische Kultur hoch entwickelter Gesellschaften, die es ihnen nicht mehr erlaubt, ein Maß an Gewalt zu ertragen, wie es Gesellschaften mit noch bestehendem kriegerischen Ethos möglich sei (Luttwak 1995; Münkler 2006: 310–354). Wiederum andere Autoren nehmen die Ungleichgewichte politischer Interessen näher in den Blick. Steht die eigene Existenz oder die politische Unabhängigkeit auf dem Spiel, wie im Falle vieler Staaten, gegen die sich westliche Interventionen in den letzten Dekaden richteten, dann ist die Eskalationsbereitschaft beinahe unbegrenzt. Handelt es sich aber um geringere politische Werte, wie im Falle der intervenierenden westlichen Staaten, dann kommen erhebliche politische Restriktionen zum Tragen (vgl. Freedman 1998: 34–40, Smith 2005: 492–494).

Worin auch immer die Ursache einer stark eingeschränkten Fähigkeit liegt, Gewalt auszuüben und/oder Gewalt zu ertragen[2], eine solche Begrenzung eröffnet für einen Gegner mit geringeren politischen Restriktionen die Chance, daraus taktische, operative und strategische Vorteile zu ziehen. Zu den immer wieder beobachtbaren Antworten auf Informationsasymmetrien gehört darum die Taktik, sich hinter ‚menschlichen Schutzschildern' zu verbergen, also militärische Güter oder Verbände inmitten ziviler Einrichtungen, etwa Krankenhäusern und Schulen zu platzieren. Einer um die Begrenzung ziviler Opfer bemühten informationszentrierten Streitmacht nützt es in diesem Falle wenig, zu wissen, wo sich ihr Gegner befindet, kann sie ihn doch trotzdem nicht angreifen ohne durch eine Vielzahl von zivilen Opfern und Zerstörung beträchtlichen politischen Schaden anzurichten (Betz 2006: 514–515; Mandel 2004: 89–90).

Neben diesen Antworten auf der taktischen Ebene, bestehen strategische Reaktionen im Wechsel von der konventionellen zur irregulären Kriegführung (Daase 2008: 259–262; siehe auch Van Creveld 1998). So versuchen Guerillas, so weit wie möglich gänzlich in der Zivilgesellschaft abzutauchen, um der Schlagkraft eines um Gewaltbegrenzung bemühten überlegenen Gegners zu entgehen. Werden sie dann dennoch angegriffen, können sie hoffen, die in Mitleidenschaft gezogene Bevölkerung zu größerer Unterstützung ihres Kampfes zu bewegen. Eine ganz anders geartete strategische Antwort stützt sich auf den Erwerb von Massenvernichtungswaffen (MVW) und geeigneter Trägermittel. Mit deren Hilfe könnten von der Transformation abgehängte Mächte versuchen, ihre Abschreckungsfähigkeit durch Androhung eines untragbaren Gewaltniveaus aufrechtzuerhalten (Helmig/Schörnig 2008: 25–26; Freedman 1998: 45–48). Statt der erhofften Reduzierung der Gewalt stünde somit ihre Maximierung am Ausgang der von der Transformation angestoßenen strategischen Interaktion.

Zusammenfassend sehen die genannten Autoren das Risiko der Transformation insgesamt darin, dass sie vormals konventionell kämpfende, aber im Zuge der Entwicklung wehrlos gewordene Akteure geradezu dazu nötigt, auf asymmetrische Taktiken und Strategien auszuweichen (Münkler 2006: 218–220; Freedman 2006: 49–60; Müller/Schörnig 2002: 366–367). Kurzum: Die Revolution schafft Anreize für die Konterrevolution (Daase 2008; Ferris 2005: 260–262), die sie dann mit den Mitteln der informationszentrierten Kriegsführung nicht mehr wirksam bekämpfen kann. Die Transformationstheorie muss auf diese Dialektik von Revolution (aus der technologischen Entwicklung) und Konterrevolution (aus allen möglichen Quellen) eine konzeptionelle Antwort finden, die auf die jeweiligen Aufgaben bezogen sein muss. So erfordert eine humanitäre Intervention eine andere

---

[2] Beides kann, muss aber nicht zusammenfallen. Eine Analyse der militärischen Strategien westlicher Staaten zeigt, dass vor dem Hintergrund innenpolitischer Risiken der Schutz der eigenen Soldaten im Zweifel weit höher gewichtet wird als der Schutz der Zivilbevölkerung (Shaw 2005).

Antwort als ein zwischenstaatlicher Krieg oder eine Mediation. In allen Fällen stellt sich die Frage nach den politischen Zwecken, denen die Zielerreichung untergeordnet ist, und die taktisches und operatives Vorgehen anleiten sollen. Aber auch wenn diese widerspruchsfrei festgelegt werden, so kann alternative Möglichkeiten suchendes Gegenhandeln nicht ausgeschlossen werden. Deshalb muss es antizipiert und im eigenen Handeln vorweggenommen werden, wenn dauerhaft effektives Agieren sichergestellt werden soll.

3.3 Gegen-Beschleunigung und Desorganisation

Sollte sich die Informationsasymmetrie aber tatsächlich weder reduzieren, noch durch Ausnutzen anderer Asymmetrien neutralisieren lassen, wäre dann das Ziel eines einseitig beherrschbaren Krieges erreicht? Nicht unbedingt, sagen einige Autoren, denn es ist noch ein ganz anderes Gegenhandeln denkbar, das hier skizziert werden soll.

In der historischen Rückschau wird deutlich, dass Fähigkeiten zur Befehlung und Kontrolle militärischer Einheiten schon immer von der Komplexität der Kriegführung überwältigt zu werden drohten (Van Creveld 1985). Eine Möglichkeit dies abzuwenden, bestand darin, den Informationsfluss innerhalb der eigenen Organisation zu intensivieren, freilich mit dem Risiko, dass statt des Informationsmangels nun die Informationsüberlastung zur Handlungsunfähigkeit führt. Konnte der Informationsfluss aber nicht verbreitet und beschleunigt werden, standen noch zwei andere Auswege offen: Entweder die Anführer militärischer Verbände gaben jeden Anspruch auf Kontrolle auf und nahmen, indem sie sich mitten in das Kampfgeschehen begaben, bloß noch moralische Führungsfunktionen war. So taten es die Anführer der Ritterheere im Mittelalter (Van Creveld 1985: 48–50). Oder aber die Kontrolle wurde aufrechterhalten, indem das Ausmaß nötiger Kommunikation um den Preis einer extrem funktionalen Beschränkung reduziert wurde. Das Beispiel hierfür ist die griechische Phalanx (Van Creveld 1985: 41–42). Diesen beiden Extremen überlegen sind unzählige kreative Kompromisse (Van Creveld 1985: 65–78, 140–147, 168–184, 194–203). Doch was ist, wenn Akteuren eine solche Balance nicht mehr möglich ist und ihre Informationsverarbeitung gänzlich paralysiert zu werden droht? Könnten sie dann in ihrem Gegenhandeln nicht auf die oben skizzierten Optionen zurückfallen?

Die gewünschten Ergebnisse der militärischen Transformation sind bereits als Versuch einer radikalen Beschleunigung der Kriegshandlungen mit dem Ziel der Paralyse des Gegners beschrieben worden. So sehr das Militär über Jahrhunderte zu den Agenten der Beschleunigung in der Moderne gehörte, deren Maximum hatte es im Zuge der Entwicklung von Interkontinentalraketen bereits erreicht (Rosa 2005: 311–329). Ist das Mittel der maximal möglichen Beschleunigung aber bereits vorhanden, was läge dann näher, als es gegen die von den Transformations-Vorreitern beabsichtigte Akzeleration konventioneller Kriegsmittel zu wenden (Kristensen 2006; Shull 2005)? Müssen Staaten nämlich befürchten, ihre Waffen gar nicht zur Geltung bringen zu können, sondern ihre Führungs- und Kontrollsysteme unmittelbar nach Beginn der Kriegshandlungen zu verlieren, können sich starke Anreize für einen Erstschlag mit allen verfügbaren Mitteln ergeben (Feaver 1998: 110–111). Darüber hinaus könnten sich Staaten mit Blick auf die drohende Paralyse ihrer Informationsinfrastruktur genötigt sehen, einen Automatismus einzurichten, der es erlaubt, ihre Waffen losgelöst von jeder politischer Führung einzusetzen. Die Sorge vor einem solchen Kalkül ist nicht neu, sie wurde schon zu Zeiten des Kalten Krieges geäußert (Feaver 1998: 108; Van Creveld 1989: 242). Hermann Kahn hatte sie als „Doomsday machine" diskutiert (Kahn 1960: 144–155) Indem Staaten das Spektrum ihrer militärischen Optionen auf einen einzigen, massiven Gewaltakt beschränken, und sämtliche politischen Vorsichten zugunsten der Implosion ihrer OODA-Schlaufe über Bord werfen, können sie wieder darauf hoffen, die gegnerische Informationsdominanz unterlaufen zu können. Bestenfalls richtet diese funktionale Erstarrung die Fähigkeit zur Abschreckung militärischer Interventionen wieder auf. Schlimmstenfalls aber würden die technologisch zurückgebliebenen Staaten dem Gedankenexperiment eines „absoluten Krieg[es]" (Clausewitz 1980 [1832]: 952), eines Krieges ohne Raum und Zeit (vgl. Beckmann 2009: 10–12), zur Wirklichkeit verhelfen.

Neben der Gegen-Beschleunigung mit der Folge der maximalen zeitlichen Kompression besteht das Risiko einer unbestimmten Ausdehnung des Krieges in der Zeit.[3] Ursächlich dafür wäre eine Strategie der radikalen Desorganisation als Antwort auf die Transformation. Statt Führungs- und Kommunikationsfähigkeiten um den Preis der funktionalen Erstarrung zu bewahren, würden sie geopfert, um den eigenen Kriegshandlungen wieder Dauer verleihen zu können. Spiegelbildlich zur maximalen Fixierung der Organisation, bestünde auch im größtmöglichen Verzicht auf Organisation ein Fluchtweg aus der Wehrlosigkeit. Dann aber darf es weder ein organisatorisches Haupt, noch eigene Kommunikationssysteme geben, die mit Präzisionsschlägen zugrunde gerichtet werden können. Als Implementation einer solchen amorphen Struktur erscheint das Terrornetzwerk Al-Qaidas, das allenfalls ein ideologisches, aber kein operatives Zentrum mehr kennt, und das seine Botschaften über jene globalisierte und zivile Informationsinfrastruktur nach Außen trägt, die ihre überlegene Gegner nicht attackieren können. Nicht auszuschließen ist aber auch, dass sich staatliche Akteure im Vorfeld oder im Verlauf des Krieges in Richtung dieser Desorganisation bewegen müssen, wenn ihnen die überlegene Informationskriegführung des Gegners keine andere Wahl lässt – außer zu kapitulieren. Dies hätte erhebliche Folgen für die politische Kontrolle des Krieges. Denn die Kehrseite einer solchen Desorganisation besteht in der Unfähigkeit, das Ende der eigenen Kriegshandlungen von einem Entscheidungszentrum aus herzustellen. Genau dies droht die unintendierte Folge einer zu erfolgreichen Informationskriegführung sein zu können: Soldaten, die der Authentizität der sie erreichenden Befehle nicht mehr trauen, da sie unablässig Manipulationsversuchen ausgesetzt wurden, müssen sich wohl oder übel dazu entschließen, sämtliche Befehle zu ignorieren, auch denjenigen zur Beendigung der Kampfhandlungen (Feaver 1998: 110). Im Ergebnis wird der Krieg nicht berechenbarer, vielmehr wäre einer politischen Einflussnahme dann gänzlich der Boden entzogen.

Die Transformationstheorie muss deshalb der Aufgabe, Kriege zu beenden und eine neue politische Ordnung herzustellen, Aufmerksamkeit zuwenden. Dies gilt besonders in asymmetrischen Konflikten, in denen die Kooperation und Kollaboration bei gleichzeitigem Gegenhandeln eine hohe Komplexität erreichen muss.

---

[3] Eine unbestimmte Verlängerung des Kriegsgeschehens in die Zukunft kann ein strategisches Ziel für solche Akteure darstellen, die über größere zeitliche Durchhaltefähigkeit als ihre Gegner verfügen. In diesem Falle handelt es sich wieder um ein Gegenhandeln, dass sich einer bereits bestehenden Asymmetrie – nämlich divergierender zeitlicher Ressourcen zwischen den Kriegsparteien – bedient (Münkler 2006: 169–181). Im Folgenden allerdings ist die zeitliche Streckung nicht das strategische Ziel, sondern ein Nebenprodukt der strategischen Desorganisation.

4 Schluss

Die Gefahren, denen sich die westlichen Gesellschaften gegenüber sehen, haben eine komplexe Dichte ganz unterschiedlicher Bedrohungen erreicht, die ein segmentiertes und separiertes Handeln der Sicherheitskräfte nicht mehr Erfolg versprechend erscheinen lassen. Die Zusammenarbeit unterschiedlicher Organe ist notwendig, um effektives Handeln ermöglichen zu können. Ob es erfolgreich sein wird, unterliegt weiteren Bedingungen, nicht zuletzt der politischen Zwecksetzung und der Einsetzung von Institutionen und Ressourcen zur Ziel- und Zweckverfolgung. Die Transformation der Streitkräfte und der anderen Sicherheitsorgane sowie der berührten gesellschaftlichen Organisationen und Unternehmen soll die Handlungsfähigkeit der politischen Führung ausbilden und gestalten. Dabei ist zu beachten, dass Transformation als mehrgliedriger, vielseitiger und komplexer Prozess Antworten auf zentrale Fragen geben muss, die sich aus den Paradoxien des Gegenhandelns im Krieg (und bei anderen Bedrohungskämpfen) ergeben. Eine Transformation, die nur auf den militärischen Bereich konzentriert bleibt, wird partiell Verbesserungen bringen können, jedoch nicht die Formen der Überlegenheit ausbilden können, die von der Vertretern der Transformationstheorie angestrebt werden. Eine Transformation, die immer weitere Kreise zieht und am Ende eine Transformation der Gesellschaft ist, muss sich weiteren Fragen stellen, die über den militärischen und sicherheitspolitischen Bereich hinausgehen. Transformation muss gesellschaftstheoretisch reflektiert werden.

Literatur

Arquilla, J./Ronfeldt, D. (1993) „Cyberwar is Coming!", *Comparative Strategy*, 12(2), 141–165.
Arquilla, J./Ronfeldt, D. (1997) „A New Epoch – and Spectrum – of Conflict", in: J. Arquilla/D. Ronfeldt (Hg.) *In Athena's Camp: Preparing for Conflict in the Information Age*, Santa Monica, CA: RAND, 1–20.
Arquilla, J./Ronfeldt, D. (1999) *The Emergence of Noopolitik: Toward an American Information Strategy*, Santa Monica, CA: RAND.
Barnett, T.P.M. (2005) *The Pentagon's New Map: War and Peace in the Twenty-First Century*, New York, NY: Berkley Trade.
Beckmann, R. (2009) „Clausewitz trifft Luhmann – Überlegungen zur systemtheoretischen Interpretation von Clausewitz' Handlungstheorie", *Arbeitspapiere zur Internationalen Politik und Außenpolitik*, 4/2009, Köln: Universität zu Köln.
Bell, Daniel (1973) *The Coming of Post-Industrial Society: A Venture in Social Forecasting*, New York, NY: Basic Books.
Benbow, T. (2004) *The Magic Bullet? Understanding the 'Revolution in Military Affairs'*, London: Brasseys's.
Betz, D.J. (2006) „The More You Know, the Less You Understand: The Problem with Information Warfare", *The Journal of Strategic Studies*, 29(3), 505–533.
Biddle, S. (1998) „The Past as Prologue: Assessing Theories of Future Warfare", *Security Studies*, 8(1), 1–74.
Biddle, S. (2003) „Afghanistan and the Future of Warfare", *Foreign Affairs*, 82(2), 31–46.
Biddle, S. (2007) „Iraq, Afghanistan, and the American Military Transformation", in: J, Baylis/J. Wirtz/E. Cohen/C.S. Gray (Hg.) *Strategy in the Contemporary World: An Introduction to Strategic Studies*, Oxford: Oxford University Press, 274–294.
Boemcken, M. von (2008) „Network Centric Warfare oder die Automatisierung des Krieges", in: J. Helmig/N. Schörnig (Hg.) *Die Transformation der Streitkräfte im 21. Jahrhundert: Militärische und politische Dimensionen der aktuellen ‚Revolution in Military Affairs'*, Frankfurt am Main: Campus, 81–101.

Cebrowski, A.K./Garstka, J.J. (1998) *Network-Centric Warfare: Its Origin and Future*, Annapolis, MD: U.S. Naval Institute.

Clausewitz, Carl von (1980) [1832] *Vom Kriege: Hinterlassenes Werk des Generals Carl von Clausewitz: Vollständige Ausgabe im Urtext, drei Teile in einem Band*, Bonn: Dümmler.

Cohen, E.A. (1994) „The Mystique of U.S. Air Power", *Foreign Affairs*, 73(1), 109–124.

Daase, C. (2008) „Den Krieg gewonnen, den Frieden verloren – Revolution und Konterrevolution in Military Affairs", in: J. Helmig/N. Schörnig (Hg.) *Die Transformation der Streitkräfte im 21. Jahrhundert: Militärische und Politische Dimensionen der aktuellen 'Revolution in Military Affairs'*, Frankfurt am Main: Campus, 249–269.

Drew, C. (2010) „Military is Awash in Data from Drones", *The New York Times*, 11.January, http://www.nytimes.com/2010/01/11/business/11drone.html (Zugriff: 11.02.2010).

Drucker, P.F. (1989) *The New Realities: In Government and Politics, in Economics and Business, in Society and World View*, New York, NY: Harper & Row.

Eissing, T. (2006) *Die Revolution in Military Affairs und ihre Auswirkungen auf die Bereitschaft westlicher Demokratien zum Streitkräfteeinsatz*, Hamburg: Universität der Bundeswehr.

Fadok, D.S. (1997) „John Boyd and John Warden: Airpower's Quest for Strategic Paralysis", in: P.S. Meilinger (Hg.) *The Paths of Heaven: The Evolution of Airpower Theory*, Maxwell Air Force Base, AL: Air University Press, 357–398.

Feaver, P.D. (1998) „Blowback: Information Warfare and the Dynamics of Coercion", *Security Studies*, 7(4), 88–120.

Ferris, J. (2005) „Conventional Power and Contemporary Warfare", in: J. Baylis,/J. Wirtz/E. Cohen/C.S. Gray (Hg.) *Strategy in the Contemporary World: An Introduction to Strategic Studies*, Oxford: Oxford University Press, 253–273.

Freedman, L. (1998) *The Revolution in Strategic Affairs*, London/New York, NY: Oxford University Press.

Freedman, L. (2006) *The Revolution in Strategic Affairs*, London: International Institute for Strategic Studies.

Gentry, J.A. (2002) „Doomed to Fail: America's Blind Faith in Military Technology", *Parameters*, 32(4), 88–103.

Hazlett, J. (1996) „Just-in-Time Warfare", in: S.E. Johnson/C.L. Martin (Hg.) *Dominant Battlespace Knowledge*, Washington, DC: National Defense University.

Helmig, J. (2008) „Zum Verhältnis zwischen militärischer Revolution und Evolution – Viel Lärm um Nichts?", in: J. Helmig/N. Schörnig (Hg.) *Die Transformation der Streitkräfte im 21. Jahrhundert: Militärische und politische Dimensionen der aktuellen ‚Revolution in Military Affairs'*, Frankfurt am Main: Campus, 33–48.

Helmig, J./Schörnig, N. (2008) „Die Transformation der Streitkräfte im 21. Jahrhundert – eine kritische Bestandsaufnahme", J. Helmig/N. Schörnig (Hg.) *Die Transformation der Streitkräfte im 21. Jahrhundert: Militärische und Politische Dimensionen der aktuellen 'Revolution in Military Affairs'*, Frankfurt am Main: Campus, 11–31.

Herberg-Rothe, A. (2001) *Das Rätsel Clausewitz: Politische Theorie des Krieges im Widerstreit*, München: Fink.

Jäger, T. (2010) „Ungleichzeitige Kriege", in: T. Jäger (Hg.) *Die Komplexität der Kriege*, Wiesbaden: VS-Verlag, 287–305.

Janis, I.L. (1982) *Groupthink: Psychological Studies of Policy Decisions and Fiascos*, Boston, MA: Houghton Mifflin.

Kahn, H. (1960) *On Thermonuclear War*, Princeton, NJ: Princeton University Press.

Kilcullen, D. (2006) „Counter-insurgency Redux", *Survival*, 48(4), 111–130.

Kilcullen, D. (2010) *Counterinsurgency*, Oxford: Oxford University Press.

Kristensen, H.M. (2006) „Global Strike: A Chronology of the Pentagon's New Offensive Strike Plan", http://www.fas.org/ssp/docs/GlobalStrikeReport.pdf (Zugriff: 12.01.2011).

Libicki, M.C. (1994) *The Mesh and the Net: Speculations on Armed Conflict in a Time of Free Silicon*, Washington, DC: National Defense University.

Libicki, M.C. (1996) „The Emerging Primacy of Information", *Orbis*, 40(2), 261–274.

Libicki, M.C. (2007) *Conquest in Cyberspace: National Security and Information Warfare*, New York, NY: Cambridge University Press.
Lonsdale, D.J. (2004) *The Nature of War in the Information Age: Clausewitzian Future*, London/New York, NY: Frank Cass.
Luttwak, E.N. (1995) „Toward Post-Heroic Warfare", *Foreign Affairs*, 74(3), 109–122.
Luttwak, E.N. (2001) *Strategy: The Logic of War and Peace*, Cambridge/London: The Belknap Press.
Mandel, R. (2004) *Security, Strategy, and the Quest for Bloodless War*, Boulder, CO, et al.: Lynne Rienner Publishers.
Molander, R.C./Riddile, A.S./Wilson, P.A. (1996) *Strategic Information Warfare: A New Face of War*, Santa Monica, CA: RAND.
Møller, B. (2002) *The Revolution in Military Affairs: Myth or Reality*, Kopenhagen: Copenhagen Peace Research Institute.
Müller, H./Schörnig, N. (2002) „Mit Kant in den Krieg? Das problematische Spannungsverhältnis zwischen Demokratie und der Revolution in Military Affairs", *Die Friedenswarte*, 77(4), 353–374.
Münkler, H. (2006) *Der Wandel des Krieges: Von der Symmetrie zur Asymmetrie*, Weilerswist: Velbrück Wissenschaft.
Nye, J.S./Owens, W.A. (1996) „America's Information Edge", *Foreign Affairs*, 75(2), 20–36.
Owens, W.A. (2001) *Lifting the Fog of War*, Baltimore, MD: The Johns Hopkins University Press.
Paarlberg, R.L. (2004) „Knowledge as Power: Science, Military Dominance, and U.S. Security", *International Security*, 29(1), 122–151.
Rosa, H. (2005) *Beschleunigung: Die Veränderungen der Zeitstrukturen in der Moderne*, Frankfurt am Main: Suhrkamp.
Schwartau, W. (1994) *Information Warfare: Chaos on the Electronic Superhighway*, New York, NY: Thunder's Mouth Press.
Shapiro, J. (1999) „Information and War: Is it a Revolution?", in: Z. Khalilzad/J.P. White/A.W. Marshall (Hg.) *Strategic Appraisal: The Changing Role of Information in Warfare*, Santa Monica, CA: RAND, 113–153.
Shaw, M. (2005) *The New Western Way of War: Risk-Transfer War and its Crisis in Iraq*, Cambridge: Polity Press.
Shull, T.C. (2005) *Conventional Prompt Global Strike: Valuable Military Option or Threat To Global Stability*, Masterarbeit, Naval Postgraduate School, http://www.nps.edu/Academics/Centers/CCC/research/StudentTheses/shull05.pdf (Zugriff: 12.01.2011).
Singer, P.W. (2009) *Wired For War: The Robotics Revolution and Conflict in the 21st Century*, London, Penguin Books.
Szafranski, R. (1997) „Neocortical Warfare? The Acme of Skill", in: J. Arquilla/D. Ronfeldt (Hg.) *In Athena's Camp: Preparing for Conflict in the Information*, Santa Monica, CA: RAND, 395–416.
Smith, H. (2005) „What Costs Will Democracies Bear? A Review of Popular Theories of Casualty Aversion", *Armed Forces & Society*, 31(4), 487–512.
Thomas, T.L. (2000) „Kosovo and the Current Myth of Information Superiority", *Parameters*, 30(1), 13–29.
Thornton, R. (2007) *Asymmetric Warfare*, Cambridge: Polity Press.
Thiele, R. (2004). „Intervention und die Sicherheit zu Hause in Deutschland: Transformation der Sicherheitspolitik unter neuen Vorzeichen", in: H. Borchert (Hg.) *Weniger Souveränität – Mehr Sicherheit: Schutz der Heimat im Informationszeitalter und die Rolle der Streitkräfte*, Hamburg: E.S. Mittler & Sohn, 95–115.
Toffler, A. (1990) *The Third Wave*, New York, NY et al.: Bantam Books.
Toffler, A./Toffler, H. (1995) *War and Anti-War: Making Sense of Today's Global Chaos*, New York, NY: Warner Books.
Van Creveld, M. (1985) *Command in War*, Cambridge/London: Harvard University Press.
Van Creveld, M. (1989) *Technology and War: From 2000 B.C to the Present*, New York, NY: Free Press.

Van Creveld, M. (1998) *Die Zukunft des Krieges*, München: Gerling Akademie Verlag.
Vollrath, E. (1993) „Carl von Clausewitz: Eine mit dem Handeln befreundete Theorie", in: G. Vowinckel (Hg.) *Clausewitz-Kolloqium – Theorie des Krieges als Sozialwissenschaft*, Berlin: Duncker & Humblot, 63–78.
Watts, B.D. (1996) *Clausewitzian Friction and Future War*, Washington, DC: National Defense University.
Wohlstetter, R. (1962) *Pearl Harbor: Warning and Decision*, Stanford, CA: Stanford University Press.
Wright, E. (2009) *Generation Kill: Living dangerously on the road to Baghdad with the ultraviolent Marines of Bravo Company*, London: Corgi Books.

Sicherheitspolitik für das 21. Jahrhundert: Bündnisorientiert und systemisch vernetzt

Ralph Thiele

1 Vernetzte Herausforderungen

Die Sicherheit von Staaten und ihren Gesellschaften hat inhaltlich bedeutende Erweiterungen erfahren. So wird Sicherheit nicht nur von außen und mit Gewalt gefährdet, sondern insbesondere auch, wenn das staatliche System von der Gesellschaft nicht mehr akzeptiert, wenn der gesellschaftliche Konsens gestört oder gar zerstört wird oder wenn die Gesellschaft Prozessen ausgesetzt wird, die sie aus eigener Kraft nicht mehr zu steuern vermag. Dies betrifft ebenfalls Vorgänge, die ihren Ursprung nicht in dem betreffenden Staat, sondern in seiner internationalen Umwelt haben. Genau dies verleiht den modernen, asymmetrischen Sicherheitsrisiken deren besondere Durchschlagskraft, denn deren Akteure zielen mit Bedacht auf gesellschaftliche Prozesse und den gesellschaftlichen Konsens.

Die Gefahr der asymmetrischen Bedrohung korrespondiert mit der Komplexität moderner Gesellschaften, in denen heterogene politische, wirtschaftliche, gesellschaftliche, technologische, ökologische, geografische und kulturelle Faktoren eng miteinander verwoben sind. Die aus dem hohen Grad der Vernetzung resultierenden Abhängigkeiten laden förmlich zum Missbrauch ein. So etabliert sich beispielsweise Organisierte Kriminalität im Umfeld von Freiheitskämpfern und Terroristen zur Durchsetzung wirtschaftlicher Interessen. Drogengeschäfte, illegale Migration, Menschen- und Waffenhandel haben nicht nur destabilisierende Folgen für die globalisierte Weltwirtschaft, sondern auch für die gesellschaftlichen Prozesse einschließlich der inneren Sicherheit der betroffenen Gesellschaften.

Wer sein Land, seine Bürgerinnen und Bürger gegen die Risiken der Informations- und Wissensgesellschaft multidimensional und vernetzt schützen will, steht deshalb nicht länger an der Landesgrenze und wartet auf „Godot", sondern wappnet sich gegen Terrorismus, Piraterie, international organisierte Großkriminalität und die Verbreitung von Massenvernichtungswaffen. Ohne gesicherte Verbindungs- und Kommunikationslinien zu Land, zu See und in der Luft sowie im Cyber Space, ohne funktionsfähige strategische Infrastruktur sind Industrie- und Handelsnationen nicht überlebensfähig. Schutz bedeutet künftig vor allem auch Krisenprävention, Konfliktlösung und Friedenskonsolidierung, insbesondere gezielte Beiträge zur Stabilisierung von Konfliktregionen; die Bekämpfung von Terrorismus, Piraterie und organisierter Kriminalität; Maßnahmen gegen die Proliferation von Massenvernichtungswaffen und ihren Trägern; der Schutz der Menschenrechte sowie die Rettung und die Hilfeleistungen bei Unglücksfällen und Katastrophen im In- und Ausland.

Die größten der absehbaren außen- und sicherheitspolitischen Herausforderungen und Bedrohungen resultieren aus den Folgewirkungen scheiternder bzw. gescheiterter Staaten. Der internationale Terrorismus ist ein Schlüsselthema, insbesondere in Verbindung mit der Proliferation von Massenvernichtungswaffen. Die Themen Ressourcensicherheit sowie die Klimaveränderung beinhalten Konfliktstoff, ebenso globale Machtverschiebungen – insbesondere in Richtung Asien – und die daraus entstehenden Rückkoppelungen für das transatlantische Verhältnis.

Die Aufgaben für zivile und militärische Sicherheitskräfte ändern sich mit den veränderten Aufgabenstellungen. Stabilisierungseinsätze im Ausland in nur partiell militärisch befriedetem Gebiet sind längst die wahrscheinliche Einsatzoption. Internationalen Friedenskontingenten stehen verdeckt kämpfende nationale Widerstandsgruppen und internationale Terrorgruppen gegenüber, die u. U. von an Destabilisierung interessierten Nationalstaaten unterstützt werden. Die Fähigkeiten polizeilicher Stabilisierungskräfte sind eng mit militärischen Fähigkeiten zu orchestrieren, damit es keine offenen Nahtstellen zwischen den Aufgabenbereichen gibt. Abstimmung und Synergie ist auch erforderlich im Zusammenhang mit dem Aufbau von Sicherheitsbehörden, Justiz, Entwicklungshilfe, Wirtschaftsförderung, Korruptionsbekämpfung u. a. m.

Die Wechselwirkungen der angeführten Faktoren kann kein einzelner Akteur – sei es ein Staat, ein Ministerium oder eine Sicherheitsbehörde – übersehen oder gar steuern. Jeder Akteur für sich wäre mit der Bewältigung dieser Risiken, ihrer Ursachen und ihrer Folgen überfordert. Dadurch verschiebt sich die gesamte Betrachtungsweise von den einzelnen Ressorts zu einem zwingend erforderlichen ganzheitlichen Ansatz.

Diese Überlegungen lassen sich auf den internationalen Kontext übertragen. Längst sind die Staaten nicht mehr die alleinigen und ausschlaggebenden Akteure im internationalen System. Sie sind nicht mehr in der Lage, ihre Politik alleine um- und durchzusetzen. Sie sind voneinander sowohl räumlich, institutionell als auch funktional abhängig – Regierungen, Wirtschaften und Gesellschaften gleichermaßen. Deren Interesse an Sicherheit und Prosperität kann nur noch in der Zusammenarbeit gewährleistet werden.

2 Anspruch und Wirklichkeit

Die synergetische Vernetzung von Wissen und Hochtechnologie bestimmt die Zukunft von Sicherheit und Prosperität. Der ressortübergreifende Ansatz „Vernetzter Sicherheit" geht von einem gesamtstaatlichen Verständnis der Sicherheitspolitik aus, in dem die sicherheitsrelevanten staatlichen und nicht-staatlichen Akteure gleichermaßen beteiligt sind. „Vernetzte Sicherheit" will das Entstehen von Risiken und Bedrohungen durch präventive Maßnahmen verhindern. In einem ganzheitlichen Ansatz sollen zahlreiche interdependente bzw. zu vernetzende Kooperations- und Gestaltungsinstrumente zur Anwendung kommen: Politische, militärische, polizeiliche, nachrichtendienstliche, wirtschaftliche, soziale, bildungspolitische, kulturelle, informations- und kommunikationstechnische, ökologische sowie jene aus dem breiten Wirkbereich der inneren Sicherheit. Hierzu muss die Konzeptidee der „Vernetzten Sicherheit" Zug um Zug zu einem tragfähigen sicherheitspolitischen Konzept sowie zu einem überzeugenden Leistungsmerkmal von deutschen Sicherheitskräften und -akteuren entwickelt werden.

Bisher fehlt es an validen, umfassenden Konzepten für asymmetrische Konflikte, z. B. mit Blick auf Aufstandsbekämpfung. Zwar gibt es hier durchaus militärische Konzepte. Diese vordringlich mit Blick auf die Streitkräfte zu entwerfen, greift allerdings zu kurz, denn es mangelt in der Realität insbesondere an quantitativen und qualitativen Fähigkeiten von Polizei, Kriminalitätsbekämpfung – Organisierte Kriminalität, Drogen, Geldwäsche, Wirtschaftskriminalität – und Nachrichtendiensten. Der im Weißbuch 2006 oder auch in der neuen NATO Strategie 2010 proklamierte Neuanfang hinsichtlich militärisch-ziviler

Vernetzung muss deshalb rasch den anspruchsvollen Weg von Absichten zu belastbaren Fähigkeiten bewältigen.

Die anstehende Neuausrichtung der Bundeswehr hat das durchaus zum Ziel. Ein ausschließlich bundeswehrinterner Modernisierungsansatz greift allerdings mit Blick auf künftige Herausforderungen zu kurz. Denn Fähigkeiten der Bundeswehr müssen heute in vielen Bedrohungsfeldern, darunter u. a. Terrorismus, Piraterie, Cyber-Attacken, Unterstützung von Polizeimissionen durch Logistik, Schutz, Ausbildungsunterstützung, mit den Fähigkeiten anderer Ressorts, z. B. der Bundespolizei, abgestimmt werden. Da Katastrophenhilfe präventive Sicherheitspolitik ist (siehe Pakistan), müsste man nicht beispielsweise eine stärkere Unterstützung der zivilen Katastrophenhilfe durch militärische Fähigkeiten (Luftbeweglichkeit, Transport, Logistik) vorsehen? Darüber hinaus sind erforderliche Fähigkeiten in den Bereichen Sicherheitssektorreform, Ausbildungshilfe und Beratung zu adressieren. Insgesamt muss letztlich die Ausgewogenheit ziviler und militärischer Fähigkeiten konsequent ausgestaltet werden.

In der NATO hat das übergreifende Konzept der Vernetzten Sicherheit das Bündnis wesentlich verändert. „NATO 3.0" nennt NATO Generalsekretär Anders Fogh Rasmussen deshalb die Neuausrichtung der transatlantische Allianz. „Comprehensive Approach" ist die englische Begrifflichkeit der Vernetzten Sicherheit – ein ganzheitlicher Ansatz aus Prävention und Stabilitätsvorsorge, Kampf und Wiederaufbau, wirtschaftliches Engagement und Diplomatie, wie er sich bei den Einsätzen in Afghanistan und auf dem Balkan bewährt hat. Außen- und sicherheitspolitische Erfolge hängen danach künftig entscheidend von der Fähigkeit zur Vernetzung der sicherheitspolitischen Instrumente untereinander und mit vielfältigen, auch internationalen Partnern wie United Nations und europäischer Union ab. Genau darauf setzt auch die neue NATO Strategie[4]. Eine Vernetzung der Ressortfähigkeiten wäre hierzu erforderlich hinsichtlich der Bedrohungsformen Terrorismus, Organisierte Kriminalität, Cyber-Attacken, Staatszerfall (failing states), Regionalkonflikte, Schutz kritischer Infrastrukturen inkl. Handelswege (Piraterie), Proliferation von Massenvernichtungswaffen sowie wirtschaftlicher Bedrohungsformen und ihrer Folgen. Eine entsprechende Debatte wird bislang allerdings nicht nur in Deutschland längst noch nicht geführt. Insofern bleibt dem „Comprehensive Approach" noch ein dorniger Weg vom Anspruch zur Wirklichkeit.

Dennoch, das größte Militärbündnis der Welt zieht insgesamt die Lehren aus den Einsätzen der vergangenen Dekaden und will deshalb zugleich ziviler und politischer werden. Das Ende der klassischen kollektiven Sicherheit zeichnet sich ab. Auch die Europäische Union folgt mit der Weiterentwicklung ihrer Sicherheitsstrategie diesem Kurs, zumal sie insbesondere in den „Soft Power" Elementen ihre Stärken sieht. Implizit wird auf diesem Weg das Gewicht Europas in der transatlantischen Allianz verstärkt, denn es werden vermehrt zivile Beiträge gebraucht, die nur die Europäische Union beisteuern kann. Ein Zusammenrücken von NATO und EU wird absehbar. Die multinationale und europäische Einbindung der Streitkräfte wird zunehmen.

---

[4] Die Staats- und Regierungschefs der NATO haben auf ihrem Gipfel von Lissabon am 19./20. November 2010 ihr neues Strategisches Konzept verabschiedet.

3 Veränderung gestalten

Die meisten Akteure haben in den vergangenen beiden Jahrzehnten erfahren – und erkennen inzwischen auch an –, dass sie nur im Verbund ihre jeweiligen Zielsetzungen erreichen können. So ist eine wichtige Zielsetzung der „Vernetzten Sicherheit", die Kohärenz des Denkens und Handelns im Politikfeld Sicherheit durch eine neue Form der Zusammenführung vorhandener Mittel und Fähigkeiten zu verbessern. Der Schlüssel zum Erfolg liegt im synergetischen Zusammenwirken der relevanten Akteure und Instrumente. Dabei ist das Militärische nur ein Mittel im Verbund. Die gestiegene Komplexität zwingt zu einer neuen, ganzheitlichen sicherheitsbezogenen Problemwahrnehmung – Sicherheitspolitik als lernendes System.

Der Prozess der sicherheitspolitischen Transformation muss permanent Antworten auf die sich verändernden Herausforderungen suchen, die der globale gesellschafts- und sicherheitspolitische Wandel mit sich bringt. Die Transformation des Sicherheitssektors betrifft v. a. die zivilen Sicherheitsinstitutionen. Ohne deren Leistungsfähigkeit geht es nicht. Deshalb müssen deren Einsatzdoktrinen, Prozessen, Strukturen, Fähigkeiten sowie Ausrüstung für die neuen, veränderten Aufgabenstellungen fit gemacht werden. Gerade zivile und krisenpräventive Instrumente wie auch Maßnahmen der Friedensstützung und des post-Konfliktaufbaus gewinnen an sicherheitspolitischen Stellenwert.

Darüber hinaus müssen sich auch Industrie und Wirtschaft auf erhebliche Veränderungen einstellen:

- Die konvergierenden Aufgaben der inneren wie äußeren Sicherheit erfordern eine neuartige Sicherheitsarchitektur, gekennzeichnet durch konsequent ressortübergreifende Vernetzung aller staatlichen und nicht staatlichen Akteure. Das Zusammenwirken der Schlüsselakteure aus allen Bereichen der Gesellschaft wird unabdingbar.
- Moderne (vernetzte) Operationsführung erfolgt in allen Sicherheits- und Geschäftsfeldern um ein Vielfaches vernetzter.
- Die Befähigung zur Selbstsynchronisierung weitgehend autonom handeln-der Elemente („Power to the Edge")[5] gewinnt an Bedeutung – ganz im Sinne der deutschen Auftragstaktik. Dies gilt nicht nur für das militärische, sondern auch für das zivile und das industrielle Umfeld.
- Das Spektrum, die Leistung und die Art einzusetzender intelligenter Sensoren und Wirkmittel/Instrumente erweitern sich rapide. Entscheidend ist die angestrebte Wirkung. Von dieser aus wird zurückgerechnet: Was muss ich tun, damit ich die beabsichtigte Wirkung erziele?
- Der Bedarf an entscheidungsunterstützenden Informationen welche aus einer Vielzahl von Daten durch (auch komplexe) Analysen gewonnen werden, wächst. Nur durch intelligente Verfahren der Informationsgewinnung und -darstellung können Entscheider die Tragweite Ihrer Entscheidung richtig einschätzen.
- Die Anforderungen an Informationsmanagement und -sicherheit steigen drastisch.
- Innovation und Tempo sind die Schlüssel für moderne Sicherheitskonzepte und zugleich die Antwort auf zunehmend asymmetrische Bedrohungslagen. Innovation und Tempo werden damit auch zur notwendigen Voraussetzung für Prosperität und Überleben von Gesellschaft, Unternehmen und nicht zuletzt Streitkräften.

---

[5] Siehe hierzu Alberts/Hayes (2003).

- Existierende Budgetzwänge zwingen zu einer Balance von sinnvollem Einsatz leistungsfähiger „Legacy-Systems" einerseits und neuartiger „Disruptive Technologies" andererseits.
- Die Komplexität moderner „System of System"-Lösungen lässt sich nur im Zusammenwirken von Bedarfsträgern und Bedarfsdeckern, Industrie und Forschung (aller Stakeholder) bewältigen. Hierzu sind neue Wege zu gehen. Diese stehen zu dem in Streitkräften, Sicherheitskräften und Industrie gewohnten Denken sowie zu den bekannten, klassischen Lösungen oft in direktem Widerspruch.

Die Vielzahl der Akteure, das Ressortprinzip und nicht zuletzt das Föderalismusprinzip erschweren den sicherheitsrelevanten politischen Akteuren die Koordination und Kooperation. Inhaltlich führen unterschiedliche konzeptionelle Ansätze und Vorgehensweisen verschiedener Ressorts bereits auf nationaler Ebene zu voneinander abweichenden Handlungsansätzen. Sie setzen sich bei der Lagebeurteilung und den einzusetzenden Kräften vor Ort bzw. auch in internationalen Gremien fort. Hinzu kommt ein den eigenen Ressortkontext bevorzugender Fokus, der die vor dem eigenen Erfahrungshintergrund wahrgenommenen Notwendigkeiten priorisiert und demgegenüber Erfahrungen und Notwendigkeiten anderer Ressorts weniger berücksichtigt. Gefahrenlagen werden unterschiedlich interpretiert. Dies resultiert in konträren Problemlösungs- und Handlungsstrategien.

Demgegenüber bieten die wachsenden, intensiven, gemeinsamen Einsatzerfahrungen – die zwangsläufig gemeinsame Anwesenheit im Krisengebiet – bei nationalen und internationalen Einsätzen sowie eine wachsende Kultur kooperativer Entscheidungsfindung einen wichtigen Anknüpfungspunkt für einen gemeinsamen Implementierungsansatz.

4   Militärische Aspekte

Die Bundeswehr erfährt in den kommenden Jahren einen Erneuerungsimpuls, der die vorangegangenen durchaus anspruchsvollen Reform- bzw. Transformationsvorhaben noch deutlich in den Schatten stellt. Die Strukturkommission hat unter der Leitung von Frank-Jürgen Weise ihre Ergebnisse am 26. Oktober vorgelegt. Diese werden intern bis zum Januar 2011 ausgewertet. Für das erste Halbjahr 2011 ist mit weiteren, detaillierten Ausplanungen zu rechnen. Eine Reihe von Ergebnissen ist bereits in die Realisierung eingesteuert. Die Aussetzung der Wehrpflicht ist nur vordergründig die wichtigste Veränderung. Tatsächlich bleibt kaum ein Stein auf dem anderen. Die Analyse des Verteidigungsministers Dr. Karl-Theodor zu Guttenberg lässt anlässlich der Bundeswehrtagung am 22. November 2010 in Dresden an Klarheit über die zu adressierenden Defizite kaum zu wünschen übrig: „Ineffiziente Strukturen, die sich gar noch gegenseitig behindern, fehlende Klarheit in Verantwortungsbereichen, dramatische Unterfinanzierung, veraltete und langwierige Abstimmungsprozesse (...)". (Guttenberg 2010) Dann folgt die Zielvorgabe: „Unsere Bundeswehr muss noch professioneller, noch schlagkräftiger, noch moderner und attraktiver werden als heute." (Guttenberg 2010)

Deutschland war bis 1989 Importeur von Sicherheit und ist heute Sicherheitsexporteur. Sicherheitspolitische Handlungsfähigkeit erfordert auch die Einsatzoption militärischer Gewalt. Diese Erkenntnis ist nicht völlig neu; sie ist auch nicht willkommen; dennoch hat sie sich durchgesetzt. Das war ein Tabu bis Srebrenica/Kosovo, ist auch jetzt noch heikel – der Einsatz von Streitkräften im Kampf ist in der deutschen Gesellschaft alles andere als Normalität – das Tabu ist aber längst nicht mehr unbefleckt. Die Soldaten der Bundeswehr sind heute gemeinsam mit den Streitkräften von Verbündeten und Partnern in Afghanistan und auf dem Balkan, am Horn von Afrika und an vielen anderen Plätzen in der Welt im Einsatz. Doch auch nach knapp zwei Jahrzehnten Einsatzerfahrungen bleibt vieles zu verbessern. Mit der anstehenden Bundeswehrreform sollen – endlich – einsatzorientierte, durchhaltefähige Strukturen gestaltet werden.

Die Integration technischer und wissenschaftlicher Innovation in die Streitkräfte ist für den oben skizzierten Reformansatz unausweichlich. Die vorhandenen Konzepte, Strukturen, Prozesse und Instrumente müssen dem jeweiligen Stand von Wissenschaft und Technik entsprechen, um jene Fähigkeiten zu generieren, die Streitkräfte zur effektiven und zugleich auch effizienten – in Zeiten knapper Kassen ist dieser Punkt nicht unwesentlich – Auftragserfüllung brauchen.

Wirtschaft, Wissenschaft und Technologie sind entscheidende Treiber der Streitkräfteentwicklung, denn sie befördern diese mit ihrem innovativen Potenzial. Der verstärkte Rückgriff auf zivile und kommerziell verfügbare Technologien fördert darüber hinaus insbesondere jene Anwendungen und Lösungen, die zur Überwindung der Grenzen zwischen innerer und äußerer Sicherheit beitragen und dadurch die Herausbildung einer vernetzten, ressortübergreifenden Sicherheitspolitik unterstützen.

Die Rahmenbedingungen sind herausfordernd, denn die Bundeswehr:

- hat nicht nur keine zusätzlichen Budgetmittel, sondern soll auch noch einen Sparbeitrag leisten und kann nur durch weitere Einsparungen darüber hinaus die erforderliche Finanzierung der Neuausrichtung sicherstellen,
- ist Verpflichtungen zur Bereitstellung von Streitkräftekontingenten für den Einsatz in multinationalen Einsätzen eingegangen,
- hat die Verpflichtung, die Planung an die finanziellen Gegebenheiten anzupassen,
- hat durch Mittelbindung für Großvorhaben über die nächsten Jahre praktisch keine finanziellen Freiräume für neue Investitionen,
- muss schwer planbaren Mittelbedarf für Auslandseinsätze und den materiellen Sofortbedarf für solche Einsätze bereitstellen können.

Da die staatlichen Sicherheitsinstitutionen oftmals allein nicht die Problemursachen und mögliche Lösungen im Voraus erkennen und benennen können, ist eine neue Kooperationskultur erforderlich mit Industrie, Wirtschaft und Wissenschaft. Militärische Planer und Ingenieure der unterschiedlichsten Fachrichtungen, Techniker, Systemanalytiker und Operations-Research Fachleute, Haushälter, Informationsverarbeitungspersonal aus Ministerien, Wirtschaft, Forschung und Dienstleistungsbereichen, Truppe und Ämter Streitkräfte und kommerzielle Anbieter, Rüstungsindustrie, Wissenschaft und Forschung müssen hierzu in leistungsfähige, auftragsgerechte Netzwerke integriert werden, die so ausgelegt sind, dass sie im Gegensatz zu den vorhandenen Systemen fortlaufend weiterentwickelt werden können.

5 Innere Sicherheit

Die innere Sicherheit zu gewährleisten, ist eine Kernaufgabe des demokratischen Rechtsstaates. Hierauf gründet ein wesentlicher Teil seiner Legitimation. Aber gibt es noch Innere Sicherheit als eine klar zu definierende Entität? Und wenn nicht, wie geht der Staat dann mit seiner Verantwortung gegenüber dem Staatsbürger um?

Spätestens seit den Terroranschlägen vom 11. September 2001 verschwimmen die Grenzen zwischen innerer und äußerer Sicherheit und damit zwischen Innen- und Außenpolitik zunehmend. Im Äußeren sind polizeiliche Stabilisierungskräfte mit militärischen Fähigkeiten bei internationalen Interventionen in instabilen Weltregionen und „failing states" auf eine neue Art zu verzahnen. Im Inneren erfordern neue Bedrohungsformen Fähigkeiten zu deren Abwehr, die eine intensivere Zusammenarbeit als bisher im Rahmen der Amtshilfe (Art. 35 GG) erfordern.

Im Rahmen des Aufbaus rechtsstaatlicher Sicherheitsstrukturen in Krisenregionen, steht das Innenministerium als Teil einer vernetzten, ressortübergreifenden Außen- und Sicherheitspolitik vor wachsenden Anforderungen. Engagement ist für die Nachhaltigkeit erfolgreicher Stabilisierungspolitik entscheidend. Die modernen Bedrohungen erfordern heute polizeiliches Handeln auch außerhalb der deutschen Grenzen. Im Rahmen des sogenannten „Capacity Building", also dem Aufbau rechtsstaatlicher Sicherheitsstrukturen in Krisenregionen, steht das Bundesministerium des Innern als Teil einer ressortübergreifenden deutschen Außen- und Sicherheitspolitik vor wachsenden Anforderungen.

Asymmetrische Konflikte und neue Kriege zeichnen sich durch lang anhaltende Destabilisierungen ganzer Großregionen aus. Hinzu kommen neue symmetrische Herausforderungen, beispielsweise technologische Aufrüstung besonders im IKT-Bereich z. B. „Cyber Angriffe". Die Privatisierung des Krieges löst die Unterscheidung von innerer und äußerer Sicherheit sowie von Krieg und Frieden zunehmend auf. Organisierte Kriminalität etabliert sich zwischen Revolutionären und Freiheitskämpfern, zwischen dem Guerillakrieg gegen militärische Strukturen und dem Terrorismus gegen zivile Strukturen, zur Durchsetzung wirtschaftlicher Interessen – mit destabilisierenden Folgen für die globalisierte Weltwirtschaft (bspw. Drogen, illegale Migration). Nicht staatliche Akteure wie Terroristen, Banden, Warlords und Kriegsunternehmer dominieren das moderne Gefechtsfeld. Deren vielschichtige und komplizierte wechselseitige Abhängigkeiten und Beziehungen zur Bevölkerung prägen die Einsatzrahmenbedingungen.

Im Innern muss sich das Innenministerium in besonderem Maße auf die transnationalen Bedrohungen wie Terrorismus, Proliferation und organisierte Kriminalität einstellen, die immer häufiger Folge zerfallener staatlicher Ordnungen sind. Hinzu kommt die zunehmende Bevölkerungskonzentration in den heimischen Städten, die – aus Sicht der Täter – als attraktives Bedrohungsziel besonderen Risiken ausgesetzt ist.

Die Länder haben bei ihren Polizeien über die vergangenen zehn Jahre 10.000 Stellen gestrichen, weitere 9.000 Stellenstreichungen sollen folgen. Diese Lücke kann und will die Bundeswehr derzeit nicht schließen. Bislang darf die Bundeswehr nur ausnahmsweise – z. B. im Rahmen der Amtshilfe bei Naturkatastrophen – im Inland eingesetzt werden. Bundeswehreinsatz im Innern zur Terrorabwehr oder als „Hilfspolizei" ist nicht vorgesehen. Soldaten werden weiter nicht im Polizei- und Ordnungsrecht ausgebildet. Der Aufbau robuster Polizeieinheiten (Feldjäger) für den Auslandseinsatz böte langfristig Reserven für Inlandseinsätze (Terrorabwehr). Dies erfordert aber ggf. grundgesetzliche Neuregelungen (Art. 35 und 87 a GG).

6 Kritische Infrastruktur

Die nationale Sicherheitsvorsorge hängt von funktionsfähigen Infrastrukturen wie Energie-, Wasser- und Informationsversorgung, Verkehrsnetzen, Lebensmittel- und Gesundheitsversorgung, um nur einige Beispiele zu nennen, ebenso ab wie vom reibungslosen Austausch wirtschaftlicher Prozesse. Unsere Gesellschaft ist darauf angewiesen, dass die gewohnte Versorgung zuverlässig funktioniert und dass die Mobilität des Einzelnen jederzeit gewährleistet ist. Doch Warenströme und Logistikketten, Versorgungsinfrastrukturen und Verkehrsleitsysteme sind verwundbar gegen Ausfälle. Diese Verwundbarkeiten machen Versorgungsinfrastrukturen zu Angriffszielen sowohl für terroristische Aktivitäten, als auch für Täter mit kriminellem Hintergrund. Sicherheitsvorsorge muss aber auch die Folgen von Naturkatastrophen oder Unfällen besonderen Ausmaßes und die Begrenzung der Schäden einschließen.

Die Informationsrevolution hat unternehmerische Abläufe drastisch beschleunigt und Produktions- bzw. Leistungserstellungsprozesse grundlegend verändert. In vielgliedrigen unternehmerischen Wertschöpfungsprozessen werden zahlreiche Akteure laufend koordiniert und aufeinander abgestimmt. Dieser ausgeprägt arbeitsteilige Prozess ist extrem störanfällig – sei es z. B. für technische Verzögerungen aufgrund des Ausfalls kritischer Infrastrukturkomponenten, durch Anschläge an wichtigen Standorten oder durch die Unterbrechung strategisch wichtiger Versorgungswege und sei es nur durch Piraterie. Auch für die Wirtschaft wird die Sicherheitsvorsorge immer mehr zu einer Gemeinschaftsaufgabe. Der Schlüssel zur Bewältigung der aktuellen und künftigen Sicherheitsherausforderungen liegt dabei in der engen öffentlich-privaten Sicherheitszusammenarbeit, denn: Ohne das Knowhow und die systemische Mitwirkung von Wissenschaft, Forschung und Industrie können staatliche Sicherheitskräfte ihren Auftrag nicht erfüllen; ohne das einsatzbezogene Wissen der Sicherheitskräfte bleiben wissenschaftliche und technologische Innovation ohne Wirkung.

Abbildung 1: Public Private Security (PPS) Geschäftsfelder (Eigene Darstellung)

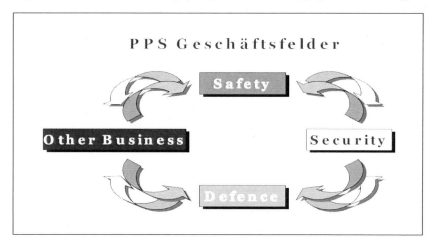

„Vernetzte Sicherheit" als gesamtstaatlicher und ressortübergreifender Ansatz, der auf einem umfassenden Sicherheitsverständnis basiert, muss die verfügbaren staatlichen und privaten Mittel und Fähigkeiten derart einsetzen, dass symmetrische und asymmetrische Risiken möglichst erst gar nicht auftreten bzw. weitgehend unterbunden werden, um die Bevölkerung, die demokratischen Institutionen, die kritische Infrastruktur sowie die damit verbundenen Funktionen vor dem Eintritt der Risiken und ihren Konsequenzen zu schützen und um die Folgen eines Krisenereignisses zu lindern sowie die Rückkehr zum Ausgangszustand zu ermöglichen. Generell sollten deshalb bei Sicherheitstechnologien und -systemen die relevanten Akteure (z. B. Ministerien, Technologieentwickler, Bedarfsträger, Versicherungen, Ämter) an einem Strang ziehen. Forschung und Entwicklung, Förderung und Beschaffung müssen als untrennbar Verbund für Prosperität und Sicherheit gesehen werden. Forschung, Entwicklung und Förderung ohne Beschaffung machen keinen Sinn. Der Marktvorteil ist durch den Vorzeigeeffekt gegeben und erlaubt zugleich den heimischen Bedarfsträgern auf den neuesten Stand der Technik zurückzugreifen.

7 Wachstumsmarkt Sicherheit

Vor diesem Hintergrund kommt es zu einer Umschichtung der Märkte weg von der schrumpfenden klassischen Rüstungsindustrie – praktisch alle Großprojekte[6] stehen auf dem Prüfstand – hin zur aufwachsenden zivilen Sicherheitsindustrie. Es entsteht der Markt für Public Private Security. Nach Erhebungen von Roland Berger wird der Markt für Global Security bis 2015 überdurchschnittlich wachsen. Produkte und Anbieterstrukturen entwickeln sich derzeit mit hoher Dynamik.

Neu ist im Geschäftsfeld der Public Private Security (PPS): Safety, Security und Defence lassen sich nicht länger getrennt voneinander behandeln. Die Technologien und Anwendungsoptionen gestatten mehr und mehr multifunktional ineinandergreifende Systemlösungen. Diese erfordern technologie- und ordnungspolitisch integrale Kompetenz und bedingen die ganzheitliche Förderung von Sicherheitslösungen.

Um die geforderte Vernetzung der Akteure zu erreichen ist allerdings noch einiges zu tun. Die technische Herausforderung ist es, die Informationen aus diversen Sensoren und Quellsystem zuverlässig und qualitätsgesichert zu verbinden, um eine valide Basis für ein ernsthaft vernetztes Handeln zu schaffen. Ohne eine solche Grundlage lassen sich Entscheidungen durch IT-Unterstützung nicht verbessern oder gar optimieren. Da aber die Möglichkeiten und die Anzahl der verschiedenen Quellen, Sensoren und Akteure stetig steigen, wird diese Herausforderung nicht geringer und verlangt nach erfahrenen Partnern aus der Industrie.

Am Markt dominierten über Jahrzehnte hinweg die Anbieter proprietärer Teilsysteme. Diese Modelle laufen zusehends aus, da sie nicht für die nötige Vernetzung bzw. Entscheidungsgrundlage sorgen konnten. Mit der Konvergenz der Märkte für Safety-, Security- und Defence-Produkte ergeben sich enorme Entwicklungsperspektiven und Synergieeffekte. Das gilt auch für Synergien über die Anwendung Sicherheit hinaus – Potenzial bieten hier beispielsweise Qualitätssicherung, Zuverlässigkeit und Energieeffizienz. Die Kunden wollen im Bereich Sicherheit vermehrt Systemlösungen, die verschiedene Aspekte integriert berücksichtigen. Für Unternehmen wird deren Performance im und mit Systemen zunehmend der Kern ihrer Wertschöpfung, die sich in der Begrifflichkeit des „Lead System Integrator" trifft. Dies hat auch für die Urteilsfähigkeit des Staates und seiner Einrichtungen Bedeutung.

---

[6] u. a. Eurofighter, Transportflugzeuge A400M, Kampfhubschrauber Tiger, Transporthubschrauber NH 90, Raketenabwehrprogramm Meads, Drohne Talarion, Schützenpanzer Puma , Fregatten, U-Boote.

Abbildung 2: Business Modelle für PPS (Eigene Darstellung)

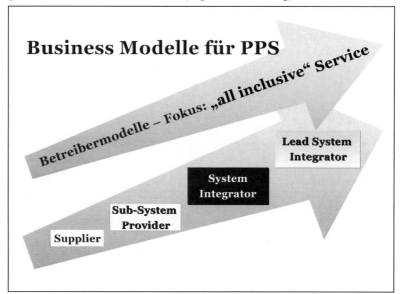

- Die Lead-System-Integraoren adressieren aufgrund ihrer Erfahrungen v. a. systemische Lösungsangebote zur Vermeidung von besonders kritischen Großschadensfällen. Sie übernehmen „Lead-Aufgaben" für Regierungen, beispielsweise im Change Management für IT- und C4ISR Architekturen, für die Integration „disparater" Programme", für „Capability-Based" und Multi-Programm-Ansätze. Sie beraten Regierungen hinsichtlich Strategie und Risikomanagement.
- Die Systemintegratoren beschäftigen sich v. a. mit den „täglich nötigen Schutzmaßnahmen". Sie übernehmen Program-Management-Aufgaben, die Systemintegration von Produkten, Plattformen und/oder Funktionen unter „Government Lead", aber durchaus mit Blick auf globale Märkte. Sie adressieren komplexe Systemlösungen und sind große technologieorientierte Unternehmen der Sicherheitswirtschaft. Die meisten dieser Unternehmen agieren international und bestehen schon seit längerer Zeit am zivilen Markt. Sie kooperieren im Komponentenbereich meist eng mit dem technologieorientierten Mittelstand.
- Der technologieorientierte Mittelstand bildet die Gruppen der Subsystemlieferanten und Komponentenhersteller. In ihr sind sowohl junge wie auch etablierte Unternehmen (überwiegend kleine und mittelständische Unternehmen (KMU)) mit unterschiedlicher Affinität zu Hightech-Lösungen zu finden. Diese Gruppe greift neue Technologien auf, entwickelt innovative Lösungen und führt sie bei ausreichenden Ressourcen zu Produkten. In einigen Bereichen fehlen ihnen jedoch direkte Kundenkontakte. Hier sind sie auf die Systemintegratoren bzw. die Lead-System-Integratoren angewiesen. Ihre Produkte eignen sich für Dual-Use und globale Märkte. Sie produzieren meist für sehr verschiedene Auftraggeber.
- Die Gruppe der Dienstleister wird vor allem durch KMU und Kleinstunternehmen (ein bis zwei Personen) geprägt. Im Markt sind aber durchaus auch größere mittelständische Unternehmen und neuerdings auch multinationale Großunternehmen vertreten.

Vor allem die Sicherheitsdienstleister profitieren vom Trend der Industrie und der öffentlichen Hand, sich auf die Kernkompetenzen zu konzentrieren und Sicherheitsdienstleistungen auszulagern.

Jüngste Entwicklungen – beispielsweise in Großbritannien – belegen, dass der Staat über das Outsourcen von Systemkompetenzen seine Urteilsfähigkeit im Feld der Systemintegration riskieren kann. Dies ist durchaus problematisch, da Lücken in der Urteilsfähigkeit die Diskrepanz zwischen Regierungsvorgaben, Einsatz bezogenen Konzepten und verfügbaren Haushaltsmitteln erheblich vergrößern. Selbstverständlich darf sich der Staat weder in der Beschaffung noch in der Systemkompetenz von Beratungsunternehmen abhängig machen. Der Staat kann seiner Verantwortung für das Gesamtsystem einschließlich der Sicherheit seiner Bürgerinnen und Bürger nur gerecht werden, wenn er das nationale Sicherheitssystem als Ganzes länger eigenständig urteilsfähig überblickt. Systemfähig und urteilsfähig – das ist die Herausforderung für alle Akteure der „Vernetzen Sicherheit".

8 Sicherheitslösungen

Terroristische Bedrohungen und Piraterie, Wirtschaftsspionage und zerfallende Staaten u. a. m. führen weltweit zu wachsender Nachfrage nach Sicherheitslösungen. Die Konvergenz der Märkte für Safety-, Security- und Defence-Produkte eröffnet zusätzliche Entwicklungsperspektiven. Produkte, Anbieter- und Nachfragestrukturen entwickeln sich mit großer Dynamik. Kunden wollen ganzheitliche und flexible Systemlösungen, die unterschiedliche Sicherheitsaspekte, Produkte und Dienstleistungen integriert berücksichtigen. Der Sicherheitsmarkt befindet sich im Umbruch. Längst sind deutsche kritische Infrastrukturen (KI) sowie deren Schutz zu 80% in unternehmerischen Händen.

Ein ressortübergreifendes Lageverständnis muss bei dieser Vielfalt von Themen unterschiedlichster Granularität den Überblick bewahren. Ein gemeinsames Öffentlich-Privates Lagebild zum Schutz von kritischer Infrastruktur gibt es jedoch bisher nicht. Als gemeinsames rollen- und einsatzbezogenes Lagebild ist es unentbehrlich für unverzügliche Entscheidungen und nachhaltiges Wirken, beispielsweise auch für die effektive Zusammenarbeit von Betreibern kritischer Infrastrukturen, der relevanten Ressorts der öffentlichen Verwaltung und domänenspezifischen Experten. Es unterstützt die Lösung gegenwarts- und zukunftsbezogener Sicherheitsfragen und verbessert gesamtstaatliches Risikomanagement.

Der Handlungsbedarf ist groß, denn

- Öffentliche Auftraggeber achten weniger auf Innovation und Qualität, sondern primär auf Kosten. In der Sicherheitsforschung sind sie als Bedarfsträger unterrepräsentiert.
- Nationale Leuchtturmprojekte gibt es nicht.
- Die Beteiligung an europäischer Sicherheitsforschung erfolgt unter Standard.
- Die Exportförderung beginnt in Deutschland gerade erst „Sicherheit" als Wachstumsmarkt zu entdecken.
- Die Großindustrie ist im globalen zivilen Sicherheitsmarkt (noch) wenig schlagkräftig.
- Der Mittelstand hinkt – bei beachtlicher Innovation und Kompetenz – seinen internationalen Wettbewerbern hinterher.
- Wissenschaft & Forschung tun sich schwer, Technologie von angewandter Forschung in den Markt zu transferieren.

- Die veränderten Sicherheitsherausforderungen verlangen nach Lösungen jenseits der klassischen Trennung von innen und außen, von staatlicher und privater Zuständigkeit sowie der von den jeweiligen Akteuren eingesetzten Mittel und Fähigkeiten. Sie verlangen die Vernetzung der Akteure – Staat, NGOs, Wirtschaft, Industrie, Wissenschaft und Gesellschaft. Hierfür sind die industriellen und staatlichen Verantwortungsträger in die Pflicht zu nehmen, nicht nur die Forschung von sicherheitsbezogenen Fähigkeiten voranzutreiben, sondern diese auch tatsächlich zu beschaffen und zu nutzen.

Sicherheitskräfte und „First Responder" brauchen das Know-how von Wissenschaft, Forschung und Industrie für ihre anspruchsvollen Aufgaben. Einsatzprobt lassen sich deren Systeme wiederum weltweit besser vermarkten. Vor dem Hintergrund entsprechender Erlöse und hinzugewonnener Expertise kann sich der Staat wiederum mehr Sicherheit leisten – vordergründig für die Sicherheitskräfte, in Wirklichkeit profitieren natürlich in erster Linie die Bürgerinnen und Bürger davon.

Die Neuausrichtung der Bundeswehr ist ein wichtiger Katalysator für einen ganzheitlichen Erneuerungsprozess öffentlich-privater Sicherheit in Deutschland und durchaus mit Signalwirkung weit darüber hinaus. Sie sollte deshalb auch als Chance für eine Verbesserung und Reform der Fähigkeiten des zivilen Krisenmanagements insgesamt genutzt und verstanden werden. 185.000 deutsche Soldaten sind ohne mindestens 5.000 zivile und polizeiliche Kräfte wenig effektiv. Es ist an der Zeit, jenseits der hergebrachten Trennung unser aller Sicherheit nun endlich vernetzt und integriert zu gestalten.

Literatur

Alberts, D.S./Hayes, R.E. (2003) *Power to the Edge, Command(...) Control(...) in the Information Age*, Washington: CCRP.

Guttenberg, K.-T. „Rede des Bundesministers der Verteidigung, Dr. Karl-Theodor Freiherr zu Guttenberg, anlässlich der Bundeswehrtagung am 22. November 2010 in Dresden", Rede auf der Bundeswehrtagung, Deutschland, Dresden: 22. November 2010.

Autorenliste

Barnet, Günther, Koordinator Nationaler Sicherheitsrat, Direktion für Sicherheitspolitik im Bundesministerium für Landesverteidigung und Sport, Wien.

Borchert, Heiko, Dr., Leiter eines Unternehmens- und Politikberatungsbüros in der Schweiz und in Österreich, Mitglied des Beirates von IPA Network International Public Affairs, Berlin, Kooperationspartner des The Hague Center for Security Studies (HCSS) und im Redaktionsbeirat der Zeitschrift für Außen- und Sicherheitspolitik (ZfAS).

Broemme, Albrecht, Präsident der Bundesanstalt Technisches Hilfswerk, Bonn.

Dudek, Karlheinz, Brigadier, Bundesministerium für Inneres, Stellvertretender Leiter der Sicherheitsakademie, Leiter des Zentrums für Fortbildung, Wien.

Eder, Philipp, Mag., Oberst des Generalstabsdienstes im Österreichischen Bundesministerium für Landesverteidigung und Sport, Leiter des Referats Planungsprozess & Ressourcenplanung in der Abteilung Transformation der Planungssektion, Wien.

Eggenberger, René, Dr., Leiter von Spezialprojekten im Bereich Energieeffizienz und Industrieintegration in die Beschaffungsprozesse der Schweizer Armee und Autor und Leiter verschiedenster interner militärwissenschaftlicher Studien.

Fischer, Uwe, Dr. Referent im Innenministerium, Grundsatzabteilung, Referat Internationale Entwicklungen, Beobachtung und Analyse.

Föhrenbach, Gerd, Dr., Studienreferent für Finanzpolitik an der Bundesakademie für Sicherheitspolitik, Berlin.

Frank, Johann, Oberst Dr., Leiter des Büros für Sicherheitspolitik im Bundesministerium für Landesverteidigung und Sport, Wien; Lektor für internationale Politik an der Karl-Franzens-Universität Graz; Mitglied der Wissenschaftskommission des Bundesministeriums für Landesverteidigung und Sport, Wien.

Gustenau, Gustav E., Brigadier Mag., Verbindungsperson zum Nationalen Sicherheitsrat, Direktion für Sicherheitspolitik im Bundesministerium für Landesverteidigung und Sport, Wien.

Haltiner, Karl W., Titularprofessor der Eidgenössischen Technischen Hochschule, emeritierter Dozent für Soziologie und Militärsoziologie an der Militärakademie an der ETH Zürich, ehemaliger Leiter der ETH-Studienreihe „Sicherheit" zur außen-, sicherheits- und verteidigungspolitischen Meinungsbildung in der Schweiz, in Zusammenarbeit mit der Forschungsstelle für Sicherheitspolitik und Konfliktanalyse der ETH Zürich (1991-2008).

Hansel, Mischa, M.A., wissenschaftlicher Mitarbeiter am Lehrstuhl für Internationale Politik und Außenpolitik der Universität zu Köln.

Hofbauer, Bruno Günter, Oberst des Generalstabdienstes Mag., Leiter des Referats Operative Führung im Institut für Höhere Militärische Führung der Landesverteidigungsakademie, Wien.

Jäger, Thomas, Prof. Dr., Inhaber des Lehrstuhls für Internationale Politik und Außenpolitik an der Universität zu Köln; Herausgeber der Zeitschrift für Außen- und Sicherheitspolitik.

Kaestner, Roland, Oberst im Generalstab a.D., Geschäftsführer des Instituts für strategische Zukunftsanalyse der Carl Friedrich von Weizsäcker Stiftung UG.

Leuenberger, Stefan P., Historiker, Philosoph, Kunsthistoriker und Pädagoge, wissenschaftlicher Mitarbeiter der Prospektivplanung des Schweizer Generalstabs und des Schweizer Planungsstabes der Armee. Themen Gesellschaftliche/Gesellschaftspolitische Trends, Zukunftsforschung/Zukunftsmanagement sowie Sicherheits- & Verteidigungspolitik.

Neureuther, Jörg, Dipl.-Ing., Oberstleutnant im Generalstab, G3 StOffz des Deutschen Verbindungsoffiziers (DtVO) im Hauptquartier Supreme Allied Command Transformation (HQ SACT) der NATO in Norfolk/VA, in den U.S.A.

Pucher, Johann, Generalmajor Mag., Leiter der Direktion für Sicherheitspolitik im Bundesministerium für Landesverteidigung und Sport, Wien.

Seidt, Hans-Ulrich, Dr.h.c., Außerordentlicher und bevollmächtigter Botschafter der Bundesrepublik Deutschland in der Republik Korea.

Strondl, Robert, Generalmajor, Leiter der Abteilung für Einsatzangelegenheiten, Vorsitzender des Verwaltungsrates der Europäischen Grenzschutzagentur Frontex, Wien.
Thiele, Ralph, Oberst im Generalstab, Dipl.-Kfm., Vorsitzender der Politisch-Militärischen Gesellschaft, Berlin.

Trelle, Thomas Karlheinz, Dr., Verantwortlich für New Concepts bei der EADS Defence Electronics und EADS Experte für NetOpFü.

Wiesner, Ina, Diplom-Sozialwissenschaftlerin (HU Berlin), Doktorandin am Europäischen Hochschulinstitut in Florenz zum Vergleich der Einführung neuer Technologien und Konzepte in die Streitkräfte Deutschlands und Großbritanniens.

Neu im Programm Politikwissenschaft

Gerhard Bäcker / Gerhard Naegele / Reinhard Bispinck / Klaus Hofemann / Jennifer Neubauer

Sozialpolitik und soziale Lage in Deutschland

Band 1: Grundlagen, Arbeit, Einkommen und Finanzierung
5., durchges. Aufl. 2010. 622 S. Geb.
EUR 34,95
ISBN 978-3-531-17477-8

Band 2: Gesundheit, Familie, Alter und Soziale Dienste
5., durchges. Aufl. 2010. 616 S. Geb.
EUR 34,95
ISBN 978-3-531-17478-5

Das zweibändige Hand- und Lehrbuch bietet einen breiten empirischen Überblick über die Arbeits- und Lebensverhältnisse in Deutschland und die zentralen sozialen Problemlagen. Im Mittelpunkt der Darstellung stehen Arbeitsmarkt, Arbeitslosigkeit und Arbeitsbedingungen, Einkommensverteilung und Armut, Krankheit und Pflegebedürftigkeit sowie die Lebenslagen von Familien und von älteren Menschen.
Das Buch gibt nicht nur den aktuellen Stand der Gesetzeslage wieder, sondern greift auch in die gegenwärtige theoretische und politische Diskussion um die Zukunft des Sozialstaates in Deutschland ein. Es wendet sich an Studierende und Lehrende an Hochschulen, Schulen, Bildungseinrichtungen sowie an Experten in Verwaltungen, Verbänden und Gewerkschaften.

Erhältlich im Buchhandel oder beim Verlag.
Änderungen vorbehalten. Stand: Juli 2010.

Schmidt, Manfred G.
Demokratietheorien
Eine Einführung
5. Aufl. 2010. 571 S. Br. EUR 19,95
ISBN 978-3-531-17310-8

Dieses Buch führt in klassische und moderne Demokratietheorien ein. Es schlägt einen Bogen von der Staatsformenlehre des Aristoteles bis zu den Demokratietheorien der Gegenwart und erörtert dabei auch den neuesten Stand der international vergleichenden Demokratieforschung. Der Band stellt zudem die wichtigsten Demokratietypen und die leistungsfähigsten Demokratiemessungen vor. Ferner erkundet er die Funktionsvoraussetzungen der Demokratie, klärt die Bedingungen für erfolgreiche und erfolglose Demokratisierungsvorgänge und geht der Frage nach, ob die Europäische Union an einem strukturellen Demokratiedefizit laboriert. Überdies handelt das Werk sowohl von den Stärken der Demokratie wie auch von ihren Schwächen. Außerdem prüft es die Leistungskraft der Demokratie im Vergleich mit Nichtdemokratien. Auf diesen Grundlagen wird abschließend die Zukunft der Demokratie prognostiziert. Das vorliegende Werk ist die fünfte – mittlerweile mehrfach erweiterte – Auflage des erstmals 1995 erschienenen Buches.

www.vs-verlag.de

Abraham-Lincoln-Straße 46
65189 Wiesbaden
Tel. 0611.7878-722
Fax 0611.7878-400

Neu im Programm Politikwissenschaft

Andreas Kost /
Hans-Georg Wehling (Hrsg.)
Kommunalpolitik in den deutschen Ländern
Eine Einführung
2., akt. u. überarb. Aufl. 2010. 413 S. Br.
EUR 34,95
ISBN 978-3-531-17007-7

Dieser Band behandelt systematisch die Kommunalpolitik und -verfassung in allen deutschen Bundesländern. Neben den Einzeldarstellungen zu den Ländern werden auch allgemeine Aspekte wie kommunale Finanzen in Deutschland, Formen direkter Demokratie und die Kommunalpolitik im politischen System der Bundesrepublik Deutschland behandelt. Damit ist der Band ein unentbehrliches Hilfsmittel für Studium, Beruf und politische Bildung.

Hans-Joachim Lauth (Hrsg.)
Vergleichende Regierungslehre
Eine Einführung
3., akt. u. erw. Aufl. 2010. 437 S. Br.
EUR 29,95
ISBN 978-3-531-17309-2

Dieser Band gibt einen umfassenden Überblick über die methodischen und theoretischen Grundlagen der Subdisziplin und erläutert die zentralen Begriffe und Konzepte. In 16 Beiträgen werden hierbei nicht nur die klassischen Ansätze behandelt, sondern gleichfalls neuere innovative Konzeptionen vorgestellt, die den aktuellen Forschungsstand repräsentieren. Darüber hinaus informiert der Band über gegenwärtige Diskussionen, Probleme und Kontroversen und skizziert Perspektiven der politikwissenschaftlichen Komparatistik.

Wolfgang Schroeder /
Bernhard Weßels (Hrsg.)
Handbuch Arbeitgeber- und Wirtschaftsverbände in Deutschland
2010. 552 S. Geb. EUR 59,95
ISBN 978-3-531-14195-4

Arbeitgeber- und Wirtschaftsverbände organisieren kollektives Handeln von wirtschaftlichen Konkurrenten, indem sie versuchen, gemeinsame Interessen gegenüber dem Staat, den Gewerkschaften und der Wirtschaft selbst zu artikulieren, zu repräsentieren und durchzusetzen. Dieses Handbuch stellt Geschichte, Funktionen, Strukturen und Perspektiven der Arbeitgeber- und Wirtschaftsverbände in den Mittelpunkt. Hierbei werden die Reaktionen dieser Verbände auf die veränderten Umweltbedingungen aufgezeigt sowie der Frage nachgegangen, inwieweit zu konstatierende Veränderungsprozesse bei den Arbeitgeber- und Wirtschaftsverbänden zu einer weitgehenden Transformation des deutschen Modells insgesamt beitragen.

Erhältlich im Buchhandel oder beim Verlag.
Änderungen vorbehalten. Stand: Juli 2010.

www.vs-verlag.de

VS VERLAG

Abraham-Lincoln-Straße 46
65189 Wiesbaden
Tel. 0611.7878-722
Fax 0611.7878-400